国家精品课程 系列教材

# 外国文学作品选

WAIGUO WENXUE [东方卷]

ZUOPINXUAN

王向远　刘洪涛 ◎ 主 编

编　委（按姓氏笔画排序）

王向远　李正荣　刘洪涛　张　欣
杨俊杰　赵月华　姚建彬　高建为

北京师范大学出版集团
BEIJING NORMAL UNIVERSITY PUBLISHING GROUP
北京师范大学出版社

**图书在版编目(CIP)数据**

外国文学作品选·东方卷／王向远，刘洪涛主编.—北京：
北京师范大学出版社，2010.3（2018.8 重印）
ISBN 978-7-303-10613-4

Ⅰ．①外… Ⅱ．①王…②刘… Ⅲ．①文学－作品－外国
－高等学校－教材②文学－作品－东方国家－高等学校－教材
Ⅳ．①I11

中国版本图书馆 CIP 数据核字(2009)第 188354 号

| 营 销 中 心 电 话 | 010-58802181 58805532 |
|---|---|
| 北师大出版社高等教育分社网 | http://gaojiao.bnup.com |
| 电 子 信 箱 | gaojiao@bnupg.com |

出版发行：北京师范大学出版社 www.bnup.com
　　　　　北京新街口外大街 19 号
　　　　　邮政编码：100875

印　　刷：三河市兴达印务有限公司
装　　订：三河市兴达印务有限公司
经　　销：全国新华书店
开　　本：730 mm x 980 mm　　1/16
印　　张：26.5
字　　数：420 千字
版　　次：2010 年 3 月第 1 版
印　　次：2018 年 8 月第 6 次印刷
定　　价：38.00 元

策划编辑：赵月华　　　责任编辑：杨 帆
美术编辑：褚苑苑　　　装帧设计：李尘工作室
责任校对：李 菡　　　责任印制：马 洁

# 前　言

　　《外国文学作品选》是为大学中文系汉语言文学专业本科生"外国文学史""外国文学名著选读"一类课程编选的一套辅助教材，其他的外国文学爱好者也可拿它作学习、欣赏之用。

　　外国文学作品浩如烟海，读者穷毕生之力也无法掌握其万一，只能选择性阅读，这也是各种外国文学选本繁荣发达、长久不衰的重要原因。在我国，早在1909年，鲁迅和周作人就编选翻译过《域外小说集》。1930年世界书局出版了《世界文学类选》。20世纪60年代，有周煦良主编的《外国文学作品选》(1963)。20世纪80年代以后，外国文学作品的选本更是纷繁迭出。一代代读者的审美趣味在不断发生变化，选编者的目的、设定的服务对象各有不同，外国文学作品也常选常新。

　　大学中文系开设的"外国文学史"课程，一般的授课时数是108学时（西方文学72学时，东方文学36学时），加上"外国文学作品选读"36学时，共计144学时。要与有限的学时数相适应，《外国文学作品选》选文的数量、篇幅就不可能太多。再者，作为教学用书，编者必然要考虑构成学科基础的外国文学作品系列的稳定性与连续性，对公认的名家经典不能轻言舍弃。受此双重"限制"，《外国文学作品选》想在格局上全面"创新"就没有可能，当然也没有必要。在20世纪末，国内学界流行对20世纪中国作家作品重新"排座次"，不少新的"排行榜"在文坛引起不小的争议。十多年过去了，20世纪中国文学名家名著的阵容虽然时有微调，但基本格局并没有发生颠覆性变化。外国文学有5000多年的历史，名家名著经过漫长时间的淘洗，基本阵容早已确定。在这种情况下，尊重学科约定俗成的规则便成为最好的选择；想大幅度修正经典的名单，不仅会暴露编选者的愚妄，对渴望了解外国文学基本面貌的读者也是无益的。

　　但编选者并非毫无"出新"的空间，外国文学作品的选本也并非只能千篇一律。外国文学名著大多是长篇巨制，一个名家的代表性作品也不止一部，适选的章节和篇目其实是很多的。此外，因为篇幅的限制，注定会有一些名家名作落选。因此，选与不选，留给编选者发挥的空间还是很大的。编选者在尊重学科规则、深刻理解原作的基础上，挑选出既有代表性，又适合新时代审美趣味的佳作，是完全可以做到的。这套《外国文学作品选》就既照顾到外国文学名家名著系列的稳定性，又考虑到当下读者的审美趣味，相信能够满足读者了解外国文学基本面貌，滋养、丰富和发展自己外国文学审美趣味的多重需要。

在每位作家的选文前，选编者对所选作家作品都有简略的介绍，目的是给学生提供一些必要的背景知识。这部分内容原本可以长篇大论，对作品的微言大义作详尽阐发，但考虑再三，还是"克制"了这种冲动。因为是作品选，让学生阅读作品才是最重要的；与其给学生灌输许多先入之见，不如引导学生自主阅读，以获得自己对外国文学的直观感受。基于这一想法，编选者对所选作家作品的介绍都是点到为止，而非知无不言，言无不尽。

对读者而言，《外国文学作品选》最大的好处是便捷。二卷书浓缩了外国文学名著的精华，花不太多的时间，就可以将其尽数吸纳。但我们希望读者不要就此止步，而应该以这些有限的选文为桥梁，进入到更为丰富多彩的外国文学大花园，品尝更多外国文学经典的芬芳。为了指导读者的进一步阅读，我们在书后附了一份外国文学作品阅读书目。花两年多时间，将它们认真阅读，大学阶段的外国文学教育可以说已经出色完成，读者的思想内涵会更加丰富，视野更加开阔，精神境界也会有大幅度提升。

本书由北京师范大学文学院比较文学与世界文学研究所的教师集体编选、撰稿，最后由主编定稿。虽然工作量并不大，但大家都十分重视，认真及时地完成了自己分担的任务。在本所进修的马粉英老师撰写了介绍巴尔扎克和雨果作品的文字。博士生张珂、冯新华以及硕士生曹晛帮助主编整理、校对书稿，做了大量的工作。出版社的赵月华老师不辞辛苦，任劳任怨，精神可嘉。在此向为本书出版付出心血的各位老师同学表示衷心的感谢。

编　者

2009 年 8 月于北京师范大学

# 目　录

《吉尔伽美什》（节选） …………………………… 1

《圣经·创世记》（节选） ………………………… 11

《摩诃婆罗多》（节选） …………………………… 13

《罗摩衍那》（节选） ……………………………… 21

《沙恭达罗》（节选） ……………………………… 34

《佛本生故事》（节选） …………………………… 45

《源氏物语》（节选） ……………………………… 49

《一千零一夜》（节选） …………………………… 64

《平家物语》（节选） ……………………………… 76

《日本致富经》（节选） …………………………… 111

《奥州小道》（节选） ……………………………… 135

《春香传》（节选） ………………………………… 165

《金云翘传》（节选） ……………………………… 191

《景清》（节选） …………………………………… 201

《浮云》（节选） …………………………………… 224

《我是猫》（节选） ………………………………… 235

《棉被》（节选） …………………………………… 243

《吉檀迦利》（节选） ……………………………… 265

《清兵卫与葫芦》（节选） ………………………… 277

《尾生的信义》 ……………………………………… 281

《先知》（节选） …………………………………… 284

《伊豆的舞女》（节选） …………………………… 321

《戈丹》（节选） …………………………………… 340

《相会》 ……………………………………………… 348

《假面的告白》（节选） …………………………… 386

《街魂》（节选） …………………………………… 400

附录：东方文学阅读书目 …………………………… 410

# 《吉尔伽美什》（节选）

赵乐甡　译

  《吉尔伽美什》是古代巴比伦文学的辉煌之作，是迄今为止所发现的最早的一部完整史诗。整个史诗共 3000 余行，用楔形文字分别记述在 12 块泥板上，由于挖掘出的泥板多有残损，因此缺漏的诗行和脱字较多，但故事情节基本上是完整的。

  故事的起始，史诗的主人公吉尔伽美什是乌卢克城的残酷统治者。天上诸神派半人半兽的勇士恩启都与吉尔伽美什相对抗。恩启都原为草莽野人，在神祇的诱导下来到乌卢克城。双方经过激烈的搏斗不分胜负，于是相生敬佩，结为好友。吉尔伽美什与恩启都结下友谊之后，一同出走为人民造福，成为被群众爱戴的英雄。他们先后战胜了沙漠中的狮子，杀死了杉树林中为害众人的怪人芬巴巴，又共同杀死了残害乌卢克城居民的"天牛"等。恩启都因得罪天神阿努，受到死的惩罚。好友恩启都的突然病逝，引起了吉尔伽美什极大的悲痛。他回忆起与恩启都一起远征的岁月，不禁感慨万分，悲痛欲绝。吉尔伽美什感受到死亡的可怕，特别是神主宰人的命运的威胁，于是怀着探索人生奥秘的愿望到远方去寻求长生不老之术，结果什么也没有得到。最后，吉尔伽美什回到乌卢克城。他十分怀念亡友，于是祈求神的帮助，终于同恩启都的灵魂见了面。

  史诗的主题主要是反映远古时期人和自然的矛盾，表现了人类对生命与死亡奥秘的探求和企图战胜死亡的愿望。在总的倾向上，史诗对作为残酷统治者的吉尔伽美什持批判态度，对作为英雄的他则充满赞誉。随着时间的推移，他作为暴君的一面成为历史，而代表远古人类斗争精神的一面逐渐被神化。他智谋出众、勇敢非凡且武力过人，是半人半神式的英雄。他曾经拒绝天神女儿的求婚，遭到报复，却始终不屈，具有反宗教的进步意义。节选部分"第五块泥板"和"第六块泥板"写吉尔伽美什、恩启都同芬巴巴斗争的场面以及杀死"天牛"的精彩情节。这是史诗的核心部分，情调高昂激越。

  史诗在艺术表现方面保留了民间口头创作的特点，情节发展自由灵活，在长期流传过程中纳入了一些远古神话传说，有些传说如洪水的故事等影响极为深远。史诗把神话世界与现实世界紧密结合起来，具有浓郁的浪漫主义色彩。在形象描写和刻画上，既带有很浓厚的传奇性，又充满了人间社会生活的气息，构成了现实主义和浪漫主义的完美结合。

# 第五块泥板

## 一（H"）

[吉尔伽美] 什手执板斧，
[将杉树] 砍倒。
[那芬巴巴] 一听到喧闹（?），
就狂怒暴跳："是谁胆敢来此骚扰，
[还践踏] 我山上长的 [树木]，
竟敢将我的杉树砍倒？"
[于是] 天神舍马什，
从天上对他们说道："逼近他，
不要胆怯，莫要被他吓倒！"

## 二（H"）

他的眼里泪如 [涌] 潮，
吉尔伽美什便对天神舍马什祷告——

（第 8～9 行残缺）

"我是 [顺从天神] 舍马什的旨意来的，
走的也是遵照你 [指引] 的大道。"
天神舍马什听了吉尔伽美什的祷告，
便朝着芬巴巴刮起风暴。
大风，北风，[南风，旋风]，
暴雨的风，凛冽的风，卷起怒 [涛] 的风，
热风，八种风朝他呼啸，
直冲着 [芬巴巴的] 眼睛横扫。
他进也不能进，
跑又不能跑，
芬巴巴只好投降央告。
芬巴巴对吉尔伽美什说：

"吉尔伽美什呀，我向你求饶！

你做我的 [主人]，我做你的臣僚，

我培育的 [所有树木]，

[          ]

砍倒 [为你] 把房屋 [建造]。

但是，恩启都却向 [吉尔伽美什劝告]：

"不要 [听] 芬巴巴的，

[他的] 话，不可靠，

不能给芬巴巴 [留下活路] 一条！

[      ]"

　　亚述语版第五、六段只不过是一些残存的断片。可以想见，在这里写的是两英雄砍下芬巴巴的头，得意洋洋地向乌鲁克凯旋的经过。

# 补充[①] (J)

[吉尔伽美什] 对恩启都 [开言]：

"当我们逼近时，

要叫那炫目之光纷纷四散，

要叫那妖光消失，隐而不见。"

恩启都对吉尔伽美什说：

"朋友啊，捉住大鸟幼雏就出现[②]，

炫目之光以后再追不晚，

要防那幼雏（会）借草丛四处逃窜。

要再一次打击那家伙，断他的后 [援]，

[要把他的　　　] 痛歼。"

听了朋友的话，吉尔伽美什，

手执板斧，[腰] 带佩剑。

吉尔伽美什朝着脖子砍去，

他的朋友恩启都 [又砍了两遍]。

---

①　伊斯恰利出土的残片。依巴乌阿发表的原文（1957）。

②　"应先从根本下手"之意的谚语。

3

第三遍［芬巴巴终于］被砍翻，

大乱顿［起，随后便是］静寂一片，

森林的守护人芬巴巴［被砍倒］在地面，

两比尔远杉树的飒飒声响都能传到耳边。

同他一起，恩启都［把　　　］打翻，

把森林［　　　］，杉树的［　　　］，

恩启［都把］森林的［　　　］打翻。

［他的话］语连沙利阿和拉伯南①［的山都震颤］，

［而今］山也［恢复了］平静，

所有的山峦［　　　］都［恢复得］万籁寂然。

他［把］杉树的［　　　］打翻了，

［结果（?）］了倒下的喽罗，他又将七个人打翻。

他［有　　重］的网，有八比尔图②重的剑，

他把八比尔图重的东西系在腰间。

他揭开了阿奴恩那奇住处的秘密，

吉尔伽美什放倒了树，恩启都把根（?）挖完。

恩［启都］对吉尔伽美什说：

"［　　　］吉尔伽美什啊，快把那杉树砍，

［　　　］往你那里搬!"

［于是］，便往幼发拉底河畔，

把杉树［运搬］。

# 第六块泥板

· · · · · · · · · · · · · · · · · · · · · · · · · · · · · · · · · · · · · · · · · · · · · · · · · · ·

## 一（A）

他涮去身上的污秽，磨了磨武器，

他把发穗甩披在背脊；

他扔掉肮脏的什物，

---

① 沙利阿，即现在的海尔蒙山。拉伯南，即黎巴嫩。

② 一比尔图（60年那）约合30公斤。

他用斗篷遮身，把腰带紧系。

吉尔伽美什刚戴上冠冕，

他的英姿竟使大女神伊什妲尔顿萌情意。

"请过来，做我的丈夫吧，吉尔伽美什！

请以你的果实给我做赠礼，

你做我的丈夫，我做你的妻。

我给你装起宝石和黄金的战车，

黄金做车轮，〔铜〕做笛，

请到我们那杉树放香的家里。

你若到了我们的家，

王爷，大公，公子都将在你的脚旁屈膝，

在门槛、台阶之上就把你的双足吻起。

他们将把山野的〔土特产〕作为贡物向你献礼。

你的山羊将一胎三仔，你的家羊将产羔成双，

你那驮载的驴子将比骡子更强而有力，

战车上的骏马将肥白壮实，

〔你那〕戴轭的〔牛（?）〕将是奇壮无比。"

吉尔伽美什有话，

对大女神伊什妲尔开了腔：

"为了娶你〔我该把什么献上?〕

〔献上〕身上的〔油〕和衣裳?

或者以饭菜〔奉飨〕?

或者把诸神可口的食品，

还是把王爷可口的〔酒浆?〕

(第 29～30 行大部分残缺)

穿上斗篷〔

为了娶你〔

〔你不过是个〕冷了的〔炉灶一样（?）〕，

是扇〔挡不住〕风雨的破门窗，

是那伤害英雄〔　　　〕的殿堂，

是那使覆盖〔　　　〕的象（?），

是那〔弄脏〕搬运〔者（?）〕的沥青，

是那〔弄湿〕搬运〔者（?）〕的皮囊，

是那使石砌的城墙［颓塌］的石灰石，
是那使敌国［　　　　］的碧玉相仿，
是那使主人的脚［痛疼的（?）］鞋子，
你对［所爱过的］哪个人不曾改变心肠？
你的哪个羊倌［一直为你喜爱］?
来吧，再［指名］看看你那些情人的情况！
［

你年轻时的情人坦姆斯①，
你要他年年痛哭几场；
你虽然爱那有斑纹的饲羊鸟，
却捕打它，撕裂了它的翅膀，
让它躲在草木繁茂处，"卡庇"地悲啼叫嚷；
你爱过那混身是劲的狮子，
却统统使它们在陷阱遭殃；
还有你爱过的那匹扬名沙场的牡马，
你却吩咐用鞭子、马刺和殴打作为报偿，
你叫它一气跑出七比尔，
你叫他喝那浊水泥汤，
而且使它的母亲西里里泪眼汪汪；
还有你爱过的牧人，
他总是在你面前将面包、点心层层堆放，
而且天天宰杀幼畜把你供养，
你却打他，终于使他变成豺狼，
可是他的羊群的牧童把他驱逐，
他那群狗就咬住他的大腿不放；
再说说你爱过的那个曾为你父看家护院的伊什拉努，
他经常给你运去椰枣一筐又一筐，
每天给你的餐桌生色添香，
你见了他，却对他讲：
"我的伊什拉努啊，咱俩一同试试你的力量，
伸出你的双手，把我的腰肢搂上！"

———————————

①　掌管植物生长的神。

那伊什拉努对你说：

"你想要我怎样？

不是我娘做的饭我不吃，

恶臭腐败的食物我岂能咽下肚肠？

再精巧的苇席也不能把寒气抵挡！

你听到［他的］这番［话］，

就将他变成了鼹鼠殴打不放，

你把他放进［　　　　］里，

他［　　　　］下也不能下，上也不能上。

可见你若爱上我，［对待我］也会像他们一模一样。"

伊什妲尔听罢这番话，

恼羞成怒，升上天国。

伊什妲尔去到［她父］阿努那里，

又在她母亲安图母面前［诉说］：

"我的父亲呀，吉尔伽美什侮辱了我。

吉尔伽美什历数了我的恶德，

列举了我的坏处和那些愚蠢的过错。"

阿努开口说了话，

对光辉的伊什妲尔说：

"你是否曾经把［　　　　］招惹？

吉尔伽美什才历数你的恶德，

列举你的蠢行过错。"

伊什妲尔开口，

［对她的父亲阿努说］：

"我的父亲呀，［为消灭吉尔伽美什］，给我把

'天牛'制作，

将吉尔［伽美什用　　　　］填满［

你如果［不把'天］牛'制［作］，

我就把阴间的大门打破，

我就把阴间的大门敞开，

我就［唤醒死者，让他们像活人一样吃喝］，

［使死人倒比活人多］!"

阿［努开口说了话］，

对［光辉］的伊什［妲尔］说道：
"［若］把你求［我］的［事情办好］，
将有七年的歉［收来到］。
［为人们你可曾］把［粮谷］积好？
［为兽类你可曾］使草儿繁茂?"
［伊什妲尔］有话［开了口］，
［对］她的父亲阿［努言道：
"［我为人们］储存了［粮谷］，
［为兽类］备足了［草料］。
［即或］七年的歉收［来到］，
［为人们我已经把粮谷］积好，
［为兽类已经］使草儿繁茂。

114～128 行多半残缺。此处叙述的大致情节是阿努为伊什妲尔造了头巨大的"天牛"，降到地上，给许多人造成了祸害。

它第三次喘着鼻息，朝恩启都［扑去］，
恩启都〈躲开了〉它的冲击。
恩启都跳起，将"天牛"的犄角抓住，
"天牛"惊慌已极，
用尾巴将［　　　］拂拭。
恩启都开口［说了话］，
他对［吉尔伽美什］说：
"我的朋友啊，我们［已经取得］胜利。

（137～151 行缺损较重）

［他］将剑［刺进］颈和角中间，
杀了牛，他们扒出心肝，
奉献于舍马什之前。
他们退下，在舍马什之前礼拜已毕，
两兄弟同坐并肩。
这时，伊什妲尔登上拥有环城的乌鲁克城垣，跳到砦上发出诅咒的语言：
"我诅咒啊，吉尔伽美什，你这个侮辱我，杀死'天牛'
的坏蛋！"
恩启都听了伊什妲尔的话，
掰下"天牛"的大腿，掷向她的脸。
"我若是抓到你，也要像治它这样，
治你一番！
我正要用它的肠子，把你的肚皮捆缠！"
伊什妲尔把随从召唤，
就是那些神妓和宫媛。
她坐在那"天牛"的大腿上日夜悲叹。
吉尔伽美什他们把工匠和兵器匠人召集，
把他们所有的人召唤。
那牛角的厚度，工匠们不住地称赞，
每一只都是三十牟那的碧玉，
两只角里厚约两指的油灌满，
将这六古尔①的油，
给他的神芦加尔班达，作为灌油供献。
他们将那些东西运走，吊在他漂亮的卧间。
他们在幼发拉底河里洗了手，
他们一路走来，手把手儿牵。
来到了乌鲁克的大街上，
乌鲁克的人们聚拢来要把他们瞧看。
吉尔伽美什对［乌鲁克的］〈乐女们〉，
这样［发问］：
"英雄之中，究竟谁最雄伟？
众人当中，究竟谁最英俊？"
"吉尔伽美什才是英雄中的英雄，
［恩启都才是俊］杰，他英俊绝伦！"

（186～188 行残缺）

吉尔伽美什在宫廷举行了祝捷典礼。

---

① 六古尔约 250 公斤。

夜里，英雄们在床铺上歇息，

恩启都也睡下来，他又做了梦，

恩启都起身，讲述他梦中所遇。

他对他的朋友说：

"我的朋友啊，大神们为何要召开会议？"

（选自《吉尔伽美什》，辽宁人民出版社，1981）

# 《圣经·创世记》（节选）

《圣经·旧约》（或称《希伯来语圣经》），是指基督教《圣经》（又称《新旧约全书》）的前一部分"旧约全书"，属于希伯来（犹太）民族的宗教历史文献，共有39卷。它题材广泛，体裁多样，是西方文学艺术的宝库和土壤。它的广泛传播推动了西方文学艺术的形成和发展。《圣经·旧约》的内容通常被分为摩西五经（又称律法书）、历史书、先知书和诗文集四部分。

第一部分"摩西五经"就是《创世记》《出埃及记》《利未记》《民数记》和《申命记》，又称为律法书，托名创国英雄摩西受命于天而写成。这部分最早成书，吸收了古来流传的歌谣、神话、传说、风习和律法等，包括了创世造人、伊甸园、大洪水等神话，以及摩西、雅各等先祖的传说和犹太教制定的国家律法和教规等内容。

第二部分历史书，包括了《约书亚记》、《士师记》、《撒母耳记》（上下）、列王记》（上下）、《历代志》（上下）、《以斯拉记》、《尼希米记》等十卷，记载了以色列和犹太立国到亡国的历史。

第三部分先知书，这个"先知"指的是先知先觉的社会改革家和思想家，他们在社会危机的关头，愤怒地谴责社会的不平等，奔走呼号、演说、诵诗，以唤醒群众，揭露富人的残暴、官僚的腐败和社会风气的堕落。

第四部分诗文集，是世界文学中的精粹之一，其中以诗歌和小说为主。它包括了《诗篇》《雅歌》等抒情诗集，《箴言》《传道书》等哲理诗集，《约伯记》等大型诗剧和《路得记》《以斯帖记》《但以理书》等小说。

本书节选了《创世记》的第一章。上帝创世是《圣经》的前提和基础，上帝从"空虚混沌"中创世，第一天创造了光；第二天创造了空气；第三天创造了陆地和海洋及各种植物；第四天创造了日月星辰；第五天创造了鸟兽鱼类等动物；第六天造人，让人"治理这地"，"管理海里的鱼、空中的鸟，和地上各样行动的动物"。在这个创世神话中，每天都是单凭上帝一句"要有……"或"要……"，事物就创造出来了，省略了具体的创造过程，体现出古希伯来人对自己的神的能力的极大赞美。

《创世记》中的神话与巴比伦神话非常相似，说明其深受四邻古国的文化影响。这些神话中充满了史诗性的故事，为后代作家提供了诗歌、小说、戏剧等创作的素材。

# 第一章

起初神创造天地。地是空虚混沌，渊面黑暗；神的灵运行在水面上。神说："要有光。"就有了光。神看光是好的，就把光暗分开了。神称光为"昼"，称暗为"夜"。有晚上，有早晨，这是头一日。

神说："诸水之间要有空气，将水分为上下。"神就造出空气，将空气以下的水、空气以上的水分开了。事就这样成了。神称空气为"天"。有晚上，有早晨，是第二日。

神说："天下的水要聚在一处，使旱地露出来。"事就这样成了。神称旱地为"地"，称水的聚处为"海"。神看着是好的。神说："地要发生青草和结种子的菜蔬，并结果子的树木，各从其类，果子都包着核。"事就这样成了。于是地发生了青草和结种子的菜蔬，各从其类；并结果子的树木，各从其类；果子都包着核。神看着是好的。有晚上，有早晨，是第三日。

神说："天上要有光体，可以分昼夜、作记号、定节令、日子、年岁；并要发光在天空，普照在地上。"事就这样成了。于是神造了两个大光：大的管昼，小的管夜，又造众星；就把这些光摆列在天空，普照在地上，管理昼夜，分别明暗。神看着是好的。有晚上，有早晨，是第四日。

神说："水要多多滋生有生命的物，要有雀鸟飞在地面以上，天空之中。"神就造出大鱼和水中所滋生各样有生命的动物，各从其类；又造出各样飞鸟，各从其类。神看着是好的。神就赐福给这一切，说："滋生繁多，充满海中的水；雀鸟也要多生在地上。"有晚上，有早晨，是第五日。

神说："地要生出活物来，各从其类；牲畜、昆虫、野兽，各从其类。"事就这样成了。于是神造出野兽，各从其类；牲畜，各从其类；地上一切昆虫，各从其类。神看着是好的。神说："我们要照着我们的形象，按着我们的样式造人，使他们管理海里的鱼、空中的鸟、地上的牲畜，和全地，并地上所爬的一切昆虫。"神就照着自己的形象造人，乃是照着他的形象造男造女。神就赐福给他们，又对他们说："要生养众多，遍满地面，治理这地；也要管理海里的鱼、空中的鸟，和地上各样行动的活物。"

神说："看哪！我将遍地上一切结种子的菜蔬和一切树上所结有核的果子，全赐给你们作食物。至于地上的走兽和空中的飞鸟，并各样爬在地上有生命的物，我将青草赐给它们作食物。"事就这样成了。神看着一切所造的都甚好。有晚上，有早晨，是第六日。

（选自《圣经》和合本）

# 《摩诃婆罗多》（节选）

[印度] 毗耶娑　著

金克木　译

　　《摩诃婆罗多》和《罗摩衍那》并称为印度两大史诗。毗耶娑是传说中《摩诃婆罗多》的作者，也是史诗中的一个人物。"摩诃婆罗多"的意思是"伟大的婆罗多族的故事"。它在古代印度以口头吟唱的方式创作和流传，约于公元前4世纪和公元4世纪之间成书。全诗共有10万多颂，分为18篇。

　　全诗以列国纷争时代的印度社会为背景，叙述婆罗多族后裔俱卢族和般度族争夺王权的斗争，表现了正法与非法的伦理斗争，颂扬了以坚战为代表的正义力量，谴责以难敌为代表的邪恶势力。史诗描绘出印度古代一幅极其生动残酷的战争图画，深刻反映了当时社会各方面的生活场景，鲜明地表达出人们对强暴、奸诈的厌恶，以及对公正善良的同情。《摩诃婆罗多》中包含了印度古代的历史、宗教、政治、哲学、人伦等多方面的内容，全面反映了当时人民的生活价值标准和审美观，概括了当时印度人民全部的文化意识。

　　坚战和难敌兄弟的故事是史诗的中心，约占全诗篇幅一半。围绕中心故事，还穿插进了大量神话传说和寓言故事。本书节选的《莎维德丽》是史诗的重要插话之一。写古代妇女莎维德丽凭自己的忠贞和智慧，赢得阎摩王的恩惠，使丈夫死而复生。

　　《摩诃婆罗多》最大的艺术特点在于其对人物性格的塑造和表现上。史诗中的人物众多，却都有自己鲜明的个性，各不相同。这是由于作者依照人物的出身、经历、地位、修养、气质等多方面因素塑造性格，并非按照统一的样板。

　　《摩诃婆罗多》与《罗摩衍那》一起开辟了印度文学的新时代，并且极大地影响了日后印度文学的发展，成为印度文学创作的光辉典范和取之不竭的灵感与源泉。

# 莎维德丽

## 第五章

玛尔根德耶说
于是年富力强的萨谛梵，
偕妻子莎维德丽作同伴，
采集了果实，装满了果篮，
随即动手把树木砍。

他一面用力把树木砍，
啊，不由得全身出了汗。
他这场辛苦的劳动，
使得他头脑痛难堪。

他劳碌得痛苦又疲倦，
便走近爱妻把话谈：
我这场辛苦的劳动，
使得我头脑痛难堪。

莎维德丽啊！我全身难受，
我的心也好像痛不可言。
言语有节的莎维德丽啊！
看来我已病倒在林间。

我感觉到我的头上
好像有乱箭往里钻，
贤妻啊！我一心想睡倒，
我再没有力量在这儿站。

莎维德丽连忙走上前，

伸手把丈夫来抱起；
把他的头放在怀中，
就在地上坐下去。

这时受苦的莎维德丽
正想着那罗陀的言语，
那时辰、晷刻和日期，
她一一在心中细算计。

不一会儿她就看见了
一个人身穿黄色衣，
头戴王冠，身躯雄伟，
像太阳一样放光辉。

黑黝黝颜色，红眼睛，
手执绳索，令人惊，
他在萨谛梵身边站，
紧紧注视着他一人。

她看见这人就忙站起，
轻轻把丈夫移在地，
合掌敬礼开言说，
满心颤栗伤心女：

我认识你是天上神，
你这样身形决非人；
神啊！请发慈心告诉我，
来此何事？是何神灵？

阎摩说

莎维德丽啊！你忠于夫君，
你也曾修过一些苦行，
因此我才和你说话，
贤女啊！你应知我是阎摩神。

萨谛梵王子，你的夫君，
他现在寿终断了命，
我将要用绳系他走，
这便是我要做的事情。

莎维德丽说
大神啊！我一向听人言，
你只派使者到人间；
大神啊！你为何这一次
亲自前来下了凡？①

玛尔根德耶说
于是祖先之王阎摩神，
说了他要做的事情，
他接着把实话全说尽，
为的使莎维德丽得欢心：

这人德行高尚身形美，
还具有海样渊深万种才，
不应由我手下人来带，
因此上我才亲自来。

于是从萨谛梵的身体里，
绳空索绑，萎靡无力，
一个拇指大的小人儿，

被阎摩用力拉过去。

于是抽了性命，断了呼吸，
失去了一切光彩神气，
停止了动作，萨谛梵的身体
变得丑陋难以看下去。

阎摩这样把他缚住了，
转身便面向南方走；
莎维德丽怀着哀愁，
随着阎摩，走在他身后，
她严守誓言，苦志多成就，
品节高超，坚把丈夫守。

阎摩说
转身吧，莎维德丽啊，回去，
去给他收拾尸身行葬礼。
你尽了对夫君应尽之道，
你走到了你应走的境地。

莎维德丽说
不论丈夫带我哪里去，
不论他自己走到哪里，
那地方我就应该去，
这是永恒不变的道理。

由苦行和对尊长的尊敬，
由守誓和对丈夫的爱情，
还由于你的慈惠怜悯，
没有什么能阻我向前行。

---

① 这节诗是无号的，因原校者以为晚出。

明见真理的智者们，
曾说七步生友情；
有了这样的友情，
我说些言语请你听。

非心意散乱的人能在森林，
行道法，兼居住，并劳动；
智者们都称道道德正法；
因此善人们称道法为第一宗。

行道法中一件，依善人们意旨，
他们都到了那条道路之中；
不企求第二条，不要第三条；
因此善人们称道法为第一宗。

阎摩说
回去吧！我听了你的话心欢喜，
字字句句音调理由联贯分明，
选一个心愿吧！只除了他的生命，
纯洁无瑕的人啊！我满足你一切
　心愿。

莎维德丽说
失去了自己的国土，居住在森林，
我的公公在道院里双目失明。
凭借你的恩惠请让那位国君
双目复明，如火焰旭日勇健绝伦。

阎摩说
纯洁无瑕的人啊！我满足你一切
　愿心。
未来将如你所说的那样光明。
看来你已倦了，走了这些路程。

转身吧！回去，你不要疲劳过分。

莎维德丽说
和丈夫在一起我怎么会疲倦？
丈夫在哪里，我也一定去那边。
你带我丈夫到哪里，我也要去，
群神之长啊！请你再听我一言。

听说与善人会一次的时机都应
　企求，
更应企求的是和善人成为朋友；
和善人相会决不能没有善果，
因此上就应该和善人来往交游。

阎摩说
你对我说的话都是善语良言，
合人心意，使智者也能智慧增添。
还是除开萨谛梵的生命以外，
贤女啊！你再挑选第二个心愿。

莎维德丽说
我的睿智的公公，那国王曾在
　往年
被夺去国土，但愿他能光复
　家园。
愿我的尊长不放弃自己的天职
这就是我挑选的第二心愿。

阎摩说
不久他就会重回故国为国君，
他也不会放弃天职入森林。
公主啊！我已经满足了你的愿心，
转身吧！回去，你不要疲劳过分。

莎维德丽说
你用制令制住了这一切人民，
统制他们，令他们走，不由本心；
因此，神啊！你以"抑制之体性"
　　闻名；
我再说一些言语请你再听。

对一切众生不怀仇怨，
无论是行为、心意和语言；
只有慈爱恩惠和施舍，
这是善人之道，永恒不变。

这世界就是如此这般，
人人都不免软弱又艰难。
然而善人即使对于仇怨，
来求情时，也给他哀怜。

阎摩说
如同口渴的人得到的乳水，
你说出的这番话如此甘甜。
还是除开萨谛梵的生命以外，
贤女啊！你可以随意挑选心愿。

莎维德丽说
我的父亲那国君还没有儿郎，
但愿我父王亲生百子绕膝前，
愿他能传宗接代家世绵远，
这就是我所挑选的第三心愿。

阎摩说
传宗接代，家世绵远，勇猛刚健，
贤女啊！你父亲将生百子绕膝前。
公主啊！你已经满足了你的心愿，

回去吧，你的路程已经走得很远。

莎维德丽说
和丈夫在一起我一点不觉远，
我的心还跑得更远，更向前；
这样就请你一边走一边再听
我还要说出来的一番语言。

你本是毗婆娑之子光辉照耀，
因此智者们给你以呗婆娑多称号；
人民由平静和正法而欢欣鼓舞，
天神啊！因此上你得了"法王"的
　　大道。

一个人对自己的信心
还不能比上相信善人；
因此一切人都怀愿望，
特别要和善人缔结交情。

一切从生的信心
都由友谊而产生；
因此所有的人们
都特别相信善人。

阎摩说
女郎啊！你所说的这一番言语，
我从未听见他人说过。啊，贤女！
我由此满心欢喜。只除了他的
　　生命，
你可以选第四个愿心，然后回去。

莎维德丽说
愿由我和萨谛梵双双在人间，

17

亲生后代使家族世代绵衍相传；
愿有一百儿子个个勇猛刚健，
这就是我所挑选的第四心愿。

女郎啊！一百儿子个个勇猛刚健，
将为你生下，常在你膝下承欢。
公主啊！你不要再过分劳苦了，
回去吧，你走的路程已经太远。

莎维德丽说
善人们永远德行崇高始终不渝，
善人们决不会陷于愁苦失去欢愉，
善人与善人交不会没有果报，
善人对善人从不会产生疑惧。

惟有善人以真理引导太阳运行，
善人以苦行法力支持着大地，
王爷啊！善人掌握着未来和过去，
在善人之间善人不会消沉丧气。

这就是圣人坚守的德行，
善人对此是永记在心；
对他人永远施行恩德，
却从不期待他人报恩。

在善人中有恩惠决不会落空，
不会丧失财富，也不会损害光荣，
正因为在善人中这是永恒不变，
所以善人才能有保护者之功。

阎摩说
你愈是说这些优美的诗的语言，
合人心意，饱含道德，意味深远，

我愈是对你怀有无上的敬意。
坚贞的女子啊！请选一个无比的
　　心愿。

莎维德丽说
赏赐光荣的神啊！若无伉俪情缘，
你赐福不会实现；因此，正如
　　其他心愿，
我重作挑选，愿萨谛梵重返人间，
因为我失了丈夫就也和死人一般。

失去了丈夫，我不希图有福享，
失去了丈夫，我不祈求上天堂，
失去了丈夫，我不贪荣华富贵，
离了丈夫，我活下去也没有心肠。

你赐我的恩典是我将生一百子，
而你又夺去我的丈夫不让团圆；
我选择心愿，愿萨谛梵重返人间，
以便你的话成为真实，不陷空谈。

玛尔根德耶说
"如你所愿！"一声说出，绳索解，
太阳之子，法王，阎摩神，
他满心欢喜开言道，
对莎维德丽说分明：

贤女啊！我放了你的夫君，
女郎啊！你使光彩耀门庭；
领他回去，他从此永无疾病，
一切心愿都会圆满完成。

他将有寿命四百岁，

和你一同偕老享遐龄，
遵循正法道德修祭祀，
他将获得世界的声名。

萨谛梵将在你身上
生下一百个好儿郎，
你生下的所有刹帝利
子子孙孙都做国王，
都用你的名字做族姓，
在人间千秋万世享荣光。

你父和你母玛罗维
也将生百子在身边，
子子孙孙都用母姓。
玛罗伐名声代代传，
你这些兄弟刹帝利
都将如三十三天神一般。

颁赐了恩典，满足了心愿，
光彩辉煌的正法王
遣返了莎维德丽回身去，
也走向自己宫廷那一方。

阎摩既向他方去，
莎维德丽重得夫君；
她连忙转身回原地，
那儿还躺着丈夫尸身。

她一见夫君躺在地，
走上前去忙抱起，
把他的头放在怀中，
就在地上坐下去。

萨谛梵神志恢复了，
对莎维德丽说起话；
好像从远方才回家，
千恩万爱一再看着她。

萨谛梵说
啊！我睡了好长一大觉，
为什么不把我叫醒来；
那位黑人是哪一个，
他拖着我从这儿走开。

莎维德丽说
人中的雄牛啊！在我怀中，
你睡了好长一大觉；
那位掌管人类的大神，
阎摩，他已经走开了。

有福的人啊！你休息好了；
王子啊！你已经睡醒；
能起来就站起来吧，
请看现在夜已深。

玛尔根德耶说
于是他恢复了意识，
好像是酣睡了一场，
萨谛梵起身四面望，
望了森林又把话讲：

出来采果作粮食，
细腰女啊！我和你一同；
以后我砍伐树木，
觉到了一阵阵头痛。

头痛难堪苦十分，
再也不能站下去，
我就睡倒在你怀中，
贤妻啊！这些我还能记起。

我就在你的怀抱中，
一觉睡去，神志昏迷；
以后我只见深沉黑暗，
暗中有一人大放光辉。

细腰女啊！如果你知道，
就请你对我把话讲：
是真正有过这回事，
还是我只做了梦一场。

于是莎维德丽对他说：
现在黑夜已深沉，
王子啊！到明天我再讲
这一切经过的详情。
……

（选自《摩诃婆罗多插话选》，下册，人民文学出版社，1987）

# 《罗摩衍那》（节选）

[印度] 蚁垤 整理

季羡林 译

《罗摩衍那》是印度两大史诗之一。"罗摩衍那"的意思是"罗摩的漫游"。全书分为《童年篇》《阿逾陀篇》《森林篇》《猴国篇》《美妙篇》《战斗篇》《后篇》7 篇，用梵文写成，约 24000 颂。传说最终是蚁垤整理成书。《罗摩衍那》的故事取自《摩诃婆罗多》的一个插话《罗摩传》，所表达的思想也与《摩诃婆罗多》完全一致。它在艺术表现上也达到了相当高的水平，堪称后世叙事诗歌的典范，被古印度人称为"最初的诗"，体现出了古代印度人的生活信仰与审美追求。

史诗以英雄罗摩和他的妻子悉多一生悲欢离合的爱情故事为主线展开叙事。十首罗刹王化身为金鹿引走罗摩和罗什曼那，劫走悉多并诱逼其嫁给自己。悉多坚贞不屈而被十首罗刹王囚禁。罗摩同猴国国王联合，在神猴哈奴曼的帮助下，带领军队开往楞伽城，消灭了十首罗刹王，救出了悉多。

节选部分集中描写了女主人公悉多的形象，生动而感人。她外表具有迷人的魅力，性格温柔而多情，贤淑善良。她忠于自己的丈夫，在丈夫受难时，她不离不弃；在自己遭遇胁迫时，她固守爱情，坚贞不屈，忠贞不渝。悉多身上体现的是印度古代伦理道德规范，她一直被印度人奉为妇女"坚贞的楷模"。

《罗摩衍那》表明了印度人关于宇宙统一性的观念，人物刻画栩栩如生，书中的人物性格鲜明是其一大特点。《罗摩衍那》中为数不少的景物描写也是对前代文学传统的突破，做到了情景交融，以景物描写来烘托气氛和人物形象。这一点也可以从选文中得到体现。在语言运用上，《罗摩衍那》具有鲜明的口头文学的特色。比喻和夸张的艺术手法层出不穷，还非常注意对格律的运用，具有史诗特有的韵调。

总之，《罗摩衍那》在印度文学史和东方文学史上都具有崇高的地位。他确立了印度人民带有浓厚的信仰色彩、宗教色彩的基本的宇宙观、世界观和人生观。作为印度人民长期共同创作、流传的经典著作，它已经成为了印度精神的一面镜子。

# 第十三章

他藏在那里偷偷地瞧，
他一心把悉多来寻觅；
他在那里纵目观望，
他看到整个那块土地。

这地方点缀着许多大树，
树上爬满了成串的蔓藤；
飘拂着天香，洋溢着天味，
到处都装饰得美妙无穷。

这花园像难陀那乐园，
里面挤满了鸟和兽；
到处耸立着楼台殿阁，
杜鹃的鸣声响个不休。

这花园装饰着长方池塘，
池塘里开着黄金的荷花；
还有很多的座位和毯子，
有许多房屋修建在地下。

有美丽又结果的大树，
六季都把那鲜花开满；
那些繁花盈枝的无忧树，
光辉闪烁像太阳一般。

这风神的儿子站在那里，
看到园林燃烧般地光辉；
成群的鸟儿落在树上，
好像把树枝和叶子摧毁；
鸟儿成百地飞了起来，

头上戴着五彩的花盔。

很多解愁驱忧的无忧树，
繁花一直开到了树根；
累垂的花朵成了负担，
好像要同大地来接吻。

开花的迦哩尼伽罗树，
带着花朵的金输迦，
它们的光辉映照闪动，
好像到处都闪着火花。

还有蓬那伽树和七叶树，
以及瞻波伽和优陀罗迦；
它们的根都长得很粗壮，
繁花使得这里光彩焕发。

有一些树闪着金光，
有一些树像是火焰，
有一些树像是蓝膏，
成千的无忧树生在中间。

有多种园林丰富多彩，
像难陀那和支多罗罗陀一样，
林中洋溢着动人的光辉，
不可思议像要超过天堂。

这树林充满了繁花的光辉，
它好像是第二个天堂；
成百的宝花五色辉映，

又好像是第五个海洋。

树上开满了六季鲜花，
这些树芬芳像甜蜜；
有成群的飞鸟和走兽，
这园林献出各种东西。

花香真是沁人肺腑，
阵阵的香风吹拂；
香得就像喜马拉雅山，
又像第二个干闼摩陀诺。

这个猴子的魁首看见，
在这一片无忧树园里，
就在不太远的地方，
立着一座牢固的支提。

它中间有成千的柱子，
像吉罗娑山那样灰白；
楼梯子都是珊瑚装成，
下面有精炼的黄金台。

它遍体闪着光辉，
好像要夺走人的眼睛；
因为它高耸又崇峻，
好像要刺破天空。

他看到一个纯洁的女郎，
身上穿着黑色的衣裳；
四周围绕着许多罗刹女，
绝食弄得她瘦削非常；
在这白半月开始的时候，
她不停地叹气又悲伤。

她的形体慢慢地显露，
身上洋溢着美妙的光辉；
好像是烈火的光焰，
浓烟绕在它的周围。

她身上裹着一件上衣，
颜色发黄，又皱又脏；
她就像一个只有淤泥
而没有荷花的荷塘。

这贞洁的女子羞羞答答，
她痛苦异常，憔悴芳损；
她像是那星星卢醢尼，
被罗睺和火星所围困。

她痛苦得泪流满面，
断了食物瘦削不堪；
她悲伤，忧思不断，
只有忧愁同她做伴。

她看不到那可爱的人，
看到的只是罗刹女群；
她好像是一只小鹿，
离开鹿群为狗所困。

原来梳起了一条辫子
现在垂在背上像条黑蛇；
长在幸福中不懂得忧患，
现在却为痛苦所磨折。

他看这大眼女郎，
瘦削憔悴减容光；
根据得到的证据，

23

"这就是悉多,"他想。

"那个随意变形的罗刹,
把她用暴力劫走时,
我曾看到的那个女郎,
完完全全就是这样子。"

她面如满月眉毛美,
乳房娇嫩又丰满;
这个王后用自己的美貌,
驱散了四面八方的黑暗。

她黑发,嘴唇像相思果,
腰肢纤细,周身匀称;
她就像爱神的情妇罗底,
悉多这个女郎莲花眼睛。

她像满月的清光一样,
全世界人民都对她向往;
像一个虔诚的苦行女,
这美妙女郎坐在地上。

她频频地曼声叹息,
羞怯像龙王的老婆;
她陷入巨大的愁网中,
她不能再光辉闪烁。

她好像是烈火的光焰,
周围绕着一股浓烟;
又像是被亵渎的传承,
或像渐渐减少的财产。

她好像被损伤的信仰,

又像是破灭了的希望;
她好像遭到灾难的幸福,
又像是受到污染的智量。

她好像是堕落了的声誉,
遭到了无根的诬蔑;
离开罗摩使她痛苦,
被罗刹所俘使她瘦削。

眼睛像鹿眼的女郎,
目光向四下里张望;
眼睛里充满了泪珠,
脸色黝黑睫毛黑长;
嘴边流露出不满,
一再哀叹,神情凄惶。

她身上很脏,憔悴不堪,
她摒弃了高贵的首饰;
她好像那月亮的光辉,
被黑色的云层遮窒。

哈奴曼看到悉多以后,
他的心头疑团重重;
好像一些极松弛的智慧,
离开了神圣的传统。

哈奴曼痛苦地认出了,
那个悉多毫无装饰;
她好像是含义分歧的字,
语法规律没有解释。

他看这个大眼女郎,
无瑕的国王的姑娘;

根据那些得到的证据，
"这就是悉多，"他想。

"在悉多的肢体上，
罗摩所说的那些东西，
那些穿戴和首饰，
都在她身上闪耀美丽。

两个耳环制作得很好，
犬牙般的耳饰很漂亮；
在她的手上和脚上，
摩尼珊瑚首饰闪着光。

由于同身体接触时间长，
这些首饰都变成了黑色；
我认为，这些首饰就是，
罗摩曾经说到的那一些。

她丢下来的那些首饰，
我都没有能够看到；
这些毫无疑问就是，
那些首饰她没有丢掉。

她丢下一件美丽的衣服，
颜色就好像是黄金盘；
那一件上衣挂在树上，
那些猴子都已经看见。

这一些绝妙的首饰，
人们看到它们在地面上；
当她丢下这些东西时，
发出了很大的声响。

过长的时间穿在身上，
这件衣服显得很脏；
但是它那鲜艳的颜色，
却仍然显得非常漂亮。

这就是罗摩的情人，
她躯体四肢闪出金色；
这贞洁的女子虽已失踪，
他心里却仍然忆念不舍。

就是为了她的缘故，
四种感情折磨着罗摩；
一是慈悲，二是哀悯，
三是忧愁，四是情魔。

因为女子失踪而慈悲，
由于她依靠他而哀悯，
因为丢掉老婆而忧愁，
由于她可爱而有爱情。

这一个黑眼睛的女郎，
五官四肢都动人漂亮；
这王后真配得上罗摩，
罗摩同她长得风度一样。

这王后的心在罗摩身上，
罗摩的心也在她身上，
这虔诚的人因此还能活，
不然连一刹那也活不上。

罗摩做了一件艰巨的事，
这勇武的人还能活着；
他离开这动人的女郎，

本来是连一刻也不能活。"

这个风神的儿子，

看到悉多心中欢；
他想起了那罗摩，
连声赞叹又赞叹。

# 第十四章

悉多确实值得称赞，
猴子魁首对她大加赞美；
他回头又想到了罗摩，
罗摩喜欢道德行为。

他自己沉思了一会儿，
眼里充满了泪水；
这个聪明的哈奴曼，
又为悉多而生悲：

"罗什曼那尊敬哥哥，
她是哥哥可敬的情人；
如果悉多遭受愁苦，
难以克服的正是命运。

她相信罗摩一定会努力，
对聪明的罗什曼那也信得过；
这王后并不慌里慌张，
就好像那雨季里的恒河。

她同他节操和年龄都相同，
她同他一样出身名门大家；
罗摩真正配得上悉多，
这个黑眼睛姑娘也配得上他。"

看到她像那真金一样，

这个世人敬爱的美丽女神；
他的心又飞向罗摩，
他又对自己自言自云：

"为了这个大眼女郎，
勇武的波林丧了命；
论力量可比罗波那，
迦槃陀也丧了生。

这罗刹在战斗中被杀，
这威力可怕的毗罗陀；
在大森林里被罗摩压服，
像因陀罗杀死商波罗。

共有一十四万罗刹，
个个都是威猛可怕；
在阇那私陀那地方，
被火焰般的利箭射杀。

伽罗在战斗中被杀死，
底哩尸罗婆也倒在地下，
有极大的威力的突舍那，
也被虔敬的罗摩所杀。

波林掌握着猴国的统治，
想得到它，十分困难；

须羯哩婆由于她的缘故，
夺得了世人尊敬的统治权。

那光辉的万水之王，
那片海洋被我跨过；
为了那大眼女郎的缘故，
我看到了这大城一座。

如果为了她的缘故，
罗摩把这世界来破坏；
也破坏这环海的大地，
我认为那完全应该。

一边是三个世界的王国。
一边是悉多遮那竭之女，
三个世界的整个王国。
比不上悉多的三分之一。

高贵的弥提罗国王，
遵守达磨，戒律谨严；
悉多这遮那竭王之女，
她忠于对丈夫的誓言。

犁头犁破地上尘，
她从土中站起身，
身上盖满地中土，
美丽宛如荷花粉。

她是十车王的儿媳妇，
这个光辉优异的女郎；
十车王律身严威猛无比，
在战斗中从来不逃离战场。

她本是罗摩的妻子，
现在落到罗刹女手中；
罗摩精通达磨知感恩，
他又能洞察自己的心灵。

她摈弃一切甘旨，
她依恋丈夫忠心耿耿；
把一切困难不放在眼里，
跟他来到无人的林中。

甘心吃果子和块根，
一心一意服从丈夫；
她热爱上那片森林，
像在自己屋中那样住。

她的四肢呈现黄金颜色，
经常是含着笑把话来说；
她不应该遭受这样艰辛，
现在却忍受这般的坎坷。

这个贞静贤慧的女子，
现在受折磨在魔王手中；
罗摩渴望能够见到她，
像害渴的人想见到水井。

如果能够再得到她，
罗摩将会异常高兴；
有如一个失国的国王，
又把大地夺回到手中。

她已经丢弃爱情享受，
她已经同亲人离散；
她只想同罗摩重逢，

27

就这样来苟延残喘。

她看不见这些罗刹女，
看不见这些开花结果的树；
她只看到罗摩在眼前，
她一心一意全神贯注。

丈夫是妻子的最高装饰，
他甚至超过所有的饰品；
如果她没有了丈夫，
她就不会再美丽动人。

国王罗摩失掉了她，
他做了一件艰巨的事；
他居然还能活下来，
没有被忧愁所钳制。

这一个黑头发的女郎，
眼睛像荷花一样；
她本应享福却受了苦，
看到她我心里也凄怆。

她容忍像那大地，
眼睛好似蓝莲花；
两个人把她保卫，
罗摩和罗什曼那。

现在被魔女禁锢，
就在那大树根下；
这一群罗刹魔女，
眼睛丑怪真可怕。

就像雪中荷花塘，
已经暗淡又无光；
她在深深忍受着，
一连串悲苦忧伤；

就像一只母鸳鸯，
离开那只公鸳鸯；
遮那竭王的女儿，
目前境遇真凄怆。

这一些无忧树，
枝子被花压弯；
它们在她心中，
引起忧伤悲惨。

在寒冬已过的春天，
光线暗淡的月亮；
现在升起来，用千条光芒，
勾引起她的忧伤。"

这猴子就这样
到处搜求寻索；
他忽然间想到：
"这个就是多悉。"

这英武勇敢的，
群猴中的魁首，
爬上那棵树去，
就在那里停留。

# 第十五章

于是那皓洁的月亮，
闪着白莲花的清光，
它升到洁净的天空里，
像天鹅游在蓝水里一样。

那清光纯洁的月亮，
用自己的光辉来办事；
它用那清冷的光线，
把风神的儿子来支持。

于是他就看到了悉多，
面庞像那满月一般；
她被忧愁的重担压瘦，
就像被重担压沉的船。

风神的儿子哈奴曼，
希望看到那个悉多；
在离她不远的地方，
他看丑怪的罗刹女魔。

有的一只眼，一个耳朵，
有的耳朵遮遍全体，
有的没有耳朵，有的耳朵尖，
有的鼻子从头上喘气。

有的脑袋非常高，
有的脖子又细又长，
有的头发披散下来，
有的头发像毛毯一样。

有的耳朵垂在额上，
有的肚子和乳房垂下；
有的嘴唇垂到腮上，
有的嘴垂到膝盖以下。

有的短小有的长粗，
有的弯腰像侏儒，
有的脸红脸丑怪，
有的脸歪牙突出。

有的丑怪颜色褐又黑，
有的脾气暴烈喜吵架，
有的手里执着大铁枪，
有的铁打大锤手中拿。

她们的面孔像野猪和鹿，
又像老虎、野羊、豺狼和公牛，
她们的脚像骆驼、大象和马，
另外一些的脑袋被拔走。

有的一只手，一只脚，
有的耳朵像牛又像象，
有的耳朵像牛又像马，
还有的耳朵像猴子一样。

有的没有鼻子，有的鼻子大，
有的鼻子横生，有的鼻子生得怪，
有的鼻子就像那大象的鼻子，
有的鼻子从额头上把气喘出来。

有的脚极大像大象，
有的脚像牛，像鸡冠。
有的头和脖子都粗大，
有的乳房大肚子又宽。

有的大眼睛，大嘴，
有的舌头长，指甲长。
有的面孔像羊，像大象，
有的面孔像牛和猪一样。

有的是马唇，有的驴嘴，
这些罗刹女面貌可怕；
手里拿着铁锤和铁叉，
脾气暴烈，专好吵架。

这些罗刹女嘴牙凸出。
头发灰黑，面孔怪丑；
她们在那里不停地喝汤；
他们酷爱吃肉又喝酒。

她们身上抹着肉和血，
她们吃的也是血和肉；
这个猴子看到罗刹女，
看到她们让人毛发竖。

她们背靠树身坐在那里，
围绕着这一棵巨大的树；
他看到在大树的下面，
那一个无可指责的公主。

那个光辉的哈奴曼，
看到了遮那竭的女儿；
她忧愁憔悴失光彩，

头发上布满了污泥。

她就像是一颗星，
功德耗尽堕凡尘；
赢得贤慧美名称，
艰难无比见良人。

她摒弃了高贵的首饰，
一心一意想自己的丈夫；
她被罗刹头子所禁锢，
让她失掉了所有的亲属。

她像一只被缚的小象，
离开象群被狮子围困；
她像云层里的月芽，
围困它的是那秋云。

她的形容憔悴又忧愁，
像那多日没弹的琵琶；
悉多只关心丈夫的幸福，
罗刹们的权威不在话下。

在这无忧树园里面，
她沉入忧愁的海洋；
她像罗睺围住卢醯尼，
她被罗刹女围在中央；
哈奴曼看到了这王后，
像是没有花的蔓藤一样。

她虽然长得仪容秀美，
浑身却涂满了泥污；
她像涂上泥的莲藕，
美丽闪光却显不出。

这个猴子哈奴曼，
看到了那鹿眼女郎；
这个美女身上穿着，
污秽一塌糊涂的衣裳。

这个王后面容消瘦，
丈夫的威德使她挺立；
这个黑眼睛的悉多，
用节操来保卫自己。

哈奴曼看到了悉多，
眼睛长得像小鹿一般；
她像一只受惊的母鹿，
用眼睛四下里观看。

那些长着嫩条的树木，
好像被她的叹息所焚烧；

她就像是一堆忧愁，
又像是不幸的波涛。

她消瘦，身体匀称，
不戴首饰，依然美丽；
风神的儿子看到悉多，
他心里无比地欢喜。

看到了这个美目女郎，
哈奴曼高兴得热泪盈眶；
他让泪水流了出来，
他向罗摩致敬赞扬。

这个威猛坚强的猴子，
向罗摩和罗什曼那致敬；
哈奴曼终于看到了悉多，
他心里真是无比高兴。

# 第十九章

残暴的罗刹这样说，
悉多把这些话听完；
她慢声慢气来回答，
她悲痛，声音凄惨。

她哭泣，她痛苦忧愁，
这苦人儿浑身发抖；
这美臀女郎忧思不止，
她誓为自己丈夫把节守。

她把一把草放在中间，
这位巧笑的女子开了言：
"把你的心放在老婆身上，

丢掉你那一些邪念。

你打我的主意白费心机，
好像坏蛋期望解脱；
我本来是有夫之妇，
坏事情我从来不做；
我出身于名门大族，
我的夫家也有道德。"

这个贞洁的悉多，
这样对罗波那说了话；
她接着又把话说，
把脊梁转向这个罗刹：

31

"我不能当你的妻子，
我是别人忠贞的老婆；
你要好好地想想达磨，
你要规规矩矩地生活。

恶魔呀！要保护别人妻子，
就像保护你自己的一样；
你要充分地注意你自己，
把心放在自己老婆身上。

一个人不满意自己的老婆，
纵欲享受感官快乐；
他专门去干骗人的事，
他会受到别人老婆的奚落。

或许是这里没有好人，
也许你不跟好人走；
聪明人说的适当的话，
你认为没有用，不去遵守。

因为一个粗暴的国王，
专门喜欢去干坏事；
他那繁荣的国家和城市，
一定会垮台又消失。

在这一座楞伽城里，
宝贝丰盈像流水一般；
但是由于你干了坏事，
它不久也会失散。

罗波那呀！你目光短浅，
恶贯满盈将被人杀掉；
对于这样坏人的毁灭，
众生都会拍手叫好。

那些受侮辱的人们，
将会对你这个坏蛋说：
'好哇！这个坏东西倒霉了'，
他们都会感到快乐。

用权势，用财富，
都不能引诱我上当；
我只属于罗摩一人，
好像光线属于太阳。

我已经把我的脑袋，
在那国王胳膊上枕过；
现在我怎么能够，
去枕另外什么人的胳膊？

我属于那个大地之主，
我是他门当户对的妻子；
他曾沐浴过发过誓，
我就像属于虔敬人的知识。

罗波那！我很痛苦，
把我好好送到罗摩身旁；
就好像是把一头母象，
送给树林子里的象王。

如果你不想残酷地杀戮，
如果你想把地位保留；
那么就同人中之雄罗摩，
结成恰当适合的朋友。

祭起来的金刚杵可能饶你，
死神也可能让你逃掉；
但是人王罗摩如果生了气，

像你这样的坏人他不会饶。

坏透了，你的所作所为。

罗摩的弓发出了大声，
你将会听到这声音；
它就像是因陀罗祭起的
雷电中的霹雳一阵阵。

那兄弟俩猛狮一般，
他们俩走出去狩猎；
他们的净修林空了，
你就乘机将我劫。

那些骨节美妙的箭，
尖头像火焰一般，
上面刻着罗摩兄弟的名，
将飞速射向此间。

罗摩和罗什曼那两个人，
只要看到他们你就受不住，
闻到他们的气味也害怕，
好像是一只狗看到老虎。

这城里四方八面的罗刹，
那些箭将把他们射死；
装着苍鹭羽毛的箭射下来，
将会使他们完全消失。

苾阁力特罗用一只胳臂打仗，
因陀罗却用两只来战斗；
用一只胳臂的打败了，
用两只的胜利拿到手。

罗摩这只巨大的金翅鸟，
将会把罗刹王的大蛇消灭；
正像毗那陀的那个儿子，
迅速地叼走那些大蛇。

我的丈夫那个罗摩，
很快就同罗什曼那，
用箭夺走你的性命，
像太阳蒸干小水洼。

我那个摧毁敌人的丈夫，
将迅速从你手里把我夺回；
好像毗湿奴大神跨了三步，
从阿修罗手里夺回炽燃的光辉。

无论你逃往
财神爷神山；
你还是逃到
婆楼那宫殿；
你将毫无疑问，
逃不出罗摩手掌；
好像是一棵大树，
被雷电摧折一样。"

阇那私陀那完全摧毁，
消灭了罗刹的军队；
罗刹那！你是坏蛋，

（选自《罗摩衍那》（三），人民文学出版社，1984）

# 《沙恭达罗》（节选）

[印度] 迦梨陀娑　著

季羡林　译

迦梨陀娑（约 350—472）是享有世界声誉的、印度古代最著名的诗人和剧作家。他的创作流传至今的有叙事诗《鸠摩罗出世》和《罗怙世系》，抒情短诗集《时令之环》，抒情长诗《云使》，剧本《沙恭达罗》《摩罗维迦与火友王》等。他的剧作以宫廷生活为背景，以国王为男主角，以爱情为主题。

《沙恭达罗》是他最著名的代表作，标志着古典梵剧的高度成熟。全剧共 7 幕，叙述了净修林女郎沙恭达罗和国王豆扇陀的恋爱婚姻故事，歌颂了沙恭达罗单纯质朴、温柔善良的美好品格和嫉恶如仇、富于反抗的性格特征；也描写了豆扇陀的两重性：他既有开明君主、古代英雄勇武豪迈的一面，又有现世国王专横跋扈、荒淫放荡的一面，进而反映了奴隶制鼎盛时期的社会生活。

剧中沙恭达罗的形象丰满，性格鲜明，是一位代表古典美的印度女性形象。沙恭达罗单纯而质朴，没有华丽的衣着，却以天然去雕饰的美丽让国王一见倾心。为了爱情，她冲破了净修女的法规，战胜了自己的羞怯，勇于表达爱情。她全心全意地爱着豆扇陀，不顾一切。当以为自己受骗时，她勇敢地斥责国王是卑鄙的小人。这也表现了她刚直不阿、嫉恶如仇的性格，使她的形象更加丰满光辉。

节选部分为第四幕，写沙恭达罗准备去京城寻夫，静修林的人为其饯行。迦梨陀娑以细腻的笔墨，勾画了人物的内心冲突，并且善于通过动作来表现人物的心情、性格。比如沙恭达罗在离开净修林时，作者写她对小鹿哭泣，与春藤拥抱，这些比惜别的语言更能打动人心，表现离别的伤感。

《沙恭达罗》作为戏剧，其严谨的戏剧结构一直被奉为经典。各幕之间衔接自然，环环紧扣。现实情节为全剧主体，但剧中的现实又与神话性情节紧密交织，神话起到了为剧情增色的作用。第四幕中写到了仙人对沙恭达罗的诅咒这一神话情节，在现实生活中这是荒唐的，但与沙恭达罗思念豆扇陀联系起来，就显得真实而感人。作品语言朴素而优美，流畅而生动，融入了浓浓的抒情色彩，精美典雅又清新自然，使整部作品诗意盎然。

# 第四幕

〔两个女朋友上，作摘花状。〕

**阿奴苏耶** 毕哩阁婆陀！虽然我们亲爱的朋友沙恭达罗已经用乾闼婆方式得到一个配得上她的男人，她心满意足了，但是我的心总放不下。

**毕哩阁婆陀** 为什么呢？

**阿奴苏耶** 那位王仙已经满足了自己的愿望，今天仙人们送走了他，他已经回自己的京城去了。他一走到那成百的后宫佳丽丛中，是否还能想起我们这个人呢？

**毕哩阁婆陀** 你先放心吧！这样超群出众的品质不会作出违反道德的事情的。目前要想一想：我们的师傅从圣地游行回来，听到这件事，我不知道，将会发生什么事情。

**阿奴苏耶** 你问我的这件事，师傅一定会同意。

**毕哩阁婆陀** 为什么呢？

**阿奴苏耶** 为什么不呢？女孩子一定要嫁给一个配得上的丈夫，他心里首先这样想。命运既然这样安排了，我们师傅一定会满意的。

**毕哩阁婆陀** 就这样吧！（看着花瓶）朋友！祭祀用的花已经摘够了。

**阿奴苏耶** 沙恭达罗不向那些保护神致敬吗？我们再多采一些吧！

**毕哩阁婆陀** 对的。（两个人就摘起花来）

（幕后）就是我，哼！

**阿奴苏耶** （倾听）朋友！似乎是一个客人在介绍他自己。

**毕哩阁婆陀** 沙恭达罗不是在茅屋里吗？（沉思）噢！她今天大概又是心不在焉。我们的花已经采够了。（要走）

（又是幕后）啊！你怎么竟敢看不起我这个客人呀！

你心里只有那个人，别的什么都不想念。

我这样一个有道的高人来到，你竟然看不见。

你那个人决不会再想起你来，即使有人提醒他，

正如一个喝醉了的人想不起自己作过的诺言①。

---

① 根据印度古代的迷信，谁要是得罪了有道行的仙人。仙人就诅咒他，而诅咒的话一定会实现。沙恭达罗正害着相思病，大仙人达罗婆娑来到，她对他有些轻慢，大仙人就说出了诅咒的话。

［二人听到，发起愁来。］

**毕哩阎婆陀**　哎呀，糟糕，糟糕！终究出了事了。我们的亲爱的朋友失神落魄地得罪了一个应该尊敬的人。

**阿奴苏耶**　（向前看）朋友！她得罪的不是一个普通的什么人。这是最容易生气的大仙人达罗婆娑。他气得连迈步都有点蹒跚，回头走了。

**毕哩阎婆陀**　除了火以外什么东西还有这样大的燃烧的力量呢？快走过去，跪在他脚下，恳求他回转来！同时我给他准备下献礼和水。

**阿奴苏耶**　好吧！（下）

**毕哩阎婆陀**　（在走着的时候，作蹒跚状）哎呀！我太慌张，把花瓶都从手里丢掉了。（作采花状）

**阿奴苏耶**　（上）朋友！那个人似乎就是忿怒的化身，什么人能够劝服他呢？但他终究发了点慈心。

**毕哩阎婆陀**　这一点对他说起来已经很多了。请你把经过谈一谈吧！

**阿奴苏耶**　因为他不想回转来，我就跪在他脚下对他说：尊者！
请你考虑到她过去的虔诚，今天她对你那超人的力量没有意识到，因而对你失敬，请你饶恕你这个女儿吧！

**毕哩阎婆陀**　以后呢？

**阿奴苏耶**　以后吗？他说："我的话既然说出去，就不能不算数。但是只要她的情人看到他给她的作为纪念的饰品，我对她的诅咒就会失掉力量。"说完扭头走了。

**毕哩阎婆陀**　现在可以放心了。王仙临走的时候，曾把一只刻着自己名字的戒指套在沙恭达罗的手指头上，说是作为纪念。希望就寄托在这只戒指上面了。

**阿奴苏耶**　来！让我们俩去为她祭神吧！（二人在台上绕行）

**毕哩阎婆陀**　（瞭望）阿奴苏耶呀！你看哪，我们亲爱的朋友坐在那里左手托着脸，像一幅画一样，她想到的只是他，连自己都不管了，她怎么能注意到那个高贵的客人呢？

**阿奴苏耶**　毕哩阎婆陀呀！刚才发生的那件事情只放在我们两个人心里好了。我们的亲爱的朋友天性柔弱，不要告诉她了。

**毕哩阎婆陀**　谁会向幼嫩的茉莉上浇热水呢？

［二人下。］

——插曲——

［干婆的徒弟上，刚睡起来。］

**徒弟** 我的师父干婆巡礼圣地婆罗婆娑回来了，他命令我留心白天的降临，我
走出来看一看，黑夜还有多久就可以过去了。

好哇，天亮了！因为

在那一边，月亮正落到西山的顶上，

在另一边，太阳以朝霞作前驱正在露面。

日月二光在同一个时候一升一降，

似乎就象征着人世间的升沉变幻。

而且——

月落之后，白色的夜莲不再悦目。

只在回想里残留着它的光艳。

爱人远在天涯，闺中的愁思，

一个柔弱的女子万难承担。

而且——

早晨的霞光照红了迦哩干图树枝上的露珠。

赶走了睡眠的孔雀离开达梨薄草盖成的茅屋。

小鹿蓦地从印满了它的足迹的祭坛那里跑开。

向高处跳了几跳，又伸直了自己的身躯。

而且——

月亮把它的光辉洒上众山之王的须弥山。

驱除了黑夜一直升到毗湿奴①的中殿。

它带着黯淡的光辉从天空里落下来。

大人物不论爬多高，最后还是落下尘寰。

**阿奴苏耶** （匆匆忙忙入，独白）像我这样一个与世隔绝的人也遇到这种事，
国王对沙恭达罗的举动太不体面了。

**徒弟** 我要告诉师傅，焚烧祭品的时间到了。（下）

**阿奴苏耶** 夜已经过去，天快亮了。我醒得很快。虽然醒了，但是究竟做什么
呢？我的两只手不大想做早晨要做的事情。现在让爱情满足它的欲望吧，
它把我那位心地纯洁的爱友跟一个背信弃义的男人拖在一起。也可能不是
那个王仙的错处。一定是达罗婆娑的诅咒发生了效力。不然的话，那位国
王海誓山盟，到现在已经隔了这样长的时间，为什么连一句话也不派人来
说呢？（沉思）"我们要把那只作为信物的戒指送给他吗？"净修的人都是

---

① 毗湿奴，印度神名。

37

冷酷不了解痛苦的，要请谁去吗？我们虽然确信我们的朋友应该负这个责任，但是却不能告诉师傅干婆，沙恭达罗已经跟豆扇陀结了婚而且怀了孕。那么我现在究竟要怎么办呢？

**毕哩阎婆陀**　（入）阿奴苏耶呀！快点来快点来给沙恭达罗饯行吧！

**阿奴苏耶**　（吃惊）朋友呀！怎么回事？

**毕哩阎婆陀**　你听着！我刚才到沙恭达罗那里去，我只想问一问，她睡得好不好——

**阿奴苏耶**　以后怎么样？

**毕哩阎婆陀**　以后吗，她正羞得低下了头，我们的父亲干婆拥抱着她，向她祝福："孩子，我祝福你！祭祀婆罗门的眼睛虽然给烟熏得模糊了，他的祭品却正掉在火里。正如知识已经给一个好学生所掌握，我也不再为你担忧。我今天就要找一些仙人陪着你，把你送到你丈夫那里去。"

**阿奴苏耶**　朋友！是谁把这件事情告诉父亲干婆的？

**毕哩阎婆陀**　当他走近燃烧着圣火的地方时，一个无影无形的声音朗诵了一首诗——

**阿奴苏耶**　（吃惊）怎么样？

**毕哩阎婆陀**　你听着！（念梵文）

婆罗门呀！你要知道，为了人世间的快乐幸福，豆扇陀给你女儿种上了光明种子，正如怀火的舍弥树①。

**阿奴苏耶**　（拥抱毕哩阎婆陀）我高兴，我真高兴。但是一想到沙恭达罗今天就被送去，我的高兴又跟忧愁有些相似了。

**毕哩阎婆陀**　我们总要想法驱掉忧愁。现在要使我们可怜的姊妹高兴！

**阿奴苏耶**　所以我曾专为这件事把能够经久的计舍罗香末储藏在一个椰子壳里，现在就挂在芒果树枝上。你把这些香末放在荷叶上，同时我去准备一些牛胆黄、圣土和杜罗跋草的幼苗来为她制造吉祥膏。（毕哩阎婆陀照作，阿奴苏耶下。）

（幕后）乔答弥呀！请告诉舍楞伽罗婆和舍罗堕陀，还有别人，他们要准备好去送我的孩子沙恭达罗！

**毕哩阎婆陀**　（倾听）阿奴苏耶！快一点，快一点！到诃悉帝那补罗去的仙人们被召唤了。

---

①　这故事出于印度神话。内容是：女神波罗婆抵有一天欲心大盛，倚在舍弥干上休息。树身内因而产生了高热，后来就爆发成为火焰。

阿奴苏耶　（手里拿着香膏入）朋友！来，让我们俩走吧！（绕行）

毕哩阎婆陀　（瞭望）沙恭达罗就站在那里，她在太阳上升时刚沐浴过，一群
　　净修的女人正拿着祭献过的野稻向她祝福。我们俩到那里去吧！（向前走）
　　　［沙恭达罗偕乔答弥入，正如上面说过的，许多人围绕着她。］

沙恭达罗　我向圣女们致敬。

乔答弥　孩子！你要知道，"皇后"这个头衔，是你丈夫给你的荣誉。

净修女　孩子！愿你生一个英雄的儿子！（除乔答弥外，全下）

二女友　（走上去）朋友！你洗得舒服吗？

沙恭达罗　欢迎我亲爱的朋友。到这边来坐下吧！

二女友　（坐下）朋友！你先坐直一点，我们俩把吉祥膏给你涂上。

沙恭达罗　这虽然是习见的事，我今天却非常重视它，因为今后难得再有让我
　　的亲爱的朋友服侍的机会了。（洒泪）

一女友　朋友！在喜庆时候哭是不应该的。（擦眼泪，作装饰状）

毕哩阎婆陀　啊哈！你天生丽质应该好好地装扮一下，在净修林里容易得到的
　　那些装饰品伤损了它。

一个小徒弟　（手里拿着装饰品，入）这里是全部的装饰品，请小姐上妆吧！
　　　［大家都吃惊地看着。］

乔答弥　孩子诃哩陀！这些东西是哪里来的？

诃哩陀　父亲干婆搞来的。

乔答弥　是他用心力咒出来的吗？

诃哩陀　不是。你听着！可尊敬的干婆命令我们说："从树上把花采给沙恭达
　　罗！"于是——
　　一棵树上飘出一件洁白如月光的象征幸福的麻衣。
　　另一棵树吐出了可以用来染脚的黑颜色的漆。
　　从别的树上林中的女神伸出手来托着珠宝，
　　一直伸到露出手腕，跟幼嫩的枝条比赛着美丽。

毕哩阎婆陀　（看着沙恭达罗）蜜蜂虽然住在树洞里，却希望吃到荷花的蜜。

乔答弥　这个恩惠就表示你会在你丈夫的宫中享受皇家的幸福。（沙恭达罗作
　　羞答答状）

诃哩陀　尊者干婆到摩哩尼河边上去沐浴去了，我要把树神的这一番盛意告诉
　　他。（下）

阿奴苏耶　朋友呀！我这个人从来没见过这样的装饰品，怎样来打扮你呢？
　　（沉思而且端详）让我们俩利用关于绘画的知识来把这些装饰品安排到你

身上去吧！

**沙恭达罗** 我知道你们的本领。（二女友作打扮状）

　　［干婆上，刚沐浴回来。］

**干婆** 沙恭达罗今天就要走了，一想到这个我就忧心忡忡。我含泪咽声，说不出话来，愁思迷糊了我的眼睛。我虽然是出家人，但舍不得她，心情竟这样不安。在家人跟自己的女儿分离时不知是如何地苦痛？（来回徘徊）

**二女友** 朋友沙恭达罗呀！你现在打扮好了。请披上那两件漂亮的麻衣吧！（沙恭达罗站起来，作披状。）

**乔答弥** 孩子呀！你师傅站在这里，眼睛里充满了快乐的泪，仿佛想拥抱你哩。快来向他致敬吧！（沙恭达罗羞答答地鞠躬）

**干婆** 孩子呀！

　　愿你的丈夫敬重你，像耶夜底敬重舍罗弥释塔。

　　愿你像她生补卢一样生一个儿子作大王，统治天下。①

**乔答弥** 孩子！这愿望一定会实现的，并不只是一个祝福。

**干婆** 孩子呀！立刻到这边来围着祭祀的火绕行！（大家都绕着走起来）

**干婆** 孩子呀！

　　祭坛周围的土已经堆起，

　　草铺在四周，木头放在火里，

　　祭品的香味洗涤了罪恶，

　　愿这些祭火保佑你！

　　［沙恭达罗右转绕火而行。］

**干婆** 孩子呀！现在你就启程吧！（瞭望）舍楞伽罗婆，舍罗堕陀和其他的人在什么地方？

**二徒弟** （入）尊者！我们俩在这里。

**干婆** 孩子舍楞伽罗婆呀！给你妹妹带路！

**徒弟** 这里，这里，小姐！（大家绕行）

**干婆** 喂，喂！净修林里的住着树林女神的树啊！

　　在没有给你们浇水以前，她自己决不先喝。

　　虽然喜爱打扮，她因为怜惜你们决不折取花朵。

　　你们初次著花的时候，就是她的快乐的节日。

　　沙恭达罗要到丈夫家去了，愿你们好好跟她告别！

————————————

① 舍罗弥释塔是魔王的女儿，耶夜底的妻子。耶夜底是豆扇陀的祖先。

**舍楞伽罗婆**　（似乎听到杜鹃的叫声）尊者！

树木也是沙恭达罗的亲属，它们现在送别她，

杜鹃的甜蜜的叫声就给它们用作自己的回答。

（幕后）愿她走过的路上点缀些清绿的荷塘！

愿大树的浓荫掩遮着火热的炎阳！

愿路上的尘土为荷花的花粉所调剂！

愿微风轻轻地吹着，愿她一路吉祥！

（大家都吃惊地听）

**乔答弥**　孩子呀！净修林里的女神们爱自己的亲属，她们祝你一路平安。那么向女神们磕头致敬吧！

**沙恭达罗**　（磕头，绕行，向毕哩阇婆陀）毕哩阇婆陀！虽然我很希望看到我的夫君，但是要离开这个净修林，我的双脚想往前走，抬起来，却很难放下。

**毕哩阇婆陀**　你同净修林分别，伤心的并不只是你一个人。你也注意一下在你离别时净修林的情况吧！

小鹿吐出了满嘴的达梨薄草，孔雀不再舞蹈，蔓藤甩掉褪了色的叶子，仿佛把自己的肢体甩掉。

**沙恭达罗**　（回忆）父亲！我想去向我的妹妹春藤告别。

**干婆**　孩子！我知道你是爱它的。它就在右边。看呀！

**沙恭达罗**　（走上去，拥抱蔓藤）蔓藤妹妹呀！用你的枝子，也就是用你的胳臂，拥抱我吧！从今天起我就要远远地离开你了。父亲！你就把这蔓藤当我一般看待吧！

**干婆**　孩子！

正遂了我早先为你打算的心愿，

你用自己的功德找到一个郎君匹配凤鸾。

为了你，我现在用不着再去担心，

我想把附近的那棵芒果跟蔓藤结成姻缘。

现在你就上路吧！

**沙恭达罗**　（走向二女友）朋友呀！蔓藤就交托在你们俩手里了。

**二女友**　我们这两个人交托给谁呢？（洒泪）

**干婆**　阿奴苏耶！毕哩阇婆陀！不要再哭了！小姐们要安定沙恭达罗的心情。

（大家绕行）

**沙恭达罗**　父亲呀！什么时候那一只在茅棚周围徘徊的由于怀了孕而走路迟缓

的母鹿生了小鹿，请你一定向我报喜。不要忘了啊！

**干婆** 孩子！我不会忘记的。

**沙恭达罗** （作欲行又住状）啊哈！这是什么东西总是跟在我脚后面牵住我的衣边？（转身向周围看）

**干婆** 每当小鹿的嘴给拘舍草的尖刺扎破，

你就用因拘地治伤的香油来给它涂。

有成把的稷子来喂它，使它成长，

它离不开你的足踪，你的义子，那只小鹿。

**沙恭达罗** 孩子呀！你为什么还依恋我这个离开我们同居的地方的人呢？你初生不久，你母亲死后，我把你抚养大了，现在我们分别后，我的父亲会关心你的。你就回去吧，孩子，你回去吧。（哭）

**干婆** 孩子呀！不要哭了！要坚定一点！看你眼前的路吧！

你的睫毛往上翻，眼前看不仔细。

要坚定起来，不要让眼泪流个不息。

这条路凹凸不平，不容易看清。

你的脚踏上去一定会忽高忽低。

**舍楞伽罗婆** 尊者！"送亲人送到水滨"，这是经上的规定。这里就是湖边了。请你给我们指示后就回去吧！

**干婆** 让我们到那棵无花果树荫里去休息一会吧！（大家都作走去状）

**干婆** 我们应当告诉豆扇陀些什么事情呢？（沉思）

**阿奴苏耶** 朋友呀！在我们净修林里，没有一个有情的动物今天不为了你的别离而伤心。你看呀！

那野鸭不理藏在荷花丛里叫唤的母鸭，

它只注视着你，藕从它嘴里掉在地下。

**干婆** 孩子舍楞伽罗婆！你把沙恭达罗带给国王的时候，把我的话告诉他——

要仔细考虑到：我们是克己的隐士，你又出自名家。

她爱你完全是自然流露，决不是什么亲眷来作伐。

在你的后宫粉黛群中，要给她一个应得的地位，

此外她的亲眷不再要求什么，一切都由命运去安排吧。

**徒弟** 尊者！我要牢牢地记住这指示。

**干婆** （注视着沙恭达罗）孩子呀！我现在还要嘱咐你几句话。

我们虽然是林中的隐士，但是我们也是洞达世情的。

**徒弟** 尊者！圣智的人们没有什么见不到的事情。

干婆　孩子呀！你到了你丈夫家里以后

　　要服从长辈，对其他的女人要和蔼可亲！

　　即使丈夫虐待你，也不要发怒怀恨在心！

　　对底下人永远要和气，享受也要有节制，

　　这才算得是一个主妇，不然就是家庭祸根。

　　乔答弥以为怎样？

乔答弥　这是给新婚女子的指示。（对沙恭达罗）孩子呀，不要忘掉了啊！

干婆　过来，孩子！拥抱我和你的朋友吧！

沙恭达罗　父亲呀！我的亲爱的朋友也要回去吗？

干婆　孩子呀！她们也要结婚的。她们不应该到那里去。乔答弥会陪你一块儿
　　去的。

沙恭达罗　（抱住父亲的腰）现在离开父亲的身边，正像一棵栴檀树的细条从
　　喜马拉雅山拔掉，我怎能够在陌生的土地上生存下去呢？（哭）

干婆　孩子呀！为什么这样怕呢？

　　你现在是一个出自名族的丈夫的当家的妻子，他位高权重，随时都有重要
　　的事情来烦搅你。你不久就要生一个圣洁的儿子，像太阳升自东方，孩子
　　呀！由于离开我而产生的烦恼你将不会在意。

沙恭达罗　（跪在他双脚下）父亲呀！我向你致敬。

干婆　孩子呀！愿我对你的希望都能够实现。

沙恭达罗　（走向二女友）两位朋友呀！你俩一块儿来拥抱我吧！

二女友　（照办）朋友呀！假如那位王仙迟迟疑疑一时想不起你来的话，那么
　　你就把镌着他自己的名字的戒指拿给他看。

沙恭达罗　听到你们这样怀疑，我的心就一跳。

二女友　朋友呀！不要害怕！爱情总是疑神疑鬼的。

舍楞伽罗婆　（瞭望）尊者！太阳已经升到山顶上，小姐应该赶快走了。

沙恭达罗　（再一次抱住父亲的腰）父亲呀！我什么时候再能看到净修林啊？

干婆　孩子呀！

　　长时间身为大地的皇后，

　　给豆扇陀生一个儿子，勇武无敌。

　　把国家的沉重的担子交付给他，

　　再跟你的丈夫回到这清静的净修林里。

乔答弥　孩子呀！你们启程的时间已经过了。劝你父亲回去吧！

　　不然的话，你会很久不让他回去。您请回吧！

**干婆** 孩子呀！我在净修林里的工作给打断了。

**沙恭达罗** 父亲可以无忧无虑地去做净修林里的事情。我却注定要忧虑满怀。

**干婆** 啊咦！你怎么这样使我心慌意乱呢？（叹息）

看到你以前采集的生在门前的祭米，

孩子呀，我的忧愁如何能够减低？

走吧！愿你一路平安！

［乔答弥、舍楞伽罗婆、舍罗堕陀、随沙恭达罗下。］

**二女友** （含情脉脉地瞭望了许久）哎，哎！沙恭达罗给树木遮住了。

**干婆** 阿奴苏耶！毕哩阎婆陀！你们的朋友走了。抑制住悲痛，随我来吧！

（一齐走）

**二女** 父亲呀！没有沙恭达罗，我们走进净修林感到非常空虚。

**干婆** 因为你们爱她，所以才这样想。（若有所思地走来走去）好哇！送走了

沙恭达罗，我现在又可以舒服一下了。因为什么呢？

因为女孩子究竟是别人的。

我现在把她送给她的夫婿。

我的心情立刻就轻松愉快，

像归还了一件寄存的东西。

［全体下。］

——叫做"沙恭达罗的别离"的第四幕终


（选自《沙恭达罗》，中国工人出版社，1995）

# 《佛本生故事》(节选)

季羡林　郭良鋆　黄宝生　译

　　《佛本生经》亦称《佛本生故事》，是佛教著作中最具文学性的作品之一，大约编于公元前 3 世纪，共收有 547 个故事。《佛本生经》讲述的是佛陀释迦牟尼前生的故事。每个寓言故事的主要角色或正面角色都被说成是释迦牟尼在不同时期中的转生形象，相当一部分故事情节与佛法教义相符合。但《佛本生经》不仅是一部宗教典籍，而且是一部时间古老、规模庞大、流传极广的民间故事集，具有世俗性、多层次性和主题倾向的复杂性。这些故事内容生动，寓意深长，反映了列国时代社会各方面的状况，有较高的历史研究价值。

　　《佛本生经》中含有许多揭露统治阶级荒淫残暴、反对不合理的种族制度、颂扬人民的智慧和美德的优秀故事。这里选了《苍鹭本生》和《大褐王本生》两篇。《苍鹭本生》讲述了一只善于骗人的苍鹭最后被聪明的螃蟹钳死的故事。一只苍鹭看到一个池塘里面有很多鱼，便心生歹念，谎称要把这些鱼一条一条地叼到另外一个水草丰美的池塘中去。这些不幸的鱼儿中了它的毒计，全都被啄死吃掉。贪心的苍鹭还想如法吃掉原来池塘里的一只螃蟹。螃蟹识破它的诡计之后，提出要求要用爪子抓住苍鹭的脖子。最后，苍鹭死在了螃蟹的爪子之下。《大褐王本生》讲的是残暴的大褐王死后，化身为王子的菩萨继承了王位，正在举国上下欢庆大褐王之死的时候，却有一个卫士独自哭泣。菩萨问他为什么哭泣时，他却讲出了出人意料的理由：他害怕阴曹地府也受不了大褐王的暴虐而把他遣送回人间，这样的话大褐王还会在出入宫殿的时候，在这名卫士的脑袋上重重地揍上八拳。

　　《佛本生经》采用韵散杂糅的文体，语言通俗，风格质朴。如《苍鹭本生》的结尾是这样一首诗："擅长骗人的家伙，不能永远因骗得福；从螃蟹那里得到些什么，那一只善骗人的苍鹭？"《佛本生经》中的故事大多是平铺直叙，不加雕饰，但故事情节都是生动有趣、机智幽默的。《佛本生经》既有佛教经典的作用，又有文学欣赏的价值。因此，随着佛教在东亚和东南亚的传播，《佛本生经》在那些地区也广为流传。尤其到了 10 世纪以后，在东南亚一些佛教盛行的国家，《佛本生经》更成为那些国家古典文学的重要题材来源，影响相当深远。

# 苍鹭本生

::::::::::::::::::::::::::::::::::::::::::::::::::::::::::::::::::::::::::

从前，菩萨降生在一个森林中的住宅里，在一棵长在某一个荷花池边的树上当树神。那时候，在酷热的季节里，一个不太大的池塘里的水下降了很多，但里面却有很多鱼。有一只苍鹭看到了这些鱼，心里想："我要想出一个办法，骗一下这些鱼，把它们都吃掉。"它于是就走到那里，坐在水边，低头沉思。这些鱼看到它，问道："先生坐在那里想什么呀？"

"我坐在这里，想的就是你们。""你想我们些什么呀？""这个池塘里的水少了，食物难找了，天气热了，我就坐在这里想到你们：'现在这些鱼怎么办呢？'""可是先生呀！我们究竟怎么办呢？""如果你们听我的话，我就把你们用嘴一个一个地叼到一个挤满了五色荷花的大池塘里去，把你们放在里面。""先生呀！从开天辟地那一天起，从来就没有一个苍鹭替鱼操过心。你只是想把我们一个一个地吃掉而已。""你们相信我，我就不会吃掉你们。如果你们不相信真有我所说的这样一个池塘的话，那么你们就派一条鱼跟我一块儿去看一看那个池塘。"鱼相信了它，派出了一条独眼大鱼，它们想："这一条鱼，不管是在水里，还是在陆地上，都能够对付得了它，"它们对它说道："你带着它去吧。"苍鹭叼起鱼来，把它带走，丢在那个池塘里，让它看了看整个池塘，又把它带回来，让它同那些鱼在一起。这一条鱼绘声绘色地告诉那些鱼，那个池塘是怎样美、怎样好。听了这些话以后，它们都想去了，对苍鹭说道："好吧，先生，请把我们带去吧。"苍鹭首先把那一条独眼大鱼叼起来，带到那个池塘边上，让它能够看到池塘却落在长在池塘边上的一棵婆罗那树上，把它往树杈桠上一掷，用嘴把它啄死，把肉吃掉，把鱼骨头丢在树底下，又飞回来，说道："我把那条鱼放到池塘里去了；再来一条吧。"它就用这个方法，把鱼一条一条地叼走，把它们都吃掉；当它飞回来的时候，一条鱼也看不到了。可是那里还剩下一只螃蟹。苍鹭也想把它吃掉，就说道："喂，螃蟹呀！所有这些鱼都给我叼到一个挤满了荷花的大池塘里去了。来吧，我也把你叼到那里去。""你怎样把我带过去呢？""把你叼起来，带过去。""你这样把我叼起来，往前飞，你会丢下我来的；我不同你一块儿去了。""不要害怕，我会把你牢牢地叼住，带过去。"螃蟹想道："这家伙把鱼叼走，并没有把它们送到池塘里去。如果它把我送到那池塘里去的话，那当然很好；如果它不送的话，我就夹断它的脖子，把它杀死。"于是它就对它说道："朋友苍鹭呀！你决不会把我叼得很牢的，我倒是能抓得很牢。如果我用我的爪子抓住你的脖子，牢牢地抓住，我就同你一块儿走了。"苍鹭没有想到螃蟹会用诡计骗自己，说了一声："好吧！"就答应了它。螃蟹用自己的爪子牢牢地钳住它的脖子，就像是铁匠的一把火箸，说道："现在可以走了。"苍鹭把它带到那里，把池塘指给它看，然后向着那一棵婆罗那树飞去。螃蟹说道："舅舅呀！那边就是池塘呀，你把我带到另一条路上去了。"苍鹭说道："我是你的亲舅舅，你是我的亲亲爱爱的小外甥。我猜想，你大概以为我是你的奴隶，把你扛起来出来游逛吧。你看一看婆罗那树底下那一堆鱼骨头吧！我怎么样吃掉那些鱼，现在也就怎么样吃掉你。"螃蟹说道："那些鱼是大傻瓜，所以才被吃掉。我却是不会让你吃掉的；我反而要把你弄死，因为你这个傻瓜还不知道我是在骗你哩。要死的话，我们俩就一块儿死；我要把你的脑袋钳断，丢到地上去。"说着，它就用它那两个爪去抓苍鹭的脖子，像一把铁箸一样。苍鹭张大了嘴，眼里充满了泪，害怕真被弄死，说道："朋友呀！我不会吃你，饶了我的命吧！""那么你就飞到池塘那里去，把我放到里面。"苍鹭转回了身，落到池塘那里，把螃蟹放在池塘边上的泥里。螃蟹钳断它的脖子，就像是用剪子剪断荷花梗一样，然后钻到水里去。住在婆罗那树上的那一个树神看到了这一件令人惊奇的事情，赞美这一件事情做得好，用甜蜜的声音，念了这一首诗，声音在整个树林子里往复回荡：

擅长骗人的家伙，
不能永远因骗得福；
从螃蟹那里得到些什么。
那一只善骗人的苍鹭？

# 大褐王本生

古时候，大褐王在波罗奈治理国家，暴虐无道。他随心所欲，无恶不作，滥收赋税，还实行杖笞、截肢、凌迟等酷刑，压榨百姓犹如制糖作坊里压榨甘蔗一般。他是个粗暴、残忍、野蛮的人，不仅对待百姓毫无恻隐之心，就是对待家里的妻妾儿女以及大臣、婆罗门、长者等也冷酷无情。他成了众人的眼中沙、饭中石和脚底刺。

那时，菩萨转生为大褐王的儿子。大褐王长期统治王国后，终于死去。死讯一传开，波罗奈全城居民兴高采烈，笑语喧天。他们拉了一千车木柴焚烧大褐王的尸体，又用几千罐水浇灭火葬堆的余烬。然后，他们为菩萨灌顶，立他为王，欢呼道："我们有依法治国的国王了！"全城敲起喜庆鼓乐，升起各色彩旗。全城装饰一新，各个城门口搭起华丽的天篷，天篷下面是缀满花朵的平台，人们坐在那里又吃又喝。菩萨坐在富丽堂皇的高台上，宝座上面撑着白色华盖，无比庄严。大臣、婆罗门、长者、市民、卫士等簇拥在他周围。

但是，有一个卫士站在不远处哀叹哭泣。菩萨看到后，问道："朋友，卫士！我的父亲死了，所有的人都兴高采烈，欢呼庆祝，你却站在这里哭泣。难道我的父亲对你恩宠厚爱？"随即念了第一道偈颂：

> 大褐王残害百姓，他一死皆大欢喜；
> 难道他待你仁慈，你为何伤心哭泣？

听了他的话，卫士回答道："我不是为大褐王死去伤心哭泣。他一死，我的脑袋就舒服了，因为大褐王出入宫殿，总要在我脑袋上揍八拳头，像铁匠的锤子那样厉害。我是想，他到了阴间，也会像揍我的脑袋那样，揍地狱看守阎王的脑袋。这样，阴曹地府里的人也会叫喊道：'他对我们太残忍了！'于是，把他送回这里。这样，我的脑袋又要挨揍了。我是出于这种害怕才哭泣的。"他说明这个缘由，念了第二首偈颂：

> 并非他待我仁慈，我怕他重返人间；
> 他去地府揍阎王，必定被逐出阴间。

菩萨安慰他说："人们已经用一千车木柴焚烧大褐王，又用几千罐水浇灭火葬堆的余烬，四周围还掘了沟渠。通常，一个人到了阴间，除非转世再生，决不会恢复原形回来的。你别害怕！"随即念了这首偈颂：

> 焚烧千车柴，泼洒万罐水，
> 周围掘沟渠，休怕大褐回。

从此，这卫士心情舒坦。菩萨依法治国，广行布施，做了许多善事，按其业死去。

（选自《佛本生故事选》，人民文学出版社，1985）

# 《源氏物语》（节选）

[日本] 紫式部　著

钱稻孙　译

　　紫式部是日本平安时代著名的女作家。她汉学造诣极高，熟读中国古代典籍，而且还十分了解佛经和音乐，曾进宫做皇后的侍从女官，为之讲解中日古典名著。这段宫中生活使她亲眼目睹了皇室贵族的奢华和淫逸生活以及掩藏于其后的矛盾与衰败。这成了《源氏物语》创作的源泉。紫式部存留至今的作品还有《紫式部集》和《紫式部日记》。

　　《源氏物语》共五十四回，近百万字。故事涉及三代人，历时70余年，所涉人物四百多位。男主人公前四十回为源氏，后十回为薰。女性形象占了绝大多数。全书以源氏家族为中心，上半部写了源氏公子与众妃、侍女的种种爱情生活；后半部以源氏公子之子薰君为主人公，铺陈了复杂纷繁的男女纠葛事件。

　　故事开始于桐壶帝在位的时候，出身低微的桐壶更衣独得桐壶帝的宠爱。桐壶更衣生下一位皇子，其他嫔妃，尤其是弘徽殿女御也愈加忌恨。更衣不堪凌辱折磨，生子不到3年便抑郁而亡。小皇子没有强大的外戚做靠山，很难在宫中立足，桐壶帝不得已将其降为臣籍，赐姓源氏。源氏不仅容貌俊美，而且才华横溢。他奉父皇之意娶当权的左大臣之女葵姬为妻，但葵姬并不受源氏的喜欢。源氏爱恋的是和源氏生母容貌相似的后母藤壶。本书节选的第一章《桐壶》就写了这段故事。

　　源氏是书中最主要的人物。紫式部将源氏塑造成了一个放纵情欲，却又有情有义，让女人又爱又恨的形象。书中还写了众多的女性形象。她们虽身份地位不同，相貌性格迥异，但无一能幸免悲剧的结局。紫式部将源氏塑造成了完美男性的形象，这样理想的男人具备使女人幸福的一切条件，但偏偏这些女人全以悲剧收场。

　　《源氏物语》在日本开启了"物哀"的时代。"物哀"是人由外在环境触发而产生的一种凄楚、悲惨、低沉、伤感、缠绵悱恻的感情，有"多愁善感""感物兴叹"的意思。小说中人物曲折的命运，男男女女之间的情爱，甚至屋内陈设、风景都无一不包含着淡淡的、若隐若现的忧愁，处处体现着"物哀"。此外《源氏物语》中多处引用白居易的诗句及《礼记》《战国策》《史记》《汉书》等中国古籍中的史实和典故，使该书具有浓郁的中国古典文学的气氛。

# 第一回　桐　壶

　　话说从前某一朝天皇时代，后宫妃嫔甚多，其中有一更衣①，出身并不十分高贵，却蒙皇上特别宠爱。有几个出身高贵的妃子，一进宫就自命不凡，以为恩宠一定在我；如今看见这更衣走了红运，便诽谤她，妒忌她。和她同等地位的、或者出身比她低微的更衣，自知无法竞争，更是怨恨满腹。这更衣朝朝夜夜侍候皇上，别的妃子看了妒火中烧。大约是众怨积集所致吧，这更衣生起病来，心情郁结，常回娘家休养。皇上越发舍不得她，××怜爱她，竟不顾众口非难，一味徇情，此等专宠，必将成为后世话柄。连朝中高官贵族，也都不以为然，大家侧目而视，相与议论道："这等专宠，真正教人吃惊！唐朝就为了有此等事，弄得天下大乱。"这消息渐渐传遍全国，民间怨声载道，认为此乃十分可忧之事，将来难免闯出杨贵妃那样的滔天大祸来呢。更衣处此境遇，痛苦不堪，全赖主上深恩加被，战战兢兢地在宫中度日。

　　这更衣的父亲官居大纳言②之位，早已去世。母夫人也是名门贵族出身，看见人家女儿双亲俱全，尊荣富厚，就巴望自己女儿不落人后，每逢参与庆吊等仪式，总是尽心竭力，百般调度，在人前装体面。只可惜缺乏有力的保护者，万一发生意外，势必孤立无援，心中不免凄凉。

　　敢是宿世因缘吧，这更衣生下了一个容华如玉、盖世无双的皇子。皇上急欲看看这婴儿，赶快教人抱进宫来③。一看，果然是一个异常清秀可爱的小皇子。

---

　　①　妃嫔中地位最高的是女御，其次为更衣，皆侍寝。又次为尚侍（亦可侍寝）、典侍、掌侍、命妇等女官。尚侍为内侍司（后宫十二司之一）的长官，典侍为次官，掌侍为三等官，命妇又次之。

　　②　当时的中央官厅称为太政官。左大臣为太政官之长官，右大臣次之。太政大臣在左右大臣之上，为朝廷最高官。左右大臣之下有大纳言、中纳言、宰相（即参议）。太政官下设少纳言局、左弁官局、右弁官局。少纳言局的官员有少纳言三人，外记次之，外记有左右大少各一人，弁官有左右大中少弁各一人。左弁官局统辖中务、式部、治部、民部四省；右弁官局统辖兵部、刑部、大藏、宫内四省。统称八省。省下面是各职和各寮，均属省管。省的长官称卿，次官称大辅、少辅，三等官称大丞、少丞。职的长官称大夫，次官称亮，三等官称大进、少进。寮的长官称头，次官称助，三等官称大允、少允。

　　③　按那时制度，坐月子照例是在娘家的。

大皇子是右大臣之女弘徽殿女御所生，有高贵的外戚作后盾，毫无疑议，当然是人人爱戴的东宫太子。然而讲到相貌，总比不上这小皇子的清秀俊美。因此皇上对于大皇子，只是一般的珍爱，而把这小皇子看作自己私人的秘宝，加以无限宠爱。

小皇子的母亲是更衣，按照身份，本来不须像普通低级女官这样侍候皇上日常生活。她的地位并不寻常，品格也很高贵。然而皇上对她过分宠爱，不讲情理，只管要她住在身边，几乎片刻不离。结果每逢开宴作乐，以及其他盛会佳节，总是首先宣召这更衣。有时皇上起身很迟，这一天就把这更衣留在身边，不放她回自己宫室去。如此日夜侍候，照更衣身份而言，似乎反而太轻率了。自小皇子诞生之后，皇上对此更衣尤其重视，使得大皇子的母亲弘徽殿女御心怀疑忌。她想：这小皇子可能立为太子呢。

弘徽殿女御入宫最早，皇上重视她，决非寻常妃子可比。况且她已经生男育女。因此独有这妃子的疑忌，使皇上感到烦闷，于心不安。

更衣身受皇上深恩重爱，然而贬斥她、诽谤她的人亦复不少。她身体羸弱，又没有外戚后援，因此皇上越是宠爱，她心中越是忧惧。她住的宫院叫桐壶。由此赴皇上常住的清凉殿，必须经过许多妃嫔的宫室。她不断地来来往往，别的妃嫔看在眼里怪不舒服，也是理所当然。有时这桐壶更衣来往得过分频繁了，她们就恶意地作弄她，在板桥①上或过廊里放些龌龊东西，让迎送桐壶更衣的宫女们的衣裾弄得肮脏不堪。有时她们又彼此约通，把桐壶更衣所必须经过的走廊两头锁闭，给她麻烦，使她困窘。诸如此类，层出不穷，使得桐壶更衣痛苦万状。皇上看到此种情况，更加怜惜她，就教清凉殿后面后凉殿里的一个更衣迁到别处去，腾出房间来给桐壶更衣作值宿时的休息室。那个迁出外面去的更衣，更是怀恨无穷。

小皇子三岁那一年，举行穿裙仪式②，排场不亚于大皇子当年。内藏寮③和纳殿④的物资尽行提取出来，仪式非常隆重。这也引起了世人种种非难。及至见到这小皇子容貌漂亮，仪态优美，竟是个盖世无双的玉人儿，谁也不忍妒忌他。见多识广的人见了他都吃惊，对他瞠目注视，叹道："这神仙似的人也

---

① 板桥是从一幢房子通到另一幢房子之间的桥。
② 旧时日本装，男子是穿裙的，现在仅用于礼服。穿裙仪式为男童初次穿裙时举行的仪式，古时在三岁，后来也有在五岁或七岁时举行的。女子亦举行此种仪式。
③ 内藏寮是管理金银珠宝、绫罗绸缎以及服装等物的机构，属中务省。
④ 纳殿为收藏历代御物之所。

会降临到尘世间来！"

这一年夏天，小皇子的母亲桐壶更衣觉得身体不好，想乞假回娘家休养，可是皇上总不准许。这位更衣近几年来常常生病，皇上已经见惯，他说："不妨暂且住在这里养养，看情形再说吧。"但在这期间，更衣的病日重一日，只过得五六天，身体已经衰弱得厉害了。更衣的母亲太君啼啼哭哭向皇上乞假，这才准许她出宫。即使在这等时候，也得提防发生意外、吃惊受辱。因此决计让小皇子留在宫中，更衣独自悄悄退出。形势所迫，皇上也不便一味挽留，只因身份关系，不能亲送出宫，心中便有难言之痛。更衣本来是个花容月貌的美人儿，但这时候已经芳容消减，心中百感交集，却无力申述，看看只剩得奄奄一息了。皇上睹此情状，茫然失措，一面啼哭，一面历叙前情，重申盟誓。可是更衣已经不能答话，两眼失神，四肢瘫痪，只是昏昏沉沉地躺着。皇上狼狈之极，束手无策，只得匆匆出室，命左右准备辇车，但终觉舍不得她，再走进更衣室中来，又不准许她出宫了。他对更衣说："我和你立下盟誓：大限到时，也得双双同行。想来你不会舍我而去吧！"那女的也深感隆情，断断续续地吟道：

"面临大限悲长别，
　留恋残生叹命穷。

早知今日……"说到这里已经气息奄奄，想继续说下去，只觉困疲不堪，痛苦难当了。皇上意欲将她留住在此，守视病状。可是左右奏道："那边祈祷今日开始，高僧都已请到，定于今晚启忏……"他们催促皇上动身。皇上无可奈何，只得准许更衣出宫回娘家去。

桐壶更衣出宫之后，皇上满怀悲怆，不能就睡，但觉长夜如年，忧心如捣。派往问病的使者迟迟不返，皇上不断地唉声叹气。使者到达外家，只听见里面号啕大哭，家人哭诉道："夜半过后就去世了！"使者垂头丧气而归，据实奏闻。皇上一闻此言，心如刀割，神智恍惚，只是笼闭一室，枯坐凝思。

小皇子已遭母丧，皇上颇思留他在身边。可是丧服中的皇子留侍御前，古无前例，只得准许他出居外家。小皇子年幼无知，看见众宫女啼啼哭哭、父皇流泪不绝，童心中只觉得奇怪。寻常父母子女别离，已是悲哀之事，何况死别又加生离呢！

悲伤也要有个限度，终于只得按照丧礼，举行火葬。太君恋恋不舍，哭泣哀号："让我跟女儿一同化作灰尘吧！"她挤上前去，乘了送葬的众侍女的车子，一同来到爱宕的火葬场，那里正在举行庄严的仪式呢。太君到达其地，心情何等悲伤！她说得还算通情达理："眼看着遗骸，总当她还是活着的，不肯相信她死了；直到看见她变成了灰烬，方才确信她不是这世间的人了。"然而哭得几乎从车子上掉下来。众侍女忙来扶持，百般劝解，她们说："早就担心会弄到这地步的。"

宫中派钦差来了。宣读圣旨：追赠三位①。这宣读又引起了新的悲哀。皇上回想这更衣在世时终于不曾升为女御，觉得异常抱歉。他现在要让她晋升一级，所以追封。这追封又引起许多人的怨恨与妒忌。然而知情达理的人，都认为这桐壶更衣容貌风采，优雅可爱，态度性情，和蔼可亲，的确无可指责。只因过去皇上对她宠爱太甚，以致受人妒恨。如今她已不幸身死，皇上身边的女官们回想她人品之优越、心地之慈祥，大家不胜悼惜。"生前诚可恨，死后皆可爱。"此古歌想必是为此种情境而发的了。

光阴荏苒，桐壶更衣死后，每次举行法事，皇上必派人吊唁，抚慰优厚。虽然事过境迁，但皇上悲情不减，无法排遣。他绝不宣召别的妃子侍寝，只是朝朝暮暮以泪洗面。皇上身边的人见此情景，也都忧愁叹息，泣对秋光。只有弘徽殿女御等人，至今还不肯容赦桐壶更衣，说道："做了鬼还教人不得安宁，这等宠爱真不得了啊！"皇上虽然有大皇子侍侧，可是心中老是记惦着小皇子，不时派遣亲信的女官及乳母等到外家探问小皇子情况。

深秋有一天黄昏，朔风乍起，顿感寒气侵肤。皇上追思往事，倍觉伤心，便派韧负②命妇③赴外家存问。命妇于月色当空之夜登车前往。皇上则徘徊望月，缅怀前尘：往日每逢花晨月夕，必有丝竹管弦之兴。那时这更衣有时弹琴，清脆之音，沁人肺腑；有时吟诗，婉转悠扬，迥非凡响。她的声音笑貌，现在成了幻影，时时依稀仿佛地出现在眼前。然而幻影即使浓重，也抵不过一瞬间的现实呀！

---

① 位是日本朝廷诸臣爵位高低的标志，从一位到八位（最低位）共三十级，各有正、从之分，四位以下又有上、下之分。女御的爵位是三位，更衣是四位。追赠三位，即追封为女御。

② 京中武官有左右近卫、左右卫门、左右兵卫，共称六卫府。近卫府负责警卫皇宫之门内，左右近卫府的长官称大将，次官称中将、少将，三等官称将监，四等官称将曹。左右近卫大将、中将等，略称左近大将、右近中将、右大将、左中将等。中将、少将亦称佐、助等。卫门府负责警卫皇宫之门外，左右卫门府的长官称督，次官称佐、权佐，三等官称大尉、少尉。卫门府又特称韧负司，其佐、尉称韧负佐、韧负尉。兵卫府负责警卫皇宫之门外，并巡检京中。其官名与卫门府同。

③ 当时宫中较下级之女官或贵族家的侍女，均以其父或其夫之官名来称呼。

韧负命妇到达外家，车子一进门内，但见景象异常萧条。这宅子原是寡妇居处，以前为了抚育这珍爱的女儿，曾经略加装修，维持一定的体面。可是现在这寡妇天天为亡女悲伤饮泣，无心治理，因此庭草荒芜，花木凋零。加之此时寒风萧瑟，更显得冷落凄凉。只有一轮秋月，繁茂的杂草也遮它不住，还是明朗地照着。

命妇在正殿①南面下车。太君接见，一时悲从中来，哽咽不能言语，好容易启口："妾身苟延残喘，真乃薄命之人。猥蒙圣眷，有劳冒霜犯露，驾临蓬门，教人不胜愧感！"说罢，泪下如雨。命妇答道："前日典侍来此，回宫复奏，言此间光景，伤心惨目，教人肝肠断绝。我乃冥顽无知之人，今日睹此情状，亦觉不胜悲戚！"她踌躇片刻，传达圣旨："万岁爷说：'当时我只道是做梦，一直神魂颠倒。后来逐渐安静下来，然而无法教梦清醒，真乃痛苦不堪。何以解忧，无人可问。拟请太君悄悄来此一行，不知可否？我又挂念小皇子，教他在悲叹哭泣之中度日，亦甚可怜。务请早日带他一同来此。'万岁爷说这番话时，断断续续，饮泪吞声；又深恐旁人笑他怯弱，不敢高声。这神情教人看了实在难当。因此我不待他说完，便退出来了。"说罢，即将皇上手书呈上。太君说："流泪过多，两眼昏花，今蒙宠赐宸函，眼前顿增光辉。"便展书拜读：

"迩来但望日月推迁，悲伤渐减，岂知历时越久，悲伤越增。此真无可奈何之事！幼儿近来如何？时在念中。不得与太君共同抚养，实为憾事。今请视此子为亡人之遗念，偕同入宫。"

此外还写着种种详情。函末并附诗一首：

"冷露凄风夜，深宫泪满襟。
遥怜荒渚上，小草太孤零。"

太君未及读完，已经泣不成声了。后来答道："妾身老而不死，命该受苦。如今面对松树②，尚且羞愧；何况九重宫阙，岂敢仰望？屡蒙圣恩宣慰，不胜铭感。但妾自身，不便冒昧入宫。惟窃有所感：小皇子年齿尚幼，不知缘何如此

---

① 当时贵族的宫殿式住宅中的正屋亦称正殿。
② 松树常用作长寿的象征，故如此说。

颖悟，近日时刻想念父皇，急欲入宫。此实人间至情，深可嘉悯。——此事亦望代为启奏。妾身薄命，此间乃不吉之地，不宜屈留小皇子久居地……"

此时小皇子已睡。命妇禀道："本当拜见小皇子，将详情复奏。但万岁爷专候回音，不便迟归。"急欲告辞。太君道："近来悼念亡女，心情郁结，苦不堪言。颇思对知己之人罄谈衷曲，俾得略展愁怀。公余之暇，务请常常惠临，不胜盼感。回思年来每次相见，都只为欢庆之事。此次为传递此可悲之书柬而相见，实非所望。都缘妾身命薄，故遭此苦厄也。亡女初诞生时，愚夫妇即寄与厚望，但愿此女为门户增光。亡夫大纳言弥留之际，犹反复叮嘱道：'此女入宫之愿望，务必实现，切勿因我死而丧失锐气。'我也想到：家无有力之后援人，入宫后势必遭受种种不幸。只因不忍违反遗嘱，故尔令其入宫。岂料入侍之后，荷蒙主上过分宠幸，百般怜惜，无微不至。亡女也不敢不忍受他人种种不近人情之侮辱，而周旋于群妃之间。不料朋辈妒恨之心，日积月累，痛心之事，难于尽述。忧能伤人，终于惨遭夭死。昔日之深恩重爱，反成了怨恨之由。——唉，这原不过是我这伤心寡母的胡言乱道而已。"太君话未说完，一阵心酸，泣不成声。此时已到深夜了。

命妇答道："并非胡言乱道，万岁爷也如此想。他说：'我确是真心爱她。但也何必如此过分，以致惊人耳目？这就注定恩爱不能久长了。现在回想，我和她的盟誓，原来是一段恶因缘！我自信一向未曾作过招人怨恨之事。只为了此人，无端地招来了许多怨恨。结果又被抛撇得形单影只，只落得自慰乏术，人怨交加，交成了愚夫笨伯。这也是前世冤孽吧！'他反复申述，泪眼始终不干。"她这番话絮絮叨叨，难于尽述。

后来命妇又含泪禀告道："夜已很深了。今夜之内必须回宫复奏。"便急忙准备动身。其时凉月西沉，夜天如水；寒风掠面，顿感凄凉；草虫乱鸣，催人堕泪。命妇对此情景，留恋不忍遽去，遂吟诗道：

"纵然伴着秋虫泣，
　哭尽长宵泪未干。"

吟毕，还是无意登车。太君答诗，命侍女传告：

"哭声多似虫鸣处，
　添得宫人泪万行。

此怨恨之词，亦请代为奏闻。"此次犒赏命妇，不宜用富有风趣之礼物。太君便将已故更衣的遗物衣衫一套、梳具数事，赠与命妇，借留纪念。这些东西仿佛是专为此用而遗留着的。

随伴小皇子来此的众年轻侍女，人人悲伤，自不必说。她们在宫中看惯繁华景象，觉得此间异常凄凉。她们设想皇上悲痛之状，甚是同情，便劝告太君，请早日送小皇子入宫。太君认为自己乃不洁之身，倘随伴小皇子入宫，外间定多非议。而若不见此小皇子，即使暂时之间，也觉心头不安。因此小皇子入宫之事，一时未能断然实行。

命妇回宫，见皇上犹未就寝，觉得十分可怜。此时清凉殿庭院中秋花秋草，正值繁茂。皇上装作观赏模样，带着四五个性情温雅的女官，静悄悄地闲谈消遣。近来皇上晨夕披览的，是《长恨歌》画册。这是从前宇多天皇命画家绘制的，其中有著名诗人伊势①和贯之②所作的和歌③及汉诗。日常谈话，也都是此类话题。此时看见命妇回宫，便细问桐壶更衣娘家情状。命妇即将所见悲惨景象悄悄奏闻。皇上展读太君复书，但见其中写道："辱承锦注，诚惶诚恐，几无置身之地。拜读温谕，悲感交集，心迷目眩矣。

　　　　嘉荫凋残风力猛，
　　　　剧怜小草不胜悲。"

此诗有失言之处④，想是悲哀之极，方寸缭乱所致，皇上并不见罪。皇上不欲令人看到伤心之色，努力隐忍，然而终于隐忍不了。他历历回想初见更衣时的千种风流、万般恩爱。那时节一刻也舍不得分离。如今形单影只，孤苦伶仃，自己也觉得怪可怜的。他说："太君不欲违背故大纳言遗嘱，故而遣女入宫。我为答谢这番美意，理应加以优遇，却终未实行。如今人琴具杳，言之无益矣！"他觉得异常抱歉。接着又说："虽然如此，更衣已经生下小皇子，等他长大成人，老太君定有享福之日。但愿她健康长寿。"

命妇便将太君所赐礼物呈请御览。

_____

① 伊势姓藤原，是10世纪中有名女歌人，乃36歌仙之一，著有《伊势集》。
② 贯之姓纪，亦10世纪中名歌人，曾与纪友则、凡河内躬恒、壬生忠岑编撰《古今和歌集》。
③ 和歌即日本诗歌。
④ 嘉荫比喻已故更衣，小草比喻小皇子。意思是：遮风的树木已经枯死，树下的小草失却了保护者。这里蔑视了小皇子的父亲皇上，故曰失言。

皇上看了，想道："这倘若是临邛道士探得了亡人居处而带回来的证物钿合金钗……"① 但作此空想，也是枉然。便吟诗道：

> "愿君化作鸿都客，
> 探得香魂住处来。"

皇上看了《长恨歌》画册，觉得画中杨贵妃的容貌，虽然出于名画家之手，但笔力有限，到底缺乏生趣。诗中说贵妃的面庞和眉毛似"太液芙蓉未央柳"②，固然比得确当，唐朝的装束也固然端丽优雅，但是，一回想桐壶更衣的妩媚温柔之姿，便觉得任何花鸟的颜色与声音都比不上了。以前晨夕相处，惯说"在天愿作比翼鸟，在地愿为连理枝"之句③，共交盟誓。如今都变成了空花泡影。天命如此，抱恨无穷！此时皇上听到风啸虫鸣，觉得无不催人哀思。而弘徽殿女御久不参谒帝居，偏偏在这深夜时分玩赏月色，奏起丝竹管弦来。皇上听了，大为不快，觉得刺耳难闻。目睹皇上近日悲戚之状的殿上人④和女官们，听到这奏乐之声，也都从旁代抱不平。这弘征殿女御原是个非常顽强冷酷之人，全不把皇上之事放在心上，所以故作此举。月色西沉了。皇上即景口占：

> "欲望宫墙月，啼多泪眼昏。
> 遥怜荒邸里，哪得见光明！"

他想念桐壶更衣娘家情状，挑尽残灯，终夜枯坐凝思，懒去睡眠。听见巡夜的右近卫官唱名⑤，知道此刻已经是丑时了。因恐枯坐过久，惹人注目，便起身进内就寝，却难于入寐。翌日晨起，回想从前"珠帘锦帐不觉晓"⑥ 之情景，不胜悲戚，就懒得处理朝政了。皇上饮食不进：早膳勉强举箸，应名而已；正式御餐，久已废止了。凡侍候御膳的人，看到这光景，无不忧愁叹息。

---

① 参看白居易《长恨歌》。

② 参看白居易《长恨歌》。

③ 参看白居易《长恨歌》。

④ 殿上人是被允许上殿的贵族。

⑤ 宫中巡夜，亥时（十点钟）起由左近卫官值班，丑时（两点钟）起由右近卫官值班。值班时各自唱名。

⑥ 见《伊势集·诵亭子院长恨歌屏风》。下句是"长恨绵绵谁梦知"。

所有近身侍臣，不论男女，都很焦急，叹道："这真是毫无办法了！"他们私下议论："皇上和这桐壶更衣，定有前世宿缘。更衣在世之时，万人讥诮怨恨，皇上一概置之不顾。凡有关这更衣之事，一味徇情，不讲道理。如今更衣已死，又是日日愁叹，不理朝政。这真是太荒唐了！"他们又引证出唐玄宗等外国朝廷的例子来，低声议论，悄悄地叹息。

过了若干时日，小皇子回宫了。这孩子长得越发秀美，竟不像是尘世间的人，因此父皇十分钟爱。次年春天，该是立太子的时候了。皇上心中颇思立这小皇子为太子。然而这小皇子没有高贵的外戚作后援；而废长立幼，又是世人所不能赞许之事，深恐反而不利于小皇子。因此终于打消了这念头，不露声色，竟立大皇子为太子。于是世人都说："如此钟爱的小皇子，终于不立为太子，世事毕竟是有分寸的啊！"大皇子的母亲弘徽殿女御也放了心。

小皇子的外祖母自从女儿死后，一直悲伤，无以自慰。她向佛祈愿，希望早日往女儿所在的国土。不久果蒙佛力加被，接引她归西天去了。皇上为此又感到无限悲伤。此时小皇子年方六岁，已经懂得人情，悼惜外祖母之死，哭泣尽哀。外祖母多年来和这外孙很亲密，舍不得和他诀别，弥留之际，反复提及，不胜悲戚。此后小皇子便常住在宫中了。

小皇子七岁上开始读书，聪明颖悟，绝世无双。皇上看见他过分灵敏，反而觉得担心。他说："现在谁也不会怨恨他了吧。他没有母亲，仅为这一点，大家也应该疼爱他。"皇上驾临弘徽殿的时候，常常带他同去，并且让他走进帘内。这小皇子长得异常可爱，即使趔趔武夫或仇人，一看见他的姿态，也不得不面露笑容。因此弘徽殿女御也不欲摒弃他了。这弘徽殿女御除了大皇子以外，又生有两位皇女，但相貌都比不上小皇子的秀美。别的女御和更衣见了小皇子，也都不避嫌疑。所有的人都想：这小小年纪就有那么风韵娴雅、妩媚含羞的姿态，真是个非常可亲而又必须谨慎对待的游戏伴侣。规定学习的种种学问，自不必说，就是琴和笛，也都精通，清音响彻云霄。这小皇子的多才多艺，如果一一列举起来，简直如同说谎，教人不能相信。

这时候朝鲜派使臣来朝觐了，其中有一个高明的相士。皇上闻此消息，想召见这相士，教他替小皇子看相。但宇多天皇定下禁例：外国人不得入宫。他只得悄悄地派小皇子到招待外宾的鸿胪馆去访问这相士。一个官居右大弁的朝臣是小皇子的保护人，皇上教小皇子扮作这右大弁的儿子，一同前往。相士看了小皇子的相貌，大为吃惊，几度侧首仔细端详，不胜诧异。后来说道："照这位公子的相貌看来，应该当一国之王，登至尊之位。然而若果如此，深恐国家发生变乱，己身遭逢忧患。若是当朝廷柱石，辅佐天下政治呢，则又与相貌不合。"这右大弁原是个富有才艺的博士,和这相士高谈阔论,颇感兴味。两人吟诗作文,互相赠答。相士即日就要告辞返国。他此次得见如此相貌不凡之人物,深感欣幸;如今即将离别,反觉不胜悲伤。他作了许多咏他此种心情的优美的诗文,赠与小皇子。小皇子也吟成非常可爱之诗篇,作为报答。相士读了小皇子的诗,大加赞赏,奉赠种种珍贵礼品。朝廷也重重赏赐这相士。此事虽然秘而不宣,但世人早已传闻。太子的外祖父右大臣等闻知此事,深恐皇上有改立太子之心,顿生疑忌。

皇上心地十分贤明。他相信日本相术,看到这小皇子的相貌,早就胸有成竹,所以一直不曾封他为亲王。现在他见这朝鲜相士之言和他自己见解相吻合,觉得此人实甚高明,便下决心:"我一定不让他做个没有外戚作后援的无品亲王①,免得他坎坷终身。我在位几年,也是说不定的。我还不如让他做个臣下,教他辅佐朝廷。为他将来打算,这也是得策的。"从此就教他研究有关此道的种种学问。小皇子研究学问之后,才华更加焕发了。教这人屈居臣下之位,实甚可惜。然而如果封他为亲王,必然招致世人疑忌,反而不利。再教精通命理的人推算一下,见解相同。于是皇上就将这小皇子降为臣籍,赐姓源氏。

岁月如流,但皇上思念已故桐壶更衣,无时或已。有时为消愁解闷,也召见一些闻名的美人。然而都不中意,觉得像桐壶更衣那样的人,世间真不易再得。他就从此疏远女人,一概无心顾问了。一天,有一个侍候皇上的典侍,说起先帝②的第四皇女,容貌姣好,声望高贵;母后钟爱之深,世无其例。这典侍曾经侍候先帝,对母后也很亲近,时常出入宫邸,眼见这四公主长大成人;现在他常隐约窥见容姿。这典侍奏道:"妾身入宫侍奉,已历三代,终未见与桐壶娘娘相似之人。惟有此四公主成长以来,酷肖桐壶娘娘,真乃倾国倾城之貌也。"皇上闻言,想道:"莫非真有其人?"未免留情,便卑辞厚礼,劝请四公主入宫。

母后想道:"哎呀,这真可怕了!弘徽殿女御心肠太狠,桐壶更衣分明是被她折磨死的。前车可鉴,真正教人寒心!"她左思右想,犹豫不决。此事终于不曾顺利进行。不料这期间母后患病身死,四公主成了孤苦伶仃之身。皇上

---

① 亲王的等级是一品到四品,四品以下叫做无品亲王。童年封亲王,规定是无品亲王,地位甚低。

② 此先帝与皇上的关系不明。或说是皇上的堂兄弟或伯叔父,则此四公主是皇上的侄女或堂姐妹。

诚恳地遣人存问,对她家人说:"教她入宫,我把她当作子女看待吧。"四公主的侍女们、保护人和其兄兵部卿亲王都想道:"与其在此孤苦度日,不如让她入宫,心情也可以宽慰一些。"便送四公主入宫。她住在藤壶院,故称为藤壶女御。

皇上召见藤壶女御,觉得此人容貌风采,异常肖似已故桐壶更衣。而且身份高贵,为世人所敬仰,别的妃嫔对她无可贬斥。因此藤壶女御入宫之后,一切如意称心。已故桐壶更衣出身低微,受人轻视,而恩宠偏偏异常深重。现在皇上对她的恋慕虽然并不消减,但爱情自然移注在藤壶女御身上,觉得心情十分欢慰。这也是人世常态,深可感慨也。

源氏公子时刻不离皇上左右,因此日常侍奉皇上的妃嫔们对他都不规避。妃嫔们个个自认为美貌不让他人,实际上也的确妩媚窈窕,各得其妙。然而她们都年事较长,态度老成;只有这位藤壶女御年龄最幼,相貌又最美,见了源氏公子往往含羞躲避。但公子朝夕出入宫闱,自然常常窥见姿色。母亲桐壶更衣去世时,公子年方三岁,当然连面影也记不得了。然而听那典侍说,这位藤壶女御相貌酷似母亲,这幼年公子便深深恋慕,因此常常亲近这位继母。皇上对此二人无限宠爱,常常对藤壶女御说:"你不要疏远这孩子。你和他母亲异常肖似。他亲近你,你不要认为无礼,多多地怜爱他吧。他母亲的声音笑貌,和你非常相像,他自然也和你非常相像。你们两人作为母子,并无不相称之处。"源氏公子听了这话,童心深感喜悦,每逢春花秋月、良辰美景,常常亲近藤壶女御,对她表示恋慕之情。弘徽殿女御和藤壶女御也合不来,因此又勾起她对源氏公子的旧恨,对他看不顺眼了。

皇上常谓藤壶女御名重天下,把她看作盖世无双的美人。但源氏公子的相貌,比她更加光彩焕发,艳丽动人,因此世人称他为"光华公子"(光君)。藤壶女御和源氏公子并受皇上宠爱,因此世人称她为"昭阳妃子。"

源氏公子作童子装束,娇艳可爱,改装是可惜的。但到了十二岁上,照例须举行冠礼①,改作成人装束。为了举办这仪式,皇上日夜操心,躬亲指挥。在例行制度之外,又添加种种排场,规模十分盛大。当年皇太子的冠礼,在紫宸殿②举行,非常隆重;此次源氏公子的冠礼,务求不亚于那一次。各处的飨

---

① 当时男童 11 岁至 16 岁时,为表示转变为成年人,举行改装、结发、加冠的仪式,称为冠礼。

② 紫宸殿为当时皇宫的正殿,又称南殿。

宴，向来由内藏寮及谷仓院①当作公事办理。但皇上深恐他们办得不周到，因此颁布特旨，责令办得尽善尽美。在皇上所常居的清凉殿的东厢里，朝东设置皇上的玉座；玉座前面设置冠者源氏及加冠大臣的坐位。

源氏公子于申时上殿。他的童发梳成"总角"，左右分开，在耳旁挽成双髻，娇艳可爱。现在要他改作成人装束，甚是可惜！剪发之事，由大藏卿执行。将此青丝美发剪短，实在不忍下手。此时皇上又记念起他母亲桐壶更衣来。他想：如果更衣见此光景，不知作何感想。一阵心酸，几乎堕泪，好容易隐忍下去。

源氏公子加冠之后，赴休息室，换了成人装束，再上殿来，向皇上拜舞。观者睹此情景，无不赞叹流泪。皇上看了，感动更深，难于禁受。昔日的悲哀，近来有时得以忘怀，而今重又涌上心头。此次加冠，他很担心，生怕源氏公子天真烂漫之风姿由于改装而减色。岂知改装之后，越发俊美可爱了。

加冠由左大臣执行。这左大臣的夫人是皇女，所生女儿只有一人，称为葵姬②。皇太子爱慕此葵姬，意欲聘娶，左大臣迁延未许，只因早已有心将此女嫁与源氏公子。他曾将此意奏闻。皇上想道："这孩子加冠之后，本来缺少外戚后援人。他既有此心，我就此玉成其事，教她侍寝③吧。"曾催促左大臣早作准备。左大臣正好也盼望早成。

礼毕，众人退出，赴侍所④，大开琼筵。源氏公子在诸亲王末座就席。左大臣在席上隐约提及葵姬之事。公子年事尚幼，腼腆含羞，默默不答。不久内侍宣旨，召左大臣参见。左大臣入内见驾。御前诸命妇便将加冠犒赏品赐与左大臣：照例是白色大裾一件、衣衫一套。又赐酒一杯。其时皇上吟道：

> "童发今承亲手束，
> 　合欢双带绾成无？"

诗中暗示结缡之意，左大臣不胜惊喜，立即奉和：

---

① 谷仓院是保管京畿诸国的纳贡品和无主官田、没收官田等收获物的官库。
② 本书原文中人物大都无专名词，后人为便于阅读起见，根据各回题名或诗文内容给某些人物取名。葵姬即其一例。
③ 宫中惯例，皇太子、太子加冠之夜，即由公卿之女侍寝，行婚礼。
④ 帝王公卿家中执掌家务之所。

　　　"朱丝已绾同心结。

　　　但愿深红永不消。"

　　他就步下长阶，走到庭中，拜舞答谢。皇上又命赏赐左大臣左马寮①御马一匹、藏人所②鹰一头。其他公卿王侯，也都罗列阶前，各依身份拜领赏赐。这一天冠者呈献的肴馔点心，有的装匣，有的装筐，概由右大弁受命调制。此外赐与众人的屯食③，以及犒赏诸官员的装在古式柜子里的礼品，陈列满前，途几为塞，比皇太子加冠时更为丰富。这仪式真是盛大之极。

　　是晚源氏公子即赴左大臣邸宅招亲④。结婚仪式之隆重，又是世间无比的。左大臣看看这女婿，的确娇小玲珑，俊秀可爱。葵姬比新郎年纪略长，似觉稍不相称，心中难以为情。

　　这位左大臣乃皇上所信任之人，且夫人是皇上的同胞妹妹，故在任何方面，都已高贵无比。今又招源氏公子为婿，声势更加显赫了。右大臣是皇太子的外祖父，将来可能独揽朝纲。可是现在相形见绌，势难匹敌了。左大臣姬妾众多，子女成群。正夫人所生的还有一位公子，现任藏人少将之职，长得非常秀美，是个英俊少年。右大臣本来与左大臣不睦，然而看中这位藏人少将，竟把自己所钟爱的第四位女公子嫁给了他。右大臣的重视藏人少将，不亚于左大臣的重视源氏公子。这真是世间无独有偶的两对翁婿！

　　源氏公子常被皇上宣召，不离左右，因此无暇去妻子家里。他心中一味认为藤壶女御的美貌盖世无双。他想："我能和这样的一个人结婚才好。这真是世间少有的美人啊！"葵姬原也是左大臣的掌上明珠，而且娇艳可爱，但与源氏公子性情总不投合。少年人是专心一志的，源氏公子这秘密的恋爱真是苦不堪言。加冠成人之后，不能再像儿童时代那样穿帘入幕，只能在作乐之时，隔帘吹笛，和着帘内的琴声，借以传达恋慕之情。有时隐约听到帘内藤壶妃子的娇声，聊觉慰情。因此源氏公子一味喜欢住在宫中。大约在宫中住了五六日，到左大臣邸宅住两三日，断断续续，不即不离。左大臣呢，顾念他年纪还小，未免任性，并不见罪，还是真心地怜爱他。源氏公子身边和葵姬身边的侍女，

---

①　宫中设左右马寮，掌管有关饲养马匹之事。

②　藏人所是供奉天皇起居、掌管任命仪式、节会等宫中大小杂事之所。

③　屯食是古代宫中及贵族缮宴时赏赐下僚吃的糯米饭团。

④　按当时风习，除天皇、皇太子外，男子结婚一般都去女家。婚后女子仍居娘家，男子前往住宿。适当时期后，新夫妇另居他处，或将妻子迎至丈夫邸内。

都选用世间少有的美人；又常常举行公子所心爱的游艺，千方百计地逗引他的欢心。

在宫中，将以前桐壶更衣所住的淑景舍（即桐壶院）作为源氏公子的住室。以前侍候桐壶更衣的侍女，都不遣散，就叫她们侍候源氏公子。此外，桐壶更衣娘家的邸宅，也由修理职、内匠寮①奉旨大加改造。这里本来有林木假山，风景十分优胜；现在再将池塘扩充，大兴土木，装点得非常美观。这便是源氏公子的二条②院私邸。源氏公子想道："这个地方，让我和我所恋慕的人同住才好。"心中不免郁悒。

世人传说："光华公子"这个名字，是那个朝鲜相士为欲赞扬源氏公子的美貌而取的。

（选自《源氏物语》，人民文学出版社，1983）

---

① 修理职和内匠寮是掌管宫中营造和修缮的机构。
② 京城地区，以条划分，有一条到九条。

# 《一千零一夜》（节选）

李唯中　译

　　《一千零一夜》又名《天方夜谭》，是中古阿拉伯文学中一部规模宏大、内容丰富的民间故事集，约成书于16世纪，是世界文学中一颗璀璨的明珠。《一千零一夜》的故事分别来自于印度、波斯、伊拉克和埃及，但最终经过阿拉伯人的整理、消化、吸收、改造和再创作，已经成为真正的阿拉伯民间文学。

　　《一千零一夜》内容丰富多彩，有神话传说、童话寓言、奇闻异事、恋爱婚姻、经商冒险等各种各样的故事。所涉及的人物有帝王将相、渔翁农夫、富商大盗等。它从多个角度、全面地反映了古代阿拉伯及其周围地区国家的社会现实，被称为中古阿拉伯社会的一面"一尘不染的明镜"。

　　节选部分讲述了故事的缘起。相传古时候，在古阿拉伯的海岛上，有一个萨桑王国，国王名叫舍赫亚尔。由于对女人存心报复，他每天娶一个女子来过一夜，次日便杀掉再娶。为拯救千千万万的女子，宰相的大女儿莎赫札德主动要求嫁给国王。莎赫札德才貌双全，聪明绝顶。进宫后她便悲伤地哭泣，要求妹妹进宫，与其作最后的话别。妹妹来了，按事先约定好的让姐姐在最后给她讲个故事。《一千零一夜》的故事就此展开。

　　《一千零一夜》是阿拉伯人民艺术智慧、才能和创造性的结晶。故事的作者们展开了想象和幻想的翅膀自由驰骋，把实现美好愿望的幻想与现实的真实性奇妙地融合起来，使浪漫主义和现实主义表现手法相映生辉。《一千零一夜》的故事情节曲折离奇，结构灵活善变。故事中众多人物善恶美丑十分明显，形成了强烈的对比。

　　《一千零一夜》开创了"框形结构"的艺术结构形式。作品通过莎赫札德给国王讲故事的形式，把大小260多个故事镶嵌在这个大故事的框架之内，大故事套小故事，大小故事交织，成为一个庞大的故事体系，让人感到长而不冗，杂而不乱，层次分明，丝丝入扣。作品的语言丰富朴实、流畅自然、生动活泼、诗文并茂，很好地体现了民间文学的本色。创作还大量地运用了象征、比喻等修辞手法，有些故事还插入了警句、格言、谚语、短诗等，并且幽默性、讽刺性很强，大大地增强了作品的艺术感染力。

# 导　言

·····································································

　　万赞归于教育众世界的安拉，并祈安拉恩赐穆圣及其家属和圣门弟子平安，直至世界末日审判。

　　前人的故事、传记成为后人的训诫和殷鉴，以供人们吸取先人的经验，并以此为鉴；了解先前诸民族史实及经历，借以检点、规范自己的行为。

　　赞美那些把前人的故事、传说化为后人殷鉴的人们。

　　在那些训诫中，有一部名为《一千零一夜》的故事集，其中蕴涵着丰富的奇珍异宝、鉴戒嘉言……

# 引　子

·····································································

　　相传，古时候，在中国和印度一带的群岛上，有一个古国，名唤萨桑王国。国王手下兵多将广，豪华宫中奴婢成群。国王有两个儿子，都是英雄好汉。论勇，则兄尚胜弟弟一筹。兄弟二人各称王一方。哥哥励精图治，正大光明，颇得臣民爱戴，人称舍赫亚尔国王；弟弟名唤沙赫泽曼，位居撒马尔罕国君。二位君王体贴臣民，公正无私，治国有方，故二十多年来，两个国家国泰民安，百业兴旺，歌舞升平。

　　有一天，哥哥思念弟弟，颇想见上一面，便派宰相前往撒马尔罕去请弟弟沙赫泽曼。宰相从命，打点行装，随后踏上了去往撒马尔罕的征程。

　　宰相一路顺风，不多日平安抵达沙赫泽曼国的京城。进了王宫，见到了沙赫泽曼国王，问过安好，随即转达了舍赫亚尔国王思念弟弟之情。弟弟沙赫泽曼亦正想见哥哥一面，恰见家兄派人来接，心中不胜欣喜，于是吩咐仆役收拾行装，并叮嘱宰相代掌王权，然后带着若干随从，便踏上了探望亲人的征程。

　　夜半时分，大队人马正在行进之中，沙赫泽曼忽然想起有件重要东西忘在了宫中，于是立即勒缰回返。

　　沙赫泽曼回到宫中一看，不料见王后就在他的床上，正躺在一个黑奴的怀里……眼见此景，沙赫泽曼不寒而栗，只觉眼前一片黑暗，顿时出了一身冷汗，心想："天哪，我刚刚离开京城，她就成了这个样子……倘若我在哥哥那里小住一段时间，真不知道这婊子会胡闹到什么地步……"

想到这里，沙赫泽曼拔剑出鞘，手起剑落，只见那一男一女的两颗人头顿时滚落在地，鲜血溅红了幔帐⋯⋯

旋即，沙赫泽曼取了忘下的那件重要东西，转身快步走出了宫门，飞身上马，急匆匆追赶大队而去。

沙赫泽曼国王一行人马，日夜兼程，不几日，便顺利抵达哥哥舍赫亚尔国王的京城郊外。

舍赫亚尔国王得知胞弟已到郊外，心中喜不自禁，立即率众臣子出城相迎。

同胞兄弟久别重逢，喜不自禁，亲情难表，紧紧拥抱，连声问安。国王兄弟俩在众文官、武将、侍从的簇拥下，相携浩浩荡荡进了城，但见大街小巷张灯结彩，人们喜笑颜开，整个京城沉浸在盛大、欢快的节日气氛之中。

进到王宫，兄弟俩一番畅叙思念之情。正谈得开心之时，沙赫泽曼想起王后与黑奴亲热的情景，顿时二目无神，面色蜡黄，呆若木鸡。

见此情景，舍赫亚尔猜想弟弟定是因为长途跋涉，一路辛苦劳累所致，再加上离开自己的国家和王权宝座，一时放心不下，故没有多问什么。

过了几天，舍赫亚尔国王见弟弟仍然无精打采，而且面黄肌瘦，便问起原因："弟弟，我看你身体虚弱，面色蜡黄，究竟原因何在呢？"

沙赫泽曼对哥哥说："哥哥，你有所不知，我有伤心事呀！"

但他没有把妻子与黑奴之间的事如实相告。

舍赫亚尔国王也没有再追问下去，只是说："伤什么心呢！陪我到野外去打打猎、散散心就好了！狩猎能消愁解闷，其乐无穷啊！"

沙赫泽曼表示歉意，说不想外出，舍赫亚尔便带着几个随从出发了。

沙赫泽曼下榻的宫殿窗外就是御花园。他凭窗望去，但见宫殿的大门洞开，衣饰艳丽、姿容动人的王后在二十个宫女和二十个男仆的簇拥下缓缓步出殿门，姗姗步出宫殿，进入花园，行至花园中喷泉旁的草地上，纷纷脱去衣服，男女相互拥抱而坐。片刻后，王后嗲声嗲气地喊道："喂，迈斯欧德，你快来呀！"

应声走来一黑奴，但见体壮如牛，上前搂住王后，王后亦紧紧搂住黑奴，不时发出哼哼唧唧的欢快叫声，倒在草坪上⋯⋯众男仆及宫女仿而效之，一一相抱，亲吻不止，欢叫声此起彼伏，一直喧闹到红日西沉⋯⋯

眼见此情此景，沙赫泽曼心想："凭安拉起誓，与此相比，我的灾难又算得了什么呢⋯⋯"

想到这里，沙赫泽曼顿感心中的郁闷和忧愁减轻了许多，自言自语道：

"哎,家兄的遭遇比我可要惨多了!"

自那时起,沙赫泽曼心境豁然开朗,胃口大为好转,照先前一样吃喝起来,面容很快恢复了原来的红润。

哥哥舍赫亚尔国王打猎回来,兄弟俩相互一番问候之后,哥哥见弟弟精神振奋,面色红润,一反闷闷不乐、无精打采的模样,吃饭十分香甜,不禁心中一阵惊喜。他问弟弟:"我昨天还见你愁云满面,面容憔悴,你今日却精神抖擞,容光焕发,原因何在呀?"

沙赫泽曼回答说:"面色憔悴的原因嘛,我是可以告诉你的;不过,今日容光焕发的秘密嘛,还求哥哥原谅,为弟不能如实相告。"

"既然如此,能说的就先说吧!"

"哥哥呀,你有所不知:见你的宰相去接我,为弟十分高兴,打点好行装,便上路了。但出城没走多远,发现我要送给哥哥的一件重要东西,即把要送给你的那串宝石念珠忘在了宫中,于是立即勒缰拨马回返。回到宫中,不料见我的妻子正与一黑奴交欢作乐,而且就在我的床上……见此情景,我一时眼前昏黑一片,怒不可遏,随即拔剑出鞘,手起剑落,将那对狗男女的首级削了下来。之后,我取了念珠,登程赶路,顺利来到了哥哥的京城。那两个人竟敢在我刚刚离开王宫,就做出那等丑事,真是岂有此理!这件事总是缠着我的心,故食不甘味,夜不成寐,没过几天,面黄肌瘦,周身乏力。"

"你怎么现在健康如初了呢?"

"这个嘛,还请哥哥原谅,恕弟实在不便实告。"

听弟弟这么一说,舍赫亚尔国王苦苦求道:"看在安拉的面上,你就把其中的原因告诉我吧!"

在哥哥再三哀求下,沙赫泽曼才把在宫中看到的情景,一五一十地告诉了哥哥。

舍赫亚尔国王听后,说:"我得亲眼见一见!"

弟弟说:"只要你佯装外出狩猎,然后悄悄潜回宫中,藏在我住的这个房间里,就能看到那番情景。"

次日一早,舍赫亚尔国王遂令侍从携带着猎具出发了,到京城郊外安营扎寨,搭起帐篷。

舍赫亚尔独坐在大帐中,叮嘱贴身侍卫,不许任何人来见。随后,经过一番化装,悄悄离开大帐,潜回宫中,藏在弟弟下榻的房间,靠着下临御花园的窗子坐了下来。

一个时辰刚过,果见王后在众宫女和男仆的簇拥下姗姗步入花园,此喧彼器，好不热闹。片刻之后，男男女女一丝不挂，相抱亲吻，云雨相加，好不热闹，一直折腾到红日西沉……恰如所说，简直不差分毫。

见此光景，舍赫亚尔国王不禁魂飞魄散，眼前一阵漆黑，一时张口结舌，不知如何是好……

过了好大一会儿，舍赫亚尔国王对弟弟说："我们离开王宫吧！我们没必要再当国王了！这还有什么意思？像我们这样活着，不如死掉的好……我们出去看一看，是否还有像我们这样的可怜人吧！"

沙赫泽曼立即响应，兄弟俩随后相伴打开王宫一座便门，离开了王宫。

兄弟俩走了几天几夜，来到一片草地上。那里虽与咸海相临，却见一汪甘泉流淌。二人喝过水，来到一棵大树下歇息。

一个时辰刚过，忽见海水暴涨，顷刻之间，一根巨大黑柱冲出海面，直插云霄，继之朝草地上飞将过来。

弟兄俩见此情景，不禁惊恐万状，连忙爬上树去。

片刻后，一个妖魔出现了。那妖魔身材高大，膀宽腰圆，硕大的脑袋上顶着一口箱子，大步登上岸，踏着草地，朝兄弟俩所在的大树走来。那妖魔来到树下，打开一口箱子，从中取出一只匣子，打开匣盖，一位窈窕女子从中走出，只见那女子身材苗条，天生丽质，风姿绰约，貌美动人，宛如一轮红日，正像诗人所描述的那样：

> 旭日升起，
> 黑暗顿时一消而净。
> 灿烂阳光，
> 照亮了高林苍穹。
> 艳阳高挂，
> 月亮阴翳何境？
> 世间万物顶礼膜拜，
> 大帐下不见阴影。
> 红日眨眼如电闪，
> 洒泪好似滂沱雨倾。

妖魔望着那女子，说："小娘子，我是在你洞房花烛之夜，把你抢出来的。我太疲劳了，让我睡一会儿吧！"

说罢，妖魔枕着女子的大腿，旋即进入了梦乡。

那女子无意中抬头朝树上一看，见上面有两个人，遂把妖魔的头移开站起身来，对舍赫亚尔兄弟说："请二位下来吧！你们不要害怕这个妖魔。"

舍赫亚尔兄弟二人异口同声："看在安拉的面上，你饶了我们吧！"

女子说："凭安拉起誓，你俩赶快下来就是了！如若不然，把这妖魔惊醒，他会把你们俩杀死的。"

兄弟俩听后，不禁胆战心惊，赶忙从树上下来。

女子走到二人面前，说："你们俩脱下衣服，都要和我亲热交欢一场！如不听我的安排，我立即叫醒妖魔……"

兄弟俩心中害怕，周身战栗不止。舍赫亚尔对弟弟沙赫泽曼说："弟弟，你就照她说的办吧！"

"我不干……"沙赫泽曼说，"除非你先来……"

兄弟俩相互推让，你看看我，我看看你，谁也不肯与女子交欢。

女子等得不耐烦了，大怒道："你俩在做戏呀！若不立即行动，我就把妖魔叫醒，让他把你们俩杀掉！"

兄弟俩因害怕妖魔，无可奈何，只有宽衣解带，依照女子的要求……

事毕，女子从衣袋里掏出一个小口袋，解开袋口，从中取出一串戒指，总共有五百七十枚。女子指着那串戒指，问兄弟俩："你们知道这是怎么回事吗？"

"不知道。"兄弟俩异口同声。

女子说："这些戒指的主人，都是趁妖魔打盹儿时，像你俩一样，与我亲热过的。你俩现在就把自己的戒指摘下来，送给我吧！"

兄弟俩只得从命，摘下戒指，递到女子手中。

女子又说："就在我的新婚之夜，这妖魔把我抢了出来。之后，他把我藏在这个匣子里，又把匣子放在这口箱子里，然后加上七把大锁，将箱子沉入波涛汹涌的大海海底。可是，他不知道，一个女人要想干一件什么事，她是从来无所顾忌的，任何力量都无法阻挡，正如诗人所云：

> 切记不要相信女人，
> 更不能听信她们的诺言。
> 她们的喜怒哀乐，
> 全在她们的两腿之间。
> 她们的脸上堆满虚假表情，
> 她们的内心里却尽藏奸。

千万要警惕呀，
优素福①的事例足可借鉴。
魔鬼何其可恶，
受害的却是阿丹②；
只因那妖女子耍弄计谋，
阿丹终被赶出伊甸园。

女子又吟道：

请不要责怨我，
恋意会加深情感。
既然彼此心通，
此等事也便不算稀罕。
先前的人们，
情况正是如此这般：
眼见窈窕淑女而不动心，
那才叫奇怪新鲜。

兄弟俩听到这些话和诗句，惊异万分，相互叹道："原来是这样！一个力大无边的妖魔，尚且管不住一个女人，所遭灾难远远胜过我们，更何况我们是普普通通、平平常常的人呢！我们何必为那件事难过、忧伤呢？"

二人告别女子，返回舍赫亚尔国王的都城。

兄弟俩进到王宫，随即将那淫乱的王后及众男仆女婢斩杀一尽。从此，舍赫亚尔国王开始每夜娶一处女，天亮时即将之处死，不到三年时间，京城居民谈此色变，民女们纷纷逃离而去，满城里几乎再也找不到一个可供国王虐杀的姑娘。尽管如此，国王不改积习，仍然命令宰相为他寻找美女。

---

① 优素福，《古兰经》中记载的古代先知之一，他聪明、英俊，天真无邪，深得其父亲叶尔孤白的钟爱。优素福遭哥哥嫉妒被推入深井中，幸被过路汲水的客商救出，廉价卖到埃及权贵葛图斐尔府中当仆人。及长，优素福更显英俊魁梧，权贵年轻美貌的妻子祖莱哈遂生邪念，伺机将他诱入卧室，遭拒绝后，竟动手拉扯从后面将其衬衣撕破。他夺门而出逃，恰遇外出回府的权贵。妇人恼羞成怒，当即反诬男仆向主母施暴，欲行强奸。后优素福终被诬陷入狱，度过了多年的铁窗岁月。"优素福的事例"即指此事。

② 阿丹，即人类始祖亚当。

一天，宰相辛苦奔波，四下为国王搜寻姑娘，结果一无所获，空手而归，不禁愁惧交加，惆怅不堪，深恐国王怪罪，垂头丧气地回到相府。

宰相有两位千金，个个容颜俊秀，性情温柔，举止端庄，通晓事理。长女名叫莎赫札德，次女名唤杜雅札德。

莎赫札德博览群书，通古博今，熟知历代君王及各民族历史，仅她的藏书就数以万册计。

莎赫札德见父亲闷闷不乐，便问："父亲，您怎么啦？您为何满面愁云，无精打采呢？诗人曾留下这样的诗句……"

她吟诗道：

> 切请告诉惆怅之人，
>
> 世间的忧愁不会长存；
>
> 忧愁像欢乐一样，
>
> 转眼之间便会消遁。

宰相听罢女儿的话，便将为国王寻觅美女的难处从头到尾讲了一遍。莎赫札德听后，对父亲说："父亲，凭安拉起誓，您就送我进宫吧！要么，我活下去，与国王共度朝夕；要么，我就为穆斯林①姑娘们献身，将她们从君王的利剑下解救出来。"

宰相听女儿这样一说，不禁大惊，忙说："凭安拉起誓，女儿呀，万万不可拿自己的生命去冒险呀！"

莎赫札德说："看来，舍此无路可走！"

"我真担心你进了王宫，会有毛驴、黄牛在农夫手中的遭遇哟！"

莎赫札德问："毛驴、黄牛在农夫的手里会有什么遭遇呢？"

"听我慢慢讲来！"

宰相开始给女儿讲《毛驴、黄牛与农夫的故事》：

> 从前有个商人，家财万贯。他与妻子儿女生活在农村，养着一头毛驴和一头黄牛。这位商人天生通晓兽言鸟语。
>
> 一天，黄牛来到驴圈，见圈里打扫得干干净净，还洒过清水，驴槽里的大麦、草料还都过了筛子，毛驴卧在地上休息，好生自在舒坦。

---

① 穆斯林，信奉伊斯兰教的人。

有一回，商人听见黄牛对毛驴说："你多么清闲自在，而我多么劳累呀！你吃着过了筛子的草料，且有那么多人伺候你，即便主人有时骑你一遭，转眼间也就打道回府了。你瞧，而我呢？一天天不是耕地，就是拉磨，无止无休。"

毛驴说："你想清闲些，那还不容易吗？你到了地里，主人给你上轭时，你就躺在地上，千万不要站起来。如果他们抽打你，你可先站一站，然后马上卧下去。他们把你牵回到圈里，主人给你添草料，你也别吃，佯装周身无力，食水不进，熬上一两天，至多三天，你就得以休闲了。"

商人听在耳里，记在心中。

当天夜里，农夫给黄牛添草加料时，发现黄牛只吃了一点点。

次日一早，农夫牵着黄牛下地时，见黄牛懒洋洋的，一点力气也没有。

商人得知此情况，对农夫说："改用毛驴去耕地吧！"

毛驴替代黄牛耕了一整天地，天色大晚方才回来。

黄牛感谢毛驴的恩德，因为毛驴替它劳累了一天，但毛驴一句话没说，心中懊悔不已。

第二天，农夫又牵着毛驴去耕地，直到红日西沉；回来之时，毛驴已经精疲力竭，脖子上的皮都磨破了，鲜血淋漓。

黄牛望着毛驴，百般感谢，连声称赞。毛驴对黄牛说："我本来自在清闲，只是因为多事，才把自己害了……"

毛驴沉思片刻，又说："你听我说，我有一言相劝。我听主人说，假若黄牛再不能干活，就把它送到屠户那里宰了，剥下牛皮，把肉块切碎。我真打内心里为你担惊受怕呀！我劝你还是干活去吧，以免白白送命。祝你平安无事。"

黄牛听后，连声感谢毛驴的好意，然后说："明天，我就跟他们一道去耕地！"

黄牛开始大口大口大吃大喝起来，不仅把加给它的草料吃完，就连牛槽上粘的剩料渣也舔得精光。

不料毛驴和黄牛之间的对话都被商人听去了。

次日天刚亮，商人与妻子一同走到庭院，坐了下来。不多时，见农夫正牵着黄牛朝外走。黄牛看见主人，连连摇头摆尾，屁声不断，撒欢扬蹄，好不高兴。商人见之，笑得前仰后合。

妻子问："老头子，你有什么好笑的呢？"

商人说："有那么一件事，是我亲眼所见、亲耳所闻；不过，这是天机，天机不可泄露呀！不然。我会因之丧命的。"

"你一定要告诉我，"妻子强求说，"你就是因之丧命，也要把天机告诉我！"

"我因怕死而不便开口。"

"那样的话，你一定是在讥笑我！"

妻子软硬兼施，丈夫无计可施，终于被妻子说服。

商人深感难过，无奈只有把孩子叫到跟前，并派人去请法官和证人，想先立遗嘱，然后再吐露秘密，到时死而无悔。

商人很爱他的妻子，因为妻子是他的堂妹，又给他生下多个儿女，自己已高寿一百二十岁。他又派人请来妻子一方的所有亲友和街坊邻里，向他们说明了问题的严重性：只要他对任何人一吐露了那个秘密，他本人必死无疑！

在场的众亲友都劝商人的妻子："凭安拉起誓，你就放弃这种想法吧，免得你失去丈夫，孩子们失去父亲！"

商人的妻子说："我决不后悔！这老头子非得把秘密说给我不可，否则我是决不放过他的，哪怕他立即丧命。"

众亲友听女人这么一说，一个个哑然无语，面面相觑。

商人站起身，向牲口棚走去，想小解一下，再向众人吐露秘密，然后死去。

商人家中养着一只大公鸡和五十只母鸡，还养着一条狗。商人听那条狗喊着公鸡骂道："你还高兴呢，我们的主人都要死啦！"

公鸡问狗："究竟出什么大事？"

狗把事情的原委讲了一遍。

公鸡听后说："凭安拉起誓，我们的主人真是缺智少谋，你看我，我妻妾成群，有五十个。亲这个，疏那个，全凭我的好恶。我们的主人，他才有一个老婆，却不知如何对付，成何体统！他何不采把桑树枝条，将老婆关在屋里，痛打一顿，即使不要老婆的命，至少也得让她认错悔悟，管保叫她再也不敢提什么要求。"

商人听到这番对话，顿开茅塞，决计教训妻子一顿。

讲到这里，宰相对女儿说："莎赫札德，我的女儿，我真怕国王像商人教训自己的妻子那样对待你。"

莎赫札德问:"商人怎样教训自己的妻子呢?"

宰相继续讲下去:

> 那富商采了一把桑枝,藏在屋里,然后对妻子说:"到屋里去,我把秘密告诉给你,然后我就死在屋里,也好不让任何人看见我。"
>
> 夫妻二人走进房间,商人立即把门反锁好,抽出一根桑枝条,狠狠向妻子身上抽打起来,直打得妻子死去活来,叫苦不迭。可怜的妻子终于哀求道:"别打啦!我悔悟啦!"
>
> 她边喊边亲吻丈夫的手和脚。
>
> 商人的妻子真的悔悟了。夫妻相携走出房门,和好如初。众亲友为之感到欣慰,大家沉浸在幸福欢乐的气氛中。

莎赫札德听罢父亲的讲述,说道:"眼下事态,人命关天,我不进宫,谁人进宫!非我进宫不可了。"

宰相无力阻拦女儿,只得为女儿准备嫁妆,然后再去见舍赫亚尔国王。

莎赫札德转过脸去,叮嘱妹妹杜雅札德:"好妹妹,我到了国王那里,立即派人来接你。你到了我身边,看国王要杀我时,你就对我说:'姐姐,给我讲个奇妙的故事吧!也好让我们快快乐乐地度过这一夜。'我就趁机给你讲故事。但愿我能用这个办法拯救天下姑娘的性命。"

一切准备妥当,宰相带着女儿莎赫札德来到王宫。

舍赫亚尔国王看见宰相,便问:"相爷阁下,我命令你办的事情办妥了吗?"

"妥啦!"宰相答道。

随后,莎赫札德来到了国王的寝宫。

夜幕降临,寝宫内灯火辉煌。国王要求与新娘子莎赫札德行房事时,只见娘子泪流满面,泣不成声。国王问:"你哭什么呢?"

莎赫札德说:"幸福的国王陛下,我有个胞妹,我很想见她一面,也好告别一下。"

国王立即差人把杜雅札德叫来,姐妹相见紧紧拥抱,格外高兴。

国王与莎赫札德行完房,与姐妹二人坐在一起,开始谈天。

妹妹杜雅札德对姐姐说:"姐姐,看在安拉的面上,给我讲个奇妙的故事吧!也好让我们快快乐乐度过这一夜。"

莎赫札德说:"如蒙大富大贵、颇富教养、洪福齐天的国王陛下许可,我当然很乐意讲个故事……"

国王本来心烦意乱、神魂不安，但听莎赫札德这样一说，却显得高兴起来，脸上露出了笑容，顺口说道："那你就讲个故事吧！"

于是，就在一千零一夜的第一个夜晚，聪明、美丽的莎赫札德讲了这样一个故事……

（选自《一千零一夜》，南海出版公司，2006）

# 《平家物语》（节选）

周启明　申非　译

　　《平家物语》是日本镰仓时期著名的长篇历史战争小说，是一部日本民族的英雄史诗。它是一部经人民群众长期口头流传，后来被文人记录、整理出来的古典名著，在1201—1221年间初步形成今天我们所看到的13卷本。全书共192节，记述了1159—1185年间源氏和平氏两大武士集团在中央和地方争夺权力的兴衰始末，艺术地再现了平安王朝末期旧的贵族阶级日趋没落，逐渐为新兴武士阶层所取代，而上升到政治舞台上的武士集团，由于被贵族同化，又被地方上拥有实力的武士集团所吞没的历史画卷。本书节选的是其中比较精彩的章节。

　　《平家物语》的思想观点非常复杂，其中有佛教思想的无常观和宿命论。作者把平家的灭亡看作是因果报应，因为前世没种下善因，今生不得善果。平家灭亡后，平清盛之妻平时子抱着外孙安德天皇与三神器一同跳海，更让人感受到盛者必衰的无常之感。而中国儒家思想的伦理道德观念"得民心者得天下"也在《平家物语》中有所体现。尽管作者有意把平氏的消亡归咎于他们为所欲为的恶行，但在客观上却道出了"贵族化"才是平氏走向衰败的症结。此外，《平家物语》还表现了早期武士道的英雄道德观，赞赏武士们的忠诚、忘我、献身的英雄主义精神。

　　《平家物语》一改平安王朝文学纤弱柔雅的文风，创造出豪迈刚劲的风格，塑造了之前日本文学所不曾有过的披坚执锐、跃马横枪的英雄人物，开创了新的王朝文学传统。《平家物语》用和汉混合文体写成，引用中国史话颇多，也使用了很多中国的成语及典故，大多来自《史记》《白氏文集》《春秋》《论语》《汉书》等。它按史书的编年体写成，整部作品结构完整、条理清晰。主要写平家的兴衰史，又在中间穿插许多小的故事，既丰富了历史的内容，又使作品生动活泼，避免了平铺直叙的枯燥乏味。作品中还融入了大段的写景抒情，语言优美而流畅。

　　《平家物语》是日本镰仓幕府成立时期所兴起的战记物语中比较成熟的作品，为后来的物语文学发展奠定了良好的基础，对后世的日本文学影响深远。从戏剧到小说都有非常多的素材取自于平家故事，比较有名的是芥川龙之介的《袈裟与盛远》、吉川英治的《新平家物语》等。《平家物语》中的许多故事在日本家喻户晓，对日本人民的思想影响也是极为深远的。

# 第一卷

## 一　祇园精舍①

祇园精舍钟声响②，
诉说世事本无常；
沙罗双树花失色③，
盛者必衰若沧桑。
骄奢主人不长久，
好似春夜梦一场；
强梁霸道终殄灭，
恰如风前尘土扬。

　　远察异国史实，秦之赵高，汉之王莽，梁之朱异④，唐之安禄山，都因不守先王法度，穷极奢华，不听诤谏，不悟天下将乱的征兆，不恤民间的疾苦，所以不久就灭亡了。近观本朝事例，承平年间的平将门，天庆年间的藤原纯友，康和年间的源义亲，平治年间⑤的藤原信赖等，其骄奢之心，强梁之事，

---

①　这一节的题目，取自篇首的四个字，与全书其他各节不同，可能是为了突出全书立意的主旨。

②　祇园精舍是古时印度舍卫国的著名寺院。精舍即寺院，意为精练行者居住之所。寺中增侣养病所居的无常院有一玻璃钟，其响声似在诉说《涅槃经》中的四句偈语：诸行无常，是生灭法，生灭灭已，寂灭为乐。

③　波罗双树：传说释迦涅槃时，四周各育两株波罗树，忽然由绿变白。

④　朱异是误国的佞臣，按所列逆臣的例，应举出兴兵叛梁的侯景。

⑤　承平、天庆是朱雀天皇的年号，康和是堀河天皇的年号，平治是二条天皇的年号。平将门是镇守府将军平良将之子，承平五年（935）杀其伯父平国香，于下总国举兵谋反，五年后为平贞盛、藤原秀乡等所败。藤原纯友于天庆二年（939）与平将门相呼应，在西海举兵，天庆四年为桔为远所败。源义亲于康和三年（1101）任对马守，杀害无辜，罪行累累，平正盛奉旨讨伐，诛义亲于因幡。藤原信赖于平治元年（1159）与源义朝共谋倡乱，为平清盛所败，诛于京都。

虽各有不同，至于像近世的六波罗入道①前太政大臣平清盛公的所作所为，仅就传闻所知，实在是出乎意料，非言语所能形容的了。

查考清盛公的祖先，乃是桓武天皇②的第五皇子——一品式部卿③葛原亲王第九代的后裔，是赞岐守正盛的孙子，刑部卿忠盛的嫡男。亲王的儿子高见王在无官无职中去世了，他儿子高望王的时候始赐姓平氏，并授以上总介④的官职，从此脱离王室，列于人臣的地位。其子镇守府将军良望，后来改名国香。从国香到正盛，历经六代，虽都任命为各地的国司⑤，但却未蒙恩准列入殿上人的仙籍⑥。

## 二　殿上暗害

忠盛⑦在任备前国的国守时，遵照鸟羽上皇的宏愿，建造了"得长寿寺"。这座佛寺有三十三间佛堂，供奉着一千零一尊佛像，于天承元年（1131）三月十一日举行了供奉仪式。上皇喜悦之余，诏令嘉奖忠盛建寺之功，允其递补国司的缺额。恰巧当时但马国出缺，于是就给他补上了。上皇还特予恩准登殿。忠盛当年三十六岁。可是原有的那些殿上人却对此心怀忌恨，私下计议于同年十二月二十三日在五节丰明会⑧的夜里，把忠盛害死。

忠盛得知这个消息，说道："我生于武勇之家，本非文笔之吏，今如遭受

---

① 六波罗是京都东山区六波罗寺附近一带的地名，平清盛的府邸建在这里。清盛晚年出家，尊称为入道，按当时惯例，三位以上官员（古时日本官阶分为一至八位）出家称为入道，皇帝出家称为法皇。所谓出家，只是剃发僧装而已，实则居官掌权如故。本书人物第一次出现时，姓名往往列一长串，顺序是地名、身分、姓氏、官职、本人名、尊称，有的中间还加上排行。

② 桓武天皇是日本第五十代天皇（781—805 年在位）。

③ 一品式部卿：日本古制，亲王分为一至四品。式部省是中央机构八省（中务、式部、民部、治部、兵部、刑部、大藏、宫内）之一，主管国家典礼、文官的选举、高等教育等。各省的长官称为卿。

④ 上总介：上总是国名，介是国司的次官。

⑤ 国司：统管一国政务的机构，长官称为守，次官称为介。当时日本的行政区划分为国郡里三级，共计六十六国。

⑥ 仙籍是指许可登殿者的名簿。按当时规定六位以上的官员才允许上殿，称为殿上人。

⑦ 忠盛是平清盛之父。

⑧ 日本古时宫廷中每年共举行五次盛大的酒宴，载歌载舞，即正月一日（元日）、七日（白马会）、十六日（踏歌会），五月五日（端午），及十一月第二个辰日（丰明会）。

意外的耻辱，于家门，于己身，都是遗憾的事。古人有云：保全性命以报效君王。总之，应该预先做些准备才是。"于是当他进宫的时候，便预备了一把短刀，在朝服腰带之下随随便便地挂着。到了殿堂里，在火光微弱的地方，缓缓地拔出刀来，举到鬓边，宛如冰霜一般发出一片寒光。公卿们注目而视，不禁栗然。此外还有忠盛的从卒平家贞，他原是同族木工助①平贞光的孙子，进三郎大夫②季房的儿子，任职为左兵卫尉③，他穿了一件淡蓝色的狩衣④，底下是浅黄的腰甲，挂着拴有弦袋的大刀，在殿上的院子里规规矩矩地伺候着。藏人头⑤以下的人看了觉得奇怪，便叫六品藏人过去问道："在那空柱⑥附近铃索旁边，身穿布衣的人，你是干什么的？岂有此理，赶快出去！"家贞听了，恭敬地说道："听说我家世代的主公——备前守大人，今夜要受人暗害，我为了看个究竟，在此守候，不能轻易出去。"这样说了，仍旧在那里跪坐着。那些殿上人见此情形觉得形势不利，所以当夜就没下手。

当忠盛被召到御前起舞的时候，人们便用怪声叫道："伊势平氏原本是醋瓶子！"其实，平氏本来乃是桓武天皇的后裔，只因有一段时间不住在家里，便成为不许上殿的人。因为久住伊势，所以假借那里出产的瓶子，称之为伊势平氏⑦；又因为忠盛眇目，借其谐音嘲之为醋瓶子⑧。忠盛虽是气愤，但也无可奈何，乃于歌舞未终之前，悄悄退出御前，行至紫宸殿的北厢，故意在那些殿上人都看着的时候将腰间挂着的短刀交给主管司的女官，便走出去了。家贞急切问道："情况怎样？"待要告诉他受辱的情况，看来他会拔刀上殿，忠盛遂即答道："没出什么事。"

向来在五节的时候，人们边歌咏"薄自纸、薄紫纸、缠丝笔，画着巴字图案的笔杆"等有趣的事物边舞蹈。从前有一个太宰权帅季仲卿⑨因为脸色很

---

① 木工助是宫内省木工寮的次官。

② 大夫是中央机构中各"职"各"坊"的长官。

③ 左兵卫尉是兵卫府的三等官。

④ 狩衣亦称布衣，原是狩猎服装，但稍微短些，袖口有结扎用的带子。

⑤ 藏人头是藏人所的长官，主管内府财务。

⑥ 空柱是位于殿前台阶旁边的柱子，柱内掏空，以便排雨水，故名。

⑦ 平氏和瓶子，日语均读作 heiji。瓶子原是酒具，据说伊势所产瓶子粗劣，只能盛醋。

⑧ 眇目（两眼不一样大）与酢瓶均读作 sugame。

⑨ 太宰府设于筑前国，是统辖西海道（九州）九国二岛（筑前、筑后、肥前、肥后、丰前、丰后、日向、大隅、萨摩九国和对马岛、壹岐岛）的中央派出机构，今福冈县筑紫郡有其遗迹。其长官称为帅，次官称为大式、少式。权帅是编制定员以外的帅。古时日本朝廷各省，司大员往往在编制定员之外临时增设，谓之权官。

黑，被人称为黑帅，当任职为藏人头时，在五节会上起舞，人们也怪声叫道："好黑呀，黑色的头，是谁给涂上黑漆了。"还有花山院前太政大臣忠雅公，刚十岁的时候，父亲中纳言忠宗卿去世，成为孤儿，故中御门藤中纳言家成卿，那时是播磨守，便招他为婿，使他得享荣华。也是在五节会上，被人讥讽道："播磨米①是木贼草，还是朴树叶？为什么给人家磨光除垢！"

大家议论道："这些都是古已有之的事，所以没闹出事来。如今是佛法衰微的末世，可就难说了。"

果然五节会一过，所有殿上人都向上皇参奏道："根据历代的法度，必须经过敕许，才能带剑参加公宴，或带武装卫士出入宫禁。如今忠盛朝臣，把自家的扈从，带甲的武士，擅自召进殿庭；他自己腰横佩刀，列坐节会，这两件事都是历代罕见的暴举。两案并发，罪责难逃，请即削去殿上仙籍，罢免他的官职。"上皇听公卿们的诉说，大为惊诧，即传忠盛前来询问。忠盛答道："扈从在殿庭侍候的事，的确非臣所知。但近日听说有人谋划暗算于我，多年的家人因此想来助我，免得意外的耻辱，所以私自进来，忠盛事先不知，无从加以阻止，倘若此事有罪，当即召此从卒前来。至于那柄短刀，当时已交主殿司收存，请提取验看，查明真相，再行定罪。"上皇认为所陈有理，即命将此刀提来验看。原来刀鞘表面涂漆，里面却是木刀，上贴银箔。上皇说道："为求免受当前的耻辱，做出带刀的样子，但又预防日后的责难，却带了木刀；用意周到，殊堪嘉许。凡从事弓矢的人都应有这样的计谋。至于扈从来殿庭里侍候，那是武士从人的习惯，不是忠盛的过失。"这样，他反而得到上皇的嘉许，并未受什么处分。

## 三 鲈 鱼

不久，忠盛的儿子都做了诸卫府②的佐官，并且准许上殿，那些公卿出身的殿上人对此也就无可奈何了。有一次，忠盛从他的任所备前国回到京都，鸟羽院③上皇问他道："明石④的海边怎样？"忠盛回答道：

---

① 因为家成是播磨守，所以用播磨米来比喻他。

② 诸卫府即近卫府、兵卫府、卫门府，这三个单位又各分左右，通称六卫府。佐是各卫府的次官。忠盛的儿子做到这个职位的有清盛、忠度、赖盛三人。前二人为左兵卫佐，后者为右兵卫佐。

③ 鸟羽院是日本第七十四代天皇鸟羽天皇（1107—1123年在位）逊位后的称呼。

④ 明石在神户附近，当时属播磨国。

> 明石残月明，海边风不停；
> 夜间推浪起，奔腾势汹汹。①

上皇很是欣赏，即命将这首歌收入《金叶集》中。

在上皇宫中服务的女官中，忠盛有一位知己，因而时常去她那里探访。有一回在她的房里忘下了一把画着月亮的扇子，同僚的女官看见便调笑说："这是从哪里漏下来的月光呀？出处有点可疑哩。"那位女官作歌答道：

> 此月非常色，漏自彩云端：
> 君问何所自，酬答岂等闲。

忠盛听了这件事，感情更加深厚了。这女官便是萨摩守平忠度②的母亲。俗语说，夫妇相以，忠盛既然风流，这女官也颇斯文。后来忠盛官至刑部卿③，于仁平三年（1153）正月十五日亡故，年五十八岁。清盛是嫡男，便承袭了他的官职。

保元元年（1156）七月，左大臣藤原赖长作乱的时候，清盛为安艺守，效力朝廷，晋升为播磨守，保元三年又升为太宰大式。后来在平治元年（1159）十二月，信赖卿谋反，清盛效力扫平叛贼，皇上敕令"屡建功勋，应厚予恩赏"，乃于次年正月叙正三位。接着升迁为宰相④、卫府督⑤、检非违使别当⑥、中纳言、大纳言⑦，以至丞相的地位。未经过左右大臣，便从内大臣直至太政大臣从一位。虽然不是近卫大将，却下赐兵仗，随带仆从，又蒙钦旨准

---

① 原文是一首短歌，由"五七五七七"五句共三十一字组成。

② 平忠度是平忠盛的庶子，官职为萨摩国国守。

③ 刑部卿是刑部省的长官。

④ 宰相是借用汉名，原名参议，是太政官的属员，仅次于大纳言、中纳言，参与朝政，官阶多在三位、四位以上。

⑤ 卫府督：左右卫门府的长官称为督。京城守卫，设有近卫府、卫门府、兵卫府。这三府又各有左右之分，故有六卫府之称。

⑥ 检非违使别当是检非违使厅的长官，总管京都的警察和司法。别当原指在本职之外兼任别的职务的官员，后来成为专任长官的职称。

⑦ 大纳言是太政官的属员。太政官的首长是太政大臣，亦称大相国，其下依次为左大臣、右大臣、内大臣、大纳言、中纳言。中央八省均由太政官统辖。

乘牛车、辇车出入宫禁。这样便和执政之臣①相同了。《职员令》中有云："太政大臣乃天子师范，四海表率，治国论道，摄理阴阳，如无其人，则可从阙。"因此，这太政大臣又名为"则阙之官"。既然是宁缺勿滥的官职，一天四海尽入其掌握之中，那也就无可非议了。

平家得享如此荣华，据说全是由于熊野权现②的庇佑。事情出现在清盛公任安艺守的时候，他从伊势海乘船到熊野去，有一尾很大的鲈鱼跳进他的船里，当时熊野神社的向导说："这是权现的庇佑，请赶快吃了吧。古时候，曾有白鱼跃入武王的船里③，这乃是吉兆。"虽然清盛在去神社参拜的途中应该遵守十戒④，精进洁斋，但是他叫人把鱼烹调一下，让全家子弟和仆从分着吃了。自此以后，吉事连绵不断，自己做到太政大臣，子孙也都升官，比云龙飞升还要快，超过先祖九代⑤的旧例，实在是太可庆贺了。

## 四　秃　童

仁安三年三月十一日，清盛公五十一岁的时候，因为生病，乃许愿出家入道，法名净海。也许正是这个缘故，宿疾顿愈，得以保全天命。人人艳羡的事有如草木之迎春风，家家仰慕的事有如百禾之盼甘霖。说起六波罗一家的贵胄公子来，无论什么名门华族，都不能和他们对面比肩。入道相国⑥的内兄，平大纳言时忠卿，曾有过这样的话："非此一门的人，皆属贱类。"因此，世间的人都想找一点什么因缘，来和平氏一门搭上关系。不但如此，连衣领怎么折，乌帽子⑦怎样叠，只要说是六波罗的样式，天下的人便争相效尤。

无论怎样的贤王圣主，以及怎样的治国良相，总难免有些闲散无聊的人聚

---

① 执政之臣是汉语说法，按日本官制通称为摄政关白，是辅佐天皇执政的重臣。当天皇年幼时，称为摄政；天皇成人之后，则称为关白。其地位在太政大臣之上。

② 权现是说日本的神道原是佛菩萨随缘应化，临时显现在日本的化身。这样神佛就融为一体了。熊野权现即和歌山县熊野地方的三所权现，包括：熊野神社（本宫）、熊野速玉神社（新宫）和那智神社（那智）。

③ 这里引用的是武王伐纣渡黄河时，白鱼跃入身中的故事。

④ 十戒指佛教的十项禁戒，如不杀生、不偷盗、不淫、不妄语、不饮酒等。

⑤ 平氏是桓武天皇第五皇子葛原亲王的后代。自高望王下降臣籍，赐姓平氏以来，至清盛，共历九代，参见本卷第一节。

⑥ 清盛为太政大臣，出家后被称为入道相国。入道是大臣出家后的尊称。

⑦ 乌帽子是黑布直筒帽，有挺直的，叫立乌帽子；也有折叠的，叫折乌帽子。

在不为人注意的地方，说些流言蜚语，这是世上常见的事。唯独在入道相国全盛的时期，却并没有说平氏闲话的。这是因为入道相国做出了独到的安排。他挑选了十四五六岁的少年三百人，头发一律齐耳根铰短，穿了一身红色的直裰①，叫他们在京都各处行走警戒，偶然遇见有说平氏坏话的人，就立刻通知同伙，闯入他的家里，没收资财家具，抓住那般人，扭送到六波罗府去。所以一般庶民即使眼里看见，心里愤慨，却也没有敢说出来的。说起六波罗的秃童来，凡是路上通行的马和车，部远远回避。真是"出入禁门不问姓名，京师长吏为之侧目"② 了。

## 五　阖第荣华

入道相国不单是本人备极荣华，他的一门也全都发迹起来。嫡子重盛做了内大臣兼左大将，次男宗盛任中纳言兼右大将，三男知盛任三位中将，嫡孙维盛则是四位少将，总计平氏一门有公卿十六人，殿上人三十余人，还有各国的国守，以及在卫府和各省司担任官职的，一共有六十余人，似乎政界里再没有别的人了。

从前在圣武天皇③的时代，神龟五年（728）朝廷始设中卫府的大将，到了大同四年（809），中卫府改为近卫府④以来，兄弟分任左、右大将的才有三四回。在文德天皇⑤时，左有藤原良房，以右大臣兼左大将；右有藤原良相，以大纳言兼右大将，这二人是闲院左大臣冬嗣的儿子。在朱雀院⑥的时候，左是小野宫实赖公，右是九条师资公，他们是贞信公⑦藤原忠平的儿子。在后冷泉院⑧的时期，左是大二条教通公，右是堀河赖宗公，都是御堂关白⑨藤原道

---

① 原文为直垂，类似我国清代的马褂，胸前有扣，袖口有结扎的带子。武士上阵时，铠甲披挂在它的外面。

② 见陈鸿《长恨歌传》："出入禁门不问，京师长吏为之侧目。"文字略有变动。

③ 圣武天皇是日本第四十五代天皇（724—718 年在位）。

④ 近卫府是诸卫府中最重要的，负责警卫皇宫，朝会时任警卫和仪仗，类似我国古时的羽林军。

⑤ 文德天皇是日本第五十五代天皇（850—858 年在位）。

⑥ 朱雀院是日本第六十一代天皇朱雀天皇（930—945 年在位）逊位后的称呼。

⑦ 贞信公是藤原忠平的谥号。

⑧ 后冷泉院是日本第七十代天皇冷泉天皇（1045—1068 年在位）逊位后的称呼。

⑨ 御堂是对藤原道长所建法成寺的尊称。关白即摄政大臣。

长的儿子。在二条院①时，左是基房松②公，右是兼实月轮③公，都是法性寺④
公藤原忠通的儿子。这些人都是摄政关白家的子弟，普通人是没这个先例的。
从前殿上人耻与为伍的人的子孙，如今却穿了禁色⑤官服，身缠绫罗锦绣，兼
任大臣大将，兄弟并肩做着左、右大将，虽说如今是佛法衰微的末世，这事情
也够奇怪的了。

此外，清盛公还有八个女儿，也都得结良缘，福分非浅。一个原与樱町中
纳言成范卿在八岁时定了婚约，平治之乱⑥以后退了婚事，做了花山院左大
臣⑦夫人，生了几个公子。成范卿被称为樱町中纳言的由来，是因为他儒雅风
流，酷爱吉野山的樱花，在领地栽了许多樱树，并在樱花中造屋居住。因此，
每年来看花的人便把这里叫作樱町。樱花一般开七天就谢了，成范卿觉得可
惜，便祷告天照大神⑧使之延长为三个七天。那时主上是贤君，神也显示神
德，花也有灵气，所以能够保持二十天的寿命。

一个女儿立为皇后，所生皇子立为太子，后来即位，母后加了院号，称建
礼门院⑨。既然是入道相国的女儿，又为天下之国母，那就用不着说什么了。
还有一个是六条摄政公⑩的夫人，在高仓天皇还在位的时候，封为养母⑪，奉
旨"准三后"待遇，称为白河君，是个很重要的人物。又一个是普贤寺公⑫的
夫人，一个是冷泉大纳言隆房卿的夫人，一个是七条修理大夫信隆卿⑬的配

① 二条院是日本第七十八代天皇二条天皇（1158—1165年在位）逊位后的称呼。
② 松是基房家的地名。
③ 月轮是兼实所居山庄名。
④ 法性寺是藤原忠通的别邸。
⑤ 禁色是非经敕许，不得穿用的颜色，包括青、赤、黄丹、栀子、深紫、深绯、深
苏枋七色。
⑥ 平治元年（1159），源义朝等谋反，幽禁后白河上皇，迁徙二条天皇。平清盛起兵
平乱，翌年正月，诛灭之朝，史称平治之乱。从此朝中大权归于平氏。
⑦ 花山院即藤原兼雅。
⑧ 天照大神是太阳女神，见《古事记》。
⑨ 建礼门院即平清盛的女儿德子，于承安元年（1171）入宫，为高仓天皇的女御
（等级最高的嫔妃，其次为更衣），次年成为中宫（即皇后），治承二年（1178）生子言仁亲
王，治承四年亲王即位为安德天皇。养和元年（1181）中宫上尊号为建礼门院。
⑩ 六条摄政公即藤原基实。
⑪ 原文为御母代，即天皇养母，照例多以内亲王（公主）充任。准三后是按太皇太
后、皇太后、皇后的待遇给予俸禄。
⑫ 普贤寺公即藤原基通。
⑬ 修理大夫是掌管宫中修缮、营造等事务的机构"修理职"的长官。

偶。此外安艺国严岛的内侍①所生之女，在后白河法皇的宫里做一名女官；另有一个是由九条院②的女杂役常叶所生，在花山院的小姐那里服役，称为廊下君。

日本亦称秋津岛，共分六十六国，其中归平家管领的凡三十余国，已经超过国土的一半了，其他庄园田地不计其数。绮罗满堂，如花似锦；轩骑云集，门前若市；扬州的黄金，荆州的真珠，吴郡的绫，蜀江的锦，七珍万宝，无一或缺。"歌堂舞阁之基，鱼龙爵马之玩"③，恐帝阙仙洞亦不过如此吧。

## 六　祇　王④

入道相国既然把一天四海置于掌握之中，什么世间的非难，人们的嘲笑，便都不予顾忌，尽自干些不合情理的事。举例来说，当时在京城里有两个有名的舞女，是一对亲姊妹，名叫祇王、祇女，是通称刀自的舞女的女儿。姊姊祇王为入道相国所宠爱；妹妹祇女也因此大为都中人士所赏识。清盛公又给母亲刀自建造了一所很好的房子，每月还给送一百石米、一百贯钱，于是这一家也就安富尊荣了。

本来在我国，舞女起源于鸟羽院的时代，名叫岛千岁与和歌前的两个人开始作这样的舞蹈。最初是穿白绢便服，戴着立乌帽子，插着白鞘腰刀起舞的，所以称作男儿舞。随后把乌帽子和刀都去掉了，只穿白绢便服，因此称这种歌舞作白拍子。

京城里的舞女们听到了祇王的幸运，也有羡慕的，也有嫉妒的。那羡慕的人说："啊，祇王真是幸运，同样都是乐户生涯，谁不愿意那样呢？一定是她名字里有个祇⑤字，所以才走运吧。我们也来起个名字试试看。"于是有人叫作祇一、祇二，或者祇福、祇德。那嫉妒的人说："这和名字、文字有什么相干，这是与生俱来的、前世修来的福分。"所以有好些人并不把祇字加在名字上。

过了三年，京城里又出现了一个有名的舞女，是加贺国人，名字叫"佛"，

---

① 严岛的内侍即严岛神社的巫女。

② 九条院指当时的皇太后藤原呈子。

③ 引自《文选·鲍照芜城赋》："若夫藻扃黼帐，歌堂舞阁之基；璇渊碧树，弋林钓渚之馆；吴蔡齐奏之声，鱼龙爵马之玩。"

④ 祇王和祇女是两个乐女的艺名，其他版本也有称为妓王、妓女的。

⑤ 祇字的含义与卷首的祇园有关，有神佛庇佑的意思。

年方十六岁。京里的上下人士都说："从前虽然有过许多舞女，但是这样的歌舞还是初次看见。"所以都很欢迎她。但是阿佛说："现在我虽是天下闻名，但还没被召到声势显赫的平家太政入道那里去过，实在遗憾得很。照着乐女的习惯，不妨不召自来，那么且去看看吧。"有一天便到西八条府①里去了。府里的人上去禀告说："现在那位有名的阿佛，到府上来求见了。"入道相国说："什么？这样的乐女是要有人叫才来的，哪有不召自来的道理，况且有祇王住在这里，不管说是神也好，说是佛也好，是不准进来的，赶快让她出去吧！"阿佛得到这样冷酷的回答，正要退出的时候，祇王却对入道说："乐女不召自来，这是常见的惯例，况且年纪还轻，忽然想到就来了，这么冷酷地给拒绝回去，未免太可怜了，我也觉得有愧，心里过意不去。我也是此道中人，当然也有同感。就是不看舞，不听歌，见一见她，随后叫她回去，她也会感念不已的。好歹请把她叫进来，会会面吧。"入道相国说："既然你这么说了，那么就见一见，然后叫她回去吧。"便叫使者去传唤。阿佛遭到拒绝，坐上牛车正要回去，听得第二次传话召见，就回到府里来了。入道相国出来会见，说道："本来今天不想见你，可是祇王再三劝说，所以出来见一见。既然见了面，怎好不听一听你的歌呢，你先唱一首时行曲调②吧。"

阿佛应了声"遵命"，就唱了起来：

> 我是一棵小松树③，
> 见到您似乎可以活到千岁了；
> 在您前面水池里的龟山上，
> 仙鹤在成群游戏。

这样反复唱了三遍，听的人都惊得耸起耳朵，瞠目而视。入道相国也很赏识，说道："你的时行曲调唱得很妙，那么舞也一定是很好的喽，且舞一回看，叫打鼓的来！"便把打鼓的人唤来，叫她打着鼓，阿佛便舞了一回。

从她的发型到容貌，都那么妩媚多姿，声音节奏也都很美，那舞当然也是再好不过的了。果然是难以想象的成功，入道相国看得入了迷，将整个的心都移到阿佛这边来了。阿佛说道："这是怎么了？本来我是不召自来的，已经奉

---

① 西八条府在京都皇宫西边，是清盛别邸所在，他的本邸在六波罗。

② 原文作今样，即当时的流行曲调，由八句或十二句七五调的句子组成。

③ 原文为姬松，是只有一二米高的观赏植物。此处只引了原歌的上半阕。

命退去，只因祇王恳切请求，这才召我回来，假如这样把我留下，我体谅祇王的心情，自己也觉得惭愧。还是请早点让我出去吧。"但是入道相国说道："这是绝对不行的。既然祇王在这里，你有顾虑，那么就叫祇王出去好了。"阿佛说："这叫怎么回事呢？把我同祇王一起留下，我还觉得心里不安，现在要将祇王赶走，只留我一人，更使我心里惭愧了。如果以后您想起我，叫我再来，我会来的，今天就让我先辞了吧。"入道相国却说道："这怎么能行。祇王赶紧出去吧。"就叫人接连去催了三遍。

本来祇王已经预料到了会有这种事，却没有想到就在眼前。多次接到赶紧出去的催促之后，便拂拭洒扫，收拾一下散乱的东西，准备动身了。可是，常言道：同在一树下投宿，同在一河里汲水，都是前生的缘分，如今要离别了，总不免有些伤感，况且这是已经住了三年的地方，所以更加留恋悲伤，流下了许多于事无补的眼泪。可是留恋有什么用呢，终归要离去的，祇王想到将和这里永别，须留下一点痕迹做个纪念，便啼哭着在纸隔扇上写下一首短歌：

> 同是原上草，何论荣与枯；
>
> 他日秋霜至，一样化灰土。

随后就坐了车，回到自己家里。一进门便在纸门里边躺倒，不顾一切地哭了起来。母亲和妹妹见了，问道："这是怎么啦？"但没有得到回答，后来问跟着她的女人，才知道事情的原委。自此以后，每月送来的一百贯钱和一百石米也停止了。现在是阿佛家的人享受这些富贵了。京城里上下的人都说："听说祇王从入道府里辞退了出来，我们去找她玩玩吧！"于是有的送信来，有的派使者来。但是，祇王虽然境遇如此，也并没有心思接待客人嬉戏，所以既不接受信，也不招待使者。而这些事情使她更加觉得伤心，唯有落泪罢了。

这样过了年，到了次年春天，入道相国差遣使者到祇王那里来，说道："你近来怎样？阿佛似乎很无聊，你可以来给唱一支时行曲调，跳个什么舞，给她解解闷吧。"祇王也不给他回信。入道相国说道："为什么祇王不给回信？大概不想到府里来吧。假如不想来，直说好了，那么，我净海自有想法。"这话传到母亲刀自耳里，她不知道怎么办才好，便哭哭啼啼地教训祇王道："祇王，你为什么不给回信呢？那总比听这种申斥要好些。"祇王道："假如我想去，我就可以立即答应去。可是我确实不想去，所以不知怎么说才好。这回召了不去，他说自有想法，那无非是赶出京去，不然就要我的命，反正也就是如此吧。即使出了京城，也没什么可哀叹的，就是要了我的性命，现在我也不觉得有什么可惜！此身已经受人厌弃，没有再相见的心思了。"这样说了，仍旧不给回信。母亲刀自又劝谕道："凡是想在世上活着的人，都不可违背入道公的意思。男女的姻缘乃是前世所定，并不是从今世开头的。有的相约白首，可是不久就离散了；有的虽是随机结合，反倒能够终身相守。世间最难预料的要算男女之间的事。这回召了不去，要说会因此丧命，我看还不至于如此，倒可能赶出京去。即使如此，你们还都年轻，无论什么岩石树木之间，总还有办法生存下去，但是你母亲年老体衰，出了京城，住在乡下，过那种不习惯的生活，想来是很可悲的。让我留在城里以终余年吧，这也算是对我今生的孝养和来世的修福了。"祗王虽然觉得再到入道府上去很是痛苦，但不好违背母亲的命令，所以就哭泣着决定接受召唤，那心里的悲痛自不必说了。

　　一个人进府去觉得有点难为情，便带了妹妹祗女和另外两个舞女，一共四人，坐了一辆车子，来到西八条府邸。可是并未被领到从前的住处，而是领到一间很低级的屋子里边。祗王心里暗想："这是怎么回事？我本身并无过错，已经被遗弃了，现在连屋子也降了格，真难受呀，怎么办好呢？"惟恐别人知道，将袖子遮着脸，可是眼泪不由自主地从袖子的空隙滴了下来。阿佛见了，觉得可怜，便说道："这是怎么啦！我这边是她过去常住的地方，让她到这边来吧。不然就让我出去见见她。"入道相国却说："那可不行。"阿佛无可奈何，只好不出去了。随后入道相国与祗王见面，可是他一点也不理会她的心情，说道："怎么样，好吗？阿佛觉得很无聊，你给唱一支时行曲调吧。"祗王既然决心前来，便不想违背入道公的意旨，所以强忍住落下来的眼泪，唱了一支时行曲调：

> 佛原来本是凡夫，
> 我们也终将成佛；
> 彼此都具有佛性，
> 可悲的是竟有这些差别。

哭泣着唱了两遍。当时在座的平家一门的公卿、殿上人、大夫①，以至武士，都感动得流下泪来。入道相国也很高兴，说道："即兴的歌曲也很有趣；本来还想看舞，只是今天有要紧的事，以后不召也常进来，唱些时行曲调，跳一跳舞，来给阿佛消遣。"祗王不知道怎么回答才好，掩泪退了出来。

---

　　①　三位以上的朝官称公卿，五位以上称大夫，殿上人参见第 80 页注⑥。

祇王说道："为了不违背母亲的话，到不该再去的地方，又一次受到了屈辱，真是痛心。这样的生在世上，说不定还要受到难堪，现在我真决心要去投水了。"妹妹祇女也说："姐姐若是投水，我也同你一起投吧。"母亲刀自得知，心里自是悲伤，但也毫无办法，惟有哭哭啼啼地劝说道："你的确受了委屈了，我不知道会发生这种事才劝你去的，我也实在后悔。可是假如你寻短见，妹妹也一道投水；两个女儿都没有了，撇下我这年老体衰的妈妈，即使活着，还有什么意思，不如也一道投水吧。你可知道，让没到死期的母亲投水而死，那就成了五逆罪①了。这世间不过是暂时的旅店，蒙受屈辱算不了什么，最可怕的是在永久的归宿里坠入黑暗之中。今生也就罢了，来世要堕入恶道②那才是可悲哩。"流着眼泪絮絮地劝说。祇王掩泪说道："当真这样做了，无疑是犯了五逆罪。那么，就把自杀的念头打消了吧。但是这样在京城住下去，恐怕还要遭受屈辱，现在咱们就离开京城吧。"于是，二十一岁的祇王出家为尼，在嵯峨③深处的山村里搭一个柴庵，长年念佛度日。妹妹祇女说："姐姐倘若投水，我也投水，原是约定了的，现在遁世离俗，我也绝不落后。"在十九岁上，她也削了发，和姐姐住在一起，为来世修福。母亲刀自看见这种情形，说道："年轻的女儿们都削了发，在这样世里，年老体衰的母亲，还蓄着白发做什么呢？"于是在四十五岁上也削了发，同两个女儿专心念佛，盼着死后往生极乐净土。

这样，春尽夏阑，秋风乍起，不觉到了双星渡河，世间男女在楮树叶上④书写相思之意的时候了。看着夕阳隐没到西山背后去，心想那日落之处不正是西方净土吗，将来咱们总归也要生活在那个去处，没有忧虑地过日子；想起过去的种种烦恼，唯有流不尽的眼泪。过了黄昏的时候，就掩闭竹扉，点起微微的灯火，母女三人一同念佛。正在这时，忽听竹扉之外响起咚咚的敲门声，这三个女尼都惊慌地说道："啊呀，大概是恶魔前来阻挠我们这些薄命的人念佛。白天也很少有人来到的山村柴庵，这样的夜里还会有什么人来寻访吗！那扇竹子编的门，就是不去开，也容易被推破，还不如去开了，让他们进来吧。假如他不肯留情，要我们的性命，那就坚信近年来我们信赖的阿弥陀佛的本愿⑤，一心奉唱佛号，等候圣众寻声来迎，接引到西方去吧，决心念佛好了。"这样

---

① 佛教里的五逆罪为：杀父，杀母，杀圣人（阿罗汉），出佛身血，离间僧徒团结。

② 佛教里的恶道为：地狱道、饿鬼道、畜生道。

③ 京都右京区嵯峨，现有祇王寺。

④ 古时日本习俗，七夕之夜，相爱着的男女各在楮叶上写下心愿，用以祈祷。

⑤ 阿弥陀佛四十八愿中，第十八为"念佛往生愿"，只要一念佛，临终前，阿弥陀佛便会同观音、势至诸菩萨前来迎接，往生净土。

互相警戒着，及至打开竹门，原来不是什么恶魔，却是阿佛。祇王说道："呀，这是怎么回事？看见阿佛在面前，我不是作梦吗？阿佛掩泪道："说起来仿佛是为自己辩解，不说又显得我不懂情理，所以还得从头说起。本来我是不召自来的人，已经从府里被赶了出去，皆因祇王阿姊的美言，才又把我叫了回来。只恨女人无用，做不得自己的主，结果被留了下来，真是可悲的事。后来，你又被召来唱那时行曲调，你的心情我也深深领悟了，总有一天会落到我身上来的，所以在那里也并不觉得愉快。在纸隔扇上留下的笔迹：'他日秋霜至，一样化灰土。'的确说得不错。后来打听你们的住址，都说不知道；这回得知你们削了发，三个人住在一处，这使我很是羡慕。几次向入道公请假总是不准。细细想来，世间的繁华乃是梦中之梦，富贵荣华算得了什么。'人身难受，佛法难遇。'这回若是沉入地狱，将是永劫不复了。年轻也不足恃，黄泉路上哪分老少，一旦死运临头，想多喘一口气也容不得你。我这只知一时富贵而不知来世的人，深为可悲，所以今夜混出了西八条府邸，扮成这个模样来了。"说着撩开带头巾的衣服①一看，也是女尼模样。阿佛又哭哭啼啼地诉说道："我改装为女尼到这里来，是为了赎回以前的罪孽。假如说是原谅我，咱们就一同念佛，同为一莲托生②之身，假如你还不宽宥，我从今以后不管漂泊到什么地方，即使露宿在青苔上、松树下，也要尽我的余生一心念佛，以遂我极乐往生的夙愿。"祇王听了也掩泪道："你有这个想法，我做梦也想不到。尘世艰辛，我自己遭逢不幸也是当然的，可是一想到这里就不免对你有些怨恨。也许我抱着这样的想法，不会实现往生夙愿吧，恐怕今生和来世都要给耽误了。现在你这样削发出家，我对你的怨恨也就全消了，往生乐土是毫无疑问的，我从此也得实现夙愿，这是比什么都可喜的事。我们出家为尼，人们说是世间奇事，我也是这样想。可是，这是出于愤世嫉俗，也恨自己，削发为尼也是当然的。但是比起你的出家来，这算得了什么呢。你没什么可怨恨的，也没什么可哀叹的，今年刚十七岁，却能这样厌离红尘，向往净土，真够得上大道心了。这对于指引我一心向佛，可以说是胜于名僧指教。好啦，让咱们一起修行吧。"这样说了，四个人便同住一处，早晚在佛前供奉香花，专心向往净土。后来死期虽然有迟有早，四个尼姑却都遂了往生的夙愿。所以，后白河法皇在所建长讲堂③的记事册上写

① 原文为被衣，是中古时期日本妇女外出时穿的衣服，连头遮住，类似斗篷。
② 一莲托生是净土宗信徒的一种理想，是说死后被圣众迎接到净土，坐在莲花座上。
③ 后白河法皇在宫中所造佛堂，名为法华长讲阿弥陀三昧堂，后来屡遭兵火。这里所说的记事册，现在尚存一册，记有祇王等四人的名字。

着："祇王、祇女、阿佛、刀自等尊灵"，将四个人的名字写在一处，想起来也是很可怜的。

## 七　两代皇后

从古至今，源平两氏谨事朝廷，如有不服王化、蔑视朝纲的人，则共同加以惩处，所以世上没出什么乱事。但自从保元之乱①源为义被诛，平治之乱源义朝伏法以后，源氏后裔，或处流罪，或被削职，至今只剩平氏一族很是繁荣，没人敢于同他们对抗。照这情形说来，似乎以后不会出什么事情了。但自鸟羽院②晏驾以来，兵戈相寻，死罪，解官停职，是常见的事，国内不安，世间很不平静。特别是永历、应保③年间，上皇的近臣常获罪于天皇，天皇的近臣又常获咎于上皇④，上下忧惧，惶恐不安，真可说是如临深渊，如履薄冰。本来天皇和上皇是父子关系，应该没有什么隔阂，可是却意外地频生事端，这也是因为降及末世，人心险恶的缘故吧。天皇常常违抗上皇的意旨，其中有一件事特别耸人听闻，受到举世非难。

故近卫天皇的皇后，当时称为皇太后的，是大炊御门右大臣公能公的女儿⑤。近卫天皇殁后，出了皇宫，移住到近卫河原的邸宅。因为是先帝的皇后，所以过着隐居的生活，在永历年间当是二十二三岁了，虽然已经过了盛年，但素有天下第一美人的声誉。二条天皇⑥性好色，偷偷地叫高力士在外边

---

① 保元之乱：保元元年（1156）七月鸟羽法皇去世，崇德上皇赴殓，破拒，大怒，又因积愤，乃召源为义、平忠正等欲行政变。后白河法皇召为义子义朝，忠正侄清盛拒之。崇德上皇兵败，后被迁于赞岐，改称赞岐院，死于1164年。为义、忠正皆伏诛，史称保元之乱。崇德上皇是日本第七十五代天皇崇德天皇（1123—1140年在位）逊位后的称呼。

② 鸟羽院，参见第82页注③。

③ 永历（1160）、应保（1161—1162）都是二条天皇的年号。当时天皇之上还有上皇，上皇也有权施政，称为院政。

④ 这里所说的上皇与天皇，即已经让位的后白河法皇和他的儿子二条天皇。

⑤ 指藤原多子，德大寺实定的姐姐，左大臣赖长的养女。

⑥ 二条天皇是日本第七十八代天皇（1158—1165年在位），他父亲后白河天皇在位三年便让位给他。后白河天皇之前是近卫天皇；近卫是后白河的弟弟，三岁登基，十七岁就死了。所以照辈分说，近卫天皇是二条天皇的叔父。二条天皇于永历元年（1165）正月立近卫后藤原多子为皇后。

搜求美人①，将情书送到皇太后②那里去。皇太后当然不加理睬，天皇却把这事公开了，宣谕右大臣家：立藤原多子为皇后，着即进宫。这件事真是天下奇闻，公卿们开了会议，各自发表意见，一致认为："查异国的先例，中国的则天皇后原是唐太宗的后妃，唐高宗的继母，太宗崩后，立为高宗的皇后。异国的这个先例，是极其特殊的。从我朝来看，自从神武天皇以来，已历七十余代，还没有过立为两代皇后的事。"公卿们一致净谏。上皇也不以为然，对天皇加以劝谕，天皇却说："天子无父母③，我凭了十善④的戒功，得万乘之宝座，这区区小事，还不能由我的意思吗？"于是宣旨，定下进宫的日期。上皇也无可奈何。

皇太后听得此事，惟有以泪洗面，叹息说道："还不如在久寿的秋天，先帝去世的时候⑤，与先帝一同化为原野上的薤露，要不就循世出家，就不会面临这样可悲的事情了。"父亲右大臣却劝慰道："书上说过，不随和世俗便是狂人。既然诏书都下来了，再说什么也没用，快点进宫去好啦。假如诞生一个王子，你就成为国母，便是愚老也被尊为外祖父了。这次进宫正是可喜的吉兆呀，这也就是你帮助老父的最大的孝行了。"皇太后对此没有回答。后来却传出她在这时写下的一首歌：

> 竹节逢忧患，何以不沉沦；
> 徒载不义名，千古恨难泯。⑥

这首歌不知怎么传到外边来了，人们都说歌词既凄婉又优雅。

到了进宫的那一天，父亲右大臣会同伴送的公卿们，对于出聘车驾的仪式特别细心地做了准备，但是皇太后因为心里不高兴，迟迟不肯登车，一直等到夜深，到了半夜以后，才在大家帮助之下坐上车子。进宫以后就住在丽景殿

---

① 借用《长恨歌》的故事，唐玄宗好色，经高力士为他访求，乃得杨贵妃。

② 原文为大宫，意为皇太后，这里是指近卫天皇的皇后藤原多子。

③ 据中国《北史》，有"天子无父"的话，日本典籍则见于《增镜》卷九；《源平盛衰记》里说是醍醐天皇的话。

④ 在佛教中认为能守十戒不犯十恶即是十善。十恶即杀生、偷盗、邪淫、妄语、两舌、恶口、绮语、贪欲、瞋恚、邪视。

⑤ 近卫天皇于久寿二年（1155）去世。

⑥ 原歌用双关语，"竹节"与"忧患之时"谐音，暗指当年先帝驾崩的忧患。"不义名"，原文为"无先例的名声"。

里，一心劝说天皇精勤政务。在天皇居住的紫宸殿，陈列着画有先圣先贤的屏风，上面画着伊尹、第五伦、虞世南、太公望、甪里先生、李勣、司马①，还有长手、长脚和马面人的屏风。在殿西的鬼室中画有李将军②斩鬼图。尾张守小野道风③曾分作七次为这些圣贤屏风题词。在那清凉殿里画图的屏风上，有巨势金冈④所画远山残月，先帝年幼的时候，弄笔游戏，把残月涂黑了，那痕迹至今还保留在那里。皇太后看了这些，不禁怀念先帝，做了一首短歌道：

> 苟且留人世，冯妇再进宫；
> 当年屏风在，犹见月色融。

由此可以想见先帝与皇太后之间的关系，这真是既凄惋而又优雅的事。

## 八 立匾的纠纷

　　却说自从永万元年（1165）春天，便传说天皇有病，到了夏初，病势沉重起来，因此，大藏大辅⑤伊吉兼盛的女儿所生的第一皇子，刚刚两岁，便传说将要立为太子，到了六月二十五日，匆匆宣旨为亲王，当夜便受禅登基了。因为事出唐突，天下惶惶不安。据熟悉掌故的人说，就日本童年为帝的先例来看，清和天皇⑥九岁接受文德天皇禅位，当时是效仿中国周公辅成王，南面临朝，日理万机的先例，由外祖父忠仁公⑦辅佐幼主。这是摄政的开始。其后，鸟羽天皇五岁，近卫天皇三岁，都以冲龄即位，那时就有人说未免太年幼了。现在是两岁即位，就更没有先例，似乎太性急了。

　　同年七月二十七日，二条上皇终于去世了，年只二十三岁，好像是含苞的花凋落了的样子。玉帘锦帐⑧无不落泪。就在那天夜里，下葬于香隆寺的东

---

①　圣贤屏风上共画着三十二人，都是中国历代名臣。

②　李将军即汉武帝时的李广。

③　小野道风是平安朝的著名书法家。

④　巨势金冈是平安朝画家，据《扶桑略记》所载，他于仁和四年（888）在清凉殿画了这些画。

⑤　大藏大辅即大藏省的次官，长官称为卿。

⑥　清和天皇是日本第五十六代天皇（858—875年在位）。

⑦　忠仁公是藤原良房的谥号。

⑧　玉帘锦帐指天皇的后宫，泛指所有后妃。

北，莲台野的深处，叫作船冈山的地方。在殡葬的时候，延历寺与兴福寺①的僧众为立匾的事发生纠纷，以至胡闹起来。本来，凡是天皇去世，送到墓地，按规定是由奈良和京都的各寺僧众全数同行，在陵墓的四周各自竖起本寺的匾额。先是竖东大寺的匾，因为这是圣武天皇敕建的寺，没有什么异议。其次是竖兴福寺的匾，那是淡海公②许愿建造的。京都方面竖延历寺的匾，与兴福寺的匾相对。其次是竖园城寺③的匾，那是由于天武天皇许愿，由教待和尚、智证大师草创的。但是这回山门④的僧众，不知出于什么用意，却违背先例，在东大寺底下，兴福寺上头，竖了延历寺的匾额。于是奈良的僧徒们商议种种对付的办法，恰好兴福寺的西金堂⑤有两个以勇猛著称的僧徒，名叫观音坊和势至坊。观音坊穿着黑色的腰甲，把长刀的白木柄紧贴着刀镡握着⑥；势至坊穿着鹅黄的腰甲，手拿黑漆的大刀，二人冲上前去，将延历寺的匾额砍下来，打得粉碎，边高唱道：

　　　　欢腾的水，哗哗响的瀑布的水，
　　　　太阳出来了，也还是照样流个不停。

边走回奈良的僧众之中去了。

## 九　火烧清水寺

　　延历寺的僧众，对于兴福寺方面的胡作非为本来可以进行反抗，但他们似乎有更深沉的考虑，一句话也没说。天皇刚刚晏驾，无情的草木也该各带愁容，如今这般胡闹，实属不堪，所以无论贵贱都神魂不安，各自走教了。在同

---

　　① 延历寺在京都比叡山上，建于延历四年，是天台宗的总寺院。兴福寺在奈良，是法相宗的总寺院。平安朝末期，这两个寺在政治上很有势力，均拥有僧兵，有南都（兴福寺）北岭（延历寺）之称。南都原指奈良。
　　② 淡海公是藤原氏创业者之一藤原不比等的谥号。他生于七世纪，系大织冠藤原镰足之子，光明皇后之父。
　　③ 园城寺，别名三井寺，简称寺门。
　　④ 山门是延历寺的简称。
　　⑤ 金堂，指供奉本尊的佛堂。
　　⑥ 长刀适于远战，不宜近攻。这里说紧贴着刀镡握着，意指准备砍斫。

月二十九日①午时左右，忽然听说延历寺的僧众大举下山，向着京城进发。武士和检非违使向西坂本奔驰而去，想要阻止他们，但是僧众全不理睬，突破防线，进入京城。当时不知哪里传出的流言，说这是后白河上皇传谕山门僧众，叫来讨伐平氏的。于是近卫军兵聚集在宫里，防守四面的大门；平氏一家的人，奔集于六波罗。后白河上皇也急忙临幸六波罗。这时清盛公任职大纳言，也大为惊恐。但是小松公②说道："哪里会有这样的事呢？"极力表示镇静。但是，上下人等均感不安，很是惊扰。可是山门僧众并不向六波罗来，却朝着与平家毫不相干的清水寺冲去，把那里的佛阁僧坊，一间不剩地烧掉了。据说这是为了雪洗上次殡仪之夜的会稽之耻，因为清水寺乃是附属于兴福寺的寺院。清水寺被烧的次晨，在大门前立了一块牌子，上面写道："念彼观音力，火坑变成池。且看究竟！"次日，另立了一块木牌，上写："历劫不思议，人力所不及。"③

山门僧众回山之后，后白河上皇也从六波罗回宫去了。重盛卿一个人随侍，清盛公因有戒心没有去。重盛卿送驾回来的时侯，清盛公对他说："上皇临幸我家，令人颇觉惊恐。想必上皇平素透露过这个意思，才有这样的流言。你也不要太大意了。"重盛卿说道："这个意思，从上皇的态度上、言语上，绝没有表示出来过。让人们有这样的感觉，对我们是很不利的。在这时候，不要违背上皇的旨意，对别人也关照些，一定可以得到神佛的保佑。这样，父亲也就不必担忧了。"说完就走开了。父亲清盛公说道："重盛未免太心宽了！"

后白河上皇回宫以后，亲近的臣僚聚集到面前。上皇说道："传布着这样的流言，我却一点都不曾想到。"那时上皇宫里有一个很得势的人，名叫西光④法师，他进前说道："俗语说得好：天公无口，叫人代言。本来平氏的专横也太过分了，这是天意示警呀。"别人听了都说："这话不大好。隔墙有耳嘛，可怕，可怕！"

---

① 据《百炼抄》，此事发生于永万元年八月九日。这里提前了十天，是为了使故事情节紧凑。

② 原文作小松殿，即清盛的长子重盛，因住在京都东山区小松谷，故有此称。

③ 这两处都是利用《妙法莲华经》上的偈语作为问答。"历动不思议"是说观音济世属于永远，神变无穷，非凡人所能解。

④ 西光是藤原师光出家后的法号。

## 十　立东宫

这一年因为天子居丧，所以御禊和大尝会①都不曾举行。同年十二月二十四日，当时还称为东方君的建春门院②所生王子，奉旨立为亲王，是为宪仁亲王。第二年改元为仁安，那年十月八日，又宣旨立宪仁亲王为东宫太子，宫址位于东三条。东宫是当时六条天皇的叔父，年方六岁；天皇是东宫的侄儿，年方三岁；这与长幼顺序并不相合。但宽和二年（986）一条天皇七岁即位，后来三条天皇十一岁立为东宫，这也算是有例可循吧。现今六条天皇二岁即位，今年才只五岁便让位给东宫。东宫二月十九日践祚，称为新院，而逊帝还未行过冠礼，便承受了太上皇的尊号，这样的事在中国和日本都是首创吧。

仁安三年三月二十日，新帝高仓天皇在太极殿即位。这位天皇即了帝位，标志着平氏一家的荣华达于极点。国母建春门院是平家入道相国的妻子二品夫人③的胞妹。还有大纳言平时忠是她的长兄，乃是主上的外戚，是朝中很有权势的人，凡是封爵授官，都一任时忠卿的意思。杨贵妃得宠时杨国忠很有势力，和这事正好相像。世间的人望，当时的荣华，真可谓炙手可热呀。入道相国关于天下的大小事情，也要和他商量一下。当时人们称时忠卿为平关白。

## 十一　与殿下争道

却说后白河上皇，于嘉应元年（1169）七月十六日出家了。但是，出家之后，仍然摄理万机之政，院里④与宫中没有什么区别。院里亲近信用的公卿和殿上人，以及警卫武士，官位俸禄都很优厚。可是人心总是不知满足，平素亲密的人常聚在一起，互相私语道："唉，某人若是死了，那个国守便出了缺；没有那人，我就可以补上了。"法皇自己也私下说道："从前，历代平乱的人不

---

①　御禊是天皇即位后，在大尝会之前举行的祓禊。大尝会是即位后举行的第一次新尝会，将新谷献给天神地祇。

②　建春门院，原名平滋子，是平时信的女儿，平清盛妻平时子的妹妹；系后白河天皇皇妃，所生皇子即位为高仓天皇，遂上徽号为建春门院。

③　二品夫人，原文作二位殿，指平清盛之妻平时子。她官阶二位，后来成为高仓天皇的岳母。二位按唐制亦称二品，现按第十卷第二节的原文"母仪の二品"，统一译为二品夫人。

④　院里是上皇办公的地方，后白河上皇亦称一院。

在少数，却并没有像平氏这样的。平贞盛与藤原秀乡剿平了平将门，源赖义灭了安部贞任与宗任，源义家攻下了清原武衡与宗衡，论功行赏，也只是地方的国守罢了。现在清盛这样肆意胡为，实属悖于事理。因为如今是佛法濒于末世，王法已趋衰微的时代了。"虽是这么说，皆因没有适当机会，并未对平家给以告诫，平家对于朝廷也没有什么不满，但是滋扰世间的事却在这里发生了。嘉应二年十月十六日，小松公的次子新三位中将资盛卿，当时任越前守，年方十三岁，时值微雪初霁，野景着实有趣，便率领年轻武士三十余骑，从莲台野、柴野，走到右近马场，放出许多鹰去追捕鹌鹑和云雀，打了一天猎，到了薄暮才折回六波罗。

当时的摄政松殿①，偏巧从中御门东洞院的邸宅进宫里去。应该是从郁芳门进入大内，所以要从东洞院朝南，再从大炊御门往西走去。当行至大炊御门的猪熊地方，资盛正好和殿下②的卤簿相遇。摄政的随从急忙喊道："什么人，敢这样无礼！这是殿下出行，快下马！下马！"可是资盛十分傲慢，把世间的一切都不放在眼里，率领的那班武士都是不满二十岁的青年，不懂得下马致敬的规矩，所以不管什么殿下出行，不但不下马致敬，反而想要冲过去。这时天色已经薄暮，也没人认出马上的乃是入道公的孙子，或者虽是认得也佯为不知，于是把资盛卿以及所有那些武士都从马上拉下来，并且加以羞辱。资盛卿非常狼狈地回到六波罗，把这事禀告给入道相国，入道公大为生气，说道："纵使是殿下，对于净海一家的人也应该有些斟酌，况且对于年幼的人，毫不容情地加以羞辱，实在太遗憾了。出了这件事，从此会被人家看不起，应该叫殿下认识到这一点，对于殿下非报复一下不可。"重盛卿听了说道："不，这没什么值得介意的。假如是被赖政、光基等源氏一门的人所欺侮，那真是平家的耻辱。现在是重盛的儿子遇见殿下出行，却不知下马致敬，这是十分失礼的事情。"随后还把有关的武士们召集到跟前，告诫说："从今以后你们要小心留意，我还要跟殿下赔礼呢！"说完就回去了。

后来，入道相国也不同小松公商量，便召集乡下的武士难波次郎经远、濑尾太郎兼康等六十余人，他们都是些不懂礼仪，除了入道公的话什么都不怕的人。入道公对他们说："本月二十一日，摄政殿下为商洽主上冠礼的事要进宫里去，你们可去路上适当的地方等着，把卤簿侍从的发髻剪掉，给资盛雪耻。"

---

① 松殿即藤原基房，以住所地名称之，以示尊敬。

② 殿下原是对太皇太后、皇太后、皇后、皇太子的尊称，后来扩大到摄政。藤原氏历代为皇上外戚，很有权势，所以世人以王族相待，尊称为殿下。

这件事，殿下做梦也没想到。为了商量主上明年举行冠礼以及加冠、拜宫的事，需要先到摄政大臣在宫中的公馆去，因此，这一天比平日的仪仗更是隆重，这回是从待贤门进去，从中御门一直往西。在猪熊堀河旁边，六波罗的兵三百余骑，全身甲胄正在那里等着，把殿下包围在当中，前后同时发出喊声，将今天装束得格外整齐的卤簿侍从到处追赶，拉下马来，肆意凌辱，随后一个一个地剪下发髻。侍从共有十人，其中右近卫府的府生①武基的发髻也被剪掉了。在剪去藏人大夫②藤原隆教的发髻时，还特地警告说："不要以为这是剪你的发髻，这是剪你主人的发髻。"随后还把弓梢伸进车子里去，将车上的帘子打下，把牛车的前后套绳也都割断了。弄得十分凌乱之后，才发出喜悦的喊声，回到六波罗来。入道公听了说道："干得很利索。"随车的侍从有一个是当过因幡的先使③的人，他家乡在鸟羽，名叫国久丸，资望虽然还浅，却很重情义，他一路哭着侍候殿下的御车，回到中御门的府邸。像这样用庄严的礼服袖子掩住眼泪，啼泣而归的卤簿行列，真是不晓得怎么形容才好。大织冠④、淡海公的时代，是不必说了；就是忠仁公、昭宣公⑤以来各位摄政关白，也没听说遇到过这样的事。这是平家恶行的开始。

小松公得知这件事，大为惊骇。他把一同出去的武士们都处分了，又说："入道公下这种奇怪的命令，重盛连做梦也没想到。这件事都怪资盛不好，俗语说栴檀萌发两片叶子就散发芬芳⑥，现在已经十二三岁的人，理应懂得礼仪，按礼行事，如今竟干出这种蠢事，使入道公蒙受恶名，真是不孝之极，全是你一个人的罪过。"随后就让资盛暂时到伊努去了。君臣上下对重盛公的这个措置都很赞赏。

## 十二　鹿　谷

为了这件事，那天原定商议天皇冠礼的事只好推迟了，到了那月二十五日，才在后白河法皇的法住寺殿上开了会议。对于摄政公当然应该有所奖慰，

---

①　府生是卫府的低级官员。

②　藏人所是供奉天皇起居、掌管仪典、节会等宫中事务的机构，其长官称为大夫。

③　先使是国司未赴任之前，派到地方对官吏传达训示的人员。

④　大织冠即藤原氏的先祖藤原镰足。日奉第三十六代天皇孝德天皇（596—654年在位）时所定衣冠制度，大织冠居第一位。

⑤　忠仁公即藤原良房，昭宣公即藤原基经。均系谥号。

⑥　此句出于《观佛三昧海经》，意云伟人自幼不凡。

乃于十一月九日事先宣旨，于十四日升进为太政大臣。同月十七日举行了谢恩仪式。但是世间的反应似乎很冷淡。

这一年就这样过去了。第二年是嘉应三年（1171），正月初五天皇举行加冠典礼，十三日向上皇和皇太后行朝觐之礼。接受朝觐的法皇①和建春门院②看了正装冠服的天皇该是多么喜悦呀。入道相国的女儿③作了皇妃，年方十五，算是法皇的养女。

那时，内大臣兼左大将的妙音院④太政大臣藤原师长，要辞去左大将。照资格来说，德大寺大纳言实定卿应该补这个缺；花山院中纳言兼雅卿也颇有希冀之意；此外，故中御门藤大纳言家成卿的三男——新大纳言成亲卿也特别想得到这个地位。因为他是法皇所喜欢的人，所以就开始做种种祈祷。在石清水的八幡宫里召集一百个僧人，诵读《大般若经》六百卷全卷，历时七日，在这期间有山鸠三只从男山方面飞来，止栖在高良大明神⑤前面的桔树上，互相啄咬，终于都死了。当时主管社寺事务的检校匡清法印⑥说："鸠乃是八幡大菩萨的第一使者，在宫寺⑦不该有这种异变。"于是便把这事奏报上去。上边叫神祇官占卜，说是主有骚乱，但不是出于君王方面，而是出于臣下。新大纳言对于这个朕兆却无所戒惧，白天因为人多，便每夜出去，从中御门乌丸的住宅步行到上贺茂神社，一连参拜了七夜。到了七天满愿的那一夜，回到自己住所，甚感疲惫，刚一瞌睡就做梦到上贺茂神社去，推开那宝殿的门便有一种可怕的声音说道：

> 樱花呀，别怨贺茂河上的风吧，
> 它不能阻止花的凋落。

新大纳言却还不因此有所儆戒，这回又在上贺茂神社宝殿后边杉树的洞里

---

① 法皇即后白河法皇。
② 建春门院，参见第 98 页注②。
③ 平清盛的女儿，参见第 86 页注⑨。
④ 妙音院即藤原师长，因其邸宅号称妙音堂，故以为名。
⑤ 高良神社在石清山八幡的一隅，所祀神为武内宿称。
⑥ 法印是第一位僧官的称号，其次是法眼、法桥。
⑦ 宫寺是附设在神社内的寺院，这里系指八幡宫寺。石清水八幡宫原称石清水八幡宫护国寺。

造了一个祭坛，叫一个高僧在那里给他连续施行拏吉尼法①祈祷一百天。但是在这期间，雷劈了大杉树，燃烧起来，几乎危及神殿。好多神官们赶来将火扑灭。他们想赶走那个施行邪道歪法的僧徒的时候，他却说道："我立下了在本社连续祈祷一百天的大愿，今天才七十五天，所以决不出去。"这样说了，一动也不动。神官们把这情况奏报到宫里，乃下宣旨道："依法逐他出去！"于是神官用防备万一的白杖打那僧徒的后颈，把他赶出到一条大路的南面去。俗语说："神不享非礼。"大纳言因为非分地妄想当大将，举行祈祷，所以干出这种怪事来。

那时候封官叙爵，并不出于上皇天皇的意思，也不由摄政关白决定，却全由平家独自专断，所以没有论资排辈给德大寺和花山殿，而是把入道相国的长男小松公由大纳言右大将调为左大将，将次男宗盛中纳言，越过了更有资历的人补了右大将的缺，这实在是说不过去的事。

其中德大寺公乃是首席大纳言，他门第高贵，才学优异，而且是本家的嫡嗣，这回被门第平常的平家的次男宗盛超越过去，自是愤愤不平。人们都私下说："一定要出家了吧？"但是他却说暂时观望一下形势再说，所以只辞去了大纳言，隐退下来。新大纳言成亲卿却说道："若是给德大寺或花山院越了过去，那当然没有办法，这回却被平家的次男宗盛超越了过去，实在有点不甘心。想法灭了平家，成就我的本愿才好。"这用心实在太可怕了。成亲卿的父亲只做到中纳言，他是最小的儿子，却晋至正二位，官居大纳言，下赐领地也并不少，子弟家人悉荷朝恩，还有什么不足，却动了这样的念头呢？这全是天魔在作祟吧。他在平治之乱②的时候，是越后守兼近卫中将，是信赖卿的同类，本来已经定了死刑，经小松公重盛卿的种种解说，才得以保全性命。但是现在却忘记了这个恩情，在非常秘密的地方准备武器，召集军兵，专心谋划讨伐平氏的事。

在东山的山麓，叫作鹿谷的地方，后边与三井寺相连，有一所很像样的城郭，这乃是俊宽僧都③的山庄。成亲一党的人时常聚集在那里，谋划如何灭亡

① 拏吉尼法是属于密宗的一种秘法，供奉茶枳尼天，能使诸愿成就，在普通佛教徒看来是一种异端邪道。
② 平治之乱发生在平治元年，参见第86页注⑥。后白河上皇宠任藤原通宪（出家后法名信西），藤原信赖想当近卫大将，为通宪所阻，于是与源义朝等为乱，因上皇，杀通宪，旋为平清盛所败，信赖、义朝均被杀。藤原成亲因其妹为重盛夫人，重盛子维盛与清经的妻又都是成亲的女儿，因此重盛竭力营救，使成亲免于罪罚。
③ 僧都是统管全国佛教事务的僧正的副手。

平家。有一天法皇也行幸到那里，藤原通宪的儿子净宪法印随侍在侧。晚上宴会时，法皇向通宪等谈及此事，通宪法印说："啊呀，可不得了，许多人都听着，很快就会泄漏出去，成为轰动天下的大事了。"新大纳言听了，露出很不高兴的样子，突然站了起来，不小心把法皇面前的酒瓶子用狩衣的袖子带倒了。法皇问道："这是怎么啦?"大纳言回过来说道："瓶子（平氏）倒了!"法皇听了笑道："大家都来演一出猿乐①吧。"平判官康赖出来说道："呀，因为平氏（瓶子）太多，所以喝醉了。"俊宽僧都说道："那么，把这些怎样处置才好呢?"西光法师说道："只有拿下头来，比什么都好。"说着便把瓶子的颈敲断了，随即离席而去。净宪法印看了这种狂态，吃惊非浅，无话可说，只是觉得十分可怕。那些同谋的人有近江中将入道莲净、俗名成雅，法胜寺执行②俊宽僧都，山城守中原基兼，式部大辅雅纲，平判官康赖，宗判官信房，新平判官资行，摄津国源氏多田藏人行纲，此外还有不少近卫军中的武士也参与了这项阴谋。

# 十三　鹈川械斗

这位法胜寺执行俊宽僧都，乃是京极的源大纳言雅俊卿的孙子，木寺法印宽雅的儿子。祖父大纳言原是武将家出身，脾气很是暴躁，轻易不许行人从他居住的京极邸宅前面走过，平常总是站在中门，咬牙切齿地怒视着四周。因为祖父如此，所以俊宽虽是做了和尚，性情却很是刚烈、傲慢。也许正因为如此，才参加这个图谋不轨的谋反计划吧。③

新大纳言成亲卿把多田藏人行纲叫到跟前说道："我信托你充当一方的大将，这事成功之后，地方庄园，都任凭你挑选。这个你先拿去作为弓袋的材料。"便送给他白布五十匹。

安元三年（1177）三月五日，妙音院内大臣藤原师长升晋为太政大臣，这时小松公也越过大纳言定房卿当了内大臣。大臣而又兼任大将，这是可喜的事，于是大办庆祝喜宴，主要宾客是大炊御门右大臣经宗公。妙音院的升迁本

---

①　猿乐，据说是散乐的转音，系唐代由中国传入日本的杂技。

②　执行是统管全寺事务的首脑。

③　此段介绍俊宽的性格，与下文并不相干。有的版本把此段附在上一节后面。

应晋一级为左大臣，但因避他父亲恶左府①的讳，所以才这样晋升了。

北面武士②在古时是没有的，自从白河上皇在位时设置之后，六卫府的人多配属在这里。为俊、盛重，自幼就被称为千手丸和今犬丸，是当时无比的红人。鸟羽上皇的时代，也有季教、季赖父子服役禁中，专管给上皇传谕和回奏等事，也还算安分。但是后白河法皇时代的北面武士却越出他们的本分，不把公卿和殿上人看在眼里，没有礼仪，不讲礼节。从北面的下方升到上方，再由上方允许在殿上行走，因此便日益滋长傲慢之心，以至敢于参与图谋不轨的阴谋了。其中有故少纳言信西的两个部下，一个叫师光，一个叫成景。师光是阿波国的国司官署的属员，成景是京城里的人，原是出身低微的下役。他们当小健儿③或恪勤者④的时候，由于为人伶俐，所以师光做了左卫门尉，成景做了右卫门尉，两个人都成了卫门尉⑤。及至主公信西死于平治之乱，两个人都出了家，一个叫左卫门入道西光，一个叫右卫门入道西敬。出家之后仍在法皇宫里担任警卫御仓的职务。

西光有个名叫师高的儿子，也是很能干的人，经过检非违使五位尉，于安元元年十二月二十九日追傩除目⑥的时候，被任命为加贺守。他在执行地方行政中，肆行非法违例的事，随意没收神社佛寺和权门势家的庄园领地，违法乱纪的事非止一端。即使当时是远离召公⑦的时代，至少也该平稳办事才好，可是他却任意胡为，安元二年夏天的时候，国司师高的兄弟近藤判官师经补了加贺代理国守，当他赴任途中，走到加贺国府附近鹈川地方一个山寺的时候，寺僧正在烧水洗澡，他带领一行人闯入寺内，赶走寺僧，一个人先自洗了，又叫从人们下来洗马匹。寺僧们生气地说："国司的官吏向来不进这寺里来，请按照例行的规矩，不要胡为，都出去吧！"但是，师经却说："从前的代理国司不中用，所以受愚，这回的代理国司可不是那样，只知依法办事。"这样说了之后，寺僧们就想把这些官吏赶出去，而官吏们却想伺机冲进来，于是各不相

---

① 恶左府即左大臣藤原赖长，因与其兄忠通争权，兴起保元之乱，中流矢而死。府邸在宇治，性情暴戾，故有宇治恶左府之称。

② 北面武士即上皇御所北面所设警卫。

③ 原文为健儿童，意即幼小的建儿，是守卫国司官署的下级武士。

④ 恪勤者是守卫亲王、大臣家的下级武士。

⑤ 原文作靭负尉，卫门府尉官的别称，系三等官，即背负箭筒之意。

⑥ 追傩是除夕的逐鬼仪式，除目是任命官吏。每年追傩完毕，任命一批官吏。

⑦ 此处把召公时代看作是德政的典范，可能是根据《诗经》中"召伯之教，明于南国"的意思。

让，互相殴打起来，师经的爱马当即被打折了一条腿。然后各自拿了弓箭兵仗，刀劈箭射，乱斗了一阵。这时师经觉得不能取胜，眼看天已黑了，便率人退了出去。事后，又纠集加贺国府的吏佐武士一千余骑，奔至鹈川，把寺院僧房一间不剩烧个精光。这个鹈川的寺院乃是白山的末寺①，那些老僧有智释、学明、宝台坊、正智、学音、土佐阿阇梨等，都主张将这事奏报给朝廷。白山三社八院②的僧众闻讯奋起，大约聚集了二千余人，在七月九日傍晚，冲到代理国司师经住处附近。说是今天已经晚了，决定明天开仗，当晚便不进攻，暂时休息了。看那情景：带露秋风，战袍之左袖翻飞；凌空闪电，盔上之列星灿烂。师经估量难以取胜，便连夜逃到京都去了。到了翌日卯时③，僧众便发出呐喊，冲上前去，但是邸内阒然无声。叫人进去查看，说是都已逃走了。僧众没有别的办法，只好撤了回来。

人们提议，向山门去提出控诉。于是将白山中宫的神舆④装饰一番，抬向比叡山去。在八月十二日午时⑤左右，向山的神舆刚要到比叡山东坂本的时候，忽然从北方响起雷声，向着京城动地而来，同时飘起雪花，覆盖地面，山上以至京城里边，连山间常绿的树梢也都变成白色。

## 十四　许　愿

神舆被抬到比叡山的客人宫⑥里。这客人宫乃是白山妙理权现的所在，说起来与白山中宫乃是父子关系⑦，所以这回诉讼的成否且先不说，生前曾为父

---

① 末寺指涌泉寺，属于白山八院之一。
② 三社八院：别宫、佐罗、中宫称为中宫三社；隆明寺、涌泉寺、长宽寺、善兴寺、昌隆寺、护国寺、松谷寺、莲华寺，称为中宫八寺。
③ 卯时是早晨六点。
④ 神舆是神出巡时所乘的舆，平时出巡都有定期，这回是山门僧众临时抬出，含有示威请愿的意思。神舆里照例应当安放神体，这不是神像，而是一种与神有关的物件，如一面古铜镜，或一木一石等均可，因其属于神道教的秘密，凡人不得窥视。在日本，神道教与佛教分离开来是明治维新以后的事，中古时期，盛行"本地垂迹"之说，以为日本的神道和英雄都是佛菩萨的权现，即临时化身。这样佛教便和神道结合为一了。
⑤ 午时是中午十二点。
⑥ 客人宫在比叡山麓，是山王七社之一，所祀神与白山的妙理权现同为一体。
⑦ 白山中宫所祀神是白山本宫所祀妙理权现之子，所以与比叡山的客人宫也是父子关系。

子的两位神得以会面也是可喜的事。这比浦岛太郎①遇到第七世的孙子，释迦出家时还在娘胎里的罗睺罗②后来在灵山会见他的父亲，还要高兴吧。山门的三千僧众接踵而至，山王七社③的神官联袂而来，时时刻刻读经祈祷，这盛况真是言语难以形容。

山门僧众奏请法皇把国司加贺守师高处以流罪，将代理国司近藤判官师经下狱，可是迟迟没有裁决。那些举足轻重的公卿和殿上人私下议论说："唉，早一点准奏就算了。向来山门的诉讼就不同寻常，大藏卿为房和太宰权帅季仲④都是朝廷的重臣，因为山门的控告都处了流罪。师高这样的人算得了什么，何必这样仔细斟酌。"但是，有所谓"大臣重禄而不谏，小臣畏罪而不言"，所以都闭口不言了。

"贺茂川的水，双六的骰子，比叡山的法师，这些都是不能随我心的。"从前白河上皇曾说过这样的话。鸟羽上皇在位的时候，曾把越前的平泉寺作为山门所属的一个下院，上皇对山门信仰颇深，因而说过对待山门，应将无理当作有理，并下过谕旨。太宰权帅大江匡房曾对白河上皇说："假如山门僧众把神舆抬到宫门来争讼，那该如何处置呢？"上皇道："山门提出诉讼，是不能置之不理的。"

过去在嘉保二年（1095）三月二日，美浓守源义纲为要废止在当地新建的庄园，曾诛杀了在比叡山修行多年的法师圆应。于是日吉神社的神官和延历寺的僧官共计三十余人，拿了上告义纲的奏折冲到宫门口来。后二条关白藤源师通便命令大和源氏中务权少辅赖春⑤去阻止。赖春的兵卒射出箭去，死八人，伤十余人，其他神官僧官便四散逃走了。山门的高级僧官⑥便要进京备细奏明

---

① 平安初期出现的民间传说：丹后地方一个名叫浦岛太郎的渔夫，乘大龟入海到了龙宫，三年后回到故乡，人间已经过了七代，没有人认得他了。

② 罗睺罗是释迦的儿子，在母胎内六年才出生，其时释迦外出修行，后来在灵鹫山上说法，才初次相会。

③ 山王七社在比叡山麓，即大宫、二宫、圣真子、八王子、客人、十禅师、三宫，这叫作上七社，还有中七社，下七社，以及许多分社、下院。所谓山王，系比叡山的守护神，是模仿浙江天台山镇守山王的说法，将比叡山日吉神社崇祀的大三轮神奉为山王。

④ 大藏卿为房于宽治六年（1092）任阿波国国守，太宰权帅季仲子长治二年（1105）任周防国国守；二人均为山门控告，被处流罪。

⑤ 源赖春系源赖亲之孙，源赖俊之子。大和地方即今奈良县，源氏一族祖居之地。中务省是中央机构八省之一，主管宫中典礼、诏敕、文卷的监督以及历史的编纂。中务权少辅是中务省的额外次官。

⑥ 高级僧官即上座、寺主、都维那。

朝廷，得知这个消息，武士与检非违使便赶紧奔赴西坂本，把他们挡了回去。

因为朝廷迟迟不下裁决，山门僧众便抬了山王七社的神舆齐集比叡山的根本中堂①，在那里奉涌《大般若经》七天，以诅咒关白。最后一天主持诵经的导师是仲胤法印，其时称为仲胤供奉，他登上高座，打起钲来，诵读祷文。其词曰："我等自幼崇祀的诸位神灵，请向关白射一支响箭吧！大八王子汉现！"这样高声诵读了祷文，当天晚上就有奇怪的事情出现了。人们梦见从八王子的神殿有响箭的声音向着王城风驰电掣而来。那天早上，关白邸宅里在打开窗子的时候，发现一枝像是刚从山上摘来的带着露水的莽草②，这是非常可怕的事。不久，二条关白得了重病，人们都说这是得罪了山王的报应。他母亲、摄政关白师实的夫人，因此深为愁叹，便化装成卑微的女人，住在日吉神社，七日七夜连续祈祷。表面上的祈祷形式有：露地田乐③一百场，祭祀行列④一百场，跑马、流镝马⑤、相扑各一百场，仁王讲⑥一百座，药师讲一百座，一拃半高的药师塑像一百尊，等身大药师像一尊，此外，还塑了释迦阿弥陀的佛像，奉祀供养。同时，她心里还许下了三个宏愿。当然，这心里的事别人是不会知道的，但奇怪的是，七天满愿的夜里，在许多参拜人中间，有一个远从陆奥前来的小巫女，到了半夜忽然断了气。将她抬到外边，替她祈祷的时候，她立即苏醒过来，起立歌舞，大家惊奇地看着。舞了半个时辰之后，山王降灵在她身上，说了种种启示，十分令人生畏。她说道："众生好好听着，师实公的夫人，在我殿前祈祷已经七天了，她许下三个宏愿，第一是请求救助关白师通的命。她立下誓愿，假如能够得救，她将和下殿里拜佛的那些残废人一起，连续一千日朝夕奉伺山王。她是师实公的夫人，一向不把世人放在眼里，现在为了爱子心切，以至忘了污秽肮脏，宁愿杂在卑贱的残废人中间，连续一千天朝夕奉伺山王。这样说来倒也实在可怜。第二是从大宫的桥边起直到八王寺的社前，建造一条回廊。想起三千僧众不论风雨往来参拜的辛苦，造一条回廊确属

① 根本中堂在比叡山东塔，中堂是安置本尊的地方。山上东塔、西塔及横川各有中堂，东塔为日本全国天台宗的中心，所以称为根本中堂。
② 原文为樒（shikimi），是木兰科的常绿灌木，茎叶果实均有毒，其枝用之供佛，故亦称为佛前草。
③ 原文为芝田乐，即在草地上表演的一种民间舞蹈。
④ 原文为"一物"，是身着一律的服色，列队祈祀的意思。
⑤ 流镝马是跑马发射响箭的一种游艺。
⑥ 仁王讲即关于《仁王般若经》的讲座。

善举。第三是如果关白师通这次能保住性命，在八王寺的社里举行法华问答讲①，每月不得间断。这些誓愿每一项都不寻常，第一、第二两个姑且不说，我真希望每天能举行法华问答讲。但是，这回的争讼本来是容易解决的，可是不但不予裁决，还把神官僧众多人射死射伤，他们哭哭啼啼向我诉说，实在觉得可悯，这是永世不能忘怀的。而且他们被射中的箭，就射在和光垂迹②的神的身上。是真是假，看这里就明白了。"说着脱下衣服，只见左肋底下有个碗大的窟窿。又接着说道："因为此事实在可憾，无论许什么愿也难以挽回，但是如果确实能够举办法华问答讲，可以给他延寿三年。若是还觉得不满足，我也就无能为力了。"说罢山王就升天而去。母亲许下的心愿，既没告诉过别人，也没人向她问过，但是在山王降灵之际却揭示出来了，这使她深深感动，更加信仰了。于是哭哭啼啼地说："即使延命一日片时也是非常感激，况且给延命三年，更是难得了。"就这样哭哭啼啼地下山去了。急急忙忙回到京城，随即把关白领地纪伊国的田中庄，奉献给八王寺。自此以后，每天在八王寺举行法华问答讲，从不间断。

由于这个缘故，藤原关白师通的病果然逐渐减轻，身体变得和以前一样了，上下人等都觉得喜欢。但是三年的岁月梦一般逝去了，到了永长二年六月二十一日，师通公的鬓角上生了一个恶疮，卧床不起，当月二十七日便去世了，终年三十八岁。论起性情激越，禀性倔强，平时都胜于常人，但是到了病危的时候却又惜命，也许这是人之常情吧。年纪不到四十，比父亲先死，实在有些可怜。固然没有父亲应当比儿子先死的规定，但是顺从生死的定数乃是世间常理，虽是功德圆满的世尊，历尽十地的菩萨③，对于此事也是无可奈何的。慈悲俱足的山王为救济众生的方便，有时也要对行恶犯过的人施以惩戒吧。


## 十五　抬神舆

山门僧众多次奏请法皇把国司加贺守师高处以流罪，将代理国司近藤判官

---

① 法华问答讲即关于《法华经》的论议问答的讲座。

② 和光垂迹是合并两个典故合成的一句话。和光同尘，语出老子，意即不露锋芒，随和世俗。这里是说佛不显露本相，却垂迹这边，以神的形相出现，亦即神佛合一的说法。

③ 十地是大乘菩萨的十种境地，循序升进，历尽十地，便和佛只差一级，系地位最高的菩萨。

师经下狱，可是迟迟没有裁决，所以日吉神社每年四月例行的祭礼临时中止了，安元三年四月十三日辰时一刻，十禅师、客人、八王子三社的神舆装饰好了，抬到宫门口去。在垂松、切堤、贺茂河原、纠森、梅忠、柳原、东北院一带地方，到处都是没有官位的僧众、神官、神宫中的杂役、下法师等人，简直是不计其数。神舆从一条大街往西行进，使得街巷生辉，有如日月落地。于是，朝廷命令源平两家的大将军防守四面宫门，阻止僧众侵入。平家方面由小松内大臣左大将重盛公率领军兵三千余人，固守宫廷前面的阳明、待贤、郁芳三门；他的兄弟宗盛、知盛、重衡，叔父赖盛、教盛、经盛等，固守西南的宫门。源氏方面则有大内守护源三位赖政①卿，渡边省②和他的儿子授算是主将，军兵一共三百余人，固守北边的门户缝殿③一带，由于地面广阔，兵力又少，所以显得人影寥寥。

　　僧众因见那边兵力薄弱，决意从北门缝殿防地将神舆抬进去。赖政卿也是很精明的人，便跳下马来，脱去头盔，在神舆前礼拜，众兵丁也都跟着行礼。随后派一个使者到僧众中去传达旨意。这使者乃是渡边的人，名叫长七唱，他那天穿的是青中带黄的麴霉色的长袍，黄色的铠甲，上缀染出小樱花的革片，挎着一把用赤铜做装饰的大刀，背着一筒白翎箭，胁下是藤缠的弓。他脱下头盔，挂在肩头的纽结上，在神舆前跪下说道：“诸位僧众，源三位公叫我来说几句话。这次山门提出的诉讼，当然十分有理，但朝廷迟迟没有裁决，在旁观者看来也很觉遗憾。至于抬神舆入宫，这方面也没什么异议，只是赖政兵力单薄，假如把门打开，从这边阵地进去，日后会留下话柄，让京中的小伙子们说：山门的僧众垂下眼角笑嘻嘻地走进去了。放神舆进去是违背诏旨的，若是阻挡呢，对我们向来崇奉的医王山王④就难免冒犯，从今以后也就只得和弓矢作别了。这事的确让我们左右为难。东边的阵地由小松公率重兵防守着，还是请从那边进去吧。”长七唱这样说了，神官和杂役一时很踌躇，其中有个年轻人说道：“没什么关系，就从这门抬进去吧。”但是老僧之中有一个比叡山各寺院最有计谋的，叫作摄津竖者⑤豪运的，出来说道：“他说的很有道理。我们

---

　　①　源赖政是源赖光的子孙，属多田源氏一族，长于弓矢与和歌，后来奉以仁王反对平氏，事见本书卷四。三位是他的官阶，守护是他的官职。

　　②　渡边省是嵯峨源氏融的后代，因住在摄津国渡边地方，故以渡边为姓。

　　③　缝殿是大内（宫禁）最北边的朔平门，亦即这里所说的北边的门。

　　④　医王即比叡山所崇祀的药师如来。山王即药师如来在日本垂迹的化身大物主神。

　　⑤　竖者是通过一种所谓竖义的考试的人。在天台宗的论场上举行答辩，十问能答上五问即合格。

既然有神舆在前，出来诉讼，当然要突破重兵，才能名闻后世。还有一点，这赖政卿乃是六孙王①的后裔，源氏的嫡系正统，自从操持兵仗以来不曾听说有过失败，不只是武艺，就是咏歌也很高超。近卫天皇②在位的时候，举办即兴吟咏的歌会，题目是《深山花》，当人们都在苦吟的时候，赖政卿立即咏出一首有名的歌来：

深山隐树影，惟见樱花俏。

很受大家赞赏，这样的风流武士，现在不该使之受辱，将神舆退回去吧。"他这样提议，数千僧众，从阵前到阵后，都赞成说："极是，极是。"于是便抬了神舆向东边的阵地走去。刚要从待贤门进去的时候，冲突立即开始了，武士们的箭镞纷纷射来，连十禅师的神舆也中了箭，神官和杂役有的被射死，僧众也有许多负了伤。喊叫的声音可以上达云霄，神佛也要震惊了。僧众就把神舆丢在宫门口，哭哭啼啼地回到本山去了。

## 十六　大内被焚

命令藏人左少辨兼光，立即在殿上召开公卿会议。从前保安四年（1123）七月神舆进京的时候，曾命座主③将神舆送到赤山社④安置。保延四年（1138）七月神舆进京的时候，命祇园别当⑤送往祇园社安置。现在就照保延的先例，命令祇园别当权大僧都澄宪在上灯的时候到祇园去。又叫神官们拔去射在神舆上的箭。山门僧众抬了日吉神社的神舆到宫门口来的事情，从鸟羽天皇永久年间以来直到如今，共发生过六次。虽然每次都叫武士拦阻，可是箭射神舆的事这倒是头一回。俗语说："灵神一怒，灾祸满路。"人们都说这真是可怕的事。

这月十四日夜半左右，山门僧众又将大举进京。听到这个消息，天皇便坐了腰舆⑥行幸到法皇的住所法住寺去了。中宫则坐了牛车行幸别的地方。小松

---

① 六孙王即源经基，因是清和天皇第六皇子贞纯亲王的儿子，故称六孙王，赐姓源氏。
② 近卫天皇是日本第七十六代天皇（1141—1155年在位）。参见第93页注⑥。
③ 座主指延历寺的座主，也是天台宗的首领。
④ 赤山社在京都左京区。
⑤ 东大寺、兴福寺以及石清水、祇园等神佛合一的社寺均设有别当，总管社寺事务。
⑥ 腰舆也叫手舆，是天皇在特殊情况下乘坐的便舆。

公穿着便服背了弓矢恃卫着，嫡子权亮①少将维盛则身穿朝服背负箭筒随侍于后。自关白公起，太政大臣以下的公卿和殿上人，都争先奔随。京城里的贵贱，宫禁中的上下，都骚动起来。山门方面，因为神舆被箭射了，神官和神宫中的杂役被射死，众僧徒也有多人负伤，因此，大家说不如将大宫二宫以及讲堂中堂一律烧光，都到山野里隐居起来吧。三千僧众就这样议决了。却说山门的上级僧官，因为听说朝廷有接受僧众要求的意思，便想将此情况去告知众僧徒，但是众僧徒却一气之下把他们从西坂本赶了回去。

平大纳言时忠卿那时正任左卫门督②，被派为上卿③前去镇抚。在大讲堂的院子里，比叡山三塔④的僧众汇集在一处，想把上卿捉住捆起来，大家商议说："把他的帽子打掉，捆起来扔进湖里去吧。"正要动手的时候，时忠卿说："请大家安静，有件事要同诸位说一说。"于是从怀中取出小砚和折叠着的纸，写了几句就交给众僧徒。打开来看，上边写道："僧众妄为是魔障作祟，天皇制止是如来庇护。"僧众看了便不想再抓上卿，口里只说不错不错，便各自回到自己的寺院去了。只用一纸一言便平息了山门三千僧众的愤怒，得免于公私的耻辱，时忠卿真是了不起呀。至于山门的僧众，一向被认为只知聚众闹事，却原来也是通情达理的，人们也都佩服了。

同月二十日派花山院权中纳言忠亲卿为上卿，决定将国司加贺守师高革职，流放到尾张的井户田⑤，代理国司近藤判官师经下狱禁锢。又在十三日决定将箭射神舆的武士六人下狱，其中有左卫门尉藤原正纯、右卫门尉正季、左卫门尉大江家兼、占卫门尉大江家国、左兵卫尉清原康家、右兵卫尉清原康友，他们都是小松公部下的武士。

同年四月二十八日亥时，在樋口小路和富小路的交叉处发生了火灾，因为东南风很猛，延烧了京城里许多地方。车轮大的火焰隔着三五条街斜飞过去，到处延烧，煞是可怕。具平亲王的千种殿，北野天神的红梅殿，桔逸势的蝇松殿、鬼殿、高松殿、鸭居殿，东三条冬嗣公的闲院殿，昭宣公的堀川殿，从这些邸宅开始，今昔名胜三十余处，公卿的住宅也有十六处，都给烧掉了。此外殿上人、诸大夫，家家户户不胜枚举。最后终于延及大内，从朱雀门起，应天

① 权亮是员外次官。次官因官署不同，有副、辅、弼、亮、助、佐、弌、介等种种名称，但一律读为 suke。当时维盛是四位少将兼中宫权亮。

② 左卫门督是左卫门府的长官。

③ 上卿是承办公务的首席长官。

④ 三塔是比叡山的东塔、西塔、横川三处。

⑤ 井户田在今名吉屋瑞穗区内。

门、会昌门、太极殿、丰乐院、诸司八省①，朝所②等处，一时均已化为灰烬。各家的日记，历代的文书，七珍八宝，尽付丙丁。总共损失若干无从计算。被烧死的有几百人，牛马之类更不知其数。这件异常的事，人们都说是山王降罪，有人梦见从比叡山上有二三千只大猿猴，各个手里拿着火把，来到京城里放火。

太极殿在清和天皇的时代，贞观十八年（876）初次被焚，贞观十九年正月三日阳成天皇即位，便在丰乐院举行。元庆元年（877）四月九日开始动工重建，至元庆二年十月八日落成。后冷泉天皇的时代，天喜五年（1057）二月二十六日又被焚，治历四年（1068）八月十四日开始重建，但未及落成，后冷泉天皇就逝去了。到后三条天皇时代，延久四年（1072）四月十五日完成，文人献诗，乐人献乐，举行迁幸典礼。现在已是末世，国力也衰竭了，其后遂不再重建。

（选自《平家物语》，人民文学出版社，1984）

---

① 诸司泛指中央各机关。八省参见第80页注③。
② 朝所是大臣们的食堂。

# 《日本致富经》（节选）

[日本] 井原西鹤　著

王向远　译

　　井原西鹤（1642—1693），日本江户时代小说家，俳谐诗人。井原西鹤的俳谐大量取材于城市的商人生活，反映新兴的商业资本发展时期的社会面貌。代表作有《西鹤大矢数》《五百韵》等。井原西鹤的小说多以男女爱情、奇闻逸事、城市化的武士生活和商人生活为题材，代表作有《好色一代男》《好色五人女》《好色一代女》《日本永代藏》等。这些市井小说既抨击了封建力量，表现了商人阶级的进取精神，赞扬了纯真的爱情；同时也反映出在金钱角逐之中盛衰无常的宿命论思想以及耽于色欲的颓废情调，对人和人之间的关系缺乏正确的合乎社会发展规律的理解。

　　《日本致富经》发表于1688年，是井原西鹤著名的经济小说。全书共5卷12章，由许多小故事组成。其主要意图是讲述町人的成功诀窍和失败教训，以供读者借鉴。在井原西鹤看来，町人要想发家致富，首先必须经商，这表现了井原西鹤浓厚的重商主义思想，与传统的重农抑商思想相悖。在日本，井原西鹤是第一个用文学形式提出重商思想的人。

　　作品反映了町人阶级的思想意识的两面性：一方面他们勤奋节俭、精打细算；而另一方面他们等级思想严重，观念保守。西鹤以赞扬的态度描写了因勤俭持家而致富的故事，也表现了因为奢侈过度、吃喝嫖赌而导致破产的町人的落魄。而由此，勤奋节俭就成了日本民族精神之一。在书中，西鹤还显现出了封建等级思想，他反复提醒町人莫忘自己町人的身份，不要不合身份的过分奢侈。这也体现了西鹤在阶级意识上的局限性。

　　西鹤在《日本致富经》中倡导以金钱和发家致富为町人最重要的奋斗目标，他写此书的目的是对町人进行反复的教导。但是《日本致富经》已经远远超出了作者的教训意图，它开拓了新的文学领域。像这样集中反映商人、手工业者经济生活的作品在日本乃至世界的古典文学中都是极为罕见的。它对我们了解日本町人阶级的产生、发展及特质，都有十分重要的意义。

卷　一

# 一、初午①借出钱　寺院交好运

苍天不言，赐我国土，此乃大恩大惠。人间虽有诚实，亦多虚伪。人心原本是虚空之物，顺应外界，或变为善、或变为恶，这仿佛镜中之影，不留形迹。在这善恶并存的世间，能过上富裕生活的，决非凡夫俗子。人生第一要事，莫过于谋生之道。且不说士农工商，还有僧侣神职，无论哪行哪业，必得听从大明神的神谕，努力积累金银。除父母之外，金银是最亲近的。人之寿命，看起来虽长，也许翌日难待；想起来虽短，抑或今夕可保。所以有人说："天地乃万物逆旅，光阴乃百代过客，浮世如梦。"人也会化作一缕青烟，瞬间消失。若一命呜呼，金银在冥土有何用处?! 不如石块瓦砾。但是，把钱积累下来，可留给子孙使用。

私下想想，世间一切人的愿望，不使用金钱就不可能实现。用金钱无法买到的东西，天地间只有五种，那就是万物之本的地、水、火、风、空，此外别无他物。所以，世上胜过金钱的宝物是不存在的。鬼岛上的鬼虽然头戴隐身笠，穿隐身蓑衣，以此藏形匿迹，不为世人所见。但如若骤雨来临，也不免浑身湿透。还是抛弃那种渺不可及的非分之想，实实在在地操持各自的家业为好。要想得到幸福与财产，必得好好保养身体，朝夕不可疏忽大意。尤其须重视世间的义理人情，信仰神仙佛陀，这是日本古来就有的风俗。

时值二月初午，春意盎然。不分男女贵贱，很多人前来参拜镇坐在和泉国水间寺的观音。这些人并非为了信仰而来，都有自各儿的欲望，攀上青苔丛生的山路，踏开烧荒后的原野，来到这个尚未到开花时节的穷乡僻壤，向神佛祈祷。祈求成为和其身份相称的富有人物。

神佛如果对参拜的每一个人都一一作答将无法收场，就从帐幔中探出头来说："如今处世辛苦。不劳而获，牟取暴利已经行而不通。你们不必求我。百姓自有百姓本分。丈夫去农田耕种，妻子在家纺织，朝朝夕夕，各自努力劳动。不仅一般平民百姓，一切人都该如此!"对于这样明确的神谕，参拜的人

---

① 二月第一个午日。

们却充耳不闻，可见心地何等浅薄。

世间债务利息之可怕，莫此为甚。这水间寺有个风习，即很多人都来借债。今年借去一文，来年得还两文；借去一百文，得还二百文。因为这是观音的钱，所以人们都按期不误地偿还。一般的人借五文或者三文，都在十文以下。可这里有一个年龄二十三四左右的男人，生来身体粗大健壮，衣着打扮朴素平常。留着两鬓后面的头发翘起的土里土气的发型。身穿似乎是信长时代①缝制的占式衣服，袖口窄小，衣裾很短。上下衣都是粗纺捻线绸的无花纹浅蓝布，挂着用同色布头儿拼凑的衬领。上田②出产的带条纹的短外褂附有棉布里子。把中型腰刀插在刀把套中，漫不经心地把后衣襟掖在腰带上。他用山椿树枝把盛佛掌薯的竹筐捆起来担着，作为参拜这座寺庙的标志。参拜完毕似要返回之前，他走到神佛面前说道："我想借一贯钱。"寺院的执事僧不假思索地把一串一贯的钱递给了他；还未及询问地址姓名，那人就走得无踪无影了。寺僧们聚集在一起商量说：这寺庙创建以来，从未有出借一贯钱这样巨额款项的先例，此人是第一次。这钱看来是有去无回了。今后再也不借出巨额金钱了。

此人的住处在武藏的江户，在小纲町的边上，有一处供各地渔夫停泊渔船的码头，他在那里开办了一家船夫们购物的批发店，家境渐渐繁昌起来，不由得喜上心头。他在有砚台盒的箱子上，写上"幸福号"，把从水间寺借来的钱放在里头。在渔夫要出海时，对他们讲述这些钱的由来，各借给他们一百文。借钱的人都交了好运。此事传到了遥远的渔村。如此年复一年，收入年年增加。用一年一倍的利息计算，到了第十三年，由原来的一贯钱增至八千一百九十二贯。他把这些钱用雇来的直达快马运到了东海道，堆积在水间寺的庭院中。寺僧们一齐击掌感叹。寺院反复商量，为了好让此事流传后世，决定从都城召来许多木工建了一座宝塔，这实在是观音的大恩大德。

在这位商人的仓库里，金箱上放有长明灯，昼夜大放光明。取店名为"纲屋"，成了武藏无人不晓的财主。一切都不是继承的父母遗产，而是凭自己的才能挣出来的。

有银子五百贯目以上者叫富人，一千贯目以上者叫财主。使金银利滚利，成为腰缠千万贯的财主，就该高唱"万岁乐"③了。

---

① 织田信长，十六世纪中期曾一度统一全国。

② 长野县千曲流中游的上田盆地的中心市。

③ 中国雅乐之一种。用于即位仪式与贺宴。

## 二、子辈恋女色　扇铺破了产

庭院内宜种之树，乃梅、樱、松、枫。但有个人却认为，与其观赏这些风景树，不如得到金银米谷。庭院中的假山不如仓库来得气派，一年四季买来适时的货物填充仓库，只有这，才是现世的喜见城①，是一大乐事！

他虽然住在今日繁华的京都，却未曾向东到过四条桥去祇园、八坂一带的茶馆，也未曾涉足过从宫城大街到丹波口西部的岛原的花街柳巷。而且，他不与诸寺的僧侣来往，避开那些浪人，有了伤风感冒、肚子疼的小毛病，吃自己调制的药物，而不去找医生。他白天在家努力操持家务，夜间也不外出，独自低声哼唱着年轻时学会的小曲儿，也担心会影响两边邻居。这算是他的消遣。他并不是就着灯光看小曲本的，而只是低吟那些记熟了的部分。需要破费金钱的事，他一件也不会干。一生中既没有踏断过草履带，也没有让钉子头划破衣服，万事小心谨慎。他自己一辈子积下了二千贯目的银子，享年八十八岁。人们都想向他学习，在米寿②时请他把盛米的斗板切开。

不过，人的生命是有限的。这位老人在那年下起晚秋阵雨的时候，忽然患病，人们未及悲叹，他就溘然长逝了。身后只有一个儿子，继承了父亲的全部家业，年仅二十一岁就成了财主。他注意勤俭节约，胜过父亲。对众多亲戚，也不肯分一双筷子给他们。七天的法事一结束，从第八天就吊起了店铺的板窗，开了店门，按部就班地开始营业。哪里发生了火灾他也不急不忙，心想把肚子跑饿了可不上算。一味想方设法地节俭度日。

那年已到年底。新年里他去参拜菩提寺，想起去年此时正是老头子的祥月忌辰，不由地泪湿衣袖。"这件手织的棋盘纹的捻线绸衣服，很结实，说是传辈之物，原是父亲穿的。想起来他死得真可惜，要是他再活十二年的话，正好是一百岁。他死得太早，没把这衣服穿破，实在是太可惜了。"他连寿命也从损益得失上考虑。随身带来的定期雇用的女佣人，在紫野路边上的药园竹墙下面，用一只提着放斋米的空袋子的手，拾起了一封密缄的信件。他取过来一看，上面写着："花川小姐收"，背面有"二三缄"的字样。信是用饭糯糊封上的，郑重地盖上了印章。而且那上面还清楚地写着"五大力菩萨"。

他以为这是前所未闻的朝臣的名字。然后回到家里向别人打听。别人说：

① 传说为"帝释天"的居城，位于须弥山顶。在四门有四大园，是天人游乐处。
② 八十八岁，日本称为米寿。"米"字即为"八十八"三字组成。

"这是给岛原的局上郎的信。"一看完就扔下了。他想，这可是白得一张旧杉原纸，决不是吃亏的事。慢慢打开看时，一枚一步金咕噜一下掉了出来，他"啊"地吃了一惊。首先用试金石划一划，看看是否真金；然后又放在天平上一称，正好一目二分重。他欣喜非常。压抑着狂跳的胸口，对佣人们说："这可是意外之财，你们不要告诉外人！"接着，他读那封信。信上没有恋情的句子，一开始就是"第一第二、如此这般"之类的事务性公文的写法。"由于季节未到，你的请求很难做到。但念你一心从良，情甚可哀，我将春季的俸禄提前预支出来，汇寄予你。这一步金中，有两目用于支付以往的游乐费，所剩归你所有。你可花用年年积累下的借金。一般地说，人皆有与其身份相称的想法。西国的大财主在重阳节给大坂屋的太夫野风小姐的费用，就有三百枚一步金，我虽只给你一枚一步金，而心意并无差别。我若有金银，何不慷慨解囊！"信中所写，令人同情。他越读越觉得可怜。

无论如何，不能拾金而昧。否则，那男人一定挂在心上，念念不忘，担惊受怕。不过，即使想还给他，也不知其住处何在、不如先到熟悉的岛原去，找到名叫花川的妓女面交于她。看来，这确乎成了他的一桩心事。他把披散的鬓发稍稍整理了一下便出了家门。

可是，走出家门后，他又觉得好不容易拾到一步金，就这么白白送回去也很可惜。他三番五次地反复思忖送还是不送，不久来到了岛原妓院街的入口，不好意思径直入内，站在那里踌躇不决。这时正好走来一个到妓馆拿酒的男人。他上前问道："这地方，事先未打招呼可以进去吗？"那人未答，只是点头示意。"那就进去。"他把草笠拿下来提在手中，佝偻着腰，终于通过出口处的茶馆门前，来到妓馆鳞次栉比的街道。与一字屋①常来常往的太夫"今唐土"②受到邀请，正从妓院出来，他走近问道："谁是名叫花川的小姐？"太夫把脸转到随从那边，冷冷答道："不知道。"随从指着挂有青色布帘招牌的房子，说："请到那边问问吧！"跟在后面的轿夫粗鲁地说："把那个妓女带来，让我瞧瞧！""要是能带来，就不用打听了。"他到后面四处寻找，终于探得了下落。有人仓促地告诉他：名叫花川的姑娘，是个每次收取两目银嫖资的女郎。近两三天由于情绪不好而闭居了。既然那样，这信也送不到了，就此回去吧。可是他不知不觉地起了色欲之念，心想："这金子本来就不是自己的，今天还是花掉它，玩乐一天，作为一生的回忆和年老后的话题吧！"他这样下定了决心。

---

① 京都的七郎兵卫开的妓馆。

② 一字屋的太夫的称呼。因是该馆的第二代太夫，故称"今唐土"。

可是去妓馆街，和太夫一起玩乐，是万没想到的。他到出口处的茶馆那边去，走上了藤屋彦右卫门家的二层楼，让人叫来仅是白天就须交纳九目嫖资的女郎。他喝下那种未曾喝惯的酒，觉得有些醉醺醺了。此次是他放荡生活的开端。他学会了传递情书，以后逐渐升级，最终把这街上的太夫一个不剩地全买下了。

恰在这时，京都有在妓馆街拉客的原七弥七、神乐庄右卫门、鹦鹉吉兵卫、乱酒与左卫门四人，号称"四天王"，他经过这四天王的训练，很快地也精于此道了。后来，逛妓院的人也都模仿他的服饰打扮。他被人奉承为"扇子铺的恋风先生"。一被吹捧，就忘乎所以了。

人的命运是不可捉摸的，仅仅四五年时间，两千贯目的财产就如烟尘一般地消失了，如今穷困到无法生火的程度。手中只剩下带有家名的古扇。"一度荣华，一度哀衰。"他这样唱着自身境况，苟且度日。家境殷实的镰田屋的某人，目睹他的遭遇，耳闻他唱的小曲，以此对自己的孩子们进行训诫："那就是把好不容易积累起来的银子，花得一个子儿也不剩的人。"

## 三、"神通丸"<sup>①</sup> 航行　风平又浪静

那些大名门前世播下了怎样的好种？看看他们万事顺心的样子，在这世上除了佛陀以外，其他无可比拟了。所以，大名的俸禄量若共有一百二十万石，释迦入灭以来到现在的好多年间，即使每人每年各领取五百石，也是取之不尽，用之不竭的。地位高的人与地位低的人，悬殊如此之大，由此可知世间之宽广。

近几年和泉国的青铜店出了一个有钱人。这个人为了做买卖造了一艘大船，取名"神通丸"。即使装进三千七百石货物吃水也不深，自由自在地穿行于北国的海面上。他在难波港转运北国的大米，逐渐家境繁昌。这也是此人善于经营，计划得当的缘故。

一般地说，因为大阪是日本首屈一指的大港口，北滨的大米市场，一刻之间就有五百贯目银子的大米交易。这些米仓，一座座地好似小山，商人们看着晚风晨雨、云彩去向估摸着天气变化，观察市场价格的高低。经一夜间的斟酌，既有卖出的人，也有买进的人，人们像山一般麇集在这里，一分二分地讨价还价。对于互相认识的人，做千石万石大米的交易，一旦拍手成交，无论发

---

① 船名。

生何事，都不得反悔。世间做金钱交易的场合，都要在借据上盖上保证人的印章，不管借用到何时也得按规定的数目偿还。在延长借用期限问题上，往往引起争执；而在这里的大米市场上，不得违背据不可靠的天气情况定下的契约。不管吃亏赚便宜，须如期完成交易。正因为他们是日本第一流的大商人，气量宏大，所以才会这么大刀阔斧地做生意。

从难波桥眺望西方的景色，只见上千幢批发店鳞次栉比，白色的墙壁好似清晨的白雪。堆积成杉树形的稻草袋子，像一座座小山在移动。用人马把这些草袋运出去，轰轰隆隆，仿佛是地雷在大路上轰鸣。无数货船和茶船在河上漂流，宛如秋天的柳叶撒在水面。检查粮食质量的米探子急急忙忙地来回检查。运送货物的年轻人，威武气派，恰似藏龙卧虎的竹林。翻阅账本好似白云飞卷，拨弄算盘犹如霰雪飞散。敲打天平针口的声音昼夜不停，比报时的钟表还要骚喧。家家商店的字号布帘随风飘扬，真是市面繁荣，景象非凡。众多的商人当中，在中岛，就有冈、肥前屋；木材店，深江屋、肥后屋；盐店，大冢屋、桑名屋、鸿池屋；纸张店，备前屋、宇和岛屋、冢口屋、淀屋等，都是此地的老财主。即使不再做生意，也还有许多人可以过富裕生活。

过去曾在各地做小商贩的人，如今也时来运转，被人称作"老爷"了。头戴置头巾①，手拄丁字形拐杖，带着手拿替穿草屦的侍从走路。这些人都曾是大和、河内、摄津、和泉附近乡村农民们的儿子。农家把长子留在家中，次子以下都去当学徒。流着鼻涕的孩子，手脚还带着土腥味，就让他们走街串巷地卖豆腐和花柚子。他们干了数年之后，领了两三身工作服，便挑选家徽，戴上代替家徽的副徽，发型也搞得颇为讲究。随着长大成人，作为侍从被召去陪主人观赏能乐②或划船游玩。古歌亦云："流水之上写数字"，他们在沙子上练习写字，算盘也在看护孩子时就用一只手学会了。不知不觉到了蓄角前发③的年龄，便背着要账袋子出门，一个个成了掌柜的代理人。仿效他人的做法，自己做生意，赚了钱则填充私囊，赔了钱就转嫁到主人身上。雇用期满，要独立经营的时候，隐私暴露，给父母和保证人带来了麻烦。让其赔钱，也无处筹措，结果以私下和解了结。后来也没开成店铺，落身为小商贩了。这种人多得数不胜数。

自己的夙愿就是能成为财主。一般地说，大阪的财主们，并非世世代代都

① 用类似帛纱的布折叠两层围在头上的头巾。
② 日本的一种古典歌舞剧。
③ 成人之前的一种发型。把前额左右的发际稍许剃掉，留出一个角。

是财主。大部分是被叫做吉藏、三助的学徒工一步登天、成为财主的。他们有钱有势。连诗歌、踢球、杨弓、琴、鼓、香合①、茶道也自然而然地学会了。和有地位的人来往交际，从前的家乡土话也全改过来了。总之，人是全凭境遇而变化的，公卿的私生子也会沦落，不得不做纸花卖。由此可知，佣人有一个好主人是一大福气。在热闹的地方做雇工，未必是福。北滨过书町一带，住着一个家具商人。他带有两个年幼弟子，总是不断地给新屋、天王寺屋等大兑换所打造可盛放十贯目的银箱。箱子的尺寸他是一清二楚，但是，放在里面的银子他却从未沾手。其弟子长大成人自己开店，也和主人一样，除了锅盖、打火匣以外，什么也不会做。这些弟子倘若在同一地方的大商店里干活，也能各自成为出类拔萃的商人吧？看到这情景，真令人同情。

俗话说："参天大树，生于草种"，过日子也是如此。有一个老太婆，专门扫集从北滨船上卸下时洒落废弃的西国大米过日子。她长得难看，二十三岁就成了寡妇，没能再次嫁人，只把一个儿子作为将来的依靠，过着凄惨的生活。不知从何时起，各地的年贡率改动了，世间买卖兴旺。很多大米运往大阪，进码头的船只众多，昼夜卸船不止。租借的仓库装满了，粮食无处放置，结果就到处转运。这中间，洒落了许多。这个寡妇把这些洒掉的米连同尘土一同扫起来，朝夕食用还有剩余，竟至积累了一斗四五升。此后她欲望大增，省吃俭用，到年终增加到七石五斗。她把这些米悄悄卖掉，第二年又积攒，每年都有增加。二十余年间，私蓄就达到十二贯五百目。

以后她也不让孩子耽于玩耍，从九岁起就让他捡集废弃的大米袋子，让他用稻草把串铜钱的绳子扎起来，到兑换所和批发店去卖。这是别人意想不到的赚钱方法。她儿子就这么凭自己的一双手挣钱。以后到可靠的地方，把小判金用每日取息、每日偿还的形式贷出，零钱活期贷出。他从中尝到了甜头，想从此发展下去。就到今桥的一角，开办了一个钱庄。乡下人都来兑换，每日应接不暇，生意兴旺。从早到晚，数量不多的银子摆在店面上，把丁银②换成零钱，或把大判换成大豆板银③，忙不迭地称量银子。每日利润增多，不足十年就成了同行中的第一流人物。向别人贷出的钱记在账簿上，而自己却不向别人借钱。来兑换银子的别家掌柜的代理人，也向他点头哈腰地奉承。即使在小判市场，他若去买进，市价就猛然上涨；他若卖出就忽然下跌。自然而然地，世

---

① 一种区别、鉴定焚香优劣的游戏。

② 江户时代的一种银块，以秤量流通。

③ 江户时代的小银币。

间的人们都注意着他的说话口气。不管是谁，都垂着手"老板、老板"地恭维他。

其中也有人对他说三道四，"干吗向那种家伙低头？他还做什么生意，简直叫人生气！"虽然嘴硬，但这样的人在急需银子的时候也一筹莫展，还得向他死乞白赖地请求贷款。这也是金银的威力所在。以后他专门以大名为对象做金融生意，出入于各处的府邸。因此，也没有人提起他过去的事情，他从名门大户娶了妻子，建起了几处家院和仓库。他母亲扫集洒落的米用的稻秸笤帚和涂上柿漆的大蒲扇，被奉为家中宝物。虽有人说它显得太寒碜，他还是把它们收藏在房间的西北角。

走遍全国各地，看来大阪的北滨至今还是可以赚钱的地方。因为这里金银流通，有所凭靠才能致富。

## 四、昔日拨算盘　今日取现金

和从前不同，人们的风俗逐渐奢侈起来，任何事情都喜欢追求与身份不相称的华美。尤其是妻子的服装，奢侈得无以复加。像这种不辨身份的奢侈，实在可怕，该遭天罚。富裕人家和贵人的服装，除了京都织的纺绸之外也没有其他。特别是，色为黑色、印有例定的五个家徽，上从大名下至黎民百姓，都无何不同。可是，近几年自作聪明的城市人却开始追新求奇。男女的衣裳争奇斗艳。在模型上也加施颜色。时髦的小花纹、宫廷染法的百色染布，用绞缬染法染出白花点以后、再把布纹洗平的鹿纹花布等，都特地定购，极端地标新立异。因为妻子妊娠和女儿出嫁，而大手大脚地花钱，以致妨碍生活的人，多得举不胜举。妓女平日打扮得花枝招展，是为了度日，出于无奈。一般的妇女，平时穿不显眼的衣服即可。至于春天赏花、秋天看红叶或举行婚礼和宴会的场合，则又当别论。

有一个时期，京都室町的一角有一家缝纫铺，铺子前挂一个画有橘子的招牌，裁做当世流行的衣服。在京都的手艺高明的匠人也都蜂拥而至。人们都把绢布和棉布拿到这里来定做，犹如此处成了"挂衣山"[①]一般。顾客迫不及待地等着绷线、火熨，最后做完衣服。杜鹃初次在宫中啼叫的四月一日是更衣日，看一看刚动手做的漂亮的夹衣，用织出凸纹的白色绢纱做贴边，把火红色的绉绸重叠三层夹在当中，而且，两袖和衣襟处还拉上一层丝绵。这样的情况

---

① 传说宇多法皇六月里要看山上白雪，便让人在山上挂满白衣服，称为"挂衣山"。

从前是没有过的。如果比这更奢华一点，大概就要把各种各样的中国织物作为平日的服装吧？这时颁布的禁止衣类奢侈的法令①，是为了各地万姓黎民的利益，现在想来十分必要。商人身穿华美的绢物衣着是难看的，捻线绸与自己的身份相称，才显得好看。不过武士为了仪表的威严，即便不带侍从人员，和町人穿同样服装也是不相宜的。

近几年江户社会安定，太平无事。千代田城的松树和常绿树郁郁葱葱。常盘桥大街和本町一带，有不少京都和服绸缎布店的分店，都是御用商人，其店名的特定纹章都被登记。掌柜和伙计各自出入于作为自己客户的大名府邸。在生意上与大名相互提携，努力经营，能言善辩，头脑灵活，足智多谋，为了赚钱，手疾眼快，但决不取劣质的银子。一清早从远处赶来，叩开画有虎头的大门，不辞劳苦地为大名服务。披星戴月，把心思专注于秤杆上，从早到晚地讨取用户欢心。和以前不同，虽说江户很是繁华，但因很多商人从四面八方伸过手来，难有一本万利的买卖可做了。

以前在大名的婚礼或年末分发衣物的场合，承蒙有关官员和小纳户②的好意，商人可挣得一笔钱。可是，如今各个商人的投标为了微不足道的利益而竞争，结果投标落空，不能糊口。家中虽如此艰苦，名义上却是常给官厅送货的商人。而且，数年来积下了巨额赊款，虽说有利息，但京都兑换所的利率不景气，汇款也办不成，以致手头拮据，处境困难。即使如此，也不能将先前好不容易扩展起来的生意停止不干。只得缩小生意，而变为小商人。

结果买卖不合算，即使江户的店铺还留着，损失额也要上升到几百贯目。趁早把红花染的上等布作为下等品销出去吧，人们各自苦思冥想，这时又有了一个巧妙的经营办法。有一个名叫三井九郎右卫门的人，决定倾尽所有资本，在骏河小判很热门的骏河町，正面建了九间、里面建了四十间屋脊很高、很有气派的长房子，开办新店。什么都是现钱买卖，货真价实。驱使四十余名聪明灵活的伙计，让他们每人拿一种物品，譬如说金线织花锦缎类一人，日野绢和郡内绢③类一人，纺绸类一人，纱绫类一人，红绢类一人，麻布裤裙一人，毛织类一人。就这么有所分工，各负其责。连一寸见方的天鹅绒，只够缝制镊子袋的缎子、枪缨大小的红缎子、只有一只袖口大小的粗布，也都可以随便购买。特别是武士等急忙谒见主人时所用的、袖和腰都有条纹的丝织礼服和急用

---

① 天和二年（1682）由幕府颁布。

② 江户时代的一种职称。在大名身边执管理发、炊事等事。

③ 日野（在滋贺县东南部）和郡内（山梨县东部）产的绢。

的短外褂等，就让派来的人在这里暂等片刻。数十名雇来的手艺人一齐动手，当场裁缝完毕交给来人。因而这一家富裕起来，平均每天做一百五十两的生意。这的确是个很好的经营方法。

看看这家店主，他生着眼鼻手足，和别人并无不同。只是家业的经营方法和人不同，此人高明。可以说他是大商人的一面镜子吧。标记种类的抽屉里，放有中国和日本的绢布。世世代代各色各样的绢类，例如，中将姬的手织的蚊帐、柿本人麿的绉绸、阿弥陀的围嘴儿、带有朝比奈①的舞鹤纹的布料、达摩大师的褥子、林和靖的缠头巾②、京都三条的刀匠制造的刀袋等，应有尽有，无一缺少，把所有的东西都登记在账本上。这实在是难能可贵的事情。

## 五、投标运气好　侥幸得房产

国有盗贼，家有老鼠，寡妇有倾情的男人，凡事必须小心谨慎。寡妇家赘婿不可操之过急，以再三考虑为好。如今的媒人没有热情而真诚的，全看男女双方嫁娶费的多少行事。比如，若有五十贯目的嫁娶费，就须拿出五贯目来做介绍费。像这样拿一成嫁娶费给媒人而娶媳妇的家庭，这边把女儿嫁过去，也担心对方的财产数量。婚嫁是一生一次的大事，假如一次失策则不可挽回，所以应该慎之又慎。

看看世间的习俗，财产丰富，外表却显得寒酸的人是稀少的。超出自己的身份，万事追求华美，是近来人们的风尚。这不是值得赞许的事情。有儿子的家庭娶儿媳妇的时候，搞一些力不能及的家庭建筑，既盖新房，又添置各种家具，还要增雇下男下女。看上去阔气，其实是指望新娘的陪嫁费，要把那笔钱作为生意的补贴。这种想法实在卑劣。只为了外表上排场，迎送媳妇车水马龙，一门亲戚竞相摆阔，无用的开支增多，财产很快拉了亏空。漏雨的房子也无力修葺，最终导致家庭破产。

还有的有女儿的父母，总希望对方比自己的身份更气派些。不仅是财产，还要女婿有男子气度，通晓各种技艺。一听到有惹人注目的后生就想与之成亲。可是，会打鼓的人也会赌博，打扮时髦的人却是无节制的倾城狂，被夸赞为会搞席间社交的人却舍得花钱与小伙子们作乐。若想想这些，只有风度翩翩、家境富足、通晓世情、孝敬父母的人，才能使人喜欢。纵然四处打听，想

---

①　地名，在安房国（今千叶县南部）。

②　林和靖是中国宋代的隐士。"林和靖的缠头巾"是一种老人用的缠头巾。

找于世有益的人做女婿，也不会找到那么十全十美的人。倘若有之，也是好得过分反而令人棘手。上流社会的人都有缺点，何况平民百姓，有十分之五的缺点也应该原谅。不管是小个子还是秃脑袋，只要是善于经商，不让父母遗留下的家产减少的人，就可以赘之为婿。

"那一位是哪个店铺的？谁家的女婿呀？"某男子被人这么评论着，在五个节日①上穿着衣折笔挺的和服裤裙和坎肩，在带花纹的窄袖便服上插一把金属的小腰刀，身后带着伙计、学徒和提箱的人，那样子真是够漂亮的时髦男子。因为看上去仪表堂堂，所以颇得岳母的欢心。可是这人也破产了，衣服和腰刀都交给了他人。穿着捻线绸的浅蓝色小花纹衣服，或者又穿着一件带里儿的棉布裤裙，比起丑男人来还难看。姑娘们也是如此，身份高的家庭又当别论。若是普通町人家的女儿，与其学琴，不如抽丝绵；与其焚沉香，不如向灶内添柴。其做法与各自的身份相称，才会显得好看。

在人们一味装璜门面、尔虞我诈的世间，只有晚秋阵雨才不违时节地降落在奈良坂上。② 在春天的乡间，有一家帮商人推销漂白布并留宿的批发店，其主人是名叫某某松屋的有钱人。从前比秋田屋和榑屋还要繁昌，好像奈良的八重樱现在开了九重一样，过着富裕舒适的日子。喜喝当地产的烈性酒，喜吃鲨鱼做的生鱼片。生活奢侈，家境逐渐衰微。到五十岁时，由于平时不注意养生而暴死。给妻子留下了巨额的借债。可见，一个人的财产不到此人死后是不可知的。

松屋的遗孀今年三十八岁，是一个小个子女人。尤其是皮肤细腻白皙，乍一看只有二十七八岁，是一个招人喜欢的时髦女子。看来她忘记凭吊亡夫之灵，难免再嫁，但因幼小的孩子很可怜，就没起那个念头。为了不使世人猜疑，她落了发，不搽白粉，抹上的口红也早已褪了色。穿着男式衣服，系着很细的带子。虽然她的智慧胜于男子，但女人家不会使用铁锹；想用新木材接换朽木脚，也因不会手工细活而作罢。不知不觉之间，漏雨的房檐前萱草丛生，房内也如荒野一般。鹿的鸣声听来也比平常可悲。不禁想到，除了感情之外，在生活上也只有丈夫是可以依赖的。女人独身难以生活，到如今她才有切身感受。

如今女人守了寡，丈夫死后留下很多遗产。亲戚们从私欲出发提出异议，女人还很年轻，却硬逼她剃去头发，劝她信奉佛教，让其在亡夫的忌辰为他祈

---

① 日本古时的五个节日：人日、上巳、端午、七夕、重阳。
② 化用《谣曲·千手》中的语句。

求冥福。可是如此无理强求，其间必会传出恶名，把很久前雇来的年轻伙计作为丈夫，这种例子俯拾皆是。比起发生那种事，还是另外再嫁为好。这决非让人笑话的事情。

那个松屋的遗孀便是世人之鉴。虽然想方设法地过日子，也不能如愿。无法偿还过去借的债，生活逐渐潦倒。她绞尽脑汁，孤注一掷，提出要把住宅移交给债权人，债权人虽表同情，但无人当即接受。借五贯目的银子的债，可是把房子卖掉只值三贯目还不到，不够还债。于是寡妇便向镇上的人们提出请求，决定把自家的房子用投标方式卖掉。每人各收取四目投标费让其投标。把房子让给中标者。如果投中就会赚大便宜。人们都听天由命，交出四目银子投标。一共有三千张条子，这寡妇共收取十二贯目。其中五贯目用来偿还借款，七贯目留在手中，还能再次成为财主。中标者是一个受人雇用的下女，她仅用四目银子就成了房子的主人。

# 卷　二

## 一、"租房大将军"　世界数第一

在租房的保证书上，保证人写着："向室町的长左卫门先生提出租房的藤市，确有千贯目的财产。"这位名叫藤市的人，自以为是这广阔世界上无与伦比的有钱人。之所以这么说，是因为他租借着两间宽间口的房子，还拥有千贯目的财产。这事在整个京都议论纷纷。人们说，偶尔在乌丸大街租借三十八贯目租金的房子，其租息日积月累，数目可观，而今他做房主，以后会后悔不迭的。以前住在租房里，还可以说他是财主，现在他若成了房主，千贯目左右的财产，不过相当于京都大户人物仓库中的尘土而已。

这个藤市是一个很精明的人，自己这一代就变成了如此的大财主。首先，他为人稳健，这是度日的根本。他除了经营家传的行业之外，还用旧纸把账本订缀好，握着笔杆终日不离店铺。兑换所的伙计一经过这里，他就打听钱和小判的行情并记在账本上。询问大米批发店的成交价格，还向生药店和和服绸缎布匹店的年轻人询问长崎的情况。江户的分店把皮棉、盐和酒的市价向他函告，他等待着信函一到，便把市价记录下来。这样每天把生意上的所有事情都写下。所以，不明白的事若向这里打听就会明白，这是京都的一大便利。

再说藤市平时的品行。他穿贴身的单汗衫，外面穿一件中间填了三百目棉

絮的大棉袄。在袖口上套上个套袖，是藤市最初想出的办法，此后在世间流传
开来。这看来也是很经济的。在皮袜子外面穿竹皮草履，从来不在大街上行
走。一生之中要说穿丝绸，也只是捻线绸，其中一件是浅蓝色的。另一件是不
能重染的茶绿色。年轻时不识好歹地染成这种色儿，二十年来他一直很后悔。
家徽也不确定，而是成品和服上的普通花纹，或者巴字形图案。三伏天晒衣服
也不直接放在铺席上，以免弄脏。做礼服的麻布裤裙和布眼很大的坎肩，即使
穿了几年也要折得方方整整地放起来。对于全镇的人共同参加的葬礼，他无可
奈何只得去鸟部山送葬。但在回来的路上他有意落在人们后面，以便中途在六
波罗的荒道上，和同去的学徒把苦参连根拔起，带回家把它阴干起来可治肚子
疼。他决不白白走过某地，在蹲着的地方也要拾一块打火石放进口袋内；一天
到晚拉家带口地过日子，对任何事情都要火烛小心。

　　此人并非天生的吝啬，而是希望万事成为人们的榜样才这么做的。他有这
么多的财产，春节时却没有在家捣米做年糕。他认为在年末繁忙的时刻使用人
工做年糕，还得备置有关的工具，很是麻烦。基于这个考虑，他向大佛前的年
糕铺定做，讲定付出一贯目左右的钱让其代做。十二月二十八日早晨，年糕铺
忙不迭地把年糕挑来，摆在藤屋的店里。说道："请收下吧！"年糕香气扑鼻，
飘溢着春节的气氛。主人装作没听见，在打他的算盘。年糕铺的人再三催促，
说年末到了，时间宝贵请赶快收下。于是知趣的年轻人，如数过了秤，收下了
年糕让伙计回去了。过了一会，主人问："今天的年糕收下了吗？"回答说：
"钱也已经交付给伙计了，他回去了。"主人说："你根本就不像这里的雇工！
竟买下这种热气还没退的年糕！"再过一次秤，分量出乎意料地减轻了。这位
雇工也十分困窘，把还没吃的年糕放在面前，张口结舌，愣在那里。

　　那年也到夏天了，东寺一带的庄稼人把初次结果的茄子放进大眼笼子里来
卖。据说食用初次结果的东西可以多活七十五天，所以这也是一生之一乐，家
家都来买。买一个两文钱，买两个三文钱，无论谁都是买两个。可是藤市只用
两文钱买一个，他说："花一文钱留了旺季能买大的。"他这么用心合计，什么
事也不会出错。

　　在宅基的空地上，夹杂种着柳树、柊树、楝叶、桃树、花菖蒲、薏米等，
这是为他的独生女儿而种的。苇墙上自然长起了牵牛花，尽管可以观赏，但说
是没有用处，就改种了立刀豆。看什么东西，也没有眼看着孩子长大那样令人
快意。藤市的女儿渐渐长大，为她制作出嫁用的屏风。如果在屏风上画上京都
所有名胜，女儿一定想去游览没到过的地方吧？又说有关《源氏物语》和《伊
势物语》的绘画，会使人心地轻浮，故不能画，而让画多田银山上的银子大量

出产的情景。基于这样的考虑，给女儿唱的歌，他自己创作，让其诵习。他不让女儿去女孩子上的私塾，而由他自己教她写字，培养出了在京都算得上有才能的聪明女儿。女儿也跟父亲学会了勤俭持家。八岁开始习字以后，从不让墨汁弄脏衣袋，她不做摆偶人玩的游戏，不去看盂兰盆舞。每日自己梳头，随便结一个椭圆形稍平的发髻，自己的起居生活不要任何人帮助。往棉袄里填丝绵她也学得很熟练，身长、肥瘦都做得正好。总而言之，让女儿玩耍是不行的。

正月七日晚上，附近的人说："让他指教指教，怎样才能成为财主。"便把自己的男人打发到藤市那里。藤市破例地在房间里张灯秉烛，吩咐女儿说："院门一响，马上告诉我！"女儿想，在客人未到之前，点这么多灯太浪费了，便把灯芯减为一根。听到"有人吗？"叫门声之后，再恢复到原来的亮度，于是就站到厨房那边。三个客人落座的时候，她在厨房里弄出研钵的声响。客人听了很高兴，心想用什么好吃的招待我们。一个人推测说："大概是鲸皮吧？"另一个说："不，不，因为是年初，大概是年糕小豆汤吧？"另一个人仔细考虑了一下，说："可能是煮面。"话到此为止。认为在这种场合一定有好吃的，这是可笑的事。

不久，藤市来到了房间，向这三人谈起了过日子的秘诀。其中一人问："今日所谓'七草粥'是怎么回事？"回答说："那是神治时代勤俭节约的先例。是告诉人们喝杂烩粥的。"又一个问："把两条干加级鱼放在灶神前面一直到六月，其原因是……"回答说："那是因为整天不吃鱼，看一看干加级鱼心里觉得像吃了似的。"又问起春节用粗筷子的缘由。回答说："那是因为筷子脏了可以削净，不像一顿饭就作废的筷子，可以用一年。这也是从神治时代的二尊神那里学来的。万事小心谨慎，不要浪费。噢，你们从晚上一直谈到现在，已经是吃夜餐的时候了。我不拿出夜餐来，这正是做财主的秘诀。刚才研钵的声音，是在搅拌做流水账封皮用的糯糊。"

## 二、冬日雷声鸣　铁锅成碎片

一升容量的壶即使沉到像近江的琵琶湖那样大的湖里，也只能灌上一升水。在大津町住着一个开酱油店的名叫喜平次的人。这个镇既有北陆地方的码头，更有东海道的驿站，繁荣兴旺。骑马者川流不息，坐轿者你来我往，货车声轰轰作响，千脚万步令人眼花缭乱。在这里，像蛇肉饭卷、鬼角手工品等稀奇物品都能买到。

近年来这里批发店街上的房屋也与从前不同，像财主一样气派起来了。可听到二楼上有妖艳的三弦声。从柴屋召来美貌女郎，客人的游兴不分白昼，极尽欢乐。在商人家传出敲打天平针口的声音。金银到处都有，在此就像瓦砾石块一样遍地皆是。"没有其他东西像各人的财产那样有多少之分了"，喜平次放下行商的货物，深有感触地说："我自己先前四处经商的时候也曾想，世间为什么有悲喜贫富之差？这是不以人的意志为转移的。聪明的人穿不加柿漆的纸衣裳，愚蠢的人穿几层美丽的丝绸。总之，赚钱无需使用计谋。但是，如果自己不劳动，一文钱也不会从天上掉下来、从地下冒出来的。虽说这样，仅仅正直诚实也不能成事。最终还得慎重地经营适应自己情况的生意。"喜平次对这种生活是满意的。

在关寺边上住着一个名叫森山玄好的人。他和别的医生一样，技术也很老练。可是虽不是比睿山的山风所致，像伤风感冒这样的病，吃他的药可从来没有效果。他的门前"拜托您了"的声音也没有了。房中挂着的神农氏画像也不停地摇晃。成堆的药袋、账单盖满尘埃。他冬天也穿纺绸的单层短外褂，像药袋上写的"煎熬如常"的句子一样，他的衣裳一直未换。医生也和妓女一样，别人不请是不能去的。虽说如此，老是在家呆着也不体面。所以他每天早晨出诊的时候外出，观赏四宫神社的马画，又去高观音的舞台，还看近江八景。不过，朝夕观看就没有什么兴致了。没有比停止营业、闲暇无事更令人痛苦的了。世人都称他为"看马画的医生"，这实在是使他委屈的事情。有一个人帮助他开了一个棋场，每一盘棋各取三文钱的茶费，可用来糊口度日。像这种人在世上也是有的。

在马屋町这个地方，有一个名叫坂本屋仁兵卫的，以前是大商人，如今已把金银挥霍一空。家中仅有的仓库也卖掉，换了二十八贯目钱退出此地。以后又交替做了三十四五种生意，那些钱也已全部花光，现在是一筹莫展，无计可施了。从前梳的高雅的厚厚的鬓发如今也变薄了，那样子看上去很滑稽。已经到了这步田地必是每况愈下，"让他做一个穷神的头儿吧！"亲戚也对他彻底绝望了。

可是，母亲却想，只这一个儿子，这样太可怜了。她说："真想把自己的十贯目的养老金给他，让他做生活费。但如果把这些钱给了仁兵卫，一年他就花光了吧？把钱存在他姐夫那里，每月给他十八日利息，用这点钱维持五口之家的生活吧！"仁兵卫夫妇有一个孩子，还有弟弟仁三郎，是个佝偻病人。另一个人是孩子的乳母，是个瘸子，另外没再雇人。乳母成了这一家的累赘，环顾家中，谁也不能把谁驱逐出去。可是十贯目银的利息仅仅十八目，养活五口之家是困难的。

每月月初接受这十八目银子，除去五目付房租，买来上等白米和豆酱、盐、柴。何时都是只买香味菜，除此之外，即便是三月里的加级鱼、一斤仅值二目钱的松蘑，也是只能看看而已。嗓子干了，便在白水中加点炒面喝。只在房子中间点一盏灯，睡觉时吹灭，老鼠横冲直撞也奈何不得。盂兰盆节、春节的衣服也不是新做的。一年到头节约度日，搓观世纸捻儿①聊以自慰，整天过着拮据困窘的生活。再看看另外一些人，他们懂得经商之道，百事无一不足，七八口之家过着悠然舒适的日子。

还有一个住在松本町的寡妇，让独生女儿穿茶褐色的长袖和服，戴菅草编的斗笠，稍稍学一些乡下方言，装出伊势神宫的人的口气，说："请去伊势神宫参拜的人帮帮忙吧！"在十二三年中，就靠这种谎言生活。还有一个池川的针线店老板，看上去生活并不富裕，却说想把女儿嫁到京都去。做媒人的老太太说："需要二千枚银子的陪嫁费。"针线店家便东奔西走。私下嘀咕道："要是再求求情的话，拿出一百贯目就够了吧？"可见人家的内情旁人是看不透的。在这大津街上，就有各种各样的家庭。

喜平次把以前自己到处卖酱油时的所见所闻，回到家中讲述。他的老婆是一个聪明伶俐的女人，孩子也长得很漂亮，也没有借债。新年用的东西到十二月初就买齐了。说是每个季节都见不到拿着账簿来要账的人，便叫人高兴，年底的账目算得清清楚楚。可是这几年，把支出后所剩的钱集中起来看看，也只有七目五分或八目、七目六分或八目九分，从未有过用十目钱过年的事情。即便如此，也像贴在门口的夷神的护符一样，每年照常祝贺新春。

却说十二月二十九日早晨，天空乌云翻滚，轰轰隆隆，冬雷大作。家里唯一的一口铁锅被雷击成碎片。唉声叹气也没用处，铁锅是一时也不能缺少的，所以买了一口新的。那年只买了一口锅即感手中拮据，仅仅买九目银的东西就到二十四五个店赊了账，为此店方拼命催促还钱。想想这些，始料不及乃世之常情。他后悔地说："在落雷之前，我还不知道世上有可怕的事哩。"

## 三、大黑戴草笠　才能无人比

"大米先往草袋里装，再建二层大楼房，再建三层的大库仓。"② 在京都有

---

①　一种细纸捻儿。据说因起于观世大夫故得此名。

②　这是"大黑舞"中的歌词。"大黑"是财神，也称"大黑天"。"大黑舞"是室町时代产生的假面舞，舞者扮成大黑，唱祝愿歌。

一个无人不晓的叫"大黑屋"的财主。五条桥在重架石桥的时候，主人买下了从桥西头数第三块石板，刻上了大黑天的像，祈求富贵荣华。心诚则灵，此后逐渐发家。提起大黑屋的新兵卫，无人不知。

他们顺顺当当地生了三个儿子，哪一个都很聪明。老头子喜在心里，准备欢度晚年，过闲居生活。可是大儿子新六忽然开始花钱了，毫不在乎地冶游。不到半年时间，一百七十贯目的大宗款项从收入账上消失了。查账也没有个结果，因为店里的伙计也和新六合谋，把花掉的钱转嫁到了购置的库存品的货款上，混过了盂兰盆节前决算这一关。伙计多方劝说新六："今后还是停止这种奢侈的冶游吧！"可是新六一点也听不进去，那年年底又花掉了足足二百三十贯目。这一次终于无法掩盖，真相毕露。新六在伏见的五谷神社前有熟人，就到那里藏身。心地诚实的老人大发雷霆，新六虽多次从旁赔礼认错，也不能使老人息怒，请镇上的官吏穿着裤裙到场作证，和儿子断绝了父子关系，弃之不要了。似这样引起生身父亲如此憎恶，应该说是罕见的不孝之子。

新六实在是陷入了走投无路的境地。最后也不能租房而居了，想离开京都去江户。但路上没有买草鞋的钱。他感叹说，像自己这么悲惨的人是没有的了，事到如今已不能挽回。十二月二十八日夜，他偷偷地钻进了家中的浴室。"那是老头子！"他情不自禁地说了一声，使老头子吃了一惊。他在湿漉漉的身体上拉上一床被子、左手提着衣带，连兜裆布也来不及穿便落荒而逃。此后他想动身远去，但衣不蔽体，不知如何是好。二十九日，天气变幻无常，白雪降落到阴森的松树上，虽未铺天盖地，但因没戴草笠，脖子冷飕飕的。黄昏的钟声震撼着他的心。他感到害怕，被大龟谷、劝修寺的漂亮茶馆里沸腾的汤锅所吸引，想进去躲避这不堪忍受的寒冷。但身上不名一文，是否落座，犹豫不决。环视四周，发现大津和伏见的轿子进去了很多，便混进其中，偷偷喝一杯茶解渴。临离开时把别人落下的丰岛出产的座席拿下来，开始生起了做贼之心。不久，他来到了名叫小野的村子。

在叶子已落，树梢光秃秃的柿子树底下，一伙孩子聚集在那里，后悔地说："真可惜，辨庆①死了。"他上前询问，原来一条像犍牛似的狗死了。他走过去，把死狗要来，用前不久偷的席子包起来，去音羽山脚下。叫来一个在田野上铲土的男人，说道："这东西是治疗癫痫病的妙药。三年多来，我让它吃了各种各样的药，现在打算把它烧焦。"那男人说："这也是为别人做好事。"把周围的木柴和干草集中在一起，取出火镰袋，点火烧死狗。他稍分些给村

① 辨庆，这里是以狗比人的说法。

人，把剩余的扛在肩上，使用山民的方言，用可笑的声调边走边叫卖："有要狼骨灰的吗？"来去都越过逢坂的关口，不管熟人和生人硬是卖给他们。一路上嬉皮笑脸，连尖刻得心肺上都带刺似的兜售针和笔的商人也乖乖地上了他的当。在从岔路口、大津至八町的路上，他运气很好，卖了五百八十文钱。不管怎么说，他是个出类拔萃的聪明人。

他想，在京都的时候如果想出这个好办法，也就无需到这遥远的江户来了。他心中哭笑不得，走近势田的长桥，祈求着自己命好寿长。在草津的旅店里过新年。这里的老太太一边吃年糕，一边远望镜山。他由镜山想起了在家时吃的镜饼①。山上的樱花不久就要开放，自己正是有香有色的盛年，就像樱花一样。追得自己走投无路的穷神也许是个腿脚不灵便的老朽，老曾②的树丛中贺年的稻草绳自然会生出春意，秋天赏月也很有意趣，他这样想着。越过不破之关隘，日夜兼程，通过美浓路、尾张路，走遍东海道的所有地方。出了京都之后的第六十三天到达了品川。

走到这里好歹没有挨饿，还剩下了二贯三百文钱。把卖剩的狗骨灰倒入海边水中，然后急忙向江户赶去。天黑了却无处安身，只好在东海寺的门前过一夜。门口的背阴处有许多贱民盖着粗草席睡在那里。虽说是春天，海风也吹得很猛。浪花涌到身边颇为吵人，难以入睡。乞丐们讲述自己的遭遇，他听到半夜。他们都不是代代相传的乞丐，而是沦落人。

其中一人是大和的龙田村的人。他说："我少许酿点酒，养活六七口之家绰绰有余。等到逐渐积蓄起来的金银达到一百两的时候，我就觉得在乡村做生意不过瘾，想放弃一切，到江户赚一笔钱。所有的亲戚好友都劝阻我，但我任凭心血来潮，轻率地拒绝了他们的劝说而到江户来了。租借了和服绸缎布店街上的鱼铺子，在'精白米的上等酒'的招牌成行成列的地方，也开了自己的酒店。但无论如何也赶不上鸿池、伊丹、池田、南都等资力雄厚的老号酒店，开店的资本像水一般付诸东流。如今落到用包四斗酒桶的草席裹身的境地。到故乡龙田去，虽不能衣锦还乡，但至少也该穿件新棉袄回去呀！"这男子汉说着哭了起来，"尽管这样，刚刚做起的生意也不能停了。"事到如今还说蠢话。即使有些好主意，也已经晚了。

另一个人是泉州堺的。他什么事都过于聪明，对自己的才艺颇为自负。他

---

① 做成镜形的年糕，供佛和祝贺时使用。

② 今滋贺县蒲生郡安土町。

来到了江户，书法接受平野仲庵传授，茶道学习金森宗和①的流派，诗文则向深草的元政②学习，连歌、俳谐③师法西山宗因④，能乐受教于小富，鼓则仿效生田与右卫门的打法。早晨在伊藤仁斋处闻道，晚上在飞鸟井先生那里练习踢球；白天出现于寺井玄斋的棋会，夜里在八井检校那里学弹三弦，在中村宗三处当弟子，记住竖笛运气的方法。净琉璃⑤则取宇治嘉大夫节，舞蹈也练得不逊于大和屋甚兵卫。在嫖妓方面，跟岛原的太夫高桥混得很熟；在玩弄男色上，也对铃木平八为所欲为。冶游时的起哄闹事也受到男色女色街上帮闲们的训练，颇为内行。把人间所有的一切技艺，都跟名人学来。对自己的才能充满自信，以为无论干什么，没有人比得上他。

但是，尽管艺道如此精通，对眼前的生活却难起作用。他现在后悔自己不能打算盘、不会看秤星儿。在武士家服务却不知有关情况，到町人家做雇工也帮不上忙，都被解雇了。如今落得穷困潦倒。他痛切地想：教我学习各种艺道，为什么不教我经商之道?! 他怨恨起自己的父母来了。

这里还有一人，从父亲那辈起就是纯粹的江户人。在通町有一所大宅院，每年收取规定的六百两房租，但因为忽视"节俭"二字，连宅子也卖掉了，以致无家可归。他离开了家，加入了从车善七⑥的伙伴中脱离出来的、无户籍者的乞丐之中。

新六听着这三个乞丐讲述各自遭遇，大有同病相怜之感。他走到乞丐的身边说："我也是京都人，被父亲断绝了父子关系，到江户来谋生的。听了你们的话，感到心虚。"他毫不遮丑地明说了。三个乞丐异口同声地说："没有法子向父亲赔礼道歉吗？有姨母吗？还是想想办法不到这里来为好。"新六说："不，已经不能挽回了，都是过去的事情了。现在关键是为将来考虑考虑。不过，像你们这样的聪明人，沦落到这步田地，实在叫人不可思议。想个什么办法，好像还可以做生意的。"他们说："哪里，哪里！在这广阔的江户城下，也汇集着全日本的聪明人，即使三文钱也不让轻而易举地挣到手。但不管怎样，这个世界还是可以赚到钱的。"

---

① 江户时期茶道大家。宗和流派的鼻祖。

② 江户前期日莲宗的学僧，长于和歌和国学。

③ "连歌"是日本诗歌的一种体裁。由两人以上分别吟咏上下句，通常以一百句为一首。"俳谐"是一种带诙谐趣味的"连歌"或"和歌"。

④ 江户前期的连歌、俳谐作者，"谈林派"的创始人。

⑤ 三弦琴伴唱的一种说唱曲艺，也称"义太夫节"。

⑥ 浅草的一个乞丐头儿的名字。

新六问道："你们长期在世上观察，没想到有什么好生意可做吗？"回答说："是啊！有很多废贝壳，把它们搜集起来，到灵岩岛上烧石灰。或者，因为江户的人很忙，削海带丝或木鱼片，按分量出售也可。还有，买来棉布匹做成手绢零卖。除了这种事以外，简易的买卖大概是没有的吧？"新六听罢，豁然开朗。拂晓时分离开此地，临别时给三个乞丐三百文钱。他们十分高兴，说："真要时来运转了。马上就会有像富士山那么多的金钱啦！"

新六在传马町的衣料店有个熟人，他去访问了此人，把这次的遭遇告诉了他，引起了他的同情。说："江户是男儿的用武之地，你可以在此挣一笔钱！"说得新六兴奋起来。把早有打算的棉布买来，开始做手帕零售。恰逢三月二十五日的天神庙会。他初次到下谷的五条天神庙会，在卖洗脸盆的旁边叫卖。参拜的人像俗话说的"买了图个吉利"，争先恐后地抢购。新六一日之间获利可观。此后每日努力经营，不过十年，外界议论说他已成为拥有五千两的富人。他被称为此地最有才智的人，镇上的人万事都听他的意见，将他视若珍宝。因他的布招牌上画着头戴菅笠的大黑画像，便被称为"笠大黑屋"。大黑舞的歌词有："第八使房间更宽敞，第九买来小判家中藏，第十太平盛世正赶上。"新六正是如此，实在可喜可贺。

## 四、天狗[①]有计谋　旗上画风车

据说，深通处世之道的唐朝的白乐天，对日本人大海般深广的智慧大吃一惊，中途逃回。这传说很可笑。听人朗诵汉诗，耳朵也有些聋了。但却听清了比汉诗更有意思的拍手小调，便寻问它的由来。原来这是纪伊国的大凑、泰地地方的女子唱的小曲。这里是个很热闹的地方，在小松林中建着鲸惠比须的神社。在鸟井耸立着鲸鱼骨头，其高度约达三丈。因为从未见过，吃了一惊。寻问当地人，他们便讲述了如下故事：

在这里的海滨，有一个用鱼叉刺鲸鱼的名手，名叫天狗源内。他每年运气都很好，以前曾被人雇用制造渔船。有时候，远处海面上好像出现了一块积雨云，潮水翻滚。他便看准这机会，一叉刺去便命中，然后把带有风车图案的旗子高高举起。人们看见这旗就明白：这次又是源内啊！船上的人和着浪声一齐高呼，按着节拍吹笛、击鼓、打钲。把大网卷在辘轳上靠岸了。这条名为背美鲸的大鲸身长三十三寻又二尺六寸，前所未有。捕一条鲸鱼，能使七个乡热闹

---

① 人名，即下文的"天狗源内"。

起来。附近乡村的灶里炊烟不断，熬下的鲸油把千桶盛满，鲸皮和鳍无处弃置。捕一条鲸鱼准能成为财主。把白色鱼肉切下来放在一起，像在无山的海滨出现了一座富士山；红色的肉放在一起，像把高雄的红叶移到了这里。

人们一直把鲸鱼骨头扔掉不要。而源内却把骨头留着，碎骨成粉，然后榨油，得到了意想不到的好处，一下子成了财主。这种事对平民百姓来说也可以获取巨利，但以前谁也不曾注意到，实在太蠢了。近年来又想出办法，织捕鲸网。只要鲸被发现，它就无法逃脱。所以，现在到处都在使用这种网。

源内从前住在海边上的破烂不堪的房子里，如今住在桧木造的一栋长房屋内，雇用了二百多名捕鱼人。仅渔船就有八十艘，万事顺利。堆放在一块的金银压得发出呻吟，无论怎样花用也不见减少。因为他家底雄厚，像根深叶茂的大树一般，所以人们称他为"楠木财主"。

俗话说："有信仰之心则有利益。"源内信仰佛陀，从不懈怠祭神。他认为诸神之中，惠比须财神最尊贵，故在每年的正月十日，早于别人前去参拜。

但有一年，因在整理、订缀账本的祝会上喝酒过量，勉强从凌晨起身，把现有的船插上二十根橹出发了。今年晚于往年，不知为何他心怀忧虑。有个本命平的名叫福太夫的人，一本正经地说："二十多年来都是大清早去参拜惠比须神，但今年要到日落时才参拜。主人从此要破财了吧？把灯笼什么的灭了吧！"他开了这个出乎意料的玩笑，更使源内快快不乐。他把手放在短腰刀上，平心静气地想，这正是应该考虑的时候，说道："不，春天的夜晚不打灯笼是无法行进的。"他伸直腿，按着胸苦笑着。船在此时到达了广田的海岸。从船上下来，悄不作声地前去参拜。

松树丛生的海岸很是荒凉。远处灯光微明，那都是往回走的人。来参拜的除了自己以外别无其他的人。他急忙走到神前说："想献纳祭神乐舞。"但神主们团团围坐，正忙着把供钱串在一起。"你去！""他去！"地互相推诿，终于没有起身。因舞姬只在后面敲鼓，他们才勉强接受，仓促应付一下。铃也是走出很远才戴上的。如此了结。

此事虽是神主所为，也让人心生不快。他们粗略地在社内转了转就上了船。源内裤裙也没脱，一头倒下了，不知不觉进入了梦乡。接着，惠比须神连乌帽子掉下来也顾不得，挂着吊衣服的带子，挽着衣袖，抬起一只脚乘上船，从岩石边划过来了。然后对源内说了如下灵验的话："咳！我想起了一大好事却忘记言明。不管对哪位渔民，我都想伺机将此福音转告于他。但如今世人性情急躁，只顾自己说话，匆忙赶回，故无暇相告。你迟来参拜，乃你幸运所在。"惠比须凑到源内耳边，小声说道："捕捞加级鱼的旺季不只是春天。何时何地都有方法将加级鱼放进鱼篓，那便是刺扎软弱的鱼腹。鱼叉须用从头到尾长约三寸的竹子，头部要尖。一叉刺去，便得活鱼。此乃捕获活加级鱼之法，不谓新法乎？"源内顿时醒来，心想这是史无前例的办法。按照惠比须神的忠言试试看，果然，不把加级鱼杀死，即可捕获。源内因此大发其财。像顺风行舟、乘风破浪一样，家境繁盛起来。

## 五、镫屋庭院大　八方人汇集

北国的雪，若用雪杆测量，每年都积一丈三尺。从十月初开始，大雪掩没了山路，人马的交通断绝了。到第二年涅槃会①的时候，不得已只得吃素，咸青花鱼的叫卖声也听不见了。准备咸菜桶，围着炕炉取暖聊天，也不与邻居交往。半年左右无所事事，一天到晚喝着煎茶度日。不过，因为把各种食物提前贮存起来了，所以不至于饿死。只用马背向这样的海滨和山村运输货物，什么都是高价钱，也让人头痛吧？世上没有像船那样便利的运输工具了。

这里的坂田町有一家叫做镫屋的大批发店。过去勉勉强强地开一个客栈，但因经营有方，近几年家境渐渐繁盛。吸引了各地的客人，成为北国首屈一指的买入大米的批发店。提起惣左卫门这个名字，无人不晓。他家有外面三十间、里面六十五间的大宅院。仓库建得满满的，厨房也相当气派。出纳米酱的、购买柴草的、采购鱼类的、做饭的、收拾餐具房的、掌管水果、烟草、茶室、洗澡间的，还有跑外的，都分工明确，设置齐全。商务上的代理人、家政上的代理人、金银出纳人员、记录收入账的会计等，一人管一事，各负其责，工作进行得很顺利。主人一年之中不曾穿起裤裙伸直腰，内掌柜未曾穿着简易服装离开房间。从早到晚笑嘻嘻的，和上方的批发店大不相同。他总是讨别人的欢喜，认真慎重地操持家业。客厅有无数个，每个客人安排一间。城市的"女招待"，在当地叫做"陪酒"，有三十六七名之多。里面穿丝绸，外面穿棉布的竖条纹的衣服。大多数女招待都结着京都西镇产的衣后带。其中也有一个头儿指挥其他的人。这些女人是为每个客人铺床叠被而设置的。

就像"十人十地"所说的，这里的客人既有大阪人，也有播州网干人。山城的伏见、京都、大津、仙台和江户人也相互杂处，在一起聊天。无论听哪一位说话，似乎都是做事妥帖，各有所为。年老的伙计净为自己打算，年轻的伙计耽溺于女色。总之，都不是对主人有利的事。想想看，到远处去办商务的伙

---

①　二月二十五日纪念释迦牟尼逝世周年的法会。

计不能太死心眼。过于谨小慎微的人，只能跟着别人的屁股转，所以不会赚大钱。胆量大而损害主人利益的人，却能做好买卖，结果可以把花过了头的亏空很快地弥补上。

这个批发店数年来观察过许多商人。有的人来到这里，刚一下马就打开衣箱，把路上穿的衣服换上京都染的带有家徽的衣服；把蟾蜍纹的腰刀刀鞘取下来，穿上新袜子和草鞋；梳好头发，拿上口衔的牙签。打扮得漂漂亮亮地要给别人观赏似的。说道："我是来游览此地名胜的。"把正在干事的伙计带去当导游。这种人是常有的，以前也看到了几个，但没有一个是有出息的。而现在虽在主人手下，但不久即要独立门户的人，他所关心注意的就不一样。他们一到这里，便走到年轻的伙计们面前，问道："上个月的行李与信上写的真的一样吗？现在各地的天气都在变化，这里的天气情况我不知道。那座山上的云彩，二百天前被风一吹是什么样子？您见过吗？当年做的红花，质量挺不错吧？青苎的行情如何？"净问些有用处的事。这种像干鲑鱼一样无可挑剔的人，不久就会成为比他主人更有钱的人。

总而言之，事情总是有办法的。这个镫屋的生意涵盖整个武藏野。人们认为，因为他向来讲排场，才成了世人皆知的批发商。其实大谬不然。一般的批发店，无论在何地，看起来都像是富有之家，而内情却岌岌可危。这是因为，只是收取规定的手续费就过于迟钝，还做一些批发以外的生意，所以吃亏受损。如果对批发的本业专心致志，好好留心卖出买进事宜，那就无可担心了。一般批发店的生活，与旁观者所看的不同，出乎意料的各种事情都需花钱。如果一味节俭，只管埋头营业，必然衰微而不得长久。一年中的收支结果，不到元旦早晨八点便不知道，可知平时计算不明。而这个镫屋在有钱的时候，来年用的炊具，在前一年的十二月就先买齐了。然后，一年当中只是收入金银。在长方形大箱上打开一个孔，把金银投进去，规定在十二月十一日结账。因此，这个镫屋是有信用的批发兼留宿的店子，把钱存放在这里可以安心地蒙头大睡。

（选自《五个痴情女子的故事》，上海译文出版社，1990）

# 《奥州小道》（节选）

[日本] 松尾芭蕉　著

阎小妹　陈力卫　译

　　松尾芭蕉（1644—1694）被称为日本的"俳圣"。他出生于一个低级武士家庭，因创作俳谐确立了自己在俳坛上的位置。他的很多作品都跟旅程有关，如《散文之旅》《鹿岛纪行》《笈中小札》《更科纪行》等。1689 年春末，他开始本州岛北部之旅，由此创作了《奥州小道》，内容以"闲寄"为中心，抒发了人对自然的归属感。1690 年，他与几位学生共同完成的俳谐集《猿蓑》，表达了他在北方之旅形成的美学观点。1694 年夏，松尾芭蕉在返乡途中因腹疾死于大阪。临终前留下了最后一句俳句："旅途罹病，荒原驰骋梦魂萦。"

　　松尾芭蕉早期的俳句，一般来说大都是诙谐和文字游戏，艺术价值并不高。37 岁开始，他隐居郊外，研读了庄子和杜甫的很多作品。在这里，松尾芭蕉一面拜禅师参禅，一面悉心创作俳句。他的创作开始远离那种唯美倾向较重的享乐性，开始咏叹穷苦的生活，表现出现实的严肃性。接着他远离都市生活，投身于大自然，作品透露出了一种"闲寄"心绪的优美。如《古池塘》这首被广为传诵的俳句：一只青蛙在一个非常静谧的夜晚跳进了古池，"咕咚"一声。其含蓄地表现了大自然动中有静的自然规律，包含了玄妙的禅味。从《奥州小道》到《猿蓑》，人称为芭蕉建立自己俳谐风格的前期。在作品中，芭蕉传递出了一种对人生疾苦和无常的感叹，但这种情绪在以后的作品中几乎绝迹。创作晚期的芭蕉由"闲寄"转向倡导"轻灵"，并以此完成了他的艺术主张和创作实践。

　　《奥州小道》是松尾芭蕉的代表作之一，其文体被称为"俳句纪行文"，这是一部俳句纪行集。全文由俳句与散文交替构成，而其中也有不少情节是虚构的。它记录了很多旅途中的琐碎小事，也有不少是对生命及人生的感悟。奥州是古地名，指今天日本的东北地方。这里远离政治、文化的中心京都与江户，是荒凉而纯朴的农村与神秘的大自然的天地。在这部作品集中，松尾芭蕉以他最闻名的俳句，为所经过的景色留下了引人入胜的翩翩诗采。"光阴者百代之过客，岁月往返亦如旅人。舟子船头度生涯，驭手执辔迎花甲，亘古至今，骚人墨客客死他乡者不知凡几。我亦将羁旅了此终生也。"《奥州小道》一开篇，就将人生比喻为旅行：人生就像是旅行一般，在欣赏风景的同时，韶华已逝。

# 序

　　光阴者百代之过客①，岁月往返亦如旅人。舟子船头度生涯，驭手执辔迎花甲，亘古至今，骚人墨客客死他乡者不知凡几。我亦将羁旅了此终生也。昔日随薄云轻风，徜徉于鸣海之岸须磨之浜②。去年③秋上，重返隈田川畔那破旧的茅舍，待拂去屋内蛛丝尘网时，早已进入岁暮之际。如今，春风再度，望长空霞彩霭霭，使人心醉神迷。何时我方能越过那白河之关④？心之急情之切，犹如精灵附体，又仿佛被道祖神⑤召唤，终日迷离恍惚，心神不安。

　　一旦补缀好衣绽，结上笠穗，且将针灸足三里⑥时，眼前便浮现出松岛⑦那高悬的明月。最终还是把茅舍转让出手，我自暂住弟子杉风的别墅⑧。

　　　　茅舍易新主，
　　　　佳节饰玩偶。⑨

　　且将此句作为八句⑩之首阙，一并悬挂在茅舍柱前，作为离家的纪念。

---

　　① 此句仿拟李白《春夜宴桃李园序》中句："夫天地者万物之逆旅，光阴者百代之过客。"
　　② 鸣海、须磨，分别为日本古典文学中常出现的景点，特别是后者，因是《源氏物语》主人公流放之地而著名。
　　③ 去年，指元禄元年，即 1688 年。
　　④ 白河之关，为防范夷人而设立的奥州三关之一，遗址在福岛县白河市。因能因法师的和歌而享有盛名。
　　⑤ 道祖神，即守路神。是防止路遇恶魔、保护行人之神。
　　⑥ 足三里，针灸穴位之一，位于膝盖外侧的下方。据说在此处进针能治百病。
　　⑦ 松岛，日本三景之一，位于宫城县仙台市附近。特指松岛湾内的大小二百余岛及沿岸的名胜古迹。
　　⑧ 杉风，全称为杉山杉风，江户中期的俳诗人，为芭蕉门下的七哲之一。其别墅位于深川平野町采茶庵。
　　⑨ 饰玩偶，为句中表示季语的词语，即春季。此句释义为：至今我所隐居的草庵，眼看要换上新主了，正值农历三月三日女孩子的佳节，有妻室儿女之家搬到这里，一定会装饰上布娃娃玩偶，显得热闹吉祥起来。此句抒发了作者抛弃一切去远游的决心，同时也表达了对新房主的祝愿。
　　⑩ 八句，作连俳或百句时，在怀纸（书写和歌、俳句的一种正规用纸）的第一张正面所写下的八句。

# 起　程

••••••••••••••••••••••••••••••••••••••••••••••••••••

　　三月二十七日。残月未坠，晓山凝翠。在晨光熹微中，富士山峰隐约可见。上野、谷中①的樱花啊！何时才能重见？昨夜，良师益友聚集一堂，今晨又登舟相送，直至千住岸边②。展望前途，遥遥三千里路程③。离情别绪又使人心潮澎湃，禁不住泪珠涟涟。正是：

　　　　春逝兮，
　　　　鸟啼声声唤不回，
　　　　盈盈鱼目泪。④

　　吟此诗以壮形色，以发砚端⑤，此时此刻，足下似有千斤，沉重难行。众人皆伫立路旁，目送着我们迟迟不肯离去。

# 日　光

••••••••••••••••••••••••••••••••••••••••••••••••••••

　　四月一日参拜日光山的东照宫⑥。从前此山叫"二荒山"，自空海大师⑦进

————————————

　　①　上野、谷中，位于东京都台东区。上野多指现在的上野公园；谷中在其西北一带。江户时期两处均以樱花而闻名。
　　②　千住，位于东京都足立区，是奥州之行的第一站。
　　③　三千里路程，强调路途遥远的一种夸张说法。
　　④　此句从字面上看是对将要逝去的春天所发的感慨，表达作者惜别春天、留恋春色的感情。实际上还渗透着作者告别江户及良师益友的悲哀之情。全句释义为：春天即将过去，多么令人留恋惋惜啊。鸟儿为此在啼叫，鱼儿眼里也充满着泪水。作者在这里把自己惜别家园和友人的心情寄托于自然界的生物之中，这种描写手法深受中国诗人的影响。诸如：陶渊明《归园田居》"羁鸟恋旧林，池鱼思故渊"；杜甫《春望》"感时花溅泪，恨别鸟惊心"。
　　⑤　砚端，这里转指旅行日记的首篇，也是旅行的开端。
　　⑥　东照宫，1617年因祭祀德川家康而营造的神社。
　　⑦　空海大师，平安时期的僧人，日本真言宗的开山鼻祖。804年来长安青龙寺留学，回国后颇受嵯峨天皇器重。擅长诗文、书法，被奉为日本三笔之一。

山修行奠基建庙后，改称"日光山"①。不知大师可曾预料，千年后的今日，它依然灵光普照，恩被天下，德布八荒②，四民安居，天下太平。于此握笔谨志，诚恐诚惶。

  威威乎！
  东照宫，佛光普照，
  日光山，郁郁葱葱。③

黑发山顶，白云缭绕，积雪残留，点点斑斑。曾良亦诵道：

  落发从师黑发山，
  衣更袈裟奥州行。④

弟子曾良姓河合，名惣五郎，是我芭蕉庵的近邻，平日为我操理柴米油盐。此次又伴我出游，欲共赏松岛皓月、象潟风光，解我旅途寂寞。临行前他剃头改装，身着黑色僧衣，易惣五为宗悟。故黑发山之句中"衣更"二字格外铿锵有力。

登到二十余町⑤的半坡处，岩洞顶端有一瀑布飞流直泻，足有百尺余高，溅落千岩碧潭之中。若隐身入洞，可隔水帘观景，故名"后望泷"。

  禅坐"后望泷"，
  炎夏乐修行。⑥

---

  ① 日光山，传说原来的二荒山东北部一年起两次风暴，故有此称。空海大师入山后平此灾害，并依其同音改为吉祥的"日光"二字。
  ② 八荒，指全国四面八方，整个大地。
  ③ 此句释义为：初夏的阳光照耀着碧叶绿树，犹如日光山上东照宫的威光，恩泽普照大地，令人可敬可畏。作者通过对大自然壮观景象的描写，表达自己对东照宫赞美崇敬的心情。
  ④ 此句释义为：我剃发出家，换上黑僧衣，竟来到了黑发山麓。另有一说认为此句并非曾良所作，而是芭蕉自作。并自我欣赏说"衣更"二字听起来铿锵有力。
  ⑤ 町，日本的长度单位。一町约百十米。此处指上了两公里的慢坡后，开始登山。
  ⑥ 此句释义为：我清心寡欲，暂闭居于瀑布后，权作初夏修行的开端。因僧人从初夏四月十六日起90天内要居于一室修行，故有此说。

# 那须原野

有挚友在那须①的黑羽町，便穿原野取近道前去探望，远见一座村落便直奔前去。中途竟落雨不停，至黄昏，借宿一农户家。翌晨上路。行走间，见原野上有匹牧马，遂上前求割草的老农助一臂之力，虽说是农夫，倒也通情达理。他说："这一带小路纵横，初来乍到的，可真会迷路，实在替你们担心。骑上这匹马到达下榻的地方后放它回来就是了！"两个儿童跟在马后欢跑了一阵，其中一女孩叫"重子"②，这个名字虽不常听，却也十分雅致。

> 小丫重子娇如花，
> 八瓣瞿麦亦羞煞！③　　　曾良

少许，至一村庄，将钱系在马鞍上遣它回去了。

# 黑　羽

这天来到黑羽町④，走访了这里的领主代理。主人为我们的意外来访而喜出望外，连夜畅谈不止。其弟桃翠⑤也每日前来探望，又陪我们探亲访友，四

---

① 那须，位于枥木县北部，温泉旅馆颇多，是著名的旅游避暑胜地。

② 重，本是里外几件重叠穿的一套和服，有其固定的各类色彩搭配。由于平安时期的宫女多穿之，故带有一种雅致之意。这里用做名字，显得很别致。

③ 八瓣瞿麦，原文为"八重抚子"，"八重"与女孩的名字"重子"相映。"抚子"，即瞿麦，两者合为一词，既有表鲜花之义，又有色彩协调的和服套装之义。这里可看做对可爱的女孩的比喻。全句释义为：可爱的女孩常被人喻为瞿麦，这小姑娘取名为"重子"，真可比做美丽的八瓣瞿麦花吧。

④ 黑羽町，现枥木县那须郡黑羽町。

⑤ 桃翠，全名为鹿子畑翠桃。28岁时曾拜在芭蕉门下，并从芭蕉过去的俳号"桃青"中借一"桃"字而得名，也是芭蕉的崇拜者之一。

处游览。一日，漫步郊外，参观了古代骑马射犬①的遗迹。又穿过那须篠原②，凭吊了玉藻夫人的遗冢③，并由此前去参拜了八幡宫④。传说当年的武将那须与市⑤，在两军对垒、箭射扇形靶时曾祈祷："愿祖神八幡保佑！"今日面对八幡神社，顿时感到周身无不有神的威力。日暮后返回桃翠处。

有一修验光明寺，应主持之邀，拜谒了该寺的先祖行者堂⑥。

> 拜行者高履，
> 夏登山，
> 健步轻如翼。⑦

# 云岩寺

此地云岩寺⑧深处，有高僧佛顶⑨和尚修行之旧居，曾闻大师用松炭在岩上写有和歌一首：

> 横竖不足五尺庵，
> 僧心无边海样宽。
> 若无阴雨自天降，

---

① 骑马射犬，日本镰仓时期较为盛行的一种打猎方式。相传一只来自大陆的金丝九尾狐化作美女，博得鸟羽天皇的宠爱，封为玉藻夫人。后被阴阳师安倍泰成识破，逃到那须原野。天皇指派三浦介等人捕杀之，先在此处练习射犬后，终于射杀了狐狸。

② 那须篠原，地名，古歌中常吟诵的名胜地。位于黑羽附近。

③ 据说狐狸被射杀后，人们于不远处发现一座隆起的土包，称之为狐冢。即玉藻夫人遗冢。

④ 八幡宫，祭祀八幡神的神社。这里指位于太田市南金丸的那须神社。

⑤ 与市，镰仓时期的武士，生于栃木县那须郡，擅长弓术。在屋岛会战中，因射落了平家军阵的扇形靶而扬名。当时正欲射靶时，海面风起，船上的靶来回晃动，他便祈祷祖神保佑，顷刻间风平浪静，一箭便击落了靶子。

⑥ 先祖行者堂，安放健足修验道先祖的祠堂。

⑦ 全句释义为：远望连绵不断的奥州山脉，拜仰行者的高齿木屐，但愿自己也有行者般的健足，阔步向前。

⑧ 云岩寺，位于黑羽町的东部，曾被丰臣秀吉烧毁过，现在的寺堂是江户时期的建筑。

⑨ 佛顶和尚，芭蕉参禅之师。

何须费神苦营造。

欲观高僧旧居，拄杖漫步云岩，人们争先同行，年轻人一路谈笑风生，不觉已抵山麓。高山深邃，曲径蜿蜒，松杉碧透，青苔滴翠。虽是四月天气，尚感料峭风寒，遍观十景①后，踱小桥进入山门。

大师的旧居大概就在这里吧，我思忖着攀上后山，果见石上有一小庵搭架在岩洞边，仿佛是宋人妙禅法师的"死关"②，又像是法云大师的石屋③。

青松苍苔翠欲滴，
寒暑几度草庵全；
啄木鸟，
岂能破！④

即兴吟俳诗一首留在柱上。

# 杀生石·游行柳

离开黑羽山，去看杀生石⑤，有领主代理遣马相送。回返时，马夫相求说："可赐小人一首俳句！"一乡间马夫，竟有此雅趣，真令人赞叹，逐草成一句奉送。

原野行，

---

① 十景，即海岸阁、竹林塔、十梅林、龙云洞、玉几峰、钵盂峰、水分石、千丈岩、飞云寺、玲珑岩。

② 妙禅，中国南宋时期的高僧。隐居杭州天目山张公洞15年，以示修行的决心。后人称张公洞为"死关"。

③ 法云，中国南梁时期的高僧。建法云寺，并在孤山岩上搭一草庵，终日高谈阔论不休。石屋，即草庵。

④ 全句释义为：在郁郁葱葱的树林里，佛顶和尚的草庵依然如故，连啄毁庙宇的啄木鸟也无奈它何。这里表现出作者对隐居深山过着超俗生活的佛顶和尚十分崇敬的心情，并特别向往这种"不住一处"的生活。

⑤ 杀生石，栃木县那须温泉附近的熔岩。相传是化成美女的狐狸被射杀后变成的石头，触到此石的人兽都要遭难。

回马杜鹃迎，
聆听鸟声鸣。①

杀生石位于山阴下，那须温泉就在山上。石中毒气尚存②，四周蜂蝶残骸成阵，竟覆盖了一片沙石。杀生之石可谓言不虚传。

除了杀生石外，西行法师曾以"溪水清清过柳阴"之句吟诵的那棵柳树③，依然轻拂着芦野村的田畔。记得这里的郡守户部④以前多次提到这株名柳，希望我能观赏，却不知它在何处，今日终于来到这株柳树下，领略了它的丰采，能不依依！

柳下伫未觉，
少女已插一片田，
依依不忍别。⑤

# 白河关

面对白河关口，一路企盼不安之心，顿感宽释。奥州雄关有三，此关被称为三关之首。多少骚人墨客、文官武将曾为之心折神驰。当年古人过此关时，渴望向亲人倾诉之心情，今日也心领神会，颇有同感。但一直在记忆中的"秋风、红叶"之景与眼前这一片青翠迥然相异，更有那水晶花一片雪白，伴着灌木花，我们如同穿行在雪原中，真有冰清玉洁、超尘出世之妙趣。

诗人清辅⑥的书中记载说：古人过此关要整衣更装以示神圣庄严。故曾良写道：

---

① 全句释义为：骑马正行进在广阔的那须原野上，忽闻杜鹃的啼声，马夫啊！快调转马头，让我再聆听一下。

② 这里实际上是硫化氢等有毒气体从地下喷出，四处散延，以致生物死亡。

③ 西行（1118—1190），日本僧人，出身武士，23岁出家，周游各地，留下许多脍炙人口的和歌。这里所吟诵的柳树，因谣曲《游行柳》而广为人知。

④ 郡守，官职。户部，人名。当地的领主。

⑤ 全句释义为：来到向往已久的柳树下，不禁激发起对古人的怀念，不觉间少女已插完一片秋田，我也该走了。

⑥ 清辅，姓藤原，平安时期的和歌诗人。在其《袋草子》一书中记有此事。

贫僧过关无盛装，
折束花儿饰冠上。①

# 须贺川

款款步越白河关，又渡阿武隈河②。左手盘梯山③高耸入云，右手岩城、相马、三春④盘踞。回首望，山峦起伏重重叠叠，如天然屏障隔开常陆与下野⑤。过影沼⑥时，适逢阴天，影沼无影，水波不兴。

在须贺川驿站访等穷君⑦，盘桓四五日。刚见面，主人便问："过白河关可曾赋诗？"答曰："长途跋涉，身心疲惫，且沉湎于名山胜水，虽感时怀古，思绪万千，但纷繁芜杂，终未静心熟思构成佳句。然枉渡名关岂不有憾，故作得一首：

插秧谣，
耳边飘，
奥州风情娇。"⑧

以此为首句，于是等穷、曾良乘兴又续了两三句，合成连歌三卷⑨。

---

① 全句释义为：古人过关要整冠更装，而我们没有可换的衣帽，摘朵花插在头上，代作过关的盛装吧。

② 阿武隈河，和歌中多吟诵的景点之一。其河流经白河关北，穿过须贺川、福岛，在仙台南部注入太平洋。

③ 盘梯山，位于福岛县北部的火山，海拔1819米。原文称之为"会津岭"。

④ 岩城、相马、三春，三者均属福岛县。现在分别为万城郡、相马郡和田村郡。

⑤ 常陆，今茨城县。下野，今枥木县。

⑥ 影沼，位于福岛县岩濑郡镜石村附近。据传和田胤长因受其父连坐被流放到此地。其妻赶来探望时，和田已被诛，便抱镜投身于此湖。故此湖映物如镜。另有书说，阴天不映物影。

⑦ 等穷，当时著名的俳诗人。在俳坛上的资格比芭蕉还老。其时52岁。

⑧ 全句释义为：过了白河关才开始真正的奥州之行，插秧的歌声，令人初领奥州风情。

⑨ 连歌，最初是取百韵形式，不久便设想出36句的形式，即取36歌仙之数，成为一种定式。这种较短的形式有助于保持紧凑的气氛，句与句的联系前后呼应，不即不离。这里说合成三卷，现只存一卷。

旅店旁边的大栗树下，住着一位隐居的僧人，这情景不正是西行法师诗文中所写"拾橡栗者在深山，静谧恬适心无烦"吗？触此有感，遂写下：

"栗"乃"西"、"木"二字合成，与西方净土有缘，行基菩萨①终生所持之杖，及梁柱皆用此木。

避开红尘人不顾，
草庵檐前栗花树。②

# 浅香山

离开等穷的住处，约行四十里路③，抵桧皮④旅店，浅香山⑤离此不远，距大路更近。四周池沼点点。五月割菰⑥的时间将近，问乡人："何为菰草？"竟无人知晓。沿沼泽，访人家，一路探询，不觉日沉西山。由二本松⑦向右折去，略观黑冢⑧岩崖的鬼屋后，夜宿福岛。

# 信夫村

翌日，赴信夫村寻文知摺石⑨，远处山下的小村里，摺石半埋在土中，村童指给我们说："从前摺石在山上，过路人为了要试试摺石，随手乱拔麦苗拂拭，以期照见所思念的人。于是村上的人把摺石推到山谷中去了，而且石面朝下。"啊，竟有这样的事情！我等也只好徒唤奈何了！

---

① 行基菩萨，奈良时期的高僧，对建造东大寺有很大贡献。
② 全句释义为：世人不甚赞美的栗花，只有脱俗隐居之人，才能懂得其真正的价值。
③ 日本的一里约等于四公里。译文中均改为华里。
④ 桧皮，位于福岛县安积郡日和田町。
⑤ 浅香山，和歌中多吟诵的景点之一。位于桧皮北面，现安积山公园一带。
⑥ 菰，草名。端午节前后有割菰的习惯。
⑦ 二本松，由桧皮向北行20公里处，现二本松市。
⑧ 黑冢，和歌中多吟诵的景点之一。位于二本松市的东部。传说有一女鬼住在岩洞里，专吃行人的血肉。
⑨ 信夫村，现福岛市大字山口一带。文知摺石，用于印布纹的石头。将布贴在石上，用草、树叶搓之，能挤印出各种条纹花样。据说这种石头还能照见自己所思念的人。

少女插秧舞翩跹，
信夫摺石思当年！①

# 佐藤庄司故居

· · · · · · · · · · · · · · · · · · · · · · · · · · · · · · · · · · · · · · · · · · · · · · · · · · ·

　　跨过月轮渡口②，来到濑上③宿地。据说左手七八里多的山里有佐藤庄司④的故居，那地方叫饭冢里鲭野。我们边走边问，找到一个叫丸山的地方。"这里便是左司的旧居，山脚下尚有大门的遗址。"听人介绍，缅怀旧事，不禁潸然泪下。旁边古寺中藏有庄司一家之碑，其中两媳⑤之碑文读来尤令人心碎肠断。虽说是女流之辈，能流芳百世，更让人叹惋不已。犹如古时汉人之坠泪碑⑥再现眼前。进寺院，乞茶入坐，这里藏有武将源义经⑦的长刀及随从弁庆⑧的背箱，均为殿宝。

鲤鱼旌旗舞端阳，
长刀背箱忆英豪。⑨

--------

　　①　全句释义为："信夫摺石已被推翻在山谷中，无法再现。而眼前这些少女插秧的动作，则令人联想起昔日妇女们搓印布纹的情景。"
　　②　月轮渡口，指阿武隈河的渡口，现福岛市郊月轮山麓附近。
　　③　濑上，现福岛市濑上町，是通往饭坂的分岔口。
　　④　佐藤，全名佐藤元治。庄司，官名。曾为藤原秀衡的臣下，文治五年（1189）源赖朝围攻藤原秀衡之子泰衡时，在福岛南面战死。继信、忠信之父。
　　⑤　两媳，指佐藤元治之子继信、忠信的妻子。相传继信、忠信随源义经战死后，两位儿媳身披盔甲，扮作兄弟凯旋状，以安抚母亲。
　　⑥　坠泪碑，据传中国西晋的襄阳太守羊祜死后，人们念其功德在砚山上建一碑。见此碑者皆落泪，后任太守、诗人杜预名之为"坠泪碑"。
　　⑦　义经，姓源，义朝之子。七岁入鞍马寺，后寄身于奥州的藤原秀衡家。1180年响应其兄源赖朝的召唤，起兵讨伐源义仲，并破平家一族。因未得到源赖朝的许可而任官，故不和。后流浪诸国，再次投靠藤原秀衡。秀衡死后，遭其子泰衡的突袭，于衣川馆内自刎。义经属日本的英雄，深受民众敬仰。有谣曲《义经记》歌颂其功绩。
　　⑧　弁庆，镰仓初期的僧人。勇猛无敌。随义经而战死。其形象在谣曲、歌舞伎中多有描述。为人所爱。
　　⑨　全句释义为：五月的微风中，鲤鱼旗高悬，这寺院陈列的珍宝——义经的长刀、弁庆的背箱使昔日勇士们的故事流传至今。

# 武隈松

武隈松自地面分叉而立，巍然挺拔。据说当年陆奥守藤原孝义①曾砍之做了名取河的桥桩，才使得能因法师②留下这首"劲松此度寻无迹"的和歌。此松有伐有生，生生不息，虽经千年，依旧雄姿英发，气势非凡。

　　晚樱时节奥州行，
　　吾师当赏武隈松。③

门人举白④氏在这次出游饯别时曾以上首俳诗赠我，今日和之以：

　　别来三月樱花谢，
　　劲松二叉千古新。⑤

# 宫城野

渡名取河抵仙台，正值端阳时节，家家门上插着菖蒲⑥。投宿后逗留四五日。闻此地有一画师名加右卫门⑦，慕其风雅，结为知己。一日伴我出游时说道："多年来我考查了此地不少名胜古迹，很高兴能为您导游。"

---

①　陆奥守，官名，相当于地方行政长官。藤原孝义，平安时期人，《袖中抄》里记载他伐松一事。

②　能因法师，平安中期的和歌诗人。走访各地名胜，留下许多诗章。曾有 67 首被收入敕撰和歌集。

③　此句释义为：您到奥州时恐怕只能看到迟开的樱花了。既如此，还是应该观赏那令人向往的武隈松吧。

④　举白，姓草壁。江户时期芭蕉门下的俳诗人。留有《马蹄二百韵》《四季千句》等诗作。

⑤　此句释义为：从江户出发已经三个月了，虽说晚樱也已开过，但我终于亲眼看到了向往已久的千古劲松。

⑥　通常是在五月五日的端午将菖蒲插于门上，据说能预防火灾。

⑦　加右卫门，姓北野。画匠，以版木雕刻为业。俳号加之、竹村、四鹤。

宫城野①一带荻草茂密，使人联想到秋季荻花盛开的美景。浏览了玉田、横野②，来到踯躅岗③，满山遍野的马醉木花，灿烂夺目。

走进一片阴暗的森林，加右卫门告知，这就是有名的"木之下"，因总有露水，故有诗云："催戴斗笠过松林，侍者何殷勤。"④ 参拜了药师堂和天神神社后⑤，夜幕已降。

离开宫城野时，加右卫门相赠松岛、盐釜⑥等地的图绘，并以两双草鞋作饯别之物，鞋带乃是藏青色。其风雅情趣至此表达得淋漓尽致。

> 青色草履结菖蒲，
> 健步登旅途。⑦

# 松　岛

时近晌午，租船去松岛，其间十六里左右，即抵雄岛海岸⑧。

在前人诗赋中咏叹备至的松岛，乃扶桑第一好风光。纵然与洞庭、西湖相比，也毫不逊色。大海至东南涌入，形成二十余里内湾，潮涨潮落也堪与钱塘媲美。湾内小岛，星罗棋布，耸立者直刺青天，俯伏者匍匐卧波；或两两相叠，或三重并垒，相依相偎者，如抱子拥孙，青松滴翠，海风吹拂下，自然屈曲的枝叶，又疑是人工雕琢。景色妖娆宜人，宛如美女装扮。⑨ 真是鬼斧神工，彩笔难绘，诗赋难描，惟叹造化之无穷、无尽、无不能也。

---

① 宫城野，仙台东部两公里处的一处景点。

② 玉田、横野，均为和歌中所吟诵的景点。

③ 踯躅岗，位于宫城野西部的高坡。亦为景点之一。

④ 《古今和歌集》的东歌中收有此歌。

⑤ 药师堂，是原来的国分寺，庆长年间由伊达政宗重建。天神神社，为伊达纲村所迁建，位于踯躅岗上。

⑥ 松岛、盐釜，日本名胜地。芭蕉一行将要走访之地。参见后文该段处。

⑦ 此句释义为：端午时节家家户户插上菖蒲，我穿上加右卫门送来的草履，再系上一束菖蒲，踏上新的旅途。

⑧ 雄岛海岸，和歌吟诵的景点之一。离松岛海岸最近的岛屿。

⑨ 参见苏东坡《饮湖上初晴后雨》："欲把西湖比西子，淡妆浓抹总相宜。"

雄岛矶是与陆地相连的一个小半岛，上有云居禅师①的禅堂旧迹及坐禅石。松林深处，似有人居住，落叶、松果的缕缕青烟，冉冉升起且飘荡在一所草庵上，那幅恬静、安闲的情景吸引着我，不由得径直走去。不觉时，月光已遍洒海面，月下的景色又与日间所见迥然不同。

当晚返回岸上求宿，是一家窗临大海的二楼客栈，晚间睡在楼上，如同露宿云雾间，心境奇特，妙不可言。

> 松岛风光美，
>
> 杜鹃难相配，
>
> 快请仙鹤来点缀。②　　　曾良

我无句作，欲睡而无眠，想起离开草庵旧居时，至友素堂③赠我一首松岛汉诗，原安适④赠我一首松浦岛和歌。于是解开背囊，取出诗卷，还有弟子杉风、浊子⑤所赠俳句。正好慰我难眠之夜。

# 瑞岩寺

十一日参拜瑞岩寺⑥。这座寺院原属天台宗，在其三十二代时，真壁平四郎⑦出家去中国留学取经，回国后重开此寺。后来又有高僧云居禅师做住持，改建了七堂，使之金碧辉煌，气势轩昂，成为显示极乐净土的大佛寺。令人遗憾的是那座"见佛圣"⑧的寺院遗址不知在何处。

---

① 云居禅师，京都妙心寺的僧人，受伊达忠宗所邀来到奥州，中兴松岛瑞岩寺，死于万治二年（1659），终年78岁。

② 作者面对松岛一派风光，听着杜鹃鸣啼而过，感慨亦深。但杜鹃毕竟无法与松岛景致媲美，期望它快去邀来仙鹤好相衬。

③ 素堂，姓山口，字信章。芭蕉的俳诗友。

④ 原安适，江户的医生，芭蕉的友人。在和歌上很有造诣。

⑤ 浊子，姓中川，通称甚五兵卫。芭蕉门下俳诗人。

⑥ 瑞岩寺，现位于松岛町的临济宗寺院。山号青龙寺，通称松岛寺。

⑦ 真壁平四郎，法身和尚的俗名。镰仓时期人。应北条时赖之招，入山后将瑞岩寺改为禅寺。

⑧ 见佛圣，平安末期的僧人，在雄岛隐居12年，读诵《法华经》六万遍，受到鸟羽天皇的赞赏。据说西行法师也曾慕名而来，在松岛住过两个月。

# 平 泉

藤原世家三代荣华①，也不过一枕黄粱，当年的秀衡馆②今已成为一片田野，只有七八里外的大门还留有点遗迹，金鸡山③依然如故。登上高馆④眺望，北上川⑤自北向南滚滚而来。此乃奥州第一大河。衣川⑥绕过和泉城⑦于高馆下汇入北上川。泰衡的旧馆隔着衣关⑧，紧锁南部⑨，以防夷人进犯。当年群臣汇聚于此，赫赫功名也只是昙花一现，而今荒草萋萋，正如诗云："国破山河在，城春草木深。"⑩ 脱笠席地而坐，吊古思今，叹时光之易逝，亦怆然而涕下。⑪

> 芳草萋萋岩石青，
> 勇士功名梦一杯。⑫

曾良句：

---

① 指藤原清衡、基衡、秀衡三代世家。清衡在宽治三年（1809）以陆奥押领使的身份确立了在奥州的实权地位，到秀衡一代达到了荣华繁盛的顶峰。

② 秀衡馆，即秀衡所建之馆。也称半泉馆。秀衡为基衡之子，与源赖朝对峙，庇护源义经。

③ 金鸡山，秀衡为镇守平泉，在平泉馆后筑起一座形似富士山的山冈，并在顶上埋下两只金制鸡，故得名。

④ 高馆，源义经的住所，传说也是义经死的地方。

⑤ 北上川，奥州最大的河流，流入石卷港。

⑥ 衣川，和歌吟诵的景点之一。北上川的支流。

⑦ 和泉城，秀衡的第三子和泉三郎忠衡的住处。

⑧ 泰衡，秀衡的次子，文治五年（1189）遵源赖朝之命围杀源义经和亲弟和泉三郎忠衡，后自己又被源赖朝杀死。衣关，和歌吟诵的景点。

⑨ 南部，人名。平泉以北以盛冈为中心是南部氏的领地。

⑩ 语出杜甫《春望》。

⑪ 见陈子昂《登幽州台歌》："念天地之悠悠，独怆然而涕下。"

⑫ 芭蕉面对眼前的荒凉景象，感慨万分，昔日的荣华如梦幻一般。战争的残忍令多少人尸骨遍地。其诗境与杜甫的《春望》有同工异曲之趣，将自然的永恒与人生的暂短相比而兴叹。

　　水晶花，白灿灿，
　　见苍发兼房浴血战①。


　　久享盛名的经、光二堂②神龛，经堂内尚有清衡、基衡、秀衡三尊将军的塑像。其灵柩纳于光堂，除此，光堂内另置佛像三尊。殿堂的雕梁已剥落，佛家七宝遗散，珠门破朽，金柱也被风霜雨雪所摧损，一派颓废气象。后人将断墙颓垣重新围起又盖上新瓦，才留下今日这些旧迹，作为千古的纪念。


　　年年梅雨处处晦，
　　光堂犹闪旧时辉。③


# 尿前关

　　遥望大道向北延伸，我们则朝南而行，是夜宿岩手村④。再经小黑崎、美豆小岛⑤，由鸣子温泉越过尿前关⑥，便要进入出羽国境了。这一带行人极少，过关时被盘诘不休，迟迟不予放行。翻过山时天色已暗，寻一守护边关的人家住下。不料狂风骤起，暴雨倾盆，整整三日不得出门，不甚无聊侘傺之至。

---

　　① 兼房，义经妻子的乳母。据《义经记》记载，在高馆沦陷之日，她最后看到义经夫妇死去，便放火烧了高馆与敌奋战，在烈火中壮烈死去。

　　② 经、光二堂，即经堂、光堂。经堂，藏经文的殿堂，清衡建，藏有经书万余卷。光堂，金色殿堂，由清衡建于天治元年（1124），光堂是江户时期以后的称法，藤原三代的棺椁置于此处。

　　③ 全句释义为：正值梅雨季节，阴雨蒙蒙，处处灰暗。只有光堂金碧灿烂，闪耀着昔日的光辉。

　　④ 奥州之行到平泉是最北边，作者至此怀着对北方的留恋之情，依依不舍地开始南下并向西行。岩手村是南下的第一站。

　　⑤ 小黑崎、美豆小岛，两处均为和歌吟诵的景点。前者位于宫城县玉造郡荒雄川北岸，后者是荒雄川中的一个小岛。

　　⑥ 鸣子温泉，传说义经的儿子出生后，由弁庆背至此处，才哭出第一声，故名"鸣子"。尿前关，陆奥国和出羽国的交界关卡，距鸣子约两公里。

跳蚤虱挠，夜难眠，
更有马溲响枕边。①

关守说："由此去出羽国②，要翻过一座大山，山上歧路难辨，还是找一向导为好。"于是，寻得一壮实青年。那人腰挎短刀，手提木杖，挺身在前。看这架势，路上一定常有不测之事。我俩战战兢兢紧随其后。

一路果如关守所说，高山森然耸立，林海茫茫无边，连鸟啼也听不到一声。树下暗影重重有如夜行，步步都须披荆斩棘，似有腾云驾雾之感。时时涉水跨涧、磕磕绊绊，浑身冷汗淋淋，提心吊胆。好容易来到最上庄③，才松了一口气。向导高兴地与我们告辞说："这一带常有盗贼出没，今日得以平安奉送，实感幸运。"

事后想来，犹觉心悸。

# 尾花泽

访尾花泽的清风氏④，此人虽富家出身，却不落俗套，因过去常去京城，颇晓羁旅之苦，他挽留我们数日，款待殷勤备至。

清风爽，入客房，
解衣高卧似家堂。⑤

蟾蜍哟，快出来，

---

①　这是芭蕉夜宿山中陋室的真实纪录，在遭跳蚤虱咬、听马尿声的环境中，作者的描述，使人从中感到一种轻松而幽默的情调。

②　出羽国，相当于现在的山形、秋田两县。芭蕉一行从太平洋一方横穿本州最窄部，开始往日本海方向前进。

③　最上庄，现山形县北部，中世纪时曾是最上氏的庄园领地。

④　尾花泽，现山形县尾花泽市。清风，本名为铃木道佑，是经营胭脂买卖的富商，喜好俳谐，与芭蕉在江户时交流过俳句。

⑤　此处是四首俳句，每注为一首。此句释义为：逢上知己心情舒畅，躺在这爽风宜人的屋里，如同在自己家一样轻松愉快。

莫在蚕室席下哀。①
脂红粉腻正年少，
应扫眉黛妆台前。②

养蚕女，多辛苦，
红颜素装遗古风。③　　　曾良

# 立石寺

························································

山形境内有座山寺，人称立石寺④，为慈觉大师所建⑤。人们盛赞其清雅静谧，劝我一游，于是由尾花泽折回南下，步行约六十余里。抵该寺时，天色尚早，在山下僧院安排好住处，便攀登山上的殿堂。只见奇石叠嶂，悬崖峭壁，石光苔滑，松柏参天，山上十二支院，院院山门紧闭，悄然无声。我们绕过悬崖，攀上岩石朝佛殿膜拜，四周清幽沉寂，爽气沁人心脾。

山幽寺愈静，
蝉鸣声入岩。⑥

# 最上川

························································

欲泛舟最上川，在大石田⑦待天晴。此地自古就盛行俳偕，其文风雅正，

---

①　此句释义为：听着养蚕屋下的蟾蜍鸣叫，作者感到一种说不出的亲切感，招呼它出来到这爽快的地方。

②　此句释义为：望着此地特产的红花，令人联想起女子化妆用的小眉刷。因主人清风是胭脂商，这里也可以解释为对清风的致意。

③　此地养蚕的人多穿一种日本式裙裤，十分简朴。曾良由此联想起古人的姿态和劳动场面。

④　立石寺，全称天台宗宝珠山立石寺，俗称山寺。位于山形市远郊。

⑤　慈觉，法名丹仁。去中国留学回国后成为天台座主。贞观二年（860）遵清河天皇之命创建了立石寺。

⑥　此句释义为：立石寺内一片幽静，偶听蝉声，如同沁入岩石一般，四周愈发情然。

⑦　大石田，现山形县北村山郡大石田町。

淳朴天成，至今不衰。但在探索俳偕之时，往往徘徊于新、古之间①，渴望有大师指点。在众人恳求之下，盛情难却，作连句一卷。奥州之行，至此可谓雅兴至极。

最上川发源于陆奥境内，为日本三大急流之一。山形一带尚为上游，有碁点、隼两处天险②，流经板敷山③，最终于酒田④注入大海。我们登上"稻船"⑤自上游而下，两岸群山夹峙，仿佛行舟于茂林之中。万绿丛中，一瀑布如丝如练，凌空直泻；耸立江岸的仙人堂⑥也一闪即逝，水流湍急，小船几欲翻覆。

> 最上川，
> 五月梅雨尽收揽，
> 浪滔天。⑦

# 出羽三山

六月三日，登羽黑山⑧，先走访图司左吉⑨，后谒见代理别当会觉阿阇梨⑩，承蒙其热情款待，下榻于南谷别院⑪。

四日，在正院内举行俳偕会。

---

① 指古时俳谐的贞门谈林派向元禄新风转化时所分化的两种俳诗风格。
② 碁点、隼，两处均位于最上川上游，为险峻难行之处。
③ 板敷山，和歌吟诵的景点之一。月山山脉的前端。
④ 酒田，现山形县酒田市。面临日本海。
⑤ 稻船，运送稻谷的船，是最上川上一种独特的运输船。早在《占今和歌集》的东歌里就被吟诵过。
⑥ 仙人堂，祭祀跟着源义经一起离开京城的常陆坊海尊。
⑦ 此句释义为：最上川仿佛汇集了千山万野的梅雨，水势漫涨，激流飞泻。
⑧ 羽黑山，位于山形县西北部，海拔 436 米，山顶附近有出羽神社。为修验道的灵山。
⑨ 图司左吉，姓近藤，俳号露丸。芭蕉门下的弟子，住在羽黑山山麓。
⑩ 别当，管辖一山寺院事务的僧人。会觉，京都人。阿阇梨，天台宗高僧的名称，这里是对会觉的敬称。
⑪ 南谷别院，位于羽黑山山腰处，僧人们的住所。

可赞啊，

南谷熏风荡，

灵山残雪香。①

五日参拜了羽黑权现观音②，不知开山大师能除③为何时人。《延喜式》④中记有"奥羽里山神社"，恐是误将"黑"字写成"里"字了；或是"羽州黑山"的略称"羽里山"。"出羽"二字据说出自《风土记》⑤ "此地有以鸟羽为贡品奉献朝廷"之记载。羽黑山、月山⑥、汤殿山⑦并称为出羽三山。山寺则属江户东叡山⑧，以天台宗为根本教义，讲求清澄彻悟如明月，认为佛法广大无边，觉行圆满顿悟。山上处处僧房，人人勤勉修行，世人无不敬畏这圣山灵地。可谓繁荣越千古，圣灵至福之地也。

八日登月山，一脚夫脖子上挂着木棉编织的环链，头裹白巾在前引路。山间云遮雾罩，凄神寒骨，踏雪踩冰走了三十里左右，空气稀薄，寒气逼人，几疑误登天道。登临绝顶时，已日落西山，新月东升，大家集竹叶当床，取断竹为枕，躺下静待天明。翌日凌晨，日出云散，下山赴汤殿。

谷中有一铁匠小屋，相传当年出羽国有一铁匠为寻圣水到此，斋戒沐浴，锻打刀剑，以"月山"二字镌刻刀柄，为人所称颂。古时中国也有取龙泉水淬火锻剑之事⑨，干将、莫邪⑩常令人思慕。足见有志者事竟成。

在岩石上小憩，三尺樱花含苞欲放，虽身没冰雪之中，却不忘报春之切，

---

① 此句是一首赞颂诗，以感谢会觉阿阇梨的款待。释义为：可敬可赞啊，盛夏里清风吹进这南谷别院，带来阵阵灵山残雪的馨香。

② 权现观音，菩萨化身的日本神。即本地观音。

③ 能除，崇峻天皇（？—592）的第三皇子。

④ 《延喜式》，记载平安时期的礼仪、举措的法规书籍，927年用汉文写成。成为以后日本政治的基本法。

⑤ 《风土记》，即日本的地方志。元明天皇在铜和七年（713）命令各国记述土地由来、出产物品、历史传说等作为编撰历史的资料向朝廷奉献。现仅存有五国地志和三十余国的逸文。核实不到芭蕉所记的内容。

⑥ 月山，出羽三山中的最高山。海拔1980米，山上有月山神社。

⑦ 汤殿山，与月山相连的一座大山。

⑧ 东叡山，即宽永寺。位于东京上野公园内。

⑨ 龙泉，指中国湖南省的龙泉。据传东周末年，楚王召铁匠干将，命其制造宝剑。干将得铁后和妻子莫邪同往吴山，用龙泉水淬火，三年内打出雌雄两口剑。

⑩ 干将、莫邪，人名，见前注。

点点花蕾，楚楚动人，犹炎天之梅①，馨香馥郁，由此想起行尊僧正②的山樱和歌，更令人陶醉于冷艳芳馨之中。山中有法规：修行者不得将山中情景告于外人，故就此搁笔。

归舍后，应阿阇梨之邀，作三山巡礼之句记入诗笺。

> 凉风吹拂羽黑山，
> 朦胧月弯弯。③
>
> 皑皑云峰欲溃散，
> 月光照月山。④
>
> 山中朝圣禁外言，
> 紧锁佛光一片。⑤
>
> 足踏香资拜汤殿，
> 一路泪潸潸。⑥　　曾良

# 酒　田

离开羽黑，来到鹤冈⑦城下受到门人武上长山重行⑧一家的款待，作俳诗

---

①　比喻实际上并不存在的景色。据《禅林句集》："雪里芭蕉摩诘画，炎天梅芯简斋诗。"

②　行尊僧正，平安末期天台宗的高僧。延历寺座主。

③　此句释义为：夜幕降临，在那黑沉沉的羽黑山上，淡淡地浮现出月牙一钩，多么神秘而又清爽的景致啊！

④　此句释义为：盛夏，天空中耸立的云峰渐渐溃散，巍巍月山在月光映照下，现出高大森严的雄姿，犹如天塌下一块所筑成的一般。

⑤　据说在参拜前夜，朝圣者聚集在道场上，立下誓约对谁也不讲山中之事。此句释义为：这神秘的汤殿山，严禁将山中的事情言与他人。我拜倒在这神德前，惟有泪浸衣衫。

⑥　此句释义为：汤殿山有清规，不得拾路上遗物，我们踏上神山参拜，不禁为其超俗、洁净的举措所感动流泪。

⑦　鹤冈，现山形县鹤冈市。

⑧　长山重行，芭蕉门下的俳诗人，酒井藩士，通称长山五郎右卫门。

一卷。蒙左吉君相送，由鹤冈登舟直下酒田港，投宿在医师渊庵不玉①家。

南望温海山，
北眺吹浦滩，
晚风徐来好纳凉。②

骄阳入海暑气散，
爽气阵阵最上川。③

# 越后路

因眷恋酒田风光，我们逗留数日后方离去。仰望北陆道④的云天，旅程遥遥，令人心焦。据说到加贺府⑤尚有九百余里。越过鼠关⑥后，踏上越后国⑦的土地，再来到越中国的振关⑧。其间行程九日，熬酷暑，遭雨淋，身心疲惫，旧病复发，未记途中见闻。

羁旅迎新秋，
七夕前夜起乡愁。⑨

---

① 渊庵不玉，本名伊东玄顺，医号渊庵，俳号不玉。酒田藩的医师，芭蕉门下的俳诗人。

② 此句释义为：遥望与炎暑有缘的温海山，回首吹拂暑气的吹浦滩，炎热的白天已过，傍晚的凉风多爽快。

③ 此句释义为：西面，最上川的入海处，一轮红日沉下海去，同时也把一天的酷暑带进大海，凉爽的傍晚到来了。

④ 北陆道，日本七道（东海、东山、北陆、山阴、山阳、南海、西海）之一，日本海沿海的中部的小国。

⑤ 加贺府，指现石川县的首府金泽市。

⑥ 鼠关，出羽国与越后国交界的关口。也称念珠关。

⑦ 越后国，旧国名，相当于现在的新潟县（除去佐渡）。

⑧ 越中国，旧国名，相当于现在的富山县。振关，位于新潟县内，故应仍为越后国。

⑨ 此句释义为：羁旅中迎来了秋天的第一个月，离开江户也已三个月了。明天就是牛郎织女一年一会的七夕，夜空似乎与平日也不相同，令人更加思念亲友。

银河横跨佐渡天，
人间鹊桥何处觅！①


# 市  振

· · · · · · · · · · · · · · · · · · · · · · · · · · · · · · · · · · · · · · · · · ·

今日闯过亲不知、子不知、返犬、返驹等北国险关②。浑身疲惫不堪，依枕欲睡时，隔壁传来一阵年轻女子的细语琐谈。细听，其中还夹杂有一老翁的声音，原来是两个越后国新潟的艺妓，要去参拜伊势神宫③，老翁相送至此明日即返，眼下两人正写信托他捎回故乡。"这些女子终日像漂泊无定的渔家子，流落在白浪滔天的海滨，孑然一身，放荡度日，究竟前世有多大的罪孽？"一边听着，不知何时竟睡了过去。次日清早启程时，那两个女子流泪哀求道："我们不识路途，忧虑不安，若能远远跟着老者身后而行，便是大慈大悲了。愿借高僧法衣，结下佛缘。"两人戚戚相求，委实令人怜悯。"我等一路寻朋访友，实有不便之处，还是另找他人去吧。但愿神明保佑，一路平安。"话虽如此，怜悯之情也是久久难消。


僧人艺妓同檐寝，
月光荻花各晶莹。④


吟此句念给曾良，让他记下。

---

① 此句释义为：眼前翻滚的浪涛，将那流放的人们与本土相隔，仰望夜空，白灿灿的银河，横跨佐渡。牛郎织女将相会，那些远离家乡的人们，眺望这银河该是怎样的心情呢？

② 亲不知、子不知、返犬、返驹，均为集中在市振附近的难险之处。

③ 伊势神宫，位于三重县伊势市。日本全国神社的本宗。明治以后成为国家神道的中心。

④ 此句释义为：荻花在院内漫开，明月在空中悬挂。作者将艺妓比作荻花，把自己比作明月。一方是靠卖艺维持生计的乡下艺妓，一方是追求风雅、厌恶世俗的僧人，两者的邂逅，对比鲜明，点缀了越后国旅行的最后一幕。

# 加贺国

黑部河有浅滩四十八处①，我们一路几经涉水渡河，来到了那古②海边。虽不是担笼③藤花盛开的季节，初秋的景色却也值得一顾。问路说："沿海边走三四十里，绕过山后就是。那里仅有几户渔家陋室，恐怕无人借宿。"既然如此，只好断念，径往加贺国。

> 穿越早稻一片香。
> 有矶海上掀波浪。④

# 金　泽

越过卯花山、俱利伽罗峡谷⑤，七月十五日抵达金泽。在此处遇到一位大阪来的商人，俳号曰何处⑥，当夜与之同宿一家客店。

久闻一笑⑦其人，是此地热衷俳偕之俊秀，且俳友甚多，但去冬已故，可惜其英年早逝。今日其兄以俳偕诗会悼其亡灵，咏一首：

> 君不闻，
> 秋风瑟瑟吾恸哀，

---

① 浅滩四十八处，指黑部河河口附近的许多分岔处，是有名的难关。

② 那古，和歌吟诵的景点之一。位于富山县新凑市。

③ 担笼，和歌吟诵的景点之一。位于富山县冰见市。

④ 有矶海，和歌吟诵的景点之一。位于富山县伏木港西部。作者未能前往，故咏入歌，以表憧憬之情。此句释义为：富饶的北陆国土，飘荡着早稻的阵阵清香。我们穿行在一望无际的金黄稻海里，右手是那波涛翻滚的有矶海。

⑤ 卯花山，和歌吟诵的景点之一，位于富山县西砺波郡。俱利伽罗峡谷，位于富山县和石川县交界处，是木曾义仲击败平家的古战场。

⑥ 何处，大阪人。后入芭蕉门下。

⑦ 一笑，姓小杉。生前不曾与芭蕉相见，但一直崇拜芭蕉，并期待他的来访。芭蕉内心里也把他视为弟子。但此次来访，仅剩下一方墓碑。

地裂墓开相会来。①

受一草庵主人的邀请即席赋

鲜瓜果，
剥一只，
凉秋美味滋。②

途中吟

骄阳似火不知秋，
轻风报爽暑气收。③

来到名叫小松之地

地名"小松"动诗情，
摇曳秋风情义殷，
芒草荻花共欲倾。④

# 太田神社

在小松参拜了多太神社⑤，这里藏有武将实盛⑥的头盔和衣甲。据传那头

---

① 此句释义为：我的恸哭声和瑟瑟秋风在呼唤着你，墓穴打开吧，让我们见一面！

② 此句释义为：秋凉时节，主人端上一盘新鲜的瓜果、茄子，这真富有田园风味，大家快动手剥开它吃吧！

③ 此句释义为：秋天来了，可太阳依然烤在我们头上，残暑犹盛。但还是能感到秋风的轻拂。

④ 此句释义为：小松，真是一个动听的名字，秋风吹着路旁的小松树，芒草、胡枝子也随风摇曳，好一幅情趣盎然的秋天景色。

⑤ 多太神社，即太田神社。两者日语标记同音不同字。

⑥ 实盛，姓斋藤，越前人。当年讨伐木曾义仲军时，染发出阵，在加贺战死。终年72岁。为民间所赞颂的英雄之一。

盔是他当年在源氏部下时，为义朝公①所赐。盔沿至护耳均嵌有金蔓花纹，龙头前直竖两根锹形柱，与一般武士所戴之盔不同。实盛阵亡后，敌方木曾义仲②携祈胜书，连同盔甲一同献纳此寺，并派部下樋口次郎③亲临追荐祈冥福。抚今追昔，当日情景似重现眼前。

> 悲惨兮，
> 昔日战盔说英雄，
> 今朝蟋蟀鸣秋声。④

# 那　谷

在去山中温泉⑤的路上，时而回望身后远去的白根山岳⑥。路旁山腰处有座观音堂，里面有花山法皇⑦巡礼三十三处后安置的观音菩萨像，并赐名"那谷寺"。据说"那谷"二字分别取自那智、谷汲两地名⑧。寺院内参天古松挺立于奇峰怪石之间，草堂依崖而建，实为奇险圣地。

> 那谷石白逾石山，
> 清秋清风撩寺院。⑨

---

① 义朝，源为义的长子，败于平治之乱，在尾张野间被杀。

② 木曾义仲，即源义仲，义贤的二子。因在木曾山长大，故名之。

③ 樋口次郎，名兼光，实盛的旧友。

④ 此句释义为：望见那顶曾戴在实盛头上的战盔，怎能不激起往事的回忆。象征着实盛化身的蟋蟀正在低声悲鸣，带来一派秋色的凄楚。

⑤ 山中温泉，位于现石川县江沼郡山中町。

⑥ 白根山岳，即白山，日本三山（富士山、立山、白山）之一，海拔2702米。

⑦ 花山法皇，第65代花山天皇。永观二年（984）即位，宽和二年（986）19岁时让位进佛门，称为法门。

⑧ 那智、谷汲，两处分别为花山法皇巡礼33处的第一处和最后一处的寺院。

⑨ 此句释义为：那谷寺内的奇石比大津市石山之石还要白。时而吹进院内的秋风也给人一种惨白的感觉，使整个寺院充满森严凄凉的气氛。

# 山　中

沐浴于山中温泉，据说其功效仅次于著名的有明温泉①。

> 山中温泉沁骨舒，
> 廷龄何须菊花露。②

主人久米之助③，少年英才。其父生前爱好俳偕，当年京都的贞室④年轻时，在此地曾受其父的奚落，回京后拜于松永贞德⑤门下，发奋学习，终于扬名于世。因此贞室后来在此地评议俳句时从不受禄，成为俳坛佳话。

# 离　别

曾良腹痛，便先登程去伊势国长岛⑥的一亲戚家，临行前留下此句：

> 路漫漫，
> 羁旅难，
> 身埋荻丛也心甘。⑦

去者悲悲戚戚，留者遗憾声声，本是双鸟翔云间，今朝形单影只飞行倦。我亦吟：

---

① 有明温泉，为和歌吟诵的景点之一。现在兵库县的有马温泉。

② 此句释义为：古时传说吸吮菊花上的露水能活八百年，但在这山中温泉沐浴，其效能更灵验，不必再去折那菊花。

③ 久米之助，和泉屋甚左卫门的幼名。芭蕉来时，他仅是14岁的少年，已入芭蕉门下，芭蕉给他取俳号为桃夭。

④ 贞室，姓安原，是贞门七俳仙之一。

⑤ 松永贞德，江户时期的俳诗人。京都人，贞门俳谐的鼻祖。

⑥ 伊势国长岛，现三重县桑名郡长岛町。

⑦ 此句释义为：我今天要离开师翁先行一步，重病缠身，也许会倒在路旁，但作为酷爱风雅的人，即便是死，也愿在荻花漫开的原野上瞑目。

"二人同行"笠上书，
从今雨露消其迹。①

# 全昌寺

．．．．．．．．．．．．．．．．．．．．．．．．．．．．．．．．．．．．．．．．．．．．．．．．．．．．．．．．．．．．．．．
．．．．．．．．．．．．．．．．．．．．．．．．．．．．．．．．．．．．．．．．．．．．．．．．．．．．．．．．．．．．．．．

夜宿大圣寺城外的全昌寺②，这里仍属加贺国。曾良前夜也曾在此住宿，并留下俳句：

耳闻秋风越后山，
通宵凝情自悄然。③

一夜之隔，犹如千里。静听窗外秋风飒飒，躺下不久，天边已晓雾朦胧。琅琅诵经声从院内传来，钟板响后，随众僧一同用膳。今日要去越前国，饭后匆匆整装出发，一小僧抱着纸砚追至阶下，求我留下俳句。时值院内柳叶纷落，不假思索，信笔写下：

晓雾朦胧欲登程，
寺柳纷纷叶飘零。
持帚小僧抱砚至，
执笔留句报雅情。④

---

① 此句释义为：今日起，斗笠上的"二人同行"几个字该抹去了，就用露水和我的泪水来抹掉它吧。

② 大圣寺，现石川县加贺市大圣寺町。全昌寺，位于大圣寺町的南部。

③ 此句释义为：与师翁别后的孤独，多么凄凉，秋风瑟瑟竟使我整夜难眠。

④ 此句释义为：看见寺院里纷落的柳叶，我理应按照规矩把院子扫干净再启程，不意小僧抱砚至，故留下此作，也算留宿一夜的答谢吧。

# 种之滨

十六日，天刚放晴，便飞舟前往种之滨①，去拾赤色小贝。那里离敦贺港有五十多里海路，一位叫天屋②的人准备了饭盒、竹筒酒等，还带了几个仆人。一路顺风，片刻便抵岸边。海滨上除了几间寒碜的渔家小屋外，还有荒废了的法华寺，我们在寺内饮茶、温酒，对酌尽兴，面对秋日黄昏之凄清，不胜感慨。

> 自古须磨秋寂寥，
> 砂滨黄昏更萧条③。

> 潮退海滩赤贝现，
> 更有荻花缀点点。④

这天的见闻让等栽记下留在寺内。

# 大　垣

门人露通⑤来敦贺接我同去美浓国。一行人骑马来到大垣庄⑥，曾良也从伊势赶到，弟子越人⑦也驱马赶来，大家聚会在大垣藩士如行⑧的家中。门人前川子、荆口父子⑨，还有其他亲朋好友都昼夜来访。众人相见恍如隔世，既为我驱劳洗尘，也庆贺我平安归来。然而，旅途之劳未消，转眼已是九月六日

---

① 种之滨，和歌吟诵的景点之一。位于敦贺湾西北部海岸。
② 天屋，名五郎右卫门，俳号玄流。
③ 此句释义为：黄昏是多么凄凉啊！与那自古著称的须磨秋色相比，这里则更是萧索寂寥。
④ 此句释义为：微波荡漾的海滨上，退潮时可以看见许多西行法师所吟诵的小贝壳，其中还散落着胡枝子的花屑呢！
⑤ 露通，本名斋部伊纪，芭蕉门下俳诗人。
⑥ 大垣，美浓路的一大驿站。
⑦ 越人，本名越智十藏，名古屋的商人。芭蕉门下俳诗人。
⑧ 如行，姓近藤。芭蕉门下俳诗人。
⑨ 前川子，姓津田。荆口父子，姓宫崎。均为芭蕉门下俳诗人。

了。欲观拜伊势神宫的迁座仪式，再度登舟起程。

> 秋逝兮，
> 蛤盖终分离，
> 别友出门去。①

# 跋

孤寂清幽之境，潇洒淡雅之趣，惆怅感伤之情，大师以行云流水之笔描述之，汪洋恣肆，佳境迭出，妙趣横生。我细读这《奥州小道》，铭心刻骨，禁不住拍案叫绝。时而欲着蓑衣步其后尘；时而静坐冥想沉浸于胜景之中，同享佳趣。师翁正是满怀激情，以悠闲自然之笔书之成册，如万斛深泉，随地倾泻，造就出这珠玉璀璨之文。此乃羁旅之硕果，才华之结晶。然绝代俳圣，今日已雪眉霜鬓，龙钟纤弱，令人不胜叹惋。

元禄七年初夏②素龙书③

（选自《奥州小道》，陕西人民出版社，2004）

---

① 此句与起程的俳句相呼应，一春一秋表明了整个旅行的时间。

② 芭蕉是元禄二年出行奥州的，而这篇《奥州小道》的作品则是后来修改而成的。元禄七年（1691）才由素龙誊写完毕。同年十月十二日芭蕉病逝于大阪，终年51岁。

③ 素龙，姓柏木，通称仪左卫门，京都人。元禄五年（1689）去江户，受芭蕉之托誊写《奥州小道》。他虽然不是芭蕉的门人，但俳句作品很多，且擅长诗歌和书法，精通古典文学。

# 《春香传》（节选）

冰蔚　张友鸾　译

　　《春香传》是朝鲜古典文学名著中最有代表性的一部作品，是朝鲜人民最喜爱的民间创作之一。早在 14 世纪，有关春香的故事传说就在民间广为人知。18 世纪末 19 世纪初的李氏封建王朝末期，春香的传说由口传文学逐步定型，发展成为一部完整的小说。

　　《春香传》以南原府使李翰林之子李梦龙与艺妓之女春香的爱情为主线。两人的爱情因春香是艺妓之女的身份而遭到李梦龙家人反对，被迫分开。后来，新任南原府使卞学道强迫春香为他做妾，春香不从，便被施以杖刑并下狱。李梦龙高中状元之后将荒淫无度、作恶多端的卞学道革职查办，救出春香。最终，有情人终成眷属，二人共享荣华。

　　《春香传》是朝鲜古典民间艺术的巅峰之作。小说歌颂了主人公真挚的爱情，这种冲破门第的爱情具有反封建的积极意义。春香被塑造成纯洁、忠贞、勇于追求爱情和幸福的高尚女性形象，是朝鲜妇女理想的化身。小说的男主角李梦龙是一个具有一定进步思想的封建贵族子弟，是当时朝鲜人民期盼出现的清官形象。卞学道是当时贵族封建官僚的典型代表，他的下场，表达了朝鲜人民对李氏王朝灭亡的期盼。但小说也没有跳出封建时代市民阶层的局限性，把除恶扶正的希望寄托在封建清官身上，没有从自身找到反封建的力量。

　　《春香传》在人物的刻画上克服了 17 世纪以前朝鲜小说人物简单化、类型化的缺点，人物形象丰满、有血有肉，注重对人物内心和精神世界的描写。此外，《春香传》还具有非常浓郁的民族特色。小说故事取材于民间，其中有大量关于民情民俗的描写，具有鲜明的 18 世纪朝鲜社会生活的特征。《春香传》是说唱体小说，有着说唱文学的特点。说的部分用散文，唱的部分用韵文。散文通俗易懂用于叙事，韵文优美典雅用于描写和抒情。小说的语言与朝鲜民间口语极为接近，许多民歌、童谣、成语、俚语的运用，使作品的语言具有朴素、活泼、大众化的特色。通篇朗朗上口，深受朝鲜人民喜爱，传唱至今。

　　还需要提及的是，《春香传》中出现了许多中国作家、历史人物的诗文典故，如梦龙邂逅春香后，回府看书，翻遍《中庸》《大学》《论语》等书，处处读得"春香"二字。这也说明了朝鲜文学与中国文学的密切联系。

且说月梅之女春香，此时早已成年。精通诗书，谙晓音律。见此大好春光，不肯轻轻放过。这日携了侍女香丹，踏青郊外，去荡秋千；①只见她垂复着玉兰般的鬓发，金凤摇天；搦摆着杨柳般的腰肢，罗裙曳地。仪态万方，容颜出众。来至广寒楼前，远远看见那边百尺高的杨树下，悬着一架秋千。这便轻移玉步，走人丰林，只顾踏着毪毪的芳草，哪管惊起对对的黄鹂。到了秋千架下，那春香先脱下水禾榴纹草绿长衣，浅蓝纺丝外裙，挂在树枝之上。然后又脱下紫绅绣唐鞋，放于地上。把那合身白纺丝新衬衫裹一裹紧，伸出玉手，抓住软熟秋千绳索，一双纤足，穿着白绫袜，轻轻踏上了秋千板。亭亭玉体，立于板上，微风拂面，扬起云鬓。她用手臂挽住绳索，伸手掠着头发，插紧了玉簪，端正了细梳与密花妆刀。这时配上她那广原丝②红罩袄，显得分外俊俏。春香唤着香丹道："我蹬一下，你与我推一下；我蹬两下，你与我推两下。"香丹应声去推。推了几回，悠悠荡起，只见风生足下，头上树叶沙沙作响，一来一去，往复不止。此情此景，好有一比：

> 绿荫千尺，红裳迎风放异彩；长空万里，白云闪电发奇光。"瞻之在前，忽焉在后。"③荡向前时，如盈盈燕子，桃红一点；荡向后时，似翩翩蝴蝶，粉翼双飘。哪里是人间女子挽绳戏弄秋千架，分明是巫山神女乘云飞舞在阳台。

春香一面荡着秋千，一面却又伸出手去，攀花折枝，插在发上。荡了一会，便唤香丹道："香丹！秋千上风大，我有点禁受不起，你与我挽住吧！"话犹未了，只听当啷一声，原来是她头上插的那支玉簪，掉落到水边磐石之上。春香急道："簪子，簪子呀！"正是：

> 玉音妍态难描画，燕子三春飞去来。

且说李道令在那广寒楼上，远远看见了春香，不觉神魂颠倒，好似说梦话的一般，自言自语道："想当初，范少伯泛扁舟游于五湖，随行有西施做伴；那西施虽然算得十分美貌，比起这个人儿，恐怕还有些不如。西楚霸王项羽，

---

① 朝鲜风俗，端午节荡秋千。

② 广原丝是产于朝鲜广州和原州的丝。

③ 此两句出于《论语》。

兵败垓下，月夜慷慨悲歌，有那虞姬，在锦帐之中，闻声起舞；那虞姬虽然算得十分美貌，比起这个人儿，恐怕还有些不如。还有那，王昭君离朝，出丹凤阙，到白龙堆，留下了一座青冢；那王昭君虽然算得十分美貌，比起这个人儿，恐怕还有些不如。又还有，班婕妤深居长信宫，独诵'白头吟'；那班婕妤虽然算得十分美貌，比起这个人儿，恐怕还有些不如。更有那，昭阳宫里的赵飞燕，身轻能作掌上舞；那赵飞燕虽然算得十分美貌，比起这个人儿，恐怕还有些不如。这个人儿，不知是洛浦仙人，还是巫山神女？"那李道令原是一位未婚少年，见了这样的美貌娇娃，禁不住心旌摇摇，魂飞天外。

当时李道令唤过通引，指与他说："你看，在那花柳丛中，忽隐忽现的是什么？看仔细了，说与我知道。"通引顺着看去，一眼就看到了，他原认识春香，这便回道："那人名叫春香，乃是本地艺妓月梅之女。"道令不由自主地赞叹道："这个女子，有些不比寻常！"通引道："道令所见不差。这春香之母，虽是艺妓；而春香自己，却与众不同：不但国色天香，而且针黹超群，文才出众。可说是南原的女中魁首！"道令闻言，微微带笑，便令房子遣："她既是艺妓之女，你可速去，为我唤来！"房子回道："道令有所不知：春香花容玉貌，蜚声南国。那些防众使、兵府使、郡守、县监、各地官长，以及闲暇无事的花花两班，尽智前往求见。这春香虽然色比庄姜①，才如李杜②，却又德齐太姒③，节赛英皇④。她是当今天下的绝色，也是万古女中的君子。不是小人乱说，道令要想呼之即来，恐怕是办不到。"道令大笑道："房子，你不知道'物各有主'吗？'金生丽水，玉出昆岗'⑤，那都是各得其所。不必多言，快快与我唤来！"房子闻言，不敢怠慢，即时走向前去，权充青鸟使，去唤春香。春香闻听呼唤，吃了一惊，回头见是房子，就问："大呼小叫，唤我作甚？"房子道："大事不好！"春香道："何事惊慌？"房子道："使道公子李道令，现在广寒楼，适才见到你的模样儿，特地着我唤你过去。"春香一听此言，不由发恼道："那道令并不知我是何人，怎会前来唤我？定是你这傻瓜，多嘴多舌！"房子道："不能怨我多嘴，只能怨你自己的不是：你要荡秋千，尽可在自己家里后院之中，系上两根绳子，自在玩耍，有谁知晓？你却不肯检点，跑到这广寒

---

① 庄姜，中国春秋时卫庄公之妻，貌美而无子。
② 指李白和杜甫。
③ 太指太任，王季之妃，周文王母，姒指太姒，周文王正妃。太姒以仁德著称。
④ 舜帝二妃，名娥皇、女英。
⑤ 此两句出于《千字文》。

楼来荡秋千！你荡秋千不打紧，偏偏选在这个胜花时节，漫舞春风，在那花红柳绿之中，荡来荡去，双足登云，风揭红裳，玉肤毕露，任谁见了都要动心。如今道令既然唤你，你只索前往，有甚推辞！"春香道："休要强词夺理！今日乃端午佳节，多少他家处子①，都来此处戏荡秋千，岂止是我一个！我既非时仕②，你对闺阁女手，呼来叱去，实在有失体统！你便唤我，我也不去。你只怪自家多嘴，与我无干。"房子吃了一顿抢白，只得照实回禀道令。那李道令一听，不但没有丝毫怒容，反倒暗自夸奖，春香果然是有些出众。当下就低声吩咐房子，如此如此。

房子奉了道令之命，前来再找春香，春香已自回家去了。赶到春香家内，只见她母女二人，正在同桌共饭。春香一见房子，即便说道："你又来我家作甚？"房子道："我家道令，久闻芳名，知你能诗善赋，适才故尔相邀，其实未将你视为艺妓。你不肯前往，道令心中不乐，现又派我前来，再行约请，务求光降。"

春香此时，心中忽然暗暗一动："莫非有什么缘分在此？"想到这里，有意前往；但又不知母亲意下如何，因此沉吟，良久不语。香母见她如此，这便和颜悦色，向她说道："昨夜我得一梦：有龙一条，飞入碧桃池中。梦皆有兆，此梦应主好事。闻说使道的公子名唤李梦龙，岂不正应了我昨夜之梦？既是两班相唤，孩儿权且走一遭吧！"春香见母亲如此说，就含羞站起，随了房子，前去广寒楼。莲步轻盈，玉躯婀娜，如燕子飞入明堂，如鸡雏缓行阳地，如金龟漫步沙碛。有规有节，和那西施在土城习步③，正相仿佛。那李道令凭栏看去，万分心喜。当春香行近之时，就连忙奉请。春香进了广寒楼，李道令仔细打量，只见她：

> 仪态贞静，举止端庄。具沉鱼落雁之容，有闭月羞花之貌：唇红，红比渥丹；齿白，白似编贝。神情若水，肤凝如脂。紫霞裳是夕阳含雾，翡翠裙乃银汉横波。莲步珊珊，屏营悄立。

> 道令殷勤让座，春香娇怯就席。仿佛天上云开，推出一轮明月，依稀水中波静，绽来一朵芙蕖。但看她宜喜宜嗔，真个是倾城倾国！

---

① 处子，就是姑娘，处女。

② 就是并非艺妓的意思。

③ 春秋时，越王勾践选美女西施、郑旦二人，送与吴王，以乱吴政。西施、郑旦来到吴国之前，越王令在土城习步，这里借以形容春香行路姿态之美。

道令看得仔细，暗自说道："真乃九天仙女下尘凡，月宫嫦娥降南原。如此佳人，却还是小姑居处尚无郎！"

这时，春香也偷闪秋波，暗窥道令。她见道令：少年英俊，倜傥风流，是一位翩翩浊世佳公子。五岳不凡，天庭饱满。今日不愧人世奇男，他年必为朝廷柱石。一寸芳心，不觉宛转，惟恐心事被人知晓，赶紧敛起蛾眉，拊膝端坐。

李道令当时开言问道："不知小姐贵姓？芳龄多少？"春香道："姓成，年纪一十有六。"李道令听得此言，开颜笑道："小生幸运，恰与小姐同年，也是二八。更喜的是，圣贤不娶同姓之女，而我和小姐，姓氏却又不同，真乃天赐。我愿与小姐共结良缘，同生同乐。未知小姐双亲是否在堂？"春香答道："先父早已去世，只有母亲在堂。"道令道："贤昆仲几位？"春香道："家母年近六旬，只生我这一个女儿，并无兄弟。"道令道："原是他宅宝珠！你我今朝有幸相逢，愿订百年之好，不知小姐意下如何？"待之许久，春香才微舒八字青山①，慢启一片朱樱，声如落玉，侃侃言道："古训说的是：'忠臣不事二主，烈女不嫁二夫。'想道令乃是贵介，贱妾身出蓬门。今日虽承以真婚姻相许，他年难保不致生变。我若空房独守，此恨怎的能消？尚请道令三思！"李道令道："小姐此言虽则不差，终是多虑。你如应允这个姻缘，我愿和你订下金石之盟，永世不变。不知小姐家住哪里？"春香说："你问房子自知。"道令笑道："我不问你就是。"于是掉过头去，叫房子近前，向他打听春香的住处。

房子上前，伸手指遣："道令请看，那里便是：郁郁东山之前，一泓明镜莲塘，水清鉴人，游鱼可数。其间奇花异草，万紫千红。庭院之内，大树千章。门前有柳，垂丝万缕；庭前有竹、有柏、有枞，老松夭矫拿云，古杏枝生南北。草堂前还有深山橄树，葡萄藤蔓绕盘树上，伸出墙来。就在那松庭竹林之间，隐约可见的，便是春香的家了。"道令道："园林幽洁，松竹茂密，甚愿前去探望一番。"春香含羞站起道："人心惟危，人言可畏，恕我先退。"道令闻言，有些纳罕；转而一想，也觉甚是，这便说道："今晚退令②以后，定当造府，幸勿冷待。"春香道："我不知道。"道令道："你不知道，该谁知道！话便如此。好走，今宵再会。"道令说罢，春香就告辞下楼而去。

春香之母正在倚闾而望，见春香回来，连忙问道："孩儿回来了。那李道令和你说些什么来？"春香和母亲同进屋内，然后回答："会见李道令，坐了一

---

① 指美丽的眉毛。
② 地方官下班的信号。

会，临走时，李道令说今晚要来我家。"香母便问："你怎样回答于他？"春香说："我说，我不知道。"香母道："答的也是。"

　　且说李道令自从遇着春香，一见钟情，依依不舍。送走春香之后，无心再坐，起身而回。走进书房，百事懒做，只是思想春香，莺声缭绕耳畔，花容浮呈眼前。这时只望太阳落山，早与春香见面。盼来盼去，太阳总是不落。道令这便喊过房子问道："太阳落得如何？"房子戏道："刚出东方不久。"道令大怒道："目无上下，着实该打！依你所说，岂非是日出于西，而落于东？快快出去仔细看来，报我知道。"房子出去，望了一望，即便进来回报："日落咸池，月出东山，已到黄昏时候。"道令匆匆吃过晚饭，虽知时已将届，只因等候退令，不敢擅离。当时取出书卷，意欲阅读，借以消磨时间；怎奈心绪不宁，竟难读下。翻遍了《中庸》、《大学》、《论语》、《孟子》、《诗经》、《书经》、《周易》、《古文观止》、《资治通鉴》、李诗、杜诗、《千字文》。《诗经》一打开，就说的什么"关关雎鸠，在河之洲，窈窕淑女，君子好逑"这样的句子，难以读下。因而将《诗经》阖起，改读《大学》。那《大学》的句子，却是："大学之道，在明明德，在新民，在春香①。"阖起《大学》，改读《周易》。那《周易》的句子，偏生又是："元，为亨，为贞，为春香。"改读《滕王阁序》，读出来的是："南昌故郡，洪都新府，春香……"改读《孟子》，读出来的是："孟子见梁惠王，王曰：'叟！不远千里而来，见春香。'"道令定一定心，去读《史略》，读道："太古天皇氏以艾德王，世继摄政，无为而化，兄弟十二人，各一万八千岁。"这一回并未读出"春香"，偏生又把字句读错。当下房子说道："只听说'天皇氏以木德王'，从来没有什么'以艾德王'。道令所读，真是今古奇闻。"道令强词夺理道："你有所不知：天皇一万八千岁，口齿坚硬，自然吃得下木糕②。凡夫俗子口齿无力，却怎能吃得？因此之故，那孔夫子为后生着想，特在明伦堂显梦，合三百六十洲乡校③，将那'木糕'，改为松软之'艾糕'。你知道么？"房子闻言笑道："此言如为天皇所知，定是吃惊不浅。"道令不理房子之言，换过《赤壁赋》，琅琅读道："壬戌之秋，七月既望，苏子与客泛舟游于赤壁之下。清风徐来，水波不兴。"读了一遍，兴趣毫无，便又

---

　　① 《大学》和以下所读的各书，书中都没有"春香"字样；这里是形容道令心神不定，所以把书中文字都看作是"春香"。

　　② 朝鲜文"糕"与"德"音同。

　　③ 朝鲜有三百六十邑（州），邑有乡校，校内设祠供孔子。

改读《千字文》。刚念了一句"天地……"，那房子便问："道令，那'天'字何意？"道令道："'天'字者，乃'七书'之本文也。梁朝周兴嗣夜造此字，冠于书首，书曰'白首文'①。"房子道："小人倒知'天'字之义。"道令道："你既知'天'字之义，可说与我听。"房子道："高高之天，厚厚之地。天地玄黄……"道令喝住道："快快与我住口！此乃市井间之杂歌，如何解得'天'字之义。你听我说。"道令顺口，编了一个歌儿道：②

什么是天：十二时辰子最先，广大穹隆太极圆。

什么是地：丑时开辟为地利，五行八卦都齐备。

什么是玄：三十三天天外天，空复空分玄又玄。

什么是黄：二十八宿配五行，中央正色最光昌。

什么是宇宙：金屋换玉宇，日月轮昏书；兴亡与盛衰，古往今来骤。

什么是洪：大禹治水开鸿蒙，箕子推衍洪范功。

什么是荒：不见五帝与三皇，乱臣贼子遍遐方。

什么是日：东方云雾涌散疾，浩浩天边赤轮出。

什么是月：万民击壤歌清越，康衢欢唱瑶台月。

什么是盈：桂魄团圆四照明，三五之夜玉壶清。

什么是昃：万事都如月弄色，由盈转亏光彩匿。

什么是辰：天上三光日月星，河图洛书相继出，二十八宿灿如银。

什么是宿：鸳鸯衾枕陈金屋，"可怜今夜宿娼家"③，愿共佳人鸾凤逐。

什么是列：春去秋来增岁月，万里长空星灿缀。

什么是张：夜半三更月色凉，一缕情丝万丈长。

什么是寒：凉风入户枕衾单，辗转反侧成梦难。

什么是来：绝代佳人入我怀，亲亲爱爱两相偎。

什么是暑：两情火热如汤煮。唇紧贴，心相铸，难解难分在一处。

什么是往：薰风吹醉有情郎。摆腰肢，意似狂，投入郎怀两愿偿。

什么是秋：桐叶落，不胜愁，萧萧风里是清秋。

---

① "白首文"，指《千字文》。

② 下面一段，是道令心神不定时对"千字文"乱做的解释。

③ 这是唐朝王维的诗句，道令是借这句诗说自己今夜要去住在春香家中，由于香母曾做艺妓，所以提到"娼"字。

什么是收：流年似水去悠悠，揽镜心惊白了头。

什么是冬：江山上，白雪封，冰肌砭骨是严冬。

什么是藏：寤寐不忘我的香，芳闺深处玉人藏。

什么是润：雨中微绽芙蓉嫩，雪衣姑娘分外俊。

什么是余：花容玉貌笔难摹，眼皮供养心欢愉。

什么是成：珍重海誓与山盟，不教轻沾薄倖名。

什么是岁：恩爱夫妻修福慧，此日此情永勿替。

深通大典通编法，"糟糠之妻不下堂"。二口拼成吕字样，春香与我相依傍。"君子好逑"宿愿偿，啊伊咕①，啊伊咕！但盼速速见红妆。

公子只顾信口胡柴，哪管声音越说越响。

且说使道用罢晚餐，有些疲乏，躺在平床之上，摊饭消食。忽闻一片吵嚷之声，大为惊异，便命通引前往书房，看是谁人胡闹。通引看过，当时回禀："此乃道令的声音。"使道心中不悦，又命去问，为何如此颠狂；还叫告知："即便隔邻住的是个聋叟，也不当恁般嚷唤。"道令闻言，为之失色，便央通引回复，就说是读《论语》读到'甚矣吾衰也，久矣夫不复梦见周公'，因而想到周公，一时兴起，不觉说出这些话来。

使道听了通引言语，信以为真，心下颇为欢喜，就命通引悄悄去唤睦郎厅②前来。

片刻之间，郎厅来到。这位两班，生得甚为粗陋。他因走得慌忙，只顾呼哧呼哧，喘个不停。使道见面就问："久违雅教，不知近来作何消遣？请坐请坐，我有话相商。你我多年老友，回想当初同窗共砚之时，厌读诗书，不是打盹，就是玩耍。那时情景，想还记得。不意犬子却喜读书，适才又乘兴高吟，我愿足矣。"那郎厅一时不曾把话听清，不知使道之意何在，便含糊回答："儿时厌读诗书，不是打盹，就是玩耍，果然是人皆有之。"使道说："犬子攻书习字，却每每废寝忘餐，不舍昼夜。"郎厅道："正是。"使道说："学识虽浅，笔力倒还不差。"郎厅道："正是。"使道说："横如千里阵云，点如高峰坠石，撇如陆断犀象，趯如百钧齐发，直如万岁枯藤，捺如崩浪雷奔，钩如劲弩筋节。力气不足时，手足并用，真个横是横来竖是竖，丝毫不差。曾记得当初寒舍尚在京都之时，庭院中有老梅一株。那年犬子刚刚九岁，我指梅为题，令他作文

---

① 啊伊咕，朝鲜人的感叹词，犹如中国人说哎呀呀。

② 郎厅是府使的僚属。

一篇。谁知他竟不假思索，援笔立就，从头到尾，一气呵成，引经据典，取精用宏，也算得耳闻则诵、过目不忘的了。"郎厅道："似此奇才，必成名士，当付春秋于一笑。他日身居廊庙，位列政丞①，是无疑的了。"使道说："承蒙过奖，不胜感激。政丞之位，岂敢梦想。但求此子能在我生前，侥幸博得一第，做个六品官儿，于愿足矣。"郎厅道："此言差矣。即使做不到政丞，做个路丞②，总是可以的。"使道闻言不悦道："如此信口开河，真正无谓。"郎厅连忙赔笑而言："请恕无礼！前言戏之耳。"

且说这个时候，李道令正在书房，等候退令。左等也不响，右等也不响，急得只是催问房子："为何退令总不见响？"好容易，退令之声，铮铮长鸣。道令跳将起来，说道："好了，好了！房子，快快与我点起灯笼，带一通引，随我同往春香家中。"房子领命。三人蹑手蹑脚，一路行来，到了春香家大门之外。道令说："房子，上房有灯，你把灯笼与我掩住，休让别人知晓。"行在狭路之上，月色明昧，只见绿柳低垂，沉坠花间，翩翩公子，夜入青楼。道令只是催促，不要停留，快往里走。进得门来，那一派沉沉夜色，更显得庭院寂寥。池中金鲫，泼剌水面以迎宾；月下白鹤，唳鸣松间而待客。武陵渔子虽不识桃源之路，而步步行来，已入仙境。

春香晚间无事，抱着一只七弦古琴，横卧枕席之上，作南风之操③。刚刚弹罢一曲，方待歇息。不知道令等人，此时来到。那房子怕惊狗吠，垫着足尖，轻轻走至映窗④之下，低声问道："春香姐，睡下了么？"猛然间，春香倒吃了一惊。她听出那是房子的声音，就说："你怎地来了？"房子道："道令来了。"春香一听，心如鹿撞，羞得粉颈低垂，赶快起身，走至对面母亲房内。谁知香母却在熟睡。春香一面推，一面说："妈怎么睡得这般沉熟？"香母被女儿惊醒，张开眼睛问道："孩儿为何唤我？莫非来要什么物事不成？"春香道："天色已经这般时候，谁还要什么物事！"香母道："既然不要物事，为何唤我？"春香这才吞吐言道："那房子，引着李道令来了。"香母连忙翻身起来，打开门唤过房子，问是李道令来了不是。房子回说："来的便是李使道的公子李道令，并非他人。"香母闻言，转身先吩咐香丹，快在后面草堂，备好坐席，

---

① 三相为政丞，是议政府的一品官员。

② 以前朝鲜指路牌，用木柱，木柱上刻文武官员头面，称为"路丞"，也称"天下大将军"。

③ 舜帝曾抚琴作曲，名"南风操"。

④ 廊台上的拉窗。

点明灯烛，摆下杯箸。然后才出来迎接道令。世人皆道，只因香母为人敦厚，故而生出春香那样好女儿，此话委实不差。且说当时香母吩咐香丹已毕，穿好粉底宽头鞋，挑起门帘，随着房子，走至房外。那香母年逾半百，丰度犹存，形神洒脱，体态安详，肌肤丰盈，精力健旺，一望而知是多福之相。李道令方在室外徘徊，有些寂寞，忽听房子说道："春香的母亲来了，这位便是。"香母就在这说话声中，迎着公子，请了一个安，然后拱手站立。道令连忙上前，含笑向香母问好。香母道："托道令洪福，老身粗健。不知道令光临，有失迎迓，还请恕罪。"道令连声说着："不敢，不敢！"于是香母上前，引着道令，穿过大门、中门，进入后院。那后院有一年久之"别草堂"，另是一番情景，但见：

> 室内华烛高烧，推出一轮明月；庭前垂杨轻曳，织就半幅珠帘。右则碧梧落子，琤琮有声，欲惊鹤梦；左则苍松拔天，矫拿作态，待幻龙形。芭蕉绿满，兰蕙香飘。凤尾之草，盈盈翠展于阶除；菡萏之花，亭亭玉立乎池沼。层峦叠嶂，假山耸金莲之峰；贴水浮波，新荷张碧玉之盖。金鲋唼呷以低吟，白鹤翩跹而起舞。金犬摇尾老桂根前，鸳鸯交颈清波水上。看来情景不寻常，明是同迎娇客至。

行至檐下，春香才奉母命，推着纱门，羞答答从堂中走出。李道令只觉眼前闪亮，仿佛见一轮新月，透出云层，美貌难以描画。道令此时神魂颠倒，勉强问了一声："可曾用过晚饭？"谁知春香意态含羞，腼腼腆腆地站着，片言不发。香母已先走入堂中，请道令入座，捧茶点烟。道令一一接过。那道令探望春香，虽是真情实意，但这男女之间的事情，究竟是破题儿第一遭，因之十分拘束，原预备了一肚皮的言语，竟一字也说不出，只觉呼吸阻塞，脸上发烧，害了寒热病的一般。这时无言无语，却用眼睛去环视屋内。屋内陈设，颇多珍异之品。靠墙排列着龙凤衣橱和各色壁柜，墙上挂满字画。想是春香另无单人书房，这里便是她吟诗作赋、拈毫弄墨之所了。道令起初心下有些奇怪：这样的一个读书少女，怎的却有如许珍物？转而一想：香母原是名妓，交游广阔，必然是她弄来给女儿的。那些字画，无一不出自朝鲜名家之手。这边是：月宫仙子图，天宫玉皇君臣朝会图，青莲居士李太白黄鹤楼上读"黄庭经"图，李贺挥毫写白玉楼"上梁文"图，七夕牛女鹊桥相会图，广寒月夜捣玄霜图。上下挂满，五光十色。再看那一边，乃是富春垂钓图，画的是严子陵没有入朝任那谏议大夫之前，以白鸥为友，猿鹤为邻，身披羊裘，坐于江畔，在那秋桐江七里滩，垂竿投纶，超然物外。道令看了这些画，好似步入天台，此处不是仙境,何处才是仙境!这般的"窈窕淑女",真使得"君子好逑"。道令再看那书案之上,贴诗一首,诗上题的是:"对韵春风竹,焚香夜读书。"原来春香冰清玉洁,重节守义,写此诗句,以表志气。道令读了,暗暗点头称赞:此诗确是非凡,想不到这春香竟有木兰的气概!

道令正在那里观看,忽听香母言道:"贵人惠临贱地,荣幸万分!"道令听了香母之言,定了一定神,这才开口,说出话来。他把在广寒楼遇见春香,两人如何交谈,心中如何爱慕,今夜前来拜见,实愿订百年之好,所有心事,一一直言拜上。并问香母,意下如何。香母等道令说完,便道:"道令之言,教老身有些惶恐。当初先夫紫霞洞成参判,因补外缺,来到南原,垂青老身,令我随他守厅,老身因是官长之命,不得不从。谁想三朔怀孕,成参判却进京而去。及至春香出世,本拟在断奶之时,送进京去,谁知家门不幸,成两班溘然长逝,撇下了老身和这个孩儿,亦不能再送往京师去了。春香幼时多病,老身抚养不易。她七岁上读小学,学的是修身齐家忠恕之道。亏她聪敏伶俐,诸事通晓,识得三纲,行得五常。春香本已成年,我也曾为她留心终身大事,怎奈我家世如此,阀阅门第,高不可攀;士庶人家,又难得门当户对。以致蹉跎至今,令我日夜焦愁。承蒙道令不弃,采及葑菲,系此丝萝,喜出望外。但恐道令只是兴之所至,言不由衷。一旦婚姻缔就,难保全始全终。因此之故,老身不便立即应允,奉劝道令还是不做这样打算的好!"道令闻听此言,心想好事多磨,当下就说道:"春香尚未字人,我亦未曾定亲。今日如结鸳盟,自然永无变悔。虽然六礼①难备,但我是两班子弟,决不能口出二言。"香母道:"古训有云:知臣莫如君,知子莫若父。知春香者,只有老身。我这春香,自幼刚强有志,气量过人,从来不喜那儇薄之辈。她以金相玉质之姿,待那慕古希贤之士,共结同心,相期白首。斩钉截铁,从一而终。沧海可变桑田,我女之心不变;金帛可买万物,我女之心难买。我女之心,有似苍松翠竹,四季常青。道令乃大家望族,何愁无良缘嘉偶。今日凭一时情动,瞒着令尊令堂,俯就婚姻;日后若因寒家微贱,竟相遗弃,则我女珠沉玉碎,将如失侣之鸳鸯。与其悔恨于他年,不如慎重于今日。道令能否心口如一,还请三思!"道令此时恨不得赌誓罚咒,让香母信他是真心,这便急急回答道:"我抱了一片至诚而来,意决情真,请勿多虑!我知书识礼,决不负心。果与春香成为夫妇,必当恩重如山,情深似海,同偕到老,永不相忘。我虽未奠雁纳币②,送上青丝红丝③,

---

① 六礼,定亲到结婚时的六种仪式。

②③ 都是订婚的礼品。

齐备六礼；这是一时有些困难，绝非意存怠慢。我乃未婚之人，成亲之后，定以春香为正室，绝不称妾。愿能信我诚恳真切之言，终生不变之志，答应了我和春香的亲事。"香母见道令说话，显着真诚，不由暗自沉吟，这真是应了前夜的梦兆，想来春香的宿缘是在这里了。斟酌了一番之后，就欣然应允了这头亲事，把春香许配给李道令。正是：

> 天生一只凤，定配一只凰；将军配骏马，春香配李郎。

香母这便问着香丹，酒肴可曾齐备；香丹回说，齐备多时了。香母又叮嘱说道："如果没有做好，慢慢地做，要分外与我做得洁净一些。"香丹连声应是。不大工夫，菜肴端了上来。但见：

> 大瓷盘里是软筋丁，小瓷盘里是里脊丁，还有活蹦乱跳的鲤鱼丁；接着上的是浦道洞鹌鹑汤，东莱蔚山大全鳆，玳瑁长刀切成的孟尝君眉毛也似的烤羊肚，春雉自鸣生雉腿。

接着端上来的，是盛在"分院砂锅"里的冷面。然后又是各色水果：生栗、熟栗、球果、胡桃、大枣、石榴、柚子、柿饼、樱桃，还有那其甜如蜜的青雅梨。一齐摆在几桌之上，整整齐齐。再看那酒瓶、酒壶，也是花色繁多：

> 一尘不染的白玉瓶，碧海水中的珊瑚瓶，叶落金井梧桐瓶，长颈黄鸟瓶，金龟瓶，唐花瓶，锁金瓶，还有那潇湘洞庭的竹节瓶。
> 天银壶，镶金壶，赤铜壶。

酒更多了：

> 李谪仙①的葡萄酒，安期生②的紫霞酒，山林处士的松叶酒，过夏酒，方文酒，千日酒，百日酒，金露酒。备下这五光十色的酒还嫌少，更有那劲足的灰酒和药酒……

---

① 就是李白。
② 中国秦朝在海边卖药的仙人。

香母在那各色酒中，拿出一瓶香气袭人的莲叶酒，倒满壶中。青铜火炉烧着白炭，煨着滚开清水的小锅。香母把酒壶放在小锅里去烫。烫了一会，那酒不冷不热，刚刚合口，这便斟入杯中，奉劝道令。只见那金杯，玉杯，鹦鹉杯，起起落落。宛如太乙仙女泛碧波，乘荷叶之舟，往来荡漾；大匡辅国领议政①，手芭蕉之扇，上下挥摇。但闻劝酒歌声起，一杯一杯复一杯。

李道令见此光景，不免问道："今宵并非官府华宴，怎地如此丰盛？"香母道："道令有所不知：我将女儿抚养成人，并非容易。'窈窕淑女，君子好逑'，男大当婚，女大当嫁，总愿女儿能得一如意郎君，琴瑟静美，快乐一世。我想到女儿成家之后，家里往来的，不是英雄豪杰，定是文人贤士。置酒高会，设馔留宾，那是随时有之的。如果在客人之前，吩咐下人备菜，却说不出肴馔名目，岂不有负'中馈'之名？因此之故，我但逢手头宽裕，就买来一些东西，亲自烹调，让她熟谙，从未疏忽半点。只恨老身所知不多罢了。今晚菜肴甚少，还请道令随意用吧。"说罢，又将鹦鹉杯斟满了酒，递与道令。那道令接过酒杯，不由叹道："我原想备具六礼，怎奈无法做到。如此草草，实觉心伤。但是，只要心心相印，却也不在乎那些繁文缛节。春香！你我二人，就用今天这酒来做合卺酒吧！"说着，道令就斟满一杯，递与春香，又道："这第一杯是见面酒，第二杯是合欢酒。这酒可不比寻常的酒，都有它的来历。婚姻之事，尽是前缘：当初大舜与娥皇女英，因是命中注定，所以结做夫妻。如今月老为你我二人，红丝系足，约订三生。但愿成婚之后，好姻缘宜室宜家，千百年不变不替。瓜瓞绵绵，儿孙绕膝，个个位至三台，身列六卿。你我同登百年上寿，然后福寿全归，成为天下第一美满姻缘！"说过话后，二人就满饮了那一杯。然后，道令又叫香丹道："你与我斟满一杯，献给夫人。请岳母受我这一杯祝贺。"香母接过这杯酒，不禁有些伤感，悲喜交集，说道："今天是我女百年好合，决定终身之日。老身将此无父孤女，总算抚养长大，交托郎君。如今想起先夫，不免有些难受。"道令见香母如此，就以言相劝道："已往之事，不必过分伤怀，还是先请吃酒吧。"酒过三巡，道令便唤通引上来，令他与房子各吃几杯。酒罢，香母吩咐香丹，把大门、中门关上，再去铺炕叠被。鸳鸯衾和绣花枕，以至溺器之类，香丹一一安置妥帖，然后启禀香母。香母向道令说道："请道令安歇。"回头又唤香丹："你来，随我去睡。"说着，去了。

此时屋内留下春香和道令二人，默然对坐。那事儿怎的开头？只见道令好

---

① 领议政，是议政府的长官。相传议政府的官员外出，都手持芭蕉扇。

似三角山①第一峰上的舞鹤，展开双臂，扑将前去。握住春香玉手，轻巧地脱下她的衣裳。搂住纤腰，要她褪去罗裙。春香初次如此，红晕香腮，只是不言不语。两人偎在一起，好似绿波中一朵红莲，被微风轻轻拂过。其中乐趣，不在话下。

过了一两天，二人玩得熟了，儿女之羞，渐渐失去。镇日恩恩爱爱，说说笑笑，无拘无束，快乐逍遥。这天，道令做了一篇"爱歌"，写他和春香闺房之乐。那歌是：

> 爱兮，爱兮，你爱我兮，我爱你。洞庭七百月下初，爱似巫山高难比；木落无边水连天，爱似沧海深无底；云散千峰玩月圆，爱似弄玉待箫史；珠楼落日卷帘间，爱似春风艳桃李。纤纤明月意含羞，爱此含羞月更美。你我相逢前世缘，爱是月下老人心欢喜。夫妻和好结同心，爱是无私无垢无休止。牡丹花儿开得好，爱似好花枝连理。永平海②上张大网，爱似网眼个个结一起。天孙织锦裁天衣，爱似织就一幅彩云绮。青楼美女绣荷包，爱似缠绵装在荷包里。溪边垂柳柳条青，爱似柳条轻点水。南仓北仓储五谷，爱似谷粒颗颗相偎倚。金银首饰巧造成，爱似成双成对难分劈。映山红，迎春风，爱似春风阵阵拂露珠。蜂蝶翩舞花丛中，爱似黄蜂白蝶亲花蕊。春水池塘漪绿澜，爱似鸳鸯双双来戏水。年年七夕鹊桥会，爱似牛郎织女情难舍。六观大师幻性真，爱似调笑人间八仙女③。力拔山兮楚霸王，爱似舞别虞姬思难已。唐明皇和杨贵妃，爱似长生殿里相盟矢。娟娟照眼海棠花，爱似明沙十里世无比。

春香听道令唱完，不禁笑道："怎的有恁多的爱！"道令道："嗯，哦嗬咚咚④，爱兮爱兮，哦嗬锵锵⑤，都是爱！春香！你走过去，再走回来，让我把你的模样细细看上一看。"春香依了道令，微微含笑，莲步姗姗，如花弄影，其美非常。道令见她这般娉婷，就又说道："你我有缘，一见倾心，但愿生前日日厮守，死后也永不分离。我俩死后，都化成字。你化成地字，阴字，妻字，女字；我化成天字，阳字，夫字，子字。一字配一字，这个字离不开那个

---

① 汉城北汉山的别名。
② 在黄海道，盛产黄鱼。
③ 朝鲜小说《九云梦》中的主人公。
④⑤ 朝鲜歌词中常用的一种口头语。

字，到头来恰恰配成个'好'字。再不然，我的春香，你死后就变成水。变成天河水，瀑布水，万顷沧海水，清溪水，玉溪水，汇成一条长河——即便七年大旱也干涸不了的阴阳水。我哩，我变做一只鸟儿。一不变杜鹃，二不变天下太平时的青鹤、白鹤，三不变大鹏；我要变做一双鸳鸯，交颈连翼，在你的心中游来游去。那时节，你不要忘记鸳鸯是我，我也不忘记那水就是你。爱兮爱兮，锵锵……"春香道："我不！"道令道："那么，你死后就变成钟。不变做那庆州钟，全州钟，松都①钟；只变做长安②钟路那口钟。我死后就变成钟槌儿，上应三十三天二十八宿，在疾马斋③点烽火三把，在南山④上点烽火两把，然后就来敲钟。叮叮咚，咚叮叮，旁人只听做是在打更钟，你我心里却明白，这是春香梦龙喜相逢。梦龙，叮！春香，咚！爱兮爱兮，锵锵！"春香道："我不！"道令道："那么，你死后就变成一只臼，我死后就变成一根杵。庚申年庚申月庚申日庚申时，杵在姜太公的臼内⑤，捣呀捣。那时节，你知道是我就好。爱兮爱兮，锵锵！"春香道："我不，说来说去，为甚定要将我放在下面？我活时在下面，死后还在下面，我可不!? 道令道："好，那么你死之后，变做明沙十里海棠花。我死之后，变做蝴蝶，采着你的花蕊，你便用花蕊舔我的双须。当那春暖风和之日，花不离蝶，蝶不离花，快活游玩。爱兮爱兮，锵锵！我的心肝，我的宝贝，好不爱煞人也！"春香笑道："说来说去，还是一个爱，你莫非得了'爱病'！"道令接着说道："你那笑容，仿佛是夜来露滴牡丹开，好不爱煞人也！锵锵！"

停了半晌，道令又道："爱生于情。既然'爱'已说过，再来说说你我之'情'。这次换个花样，用情字对字，来个叶音格。春香，你听：

> 你有情，我有情。淡淡长江水，悠悠远客情；'河桥不相送，江树远含情'⑥；送君南浦不胜情，无人不见别离情。汉太祖喜雨亭（情）⑦，道场清净（情）。三台六卿百官朝廷（情），各氏亲政（情），亲故通情，乱

---

① 就是开城。
② 就是汉城。
③ 在汉城西大门外，安岘山的别名。
④ 在汉城。
⑤ 朝鲜传说中有姜太公曾做了一个臼之说，其来由不详。
⑥ 唐宋之间"送杜审言"。
⑦ "亭"与"情"，在朝鲜语文中同音。后文"净""廷""政""定""庭"等，也与"情"同音。

世平定（情）。春香梦龙千载情。月明星稀，潇湘洞庭（情）。世上万物造化定（情）；提心吊胆难为情。诉志原情，送人人情，饮食留情。松亭（情）、官庭（情）、内庭（情）、外庭（情）。爱松亭（情），天香亭（情），杨贵妃的沉香亭（情）；潇湘亭（情），寒松亭（情），百花烂漫的呼春亭（情），麒麟吐月的白云亭（情）。你我相见欢，脉脉有深情，此情最最是真情：我是一派的热情，你是满怀的柔情。"

道令说完，春香道："这么许多情，情破了便如何？"道令道："情破奈何？肠断泪净（情）。——春香，那些情，不算情，真正的情只有你我无限的恩情。"春香道："你说了恁多情字，可还有了？若说不出，我家有部'安宅经'，拿来与你查查，在那里面再觅出几个情字来可好？"道令哈哈一笑道："我的玩意，岂止这区区一点。你愿意听时，我再与你唱个宫字歌儿①。"春香道："咦！何谓宫字歌？越发可笑了。"道令道："你且休慌，听我唱来，方知其中奥妙，更是无穷哩。"道令当下就唱起那个宫字歌来：

阴阳配合交泰宫，雷鸣电闪风雨中；圣德广大苍合宫，霞光瑞气何璁珑；殷王盖座大庭宫，酒池肉林乐无穷；秦始皇帝阿房宫，四海统一得天下，汉祖先居咸阳宫，后来又盖长乐宫；唐明皇有赏春宫，班婕好居长信宫；东也宫来西也宫，朝朝代代许多宫，那些宫儿还不算，更有离宫和碧宫。那些宫儿还嫌少，龙宫里面更有水晶宫，月宫里面更有广寒宫。你和我，合了宫，因此一生一世永无宫（空）。

春香笑道："似此一派胡言，你还是与我住了口吧！"道令道："这是真话，决非胡言。你既如此说，好吧，你我来做个背背驮驮吧。"春香道："哎哟！你怎地这般歪缠？背背驮驮又是什么玩意？"道令道："这个玩意，就是：你背我时我抱你，我背你时你抱我。"春香道。"哎哟！羞死人，我不！"道令带笑上前，欲给春香解衣，二人你拉我扯，玩耍一番：

恰似青山万叠之中，猛虎相交，尽偎傍之情，摇头摆尾，呜呜低吼；又似彩云一抹之上，青龙作戏，弄如意之珠，舞爪张牙，振振轻飞，仿佛丹山凤凰啄竹实，慢步梧桐树；恰如九天玄鹤衔灵芝，飞向五仙馆。

---

① "宫"与"空"，在朝鲜文中意思相通。

春香羞得推开道令，坐将下来。道令又怜又惜地望着她，但见她两靥生晕，香汗摇摇。道令道："春香，过来，我来背你。"春香只是含羞不理。道令急道："已非一次，还害什么羞！快些过来吧。"春香走将过去，道令把她背起。一面背，一面说道："你这妮子，怎地这般沉重？你搂住我的颈子有什么滋味？"春香道："好。"道令道："真的好么？"春香嗯了一声，还是说："好。"道令道："你说好，我也说好。既然大家都说好，我们一人一句，一唱一答，把'好'说出来。"春香道："你说。"道令说："你好，好比真金。"春香道："不，不敢当。想当初楚汉相争，交锋八载，汉高祖有那陈平六出奇计，用黄金四万两，离间了范亚父，定了汉室的江山。我怎能比得黄金。"道令道："如此，你就好比美玉。"春香道："也不敢当。想当初万古英雄秦始皇，在衡山获得美玉，命大书家李斯，写上'受命于天，共寿永昌'八个大字，做成玉玺，流传万世。我怎能比得美玉。"道令道："如此，你就好比海棠花。"春香道："不，也不敢当。我怎能此得明沙十里海棠花。"道令道："如此，你就好比密花、琉璃、琥珀、珍珠。"春香道："不，这也不敢当，这些珍宝，那三台六卿、大臣宰相、八道方伯、大小官员都用它来嵌配饰物；京师的头等名姬，也用它来做指环，我怎能比得。"道令道："如此，你就好比玳瑁、珊瑚。"春香道："不，也不敢当。此乃广海王水晶宫上梁文之宝，玳瑁为屏风，珊瑚做栏杆，我怎能比得。"道令道："如此，你就好比月牙儿。"春香道："不，不敢当。悬在碧空的明月，我怎能比得。"道令道："这也不是，那也不是，要我将你比做何来？难道你是偷度岁月的火狐狸？你母将你养大成人，望你人材出众，可不会要你偷度岁月。春香，我的心肝！你可想吃什么？生果？熟栗？还是使银匙银箸去吃那玳瑁刀剖的浑圆西瓜？或是江陵清蜜？"春香道："我不。"道令道："如此，你将要吃什么？要我宰猪杀狗，全可办到。再不然，你是否要吃我的肉？"春香道："怪哉！道令！吃人之说，我却从未听过。人肉是吃得的么？"道令道："我的心肝！世间万事，人助我，我助人。我已背过你，你该背我了。"春香道："哎哟，道令背我，有的是气力；我怎生有气力来背道令！"道令道："只要肯背，怎的不行。你也不用把我全身背起，只要让我脚不沾地，也就行了。"春香闻言，只得去背。刚一背起，就哎哟哎哟地乱叫，身子左右摇摆不定。道令道："我搂了你的颈子，你觉得如何？我背你时，曾说过无数好话：你背我，也该说些好话与我听。"春香道："道令请听：

我背的是殷朝的传说①，我背的是周朝的姜太公。我背的是胸怀大略

---

① 殷高宗，时贤相。

柱石之臣，我背的是名扬四海辅国忠臣。我背的是死六臣①和生六臣②，我背的是日公公和月公公。我背的这位先生名叫孤云③，我背的这位先生名叫霁峰④。我背的是辽东伯⑤、郑松江⑥、忠武公⑦，我背的是尤庵⑧、退溪⑨、沙溪⑩、明宰⑪翁。道令，道令，我心爱的郎，我郎你快把进士高科中，官拜直付注书⑫、翰林学士、副承旨、左承旨、都承旨、堂上、八道方伯、内职阁臣待教、卜相、大提学、大司成、判书、左相、右相、领相、奎章阁。官拜内三千和外八百⑬，出将入相我郎多威风！道令，道令，我心爱的郎，哦尔得得⑭，我心爱的郎！"

二人玩了一阵，道令又道："春香，我二人换个花样，骑马耍子可好？"春香笑道："哎哟！骑马又是哪等玩意？"道令道："玩来容易：你弯着背，顺着墙走；我搂住你的腰，敲打腿股，喊着：'叱，叱！'你便向前呼呼飞跑。马跑得快，骑马的就会唱出歌来的。"说罢，二人果然玩了起来，道令唱道：

蚩尤作雾，黄帝乘指南之车；水怪兴波，夏禹乘陆行之楫。赤松子乘五彩之云，吕洞宾乘梅花之鹿。滔滔以往，李谪仙乘鲸寄情于海上；得得而来，孟浩然乘驴觅句于山隈。乘仙鹤的乃太乙真人，乘大象的是中国天子。至于我朝：殿下乘玉辇，三政⑮乘平轿，六判书乘草轩，都监⑯乘单

① 朝鲜一四五五年被首阳大君所杀之六大臣，即成三阁等。
② 朝鲜世祖即位后得救的六大臣，即赵丽等。
③ 新罗文人，即崔致远。
④ 儒学家，十六世纪"壬辰倭乱"的曾起义兵。
⑤ 即金应河，建州有叛乱，明起义军，金时为宣川郡等。
⑥ 即郑澈，字季涵，迎日人。
⑦ 即抗倭名将李舜臣。
⑧ 即宋时烈，十七世纪朝鲜的道学家。
⑨ 即李滉，当时朝鲜朱子学的代表学者。
⑩ 即金长生，字希元。
⑪ 即尹拯，字子仁，反对宋时烈的道学家。
⑫ 直付注书等都是官名。
⑬ 内职有三千，外职有八百。
⑭ 一种口头语。
⑮ 三政及六判书都是官名。
⑯ 武将官职。

车，各邑守令乘单轿，南原府使乘别辇。种类万殊，其乘则一。便是晚江独钓翁，也乘孤舟之一叶。惟有梦龙无可乘，今夜权把春香供鞭策。

唱罢，道令说道："你乐意时，我就要学那马伕，骑着青骢马，来一个快马加鞭。"

春香梦龙昔当二八之年，镇日如此，尽情玩乐，真个是如胶似漆，心醉神怡，不知不觉之间，度过许多时日。

这一日，两人正耍得高兴，忽然房子来报："使道大人有命，着道令立刻进见。"道令奉命，当时回家，去见父亲。只听使道开言说道："京师传下圣旨，我被调入朝内，升为同副承旨。须待清过丈卷，方能动身。尔可随同家眷，明日先行。"道令闻得此言，先是一喜。及至想到春香，不由四肢突然无力，肝胆俱碎，登时扑簌簌地落下泪来。使道见他如此，便问因何啼哭，然后又复温慰道："我原想此生长住南原，谁知调升内职；你也不必多所伤心，现在就去料理行装，准备明早上路。"道令好容易挣出一个"是"字，即行进入内衙，参见母亲。道令心想："人虽有上中下三等之分，但为我所心爱的，想来母亲也不会怪我。"因此，便含泪将自己与春香之事，禀告母亲。谁知母亲听了，竟将他训斥一番。道令无可如何，怀着满肚委屈，出门往春香家中而来。想念分离之苦，即在眼前，越想越难过，只因走在路上，勉强忍住，不使眼泪流出，那心中却似烧滚了的豆浆，煎熬得起起落落。及至来到春香家门口，委实忍不住了，像心里装着的东西，要全盘的倒出，"哇"的一声哭开头，接着"哦嗬嗬，嗬嗬……"大哭不止。

春香在屋内听得道令啼哭之声，大吃一惊，立刻飞奔而来，问道："你这是怎地了？你快说！到底怎地了？你在家里受了气吗？你在路上出了事吗？为何这样气急败坏？哦！莫非京里来了什么奇别①？你为何却穿这样的礼服？好心的道令！告诉我！到底为的什么？"春香搂着道令的脖子，轻轻的亲着；揭起了自己的裙角，给道令揩拭眼泪。呵哄一阵，又说："不要哭了，不要哭了。"道令见春香这般说，越发伤心。常言道得好："独自悲哀唯饮泣，有人相劝便嚎啕。"道令哭得厉害，春香急了，说道："道令，一把鼻涕，一把眼泪，这般啼哭，有何用处？我不愿见你如此，你还是快快告诉我，到底怎地了？"道令勉强忍住痛哭，把使道升了同副承旨的话，告诉春香。春香一听，心中甚

---

① 就是京师送信的人。

喜，就道："这是府上的大喜，何必哭哩。"道令道："我初以为这一辈子在南原；如今要我抛下你离开南原，怎能不难受哩。"春香道："我不能和你一道而行，这有什么打紧！道令走后，我把这里的东西收拾收拾，该卖的卖掉；到得秋后，料理完毕，把家就搬进京去。道令不必为我操心，我进京之后，也不敢说就能到道令那样深门大院的家里去；只请道令找人，在府上不远之处，给我们买下一间小屋，权且居住。我家中数口人，操劳已惯，尽可设法糊口，不致坐吃山空。只要道令心中有个我在，无论如何茹苦含辛，此身决不他许。但愿道令他日配得富贵名门宰相家中的千金小姐，晨昏定省之余，还能记得我，也就是了。我还望道令高掇巍科，官居要职，荣放外任，那时节纳我做个小妾，我更心满意足。这是我的肺腑之言，请道令牢牢记住。"道令急忙说道："话不是这般说，你且听我讲明原委：你我之事，我不敢呈明使道，只悄悄地告诉了母亲。谁知母亲却斥道：'一个两班子弟，婚姻大事，须遵父兄之命；如若任性胡为，娶艺妓之女做妾，不但败坏门庭，而且如被朝廷知晓，一定断送前程，一世不能为官。'如此，我二人就不能不分手了。"

春香一听此言，登时变了颜色。慢慢睁大了眼睛，皱紧了眉头，噘着嘴，扇动着鼻子，吱嘎吱嘎地咬着牙。这时但觉飘飘荡荡，身子仿佛是一片高粱叶；又仿佛被绑在老鹰和野雉的身上，腾空飞起，上入云霄，无边无际，四无着落。心里只是问着："这是怎地说？这是怎地说？"忽然之间，只见她腰身一挺，用劲把裙子吱拉一声撕破，乱扯着头发，口里说道："这些要它何用！"转身进屋，把那梳妆镜、穿衣镜、珊瑚竹节，一齐摘下，掷在地上，跌成粉碎。她跺着脚，捶着胸，背着脸坐下，唱起了一只"自叹歌"。歌曰：

> 春香春香命何苦？失却情郎只独处。此身空留人世间，香泽芳脂弃如土。想是生来命运乖，二八青春断鸳侣，何日方能好运来？啊伊咕，啊伊咕！春香命苦真太苦！

唱罢了歌，回转身来，问着道令："道令！你适才之言，是真是假？想你我二人，初次相逢，便结下百年好约。当时你曾言道，必有办法，瞒住大夫人①和使道。为何到了今天，却来弄这玄虚？记得在那广寒楼中，你见到了我，即便前来我家。那时节，在那沉沉无人之夜，道令你坐在那边，春香我坐在这边，你亲口言道：'口盟不如心盟，心盟不如践盟。'去年五月端午之夜，道令搂着

---

① 对道令的母亲的尊称。

我手，站在庭院之中，千百次上指静寂的天空，千百次的山盟海誓，要我信你。到而今，谁知你竟然撇我而去，让我这二八娇娃，失却情郎，如何过活？寂寞空房秋夜长，思君忆君枉断肠！啊伊咕，啊伊咕，怎不教人心碎！狠哉，狠哉！道令，你的心也忒狠了！京师两班，个个狠毒！恨哉，恨哉！尊卑贵贱，委实可恨！谁都愿天下有情人都成眷属；不曾想世上竟有你这等狠毒的两班！啊伊咕，啊伊咕！道令，你休以为春香是个贱女，因而任意抛弃。你去之后，薄命妾将要食不甘味，寝不安枕的了。我必不久于人世，相思能令我郁郁而亡。我死之后，一灵不昧，冤魂亦必漂泊无定。尊贵的道令啊！你也不必因此犹豫；迟而不决，你且遭殃。但愿你今后不要用对待春香的手段，再去对待他人。如再这样，你是没有好下场的。啊伊咕，啊伊咕！我是命在旦夕的了！"

春香只顾哭喊不休，不免惊动了香母。香母不知底细，自言自语道："两个人又在逗什么新鲜的趣儿！"及至过了片刻，微微觉得有些不对，似乎在哭。于是凝神附耳，细细去听，只是听不明白。这便悄悄走至春香卧室映窗之下，一听就听出了诀别的光景。心里暗说"不好"，拍着双手，大声嚷着："乡里们听我说，我家里死了两口人了！"一面嚷着，一面跳上廊台，撞开映窗，涌身进房，两只手乱挥乱摆的说道："傻丫头！你快死了吧，活着还有什么意思！你死了，让这个两班把你的尸首背走，看这个两班进京之后，会不会倒霉！傻丫头！平时我怎生和你说来，一失足成千古恨，再回头已百年身，你不信我的言语，偏要这样。我告诉你，叫你不要眼高，要你找个门当户对、才能相配之人；你如这样做了，将凰配凤，在我面前，我看了也是喜欢的。你偏要出人头地，与众不同。好吧？落得如今这个样子，可好了吧？"说到这里，她又拍着手走到道令面前，问着道令："春香不知为了甚事，得罪道令，以致道令欲弃之而去？春香伺候道令，将近一年：是行为有什么不检之处吗？是礼貌有什么不周之处吗？是针黹绣活做得不好吗？是出言不逊、举止不端吗？端的出了甚事？所为何来？倘不因犯七出之条①，缘何捐弃如遗？想我日夜照看春香，从她幼时，就爱同掌上明珠，镇日抱在怀中，深愿百年三万六千日，一日也不离我身畔。谁知我这般小心抚养，到今朝却得到如此结局！

春风杨柳千条线，姹紫嫣红处处开，待得花残叶落后，不见翩翩蜨蝶来。春香我爱女，冰清玉洁才，容貌将随日月老，红颜倏作白头哀。老大谁相顾？光阴去不回，年华虚度了，柔情寸寸灰。道令自享荣华乐，却教

---

① 指不顺舅姑、无子、淫行、嫉妒、恶疾、口舌、盗窃。

我女受殃灾!

想来,道令去后,春香定然朝思暮想,尤其是三五月明之夕,灯火三更之夜,愁绪满怀,怎生排遣?不知生乐,焉知死悲。即或平常的时日,我女在那草堂之前,花溪之上,岂能不临风陨涕,对景伤情?抽一口烟,也会觉着气冲牛斗,火炙心头。那时,我女春香,将戟指北方,自言自语。

　　　　汉阳①道令心如铁,谓我卑贱故相绝。一别不见寸书来,抱此哀情向谁说?

我女长吁短叹,泪痕融化了红粉,湿透了罗裳。进到房中,和衣而卧,曲肱作枕,掉头面壁,日日夜夜,哭哭啼啼。似这般,她怎能不病?常言道:'心病还须心药医。'我女之病,无药可医,必致积郁至死。老身望七之年,既无女婿,又失却了女儿,孑然一身,无依无靠,好似太白山乌鸦遗忘的食物②,再也无人记得我!道令,还望你三思而行!啊伊咕,啊伊咕!好不令人伤惨啊!"

　　香母又说:"道令,春香生是你家人,死是你家鬼,你不可撇身就走,理应将她带去,以免我等牵挂。"道令听香母如此数黄道黑,心中焦急,暗自忖量,这些话如被使道听得,一定糟糕。因而说道:"依岳母之言,带走春香就可以了吧?"香母道:"不带走是不成的!"道令道:"请岳母放心,我将她带走便是。我原来的意思,要接春香,必用双抬大轿,高头骏马。目前虽然不能,总有一天办到。心愿如此,并非欺人。既然岳母这般固执,等待不得,定要我立刻将春香带走,我倒想起了一计在此。不过,这样做时,不但丢尽两班颜面,连我家祖先都要脸上蒙羞。"香母就道:"你有什么办法,可即说与我听。"道令想了一想道:"我家迁移进京,明天内眷先行。在内眷的轿子后面,有一乘载着神主牌位的舆轿,由我侍奉而行……话便如此,想能明白。"香母道:"含糊之言,我不能懂。"道令发急道:"等到启程之时,我把神主牌位,取将出来,藏于袖中;春香就钻进轿内,安然坐下,神不知、鬼不觉地让人抬走。除此一法,我实别无良策。但请岳母放心,此法却尽可行得的。"

　　春香知道道令是一片真心,见他如此为难,心下倒觉不忍,反而劝着母

---

　　①　就是汉城。

　　②　这是朝鲜的一句成语。意思是:老鸦叼食,放在一个地方搁下,随时忘了,不知啄食。这里香母借以自比容易被人遗忘。

亲："母亲，道令去意难留，只索由了他吧！但愿道令记住，我母女二人，一生命运，都捏在他的手中，也就是了。事到如今，只得分手；既要分手，也就不必纠缠，只看我们的命吧！母亲，您请回房，安歇去吧。"香母走出之后，春香就和道令说道："明天就要分手了，如何是好！道令，我二人真地要分开了，待我点起蜡烛，二人对坐，叙叙已往之情，想想今后之事。"说话之时，春香精神恍惚，眼中满含泪水，哽哽咽咽，把脸贴在道令脸上，紧紧捉住道令的双手。春香说："道令，你多看我几眼！今晚是最后的一晚，从今一别，不知几时你才能再看见我。道令，你听我说：我母年逾六旬，无亲无故，膝下只有我这一个女儿，把来许配道令，图的个荣华富贵，脸上光辉，下半世的依靠。怎料好事多磨，不知前世有何冤孽，冒犯了哪门丧神，落到这步田地。啊伊咕，啊伊咕！我好命苦。道令进京之后，我必孤孤零零，千愁万恨，齐上心头。道令啊！

> 春月里来百花香，桃李争荣斗菲芳；人家夫妇游春去，我春香万转千回懒梳妆。
>
> 夏月里来白画长，月夜沉沉好风凉；杜鹃啼血声声泪，我春香辗转难眠在炕床。
>
> 秋月里来菊花黄，枫叶鲜红傲风霜；天高气爽雁飞过，我春香寂寞空闺枉断肠。
>
> 冬月里来雪飞扬，松柏长青不发黄；凌霜励节女儿事，长夜漫漫愁煞我春香。

道令啊！一年四季，景色不同，对景伤怀，无时能已。你想想，你去之后，我愁肠万结，怎么能解得开？啊伊咕，啊伊咕！"

道令听春香诉说，心下颇觉不忍，便道："春香，不要哭了。你听我说：

> '夫戍萧关妾在吴'①，
> 白首同栖恩爱孚，
> '征客关山路几重'②，
> 倩魂常在梦中逢。

---

① 唐朝王驾的诗句。
② 唐朝王勃《采莲曲》诗中的一句。

> 绿水芙蓉采莲女，
> 月夜擘莲念情侣，
> 梦龙无奈去汉阳，
> 夫妇新情哪得忘。

春香啊！我留下你，进京而去，一日平分十二时，必是万事无心，情绪难耐；在那月下窗前，亦必千里相思！你不要哭了。"春香又哭道："道令进得京去：

> 春风红杏满坊街，美女青楼带笑陪，妙乐时闻歌几曲，动人更有酒为媒。多情公子此间乐，倚玉偎香笑靥开，哪记遐方贱妾在，含辛茹苦寸心摧。

啊伊咕，我好命苦哟！"道令说："春香，你不要哭了！我到汉阳，即便那南北村中，有无数美貌裙钗，我也一个不爱！我心里只有一个你在，一时半刻我也不会把你忘怀！春香，不要哭了！再这样，你我怎地能分手呢？"

这时，送道令前来的那个后陪使命①，又复从府署慌慌张张跑来说道："道令，请赶快回去吧！适才使道直问道令何处去了，我回说是出门别友。再若延迟，事有不妙。"道令闻言，便问："马可曾备妥？"回道："早已备妥伺候。"正是：

> 白马欲去长嘶，青蛾惜别牵衣。

道令扶着雕鞍，翻身上马，尚未坐稳，只见春香涌身跳下廊来，紧紧抱住道令的腿，哀声说道："你要走时，先打死我！我若还活着，你就不能走！"话刚说完，晕厥于地。香母连忙跑近屋去，叫香丹速取凉水，弄汤合药。一面搂住春香，撬牙灌药；一面说道："你这贱人，怎地这般作践自家的身子？倘若有个三长两短，教为娘的怎生是好！"灌了片刻，春香才慢慢回过气来，微微睁开眼睛，说了一句："啊伊咕，闷死我也！"香母这便回过头来朝着道令说："道令！你将人家好好的一个女孩儿，直害得恁般模样！春香受尽委屈，如若悲痛而亡，老身孑然一身，谁依谁靠？……"

道令见春香如此，心如刀割，当下说道："春香！你这是怎地了？难道说

---

① 官僮之一种，常随侍官员外出。

你我今生再无相见之日么？

　　'河梁落日愁云起'①，
　　通国辞博离乡里。
　　'征客关山路几重'，
　　吴姬越女泪如水。
　　'遍插茱萸少一人'②，
　　龙山兄弟悲无已。
　　'西出阳关无故人'③，
　　渭城亲友泪难止。

这些别离之人，后来都有得到信息之时，为甚你我就不能重圆？我这次进京，如若状元及第，出任外职，定能带你一同上任。不要哭吧！后会有期，千万珍重。哭得多了，肿了眼睛，哑了喉咙，还要晕厥的，你还是快快回屋里歇息去吧！

　　道前华表石，千年不能烂，
　　窗外相思树，逢春又发芽。

你若日夜怀思，得了心病，岂不要命染黄泉？后会有期，不要难过了，好好保重身体，最是要紧！"

　　春香无可奈何，便道："你最后就着我的手里喝杯酒吧！你在旅途之中，无有馔食，可将我的馔盒带去。在驿站打尖之时，打开食用，就如看见我在你的身旁。香丹！把馔盒和酒瓶与我拿来。"香丹取到。春香满满斟上一杯酒，含泪送上，口中说道："道令啊！此去汉阳城，一路之上，见了那葱茏的江树，应知是春香远处含情。我哩，也便记得，'清明时节雨纷纷，路上行人欲断魂'④。道令啊！你——

---

　　①　汉李陵赠苏武的诗句。
　　②　王维《九月九日忆山东兄弟》中的诗句。
　　③　王维《送元二使安西》中的诗句。
　　④　杜牧《清明》诗中的两句。

多保重，自扶持，天色昏暗眠宜早，风雨欲乘行要迟。鞍马千里多劳顿，但顾一路平安万事宜！更愿你，'绿树秦京道'①，早寄音书解我苦相思。"

道令道："此话何须就得。想当初瑶池西王母，欲兄周穆王，曾遣青鸟一对，千里迢迢，传递音讯。苏武身居异域，会系书白雁，飞至上林苑内，交与汉武帝。我即便没有青鸟和白雁，偌大南原，岂能没有一个传书递简之人？你放心回屋去吧，保重要紧！"

道令说罢，勒马而行。春香急道："道令说走呀走的，我只当说着耍子的，如今果真转身就走吗？"接着呼唤马夫道："马夫！我不能到门外去，你快与我把马勒住，让我和道令再说一句话。"说着，便赶将上去，对道令说："你走了，几时回来？你定须一年四季，书信不断。我在这里为你守节，好比那绿竹、苍松，经冬不凋；好比那伯夷、叔齐，万古无改。道令啊！

即便是：'千山鸟飞绝'②，'卧病人事绝'③；我也要：春夏秋冬不断绝，一年四季守着节。我这是：独坐空房苦守节，永世永生不变节。春香的怨情不能绝！道令啊！你千万不能音书绝！"

说罢，扑倒大门之外，用两只纤手，咚咚捶地。又复痛哭失声道："啊伊咕，啊伊咕！苦命的春香啊！"正是：

黄埃散漫风萧索，旌旗无光日色薄④。

如此又哭又诉，难舍难分，不知耽搁了多少时光。虽然道令骑的是日行千里的骏马，也不能再事迟延，只得咬紧牙关，含泪说了一声："后会有期！"这便马上加鞭，似狂风吹送片云，刹时不见。

(选自《春香传》，作家出版社，1956)

---

① 宋之问《早发韶州》诗中的一句。
② 柳宗元《江雪》诗中的一句。
③ 宋之问《送杜审言》诗中的一句。
④ 白居易《长恨歌》诗中的两句。

# 《金云翘传》（节选）

[越南] 阮攸　著

黄轶球　译

阮攸（1765—1820），字素如，号清轩，是越南古典文学史上最杰出的诗人。他的官僚家庭在黎王朝时期非常显赫，许多人都在朝中做官，很有学问。他和侄子阮衡就是当时"安南五绝"之中的二绝。他精通琴棋书画，对中国古典文学有着相当高的修养。1805 年，身为东阁学士的阮攸，奉命出使中国，次年回国。1820 年，阮攸准备再次出使中国，未及启程，便突然发病身亡，年仅 55 岁。

《金云翘传》是阮攸的代表作，又是越南古典文学中最杰出的作品，在越南家喻户晓。这部作品是根据中国青心才人所著《金云翘传》加工创造而成的"六八体"长诗。全诗凡 3252 行，分为 12 卷，这 12 卷又分为 6 个部分：即第 1 卷至第 3 卷为第 1 部分，叙述没落的士大夫王员外的家庭，着重介绍翠翘的家世、才艺和性格；第 4 卷至第 6 卷为第 2 部分，对封建制度下的残酷现实，有广泛而深刻的反映；第 7 卷至第 8 卷为第 3 部分，主要揭露封建伦理家庭的虚伪性与残酷性，第 9 卷为第 4 部分，写翠翘从束家私逃之后的种种遭遇；第 10 卷为第 5 部分，写徐海不听翠翘的劝告，屈服于"忠孝功名"的封建道德，向官军投降；第 11 卷至第 12 卷为第 6 部分，回应第 1 部分，补述金重和王观"会试高中"，补官上任，沿途查访翠翘下落……最后，经觉缘指引，备述翠翘被救经过，全家共庆团圆。

《金云翘传》以叙事为主，有比较完整的故事情节和生动的人物形象，但其叙事不是冷静客观的描写，而是饱含着诗人强烈的感情，有浓厚的抒情成分，诗人把叙事与抒情融为一体。《金云翘传》的成功，就是人物形象塑造的成功。无论诗中的主要人物王翠翘，还是次要人物金重、徐海、王翠云、束生等人，都刻画得栩栩如生，跃然纸上，是一个个可以触摸到的人物。

对比手法的运用在《金云翘传》中体现得非常明显，且多种多样。有时是人物之间的对比，如歹毒的宦姐与善良无辜的翠翘的对比；有时是具体场面的对比；有时是一个场面中多种状态的对比。首尾呼应，构思完整，是长诗的又一特征。所选文段为第 9 卷故事。故事中写到翠翘的种种遭遇，描绘了宦姐、秀婆、马监生等一系列反面人物形象。

# 第九卷

她漫度过清风明月的时光，
一个边疆客人，忽然来勾栏游荡。
他生得虎须、燕颔、蚕眉，
阔肩膀，体貌轩昂。
雄姿英发，
精通拳棍，更兼才略高强。
顶天立地男子汉，
他名唤徐海，原在越东生长。
他惯在江湖间，恣意流浪，
半肩琴剑，一把桨，漂过高山与
　　海洋。
他听说过翠翘的才色出众，
女儿心也倾慕英雄。
名帖送上妆楼，
眼角传情，两颗心微微跳动。
徐海道："我们心腹相期，
非贪图片时的放纵。
久慕绝代娇容，
俗子难邀恩宠。
世上英雄几许？
眼底下，池鱼凡鸟，到处平庸。"
翠翘回答："官人过奖，
卑微身世，岂敢议论短长。
耿耿此心，
谁能鉴谅？
万千过客，

向谁申诉衷肠？"
徐说："吐属大方，
平原君度量①。
让我亲近丰仪，
略叙平生志向。"
翠翘道："威名之下，
他日，晋阳功业堪夸②。
倘垂念野草闲花，
全凭大树阴遮。"
徐海连连点头，
微笑启齿："敬佩你才识广大。
识别英雄，
慧眼无差。
片言道破：
我拥有万钟千乘，尽可共享
　　荣华。"
两人深深投契。
从无半点猜疑。
他们找媒人计议，
百金身价，交付依期。
两人营就新居，
七宝床，八仙帐，豪华旖旎。
佳丽配英雄，
快婿乘龙，欢乐无比。
香火情缘，半载光阴又逝，
徐海心头，撩起四方壮志。

---

① 平原君，战国赵武灵王子，名胜。爱才好士，食客数千。借比喻翠翘的气度。
② 借用唐高祖为晋阳留守，由此起兵，代隋而有天下的故事。

他凝视天海渺冥，
想佩剑跨鞍，跃奔前程。
翠翘说："妇女爱夫以敬，
我决计随你长征。"
他说："相知心腹，各秉真诚，
你还不脱儿女私情？
看我统率十万精兵，
鼓角震大地，旌旗蔽日影。
四海震威名，
那时节，仪仗相迎。
如今，四海苍茫，
伴随我，进退相妨。
忍耐一时，无须惆怅，
留后约一载时光。"
他说得直截了当，挥手上路忙忙，
好比大鹏乘风，扶摇直上。
只留得翠翘杏花帘下，孤独怅惘，
重门遥夜，格外凄凉。
庭院长莓苔，
草高没胫，柳丝似更瘦长。
回首，故乡万里，
乡梦沉沉，随着白云远逝。
高堂亲老，
别时情，应难忘记。
屈指时光，十载分离，
他们如健在，也应白发丝丝。
辜负了当日情人密誓，
尚幸藕断丝连，恋情不死。

如我妹，把已断的赤绳重系，
也许机缘凑巧，手抱娇儿。
她想到家乡，再想到飘零苦况，
千丝万缕，缠绵迷惘。
又想到大鹏振翼，该是逍遥
　　天上，
望残天一角，是他去时方向。
正在朝朝夜夜痴想，
忽来了马乱兵荒。
杀气腾霄，骇人景象，
海寇侵入内河，大路挤拥兵将。
邻近的友朋相识，
劝翠翘逃避躲藏。
她对邻居剖白："丈夫要我等候，
任何风险，都不能有违信守。"
她正在进退为难，
门外，一片旌旗，号角怒吼。
四面甲兵包围，
齐声问："夫人在否？"
两边有十位将军，
卸甲兵，下跪叩头。
还有彩女宫娥，
都说是奉旨恭迎皇后①。
凤辇鸾仪，停在门前，
花冠熠耀，袍服翩翩。
凤辇启行，锣声起，旌旗招展，
鼓乐前导，仪仗队，行列相连。
还有高举火炬的传令官，一马
　　领先，②

---

① 按《嘉靖东南平倭通录》载："……小民好乱者，相率入海从倭。……徐海等悉逸海岛为主谋，倭听指挥，诱之入寇"。又《倭变事略》卷三载："……六酋中徐海为霸，且主盟焉。"是则徐海自封王号，并不可能。

② 南庭，相传徐海据地称王，"南庭"是他大营的一部分。

这是大营的标志，南庭里锣鼓
　喧阗。
墙上大旗掩映，营中礼炮喧天，
徐公匹马逍遥，迎面和夫人相见。
只见他态度雍容，冠带璀璨，
犹是，当年燕颔蚕眉好汉。
他笑道："今日如鱼得水，
当年期望，看今日何如？
你我心坚情挚，
你可完全满意？"
她回答："恕我浅陋无知，
茑萝小草，全仗庇荫扶持。
今日丰功伟绩，
初时相见，我就坚信不疑。"
他们尽情欢笑，
携手进帐，倾吐别后相思。
置酒论功，行赏偏士兵官佐，
处处掀起笙歌。
荣华功业，堪补偿过去折磨，
闺房乐事，与日增多。
军营中也有温情寄托，
翠翘谈起往日的贫穷堕落。
在无锡临淄，凄凉落魄，
受尽欺凌，过着非人生活。
"你在这里，虽尝到一点欢乐，
惟有报恩雪仇，未曾停妥。"
徐公听毕这一段痛心事情，
不禁怒气填膺，声似雷鸣。
立刻结集队伍，检阅了官佐兵丁，
旌旗飘飘，发出动员命令。
红旗前导，三军随着启程，
分别向无锡临淄，急速进兵。
往日，谁逞势凌人，

逐一按名搜捕，审讯定刑。
跟着，他又派出传令兵，
严饬保护姓束的家庭。
老管家和师傅觉缘，仁慈高尚，
同样受到邀请到场。
典礼下，徐公讲述了往日情况，
人人切齿，都拥护主帅的主张。
恩仇往复，天道无枉，
不久，罪人押到，挤拥在一个
　地方。
卫队举起刀枪，
在庭内警戒，庭外站岗。
一切准备，肃穆非常。
铜炮平列，军旗掩映法堂。
中军虎帐高卷，
徐公坐在翠翘旁边。
开堂鼓还未响完，
已点名，传呼人犯。
徐公说："恩怨无偏，
处刑轻重，授你全权。"
翠翘道："蒙你指示周全，
我应报德为先，
雪仇且留待后面。"
徐公同意她的意见。
卫兵传进了束生，
身躯瑟缩，脸色发青。
她说："你对我恩重九鼎，
记否临淄，旧日恩情？
参商阻绝前生定，
我怎敢，辜负故人的真诚。
千两银，百匹锦，挣此奉赠，
聊报答，往日友朋。
你大妇，恶毒狰狞，

今日相逢，难逃报应。
杯沿蚂蚁，任她驰骋，
往常刻薄，必要严惩。"
说到这里，她望了束生一眼，
只见他满身大汗。
惊喜交集，乱作一团，
欣睹故人，又怕妻子受难。
跟着，再请管家和女尼上前，
一进门，便揖坐上边。
翠翘执手泫然，
"我就是当日花奴，又叫做濯泉。
嗟沦落，叹当年，
今日黄金山积，难报恩义绵绵。
千金奉献，
报漂母，有愧前贤。"①
她们脸上，显得情绪纷纭，
半惊半喜，惊喜难分。
"请你们休息一阵，
看我怎样报仇雪愤。"
她下令带进犯人，
案情已悉，进行审问。
军旗下，两排剑戟参差，
首犯先提，正名宦氏。
翠翘一见，点首招呼：
"想不到，你也竟然至此！
泼妇中间，
你最凶残卑鄙。
阴毒妇人，
作孽多，罪应偿抵。"
宦姐十分惊慌，
跪帐下，求饶不已：

"往昔举措，自问羞惭，
总由于嫉妒情感。
但你自佛堂私遁，
我并未令你难堪。
心存敬爱，
只缘争宠，不免触犯尊严，
明知罪过，
期待你海量包涵。"
翠翘说："难怪别人称羡，
的确伶俐聪明，多才善辩。
宽恕你，且容你自新，
严办你，也恐存偏见。
知过能改未为迟。"
说毕，吩咐当场赦免。
宦姐内心感愧，即行叩拜，
辕门外，还有大批犯人进来。
翠翘叫道："上天公道安排！
报应昭彰天主宰！"
白倖白婆，同在一块，
鹰犬楚卿，两边站开。
再把秀婆和马监生一同绑上，
这批歹徒，无人原谅。
刽子手奉命当堂，
行刑罚，依据他们罪状。
鲜血淋漓，顷刻剁成肉酱，
看的人都有些心慌。
天理伸张，
负恩人难逃法网。
棍骗，欺罔！
自作自受，毫无冤枉。
法场上，围着三军战士，

---

① 引自韩信千金报漂母的故事。

判决行刑，万人环视。
翠翘了却恩仇大事，
只见觉缘向她告辞。
翠翘说："此会，千载一时，
故人难遇别离悲。
此后，人各天涯，
野鹤行云何处是？"
觉缘道："我们还有相见日子，
大概五载为期。
犹记我异乡行脚，
邂逅女尼三合先知。
她将相会时间指示，
今年后，五载为期。
天意如斯，
无可置疑。
将来还有更亲密的关系，
宿命机缘尚未终止。"
翠翘说："不愧先知！
师傅所言，当然可恃。
如果你遇着上师，
说我终生谨记。"
觉缘记下她的嘱咐言词，
出外飘然而逝。
翠翘恩怨已偿。
感到内心舒畅。
跪谢徐公大恩浩荡：
"蒲柳质，岂料有今日辉光。
恩怨分明，全仗你的威望，

除去心头魔障。
刻骨铭心，怎敢相忘？
肝脑涂地，难报你恩情深广。"
徐海道："历代贤良，
古今国士，最难得知己肝肠。
英雄称号本难当，
路见不平，本应济弱锄强。
何况为我家庭着想，
你不必过度赞扬。
我想到你的白发高堂，
形同秦越，天各一方。
何日共话家常，
齐聚首，我愿始偿。"
谈论罢，三军摆宴，
万兵千将，共庆洗雪沉冤。
从此后，战果连连，
徐公兵威震远。
立朝廷，称霸南天，
分文武，界划山川。
气象万千，
举足踏破南疆五县。
风尘多事，宝剑如虹，
看官军，酒囊饭袋可怜虫。[①]
使他经划从容，
多少侯王一手封。
旗开处，谁敢争雄？
五年称霸，沿海推崇。[②]
突然来了一位总督，朝廷倚重，

---

① 原文是"衣架饭袋"，以不合汉语习惯，酌改。

② 茅坤《纪剿除徐海本末》贺云："海以一缁衣，起岛上，五年之间，百战百胜，朝廷遍征海内名将，与之喋血吴越诸州郡间，未闻有挫其偏裨者，方其拥兵数万人，分五道入，湛舟以战，示无复还意，当是时，其气飘忽奋迅，固已欲吞江南而下咽矣，何其猛也！"

名唤胡宗宪，才识宏通。
奉旨出师，帝眷方隆，
剿除海寇，军事全权操纵。
他知道徐海是一员勇将，
又知翠翘参预机密军防。
先按兵从事招抚，
珠宝玉帛送去说降。
不独对翠翘特别礼重，
两名彩女，也馈赠满筐。
信使进入中军帐，
徐公还未定主张。
自念一手造成基业，
纵横吴楚称王。
如今低头受缚，
降臣面子无光。
衣冠成扫地，
公侯赐爵，奔走趋跄。
怎比独霸边疆，
说不定谁弱谁强。
嘘气震摇天地，
更无人居我上。
但是翠翘心肠太软，
厚礼之下，另具主张。
她想自己是昙花朝露，
几番流落，历尽凄惶。
如今归命王臣，
青云上，大道荡荡。
忠孝俱全，
异日荣华归故乡。
我是堂堂命妇，
父母同受恩光。

上报国，下为家，
尽忠尽孝，同样辉煌。
远胜涉险波涛，
时刻惊风骇浪。
会议在商量战守，
翠翘便提出主张。
她说："圣德深广，
雨露万方。
平治久，
万民拥戴非常。
自从干戈掀动，
无定河边骨，高似山岗。
底事万年遗臭？
黄巢气运岂能长？①
怎能比高官厚禄，
功名快捷非常。"
听罢翠翘忠告，
徐海决计投降。
即刻整仪接使，
限期解甲，卸除武装。
城下订盟，
全军弛懈设防。
军事全无布置，
王师牒报周详。
胡公决计乘机，
礼先兵后，刻期扫荡。
先锋举着招抚大旗，
仪仗先行，伏兵暗中跟上。
徐公屏去卫士，
身穿礼服出降。
胡公一声暗号，

---

① 黄巢是唐末农民起义的领袖，从这句诗里，说明阮攸在政治思想上的局限性。

四面摇旗，三面发枪。
事出意外，
有如猛虎堕阱，勇力难张。
徐公阵前殉难，
仍然意气轩昂。
英灵宛在，
遗骸直立不僵。
恍似一柱擎天，
哪怕千斤击撞。
官军乘机追杀，
杀气冲天，日色无光。
壕垒士兵星散，
翠翘俘获当场。
矢石交加之下，
她望见徐海，屹立昂藏。
她垂泪说道："这是智勇双全
　　好汉，
误听我言，落得这样收场。
故人愧对，
不如同赴黄泉。"
热泪如雨，
说罢倒身地上。
当真冤魄有灵，
徐海尸体，倒在一旁。
官军往来如织。
早将她异出战场。
送到辕门，
胡公细问情况：
"可怜少妇！
遭受兵火灾殃，
尚幸王师胜算，
你也功在朝堂。
现在兵戈已定，

你有甚干求想望？"
她听罢泪如泉涌，
沉吟片刻，将情禀上：
"徐海原是英雄汉，
晨翼天空，雄视海洋。
只因误听我书，
致令百战英雄，解甲归降。
满以为夫贵妻荣，
想不到反遭身丧。
五年来震撼海天，
等闲舍命疆场。
你说我献计有功，
适增我痛彻肝肠。
自维功少罪多，
岂敢干求妄想。
请赐我浅土一堆，
和我的恩人，共同埋葬。"
胡公顿起哀怜，
葬徐海遗骸岸上。
中军排宴庆功，
丝竹杂奏，官兵同赏。
令翠翘侍宴帐前，
强迫她抱琴弹唱。
她弹出凄风愁雨，
四弦悲切苍凉。
蝉吟猿啸，
胡公亦泪下沾裳。
借问曲中何调？
声声绞断人肠。
她答道："曲名'薄命'，
鬌年爱此篇章。
昔日经弹此调，
真成薄命女郎。"

胡公颓然陶醉，
铁石汉，居然儿女情长。
调侃她："三生石上旧因缘。
鸾胶再续，共谱鸳鸯。"
她说道："天涯落泊，
心上人冤屈丧亡。
我是残花败叶，
弦已断，尽成陌路萧郎。
倘高怀垂念，
愿赐残躯返故乡。"
庆筵中，胡公过醉，
诘朝，猛忆宵来情况。
自念是封疆大吏，
上官俯视，下民瞻望。
岂此浪子风流，
亟应弥缝妥当。
清早，上衙办事，
胡公已定下主张。
唤翠翘领受军令，
随土官配作妻房。
怨月老无情，
赤绳乱系鸳鸯。
花轿送下官船，
只见丝帷下，明灯挂在中央。
翠翘桃腮失色，
似失去生命光芒，
愿忍受沙埋水淹，
亲恩才貌都成枉。
天涯海角任飘零，
一把骨头何处葬。
恶因缘，几次红丝断！
前生债，要清偿。

命途苦，
来日长。
我生不乐，
荣辱何伤。
历尽千般痛苦，
珠沉玉碎收场。
西方残月落，
几回坐起彷徨。
忽听潮声汹涌，
已知身到钱塘。
重忆起当年神梦，
知此间是毕命地方。
淡仙，你记否？
梦中约，已临相会时光。
灯下花笺一叠，
留绝笔，诉尽凄凉。
推蓬卷上珠帘，
只见天海茫茫。
她暗祝："我误徐公，
辜负徐公期望。
忍抱琵琶上别船，
偷生世上？
惟有一死报恩情，
都付与，狂波浪。"
远望，海天无际，
纵身跃入长江。
土官闻讯驰救，
早已珠沉渊底，一片汪洋。
薄命女！
可怜一代红妆，
历尽流离冤苦，
终归如此收场！

十五载，曾几时，

天下多情人，应同悲怆。

历尽人间艰险，

可知祸福难详。

今古几人孝义，

须记取，苍天不负贤良。

（选自《金云翘传》，人民文学出版社，1959）

# 《景清》（节选）

[日本] 近松门左卫门　著

钱稻孙　译

近松门左卫门（1653—1724），日本江户时代净琉璃（木偶戏）和歌舞伎剧作家。在日本文学史上，近松与同一时代的井原西鹤、松尾芭蕉并称为"元禄三文豪"。他原名杉森信盛，别号巢林子，近松门左卫门是笔名。他出身于没落的武士家庭，一生共创作净琉璃剧本 110 余部、歌舞伎剧本 28 部。

近松创作了 80 多部净琉璃历史剧，表现了对武士时代和武士精神的向往。代表作有《景清》《雪女五枚羽子板》《国姓爷合战》等。他还有 20 多部反映现实生活的社会剧，对下层社会的人物寄予深切的同情。代表作有《曾根崎情死》《堀川波鼓》《冥土传书》《大师经昔历》《天网岛情死》等。

《景清》取材于《平家物语》，主人公景清是平家的后裔，他企图谋杀他的仇人源赖朝，不料他的情人阿古屋在其兄十藏的唆使下告发了他。本来景清可以脱险，但因害怕连累自己的妻子而投案自首坐了牢。阿古屋后来觉得自己做错了，来到景清的牢门前谢罪，但她没有得到景清的原谅。为了赎罪，她将景清与自己生的两个孩子刺死，然后自杀。阿古屋的哥哥来到牢前骂景清。景清一怒之下冲破牢门打死了十藏，然后返回牢房。源赖朝下令砍掉景清的头，但景清竟然没有死，拿去示众的是景清所信仰的观音的头。源赖朝见此情景，认为这是佛意，便释放了景清，并授予俸禄。景清虽然感谢源赖朝的宽大之恩，但平氏家族大仇未报，仍不甘心。他终于在极度矛盾和痛苦中挖掉了自己的双眼，以断执迷报仇之念。他从此出家为僧，为平氏家族念经祈福。这里节选的是剧本的前两段。

《景清》有着典型的戏剧冲突和悲剧角色，标志着日本文学中严格意义上的悲剧诞生。它不仅注重展现故事本身的复杂性，更注重人物内心的悲剧性冲突。景清是一个恪守传统武士精神的人，忠诚和复仇是他一生的使命。但他的悲剧就在于这种忠诚早已不符合历史发展的潮流，平氏家族气数已尽，早已覆灭。但我们能看到，近松对于景清的这种悲剧持以肯定的态度，他没有批判景清的顽固，而是渲染了其悲壮的美，这与近松出身武士家族并做过武士有一定的关系。此外，《景清》还充满了佛教色彩。情节中出现了观音现身让景清免死的场景，其意在宣扬佛教思想。

# 景　清

## 第一段

〔序词〕　《法华经》第二十五，
　　　　　观音菩萨普门品，
　　　　　乃是大乘八卷的骨髓；
　　　　　信心行者，叨仰光明导引。

〔舞曲〕　南无大慈大悲观世音，
　　　　　端的是法力无边无尽。

〔说书〕　话说平家党羽，有个景清，
　　　　　绰号叫做"恶七兵卫"。
　　　　　当年西国、四国的战役①里，
　　　　　原也合该葬身在水；
　　　　　却没死得成，
　　　　　落做了个亡命之辈。

　　　　　他道死倒轻而易，
　　　　　生却重难任；
　　　　　只是留得此身在，
　　　　　好替故主家雪耻报仇恨。

　　　　　那右大将源赖朝②，
　　　　　毕竟是平家的怨敌；
　　　　　怎得一刀刺死他，
　　　　　也吐口胸头的恶气？

---

①　西国指坛浦水战，四国指屋岛水战；系平家灭亡（1185）之役。
②　源赖朝（1147—1199）即创立镰仓幕府的第一代将军。

尾张国①的热田神宫②，

大宫司是素相识；

〔唱曲〕　便去投奔他那里，

深藏匿迹相时机。


〔说书带腔〕　这位官司，受过平家厚恩；

见他来奔，慰劳款待甚殷。

把个独养女儿小野姬君，

配与他，结成秦晋。

〔唱曲〕　东床犹子，相信相亲；

两下里，志同道合一条心。


〔说书〕　一天景清，拜手启外舅：

"不肖某，一向备蒙优厚；

身居浪人③也已久。

虽不是个有望之才，

也还愁沉木终埋朽；

好歹要窥伺赖朝，

一朝报了君父仇；

然后从容剖腹谢愆尤。

争奈蹉跎岁月，

〔带腔〕　到今朝，大志未酬。——

〔白〕　恰喜今朝，听到一个大好消息：据说镰仓将军有意修复南
都④东大寺的大佛殿⑤，派出秩父⑥的庄司⑦畠山重忠充当奉
行⑧，督办土木工程；昨晚黄昏，已经策马经过此地，西去南

---

① 尾张国是今爱知县。

② 热田神宫在今名古屋市。

③ 浪人是流浪的武士。

④ 南都即奈良。

⑤ 大佛殿于1180年被平重衡纵兵焚毁，1189年重建。

⑥ 秩父属埼玉县。

⑦ 庄司是管领庄园的官名。

⑧ 奉行是江户时代的职官名。

都。按说起来，凭你赖朝怎般警卫森严，身居七重八重的堡垒之中，弥天漫地设下戒备的铁网；量我景清，但有得这份儿一心专念，哪便真个无隙可乘了吗？

〔带腔〕　可恨哪——

〔说书〕　偏有这个重忠，

轻易不离赖朝左右；

兼有着神变莫测的智谋，

如今他身去南都，

〔带腔〕　还怕是心在相州①。——

〔白〕　"不是我景清自家夸口，也还粗粗识得二相②；可恨的是这个重忠，偏生通得四相③。我也曾屡次遇到赖朝，准备行刺至于三十四④次之多；却都叫那重忠阻隔开了，总没遂得心愿。——

〔说书带腔〕　是必先刺重忠

便可无待旋踵，

刺赖朝稳取成功。

今番重忠上京，

奉行东大寺造营，

正是个良机有可乘。

看来天时已到，

我当变服埋名。

悄悄去南都一行。

〔沉弦〕　今日前来辞别，

且看我事毕归宁，

重忠首级手中拎。"

〔说书带腔〕　大官司听来欢喜：

---

①　相州是相模国的简称，今神奈川县；这里指镰仓。

②　佛家言识得二相：同相、异相；自相、共相；这里的意思是量敌能知己知彼。

③　佛家言有智境四相，识境四相，内法四相，外法四相，意思是主观客观地彻悟一切法——成、住、坏、空（生、老、病、死）。

④　观音应身三十三，此云三十四以言其多。

"的是个大好良机，
片刻也不容迟疑；
但须小心人察悉，
也莫操切误机宜！"

北堂夫人也额手称庆，
亲具酒馔，为他饯行；
将出宝刀一柄相赠：
"这刀啊，'痣丸'二字呼名，
乃是宗盛①公所赐精兵；
好生将去奏功成，
即日归来莫暂停！"
席间款语丁宁，
万岁千秋交歌颂，
狮龙鼓舞壮威容；
〔唱曲〕 送他虎步上鹏程，
出尾张，去了奈良京。（三重）

〔说书〕 那时正当文治五年②，
晒白衣的春尽夏来天③；
〔中音带腔〕 这里飞火野④边，春日山⑤前，
各处扎定了棚帐，白旗⑥招展。
这的是源氏大将赖朝公，发宏愿；
南都东大寺，大佛重兴建。
畠山重忠，奉命监工营缮；

---

① 清盛死后，宗盛为平家首脑，官任内大臣。
② 史实在文治三年（1187）。
③ 用持统女帝（687—696年在位）作歌，见《新古今集》："春之徂今！夏其来兹：天香具山，晾白衣矣。"亦见《万叶集》。
④ 东大寺前有灶神祠，其地名飞火野。
⑤ 奈良市东山麓有春日神社，为藤原氏祖祠。
⑥ 源氏旗帜尚白，平家尚红；至今红白相对的染色物，常以源平为称。

大排场，好像是紫藤花开上了松树颠①。

司监，司计，司账，

大和②木工，飞骋③巧匠，

庀材选料，诸多停当；

卜吉良辰，今朝立柱开张。

重忠端坐在高台上，

台前挂起了浓染帘幛；

跟上台的，有本田二郎，

和其他的属员裨将。

下面各段工场，

也都摆列了刀枪仪仗，

竖立着标帜筒幢④；（过曲）

端的是柳樱交织⑤，富丽堂皇。

便见木工头，修理头，

一行将作栋梁⑥，

各按当行打扮，

向吉方，齐低颡；

唱过奠基祭文，

振神币⑦，再拜，拍掌⑧，

开斧一场仪典，

行来肃穆端庄。

〔说书〕　果然，大伽蓝的经始，

---

① 此句点出时景，而语含讽意，似有出典，却未见考证。

② 指奈良。

③ 今岐阜县，山地多林木，自古岁贡木工于朝。

④ 原文作吹贯，圆筒形的幡幢。

⑤ 用素性法师（9世纪）作歌："一注无涯涘，风光满帝京；樱花着柳叶，春锦织芳英"，见《古今集》。

⑥ 古时日语称木匠头目为栋梁，音同头领。

⑦ 敬神的束帛。剪白纸或金银五色纸，串以金属签，有柄，拜神先举而摇之。

⑧ 拜神时，伸指向前拍掌，与拜佛合掌有别，原词作拍手。

应叫堂皇又富丽<sup>①</sup>；
福草祥云一朵朵，
层层高托上天际；
三枝四枝一脉生，
万岁千秋扎根底。

〔高声唱曲〕　立柱首从东方起，
万物资始得春气。
夏日旋南立南柱，
菖蒲檐下薰风至。
澄秋一碧天河清，
不尽长流天心契，
像取天河桥柱洁，
刮磨推刨立当西。
北应冬藏深凿井，
一家之宝水火济；
法轮常转井辘轳，（过曲）
灶殿兴隆长相继。

〔唱曲〕　肇初二柱定乾坤，
像尊神，男女阴阳；
三根柱显三世佛，
四根柱稳四天王。
庆升平之四海，
祝国泰而民康：
墨斗直治国之准绳，
棱锥错金玉于满堂；
锯末聚蓬海之真砂，
王朝数万代其无疆。

---

①　这里引用一首古歌谣《催马乐》的词意。译其原典："信其富兮，作斯殿也。福之草兮，三枝四叶；于其中兮，构斯殿兮。"

〔响弦唱曲〕　须知这座伽篮，
　　　　　　当年轮奂难尽状：
　　　〔谣吟〕　圣武皇帝的敕建①，
　　　　　　三国②无双的灵场。
　　　　　　把个兜率天宫内院
　　　　　　移在人间，实相昭彰。
　　　　　　上接云天，堂高三百尺；
　　　　　　如来趺坐，全身一十有六丈。
　　　〔舞曲〕　三笠山上云中月，
　　　　　　恰好做，天然的菩萨后光。


　　　　　　此日重修初立柱，
　　　　　　长愿镇护四海，佛法殷赈；
　　　　　　柱数应天台一念之机，③
　　　　　　算定三千本；
　　〔回本腔〕　桧椽准法华字数，
　　　　　　六万九千三百八十四根。
　　　　　　山门置高丽狮子，
　　　　　　宝殿开四面楸门。
　　　　　　凡有门扉窗槅，
　　　　　　俱雕精妙花纹：
　　　　　　青松唐竹，狮子牡丹；
　　　　　　虎豹争雄，百兽奋迅；
　　　〔带腔〕　此追彼逐，出没于丛岩；
　　　　　　风哨波涛，团团卷起紫花云，
　　　　　　龙升龙降，爪托明珠朝空献；
　　　〔说书〕　飞腾戏舞，倒竖着金甲银鳞。
　　　〔唱曲〕　务尽刀凿之妙，
　　　　　　须求形象之真。

---

① 圣武天皇（724—748 年在位），倾国力造奈良大佛；供养之日，躬自跪拜，疏称奴。
② 三国谓天竺，大唐，日本。
③ 引用《谣曲·兼平》句。

〔唱曲〕　至于椽瓦栋瓦，俱用七宝装成：

　　　　　　金银琉璃，砗磲，琥珀，

　　　　　　玻璃，玛瑙，珊瑚，水晶。

〔带腔〕　望板缀珊瑚珠宝，

　　　　　　台柱裹金襕锦绫；

　　　　　　黄金铆钉牢歇定，

　　　　　　光辉要赛过满天星。

　　　　　　负栋之柱，要多于南亩之农夫①；

　　　　　　架梁之椽，要多于机工之女工；

　　　　　　钉头磷磷，要多于在庾之粟；

　　　　　　旦暮说法诵经之音，

　　　　　　要多于市人言语之声。


　　　　　　这如今，四柱匀亭；

　　　　　　满足如意堪称庆。

　　　　　　称庆，称庆，工具响三通：

　　　　　　举将阔斧：叮，叮，叮；

　　　　　　扬起榔槌：咚，咚，咚；

　　　　　　推开大刨：忒楞楞楞；

　　　　　　哎呀呵，叮咚的哒忒楞登；

　　　　　　祝兴工，顺利平安万事亨。

　　　　　　福酒饮来三三九盏，

　　　　　　祈愿念过百遍千重；

　　　　　　栋梁们，出座贺了重忠。（三重）

〔唱曲〕　数千工匠，熙熙进入工棚。


〔说书〕　只见远远从后，跟来一人；

　　　　　　状似小工，可四十年纪。

　　　　　　肩头扛着个晌午饭盒，

　　　　　　手巾布包裹了脸皮。

---

①　以下套用杜牧《阿房宫赋》句。

〔带腔〕　　秩父的执权①本田二郎，

　　　　　　一眼看见，大声呼斥：

〔本田白〕　"啐，这个下贱小厮，这等工程重地，却蒙头遮脸的，好

　　　　　　没规矩；快快还了规矩过去者！"

〔说书〕　　那厮却自昂然走去，

　　　　　　只小声儿说的一句：

〔景清白〕　"唉，下贱小人，不知道规矩，饶过了吧。"

〔本田白〕　"站住！站住！呀，好无礼也。有谁在？与我打去了他！"

〔说书〕　　一声令下，人早在包围里。

　　　　　　大匠头儿看得形势紧急，

　　　　　　急忙赶上前来，为他解释：

〔头儿白〕　"启上本田爷：这厮无过一个当天散雇的小工下手，低贱

　　　　　　无知，有失礼貌。还请看在这吉庆良辰的面上，诸事从宽一

　　　　　　些吧。"

〔说书〕　　本田却置此不理，

　　　　　　道："这厮，与一人，有些相似。"

〔头儿白〕　"呀，本田爷呵，您这话，可有点儿新鲜。要是一个人无

　　　　　　人与之相似，那才真个是事有可疑了。"

〔说书〕　　便掉过头来吆喝那厮：

〔头儿白〕　"呀呸，你这小厮！拿的工钱也不算少的，却不好好干你

　　　　　　娘的活，还这等怠慢无礼。就叫你扣下工钱，疾速与我滚回

　　　　　　去吧！"

〔说书〕　　景清便临机顺势，

　　　　　　装作强勉无计，

　　　　　　放下了携来的饭桶，

〔唱曲〕　　搓搓手，退出了工地。


〔说书〕　　帷幕内，重忠遥望见；

〔带腔〕　　连呼："且慢，且慢！——

〔重忠云〕　你们都应有所闻知：现今各处地方，还不少平家的逋亡，

---

①　执权是武家的家臣之长。

不时出没，暗中窥伺着我大君①，妄图一逞。我看适才那个小工，正是恶七兵卫景清。虽则此地，立柱大吉的洁净之场，未便玷污。这可是一大重案，万万不容轻易走脱了他。须追逐他到前面野地里去结果了他者。"

〔说书〕　一伙子关东莽儿男，

　　　　　天生来好武逞强悍；

　　　　　这便恐后争先，

　　　　　飞奔前来追赶。

　　　　　景清回头一看，

　　　　　立即挺身迎战：

　　　　　飕的一声抽在手，

　　　　　棍里藏来那痣丸；

　　　　　右手扬着宝刀，

　　　　　左手拍人脑顶天。

〔带腔〕　招架住，众喽啰，

　　　　　一边儿哈哈大笑开了言：

〔景清白〕"诸位武士听了：某家其实只是个羽毛干枯的镰仓浪人，为的迫于朝晚糊口之资，出来寻个这等营生。毕竟还自觉羞人，故此遮头掩面。怎的便疑心我是'恶七兵卫'？敢情是瞎了眼睛？要不然，必是心里害怕景清，眼里自生的幻影。也罢，既然吃你们恁般羞辱；虽则比不上景清，却也再难隐忍。无妨小小施出身手，叫你们认识认识。"

〔说书〕　便将那痣丸宝剑，

　　　　　虚抱在臂下胁间，

　　　　　直向人丛里砍去，

　　　　　烈如水火迅如电。（三重）

〔唱曲〕　曾不移时，早砍翻了

　　　　　十四五条莽大汉。

〔说书〕　这便一发东冲西突，要捉重忠作对；

　　　　　无奈人多隔远，不得其便。

---

①　指源赖朝。

景清心中自盘算：

"万一深入，伤于杂兵小弁；

反叫一世英名，折却万年；

莫如今且权罢手，另等机缘。"

于是打开木工的箱匣，

拾取小凿大凿，斧刨锯钻；

接连串，掷将去，

恰好当作镞和铜。

打得奋勇的官兵，

无不连声叫苦往后闪；

再有追前来的，便拔根工棚柱子，

舞飞叉，旋得八方无间。（三重）

〔唱曲〕 横扫官兵纷四散，

好一比，红叶乱秋岚；

他自身，却早又，

逃去天边一缕烟。


〔说书〕 吁嗟，这也是理应当然：

那景清今番，

虽则未遂初愿；

却一心如剑，定要穿破坚岩。

现如今，咬牙顿足甘韬晦，

跃去京都，月隐在云端。

论武艺，恶七兵卫，

捷如飞鸟，力可拔山；

声名夙在口碑，

但听闻，谁也心兢胆自寒。


# 第二段

〔说书带腔〕 端的是，刚强的武士，

也终不免困于柔情；

背柴火的山里樵夫，

也还要，留恋在花影。

话说那景清，平素崇信观世音，

时常去清水寺里修功行；

〔唱曲〕　每从清水坡下曲巷过，

偶尔寓情一娉婷；

〔说书〕　游女①昔称阿古屋，

只今已抱两宁馨：

〔带腔〕　阿哥名叫弥石，今年六岁；

小弟呼名弥若，也已四龄。

阿古屋她，虽则是出身游女，

却感荷景清夫妇情浓；

怜他身世凄凉，

一心儿抚养这一双小弟兄。

把些小弓小箭，小长刀，

教导阿哥练武功；

要他承继景清家学，

好大来耀祖扬宗。

妇道人家，不曾学过兵法；

却为教子，讲武道，弄兵戎。

难为她秉志忠贞，

可算得，世罕其伦的巾帼英雄。（三重）

〔唱曲〕　当这时候，恶七兵卫景清，

〔说书〕　刺重忠，功败垂成，

非容易，才来到这清水漾漾，

〔唱曲〕　阿古屋的方外小家庭。

〔说书带腔〕　娘子领着两孩出迎：

"呵唷，难得家来消停；

但不知还为着哪桩事情？"

〔带腔〕　相携入室，听他絮诉行踪：

〔景清白〕　"我的心事，你也知道。就为图报平家旧恩，蓄意要狙击

———

① 游女是家居的妓女。

213

那镰仓的君侯，总未得遂志愿。这一两年来，隐匿在尾张国热
田大宫司篱下，徒然空过了岁月。这番听到畠山重忠，奉命西
上监工，要重修东大寺；因思趁此机会，先来结果了这重忠。
为此变装，混做小工下脚，相机下手。都已近身在咫尺间了，
没揣的那重忠偏生八字顽强——

〔说书〕　　　"居然识破了我的机谋，

可恨又没能成就。

当时也未尝不想：

索性和重忠短兵一斗，

拼个两败也俱休；

无如我心念卿卿，

两孩儿，也惦记在心头；

虽则有违初愿，

且将一命暂留。

今番特地来家一看，

这便是我的始末缘由。——

〔景清白〕　　"真也阔别久了。多时不相见，看孩子们都长成起来了。

你也着实地操练成了好一个家主妇，好媳妇儿了也。——

〔说书带腔〕　"畅好今宵，细话绸缪，

一倾我俩的积久离愁。"

说着便把身子近凑，

阿古屋却推手斜眸退后：


"啐，你倒恬然自在！

不道自家浮浪在外，

还并且，背着一身仇债；

只叫人，惦记得苦苦难捱。

哪怕只是一年一度，

也不见捎一个信儿来；

啊，这其中的缘故，

我也自心里明白：

〔说书带腔〕　无非有了个小野姬君，

早则是情深如海。

我这抱了孩子的丑婆娘，

絮破拉撒，大古来不值你一睐；

敢情是孩儿牵挂，

才把这家门槛儿来踩！

不是我吃醋拈酸，

可笑你兴儿真不劣；

〔唱曲〕　也不想想自家的年纪，

呸，还这般，迷情恋色！"


〔说书带腔〕　景清莞尔一笑：

"哎呀，冤煞人哉！——

〔景清白〕　喏，那大宫习的女儿小野姬君，我和她，如此这般的话

儿，可一句也不曾谈过。八幡大神在上，我可当真绝无那等

情事。——

〔说书〕　世界上，除却卿卿，

哪还再有人，着我真心爱？"

趁势儿倚身相偎，

枕着袖儿，把眼泪揩。

阿古屋，霎时间，

也真心里，雾解云开；

这就叫：恩爱痴余争闲气；

小狗儿一舐，便不着一纤埃①。

当下搬来杯盘酒铫，

叫弥石把盏，殷勤款待；

三年来积攒的离情，

直诉到天明不懈。

〔唱曲〕　她二人，情欢依旧，

分外地，恩爱和谐。


〔说书〕　于是景清从容谈起：

"年来尾州蛰居，

---

①　日俗语："夫妻吵架，狗也不舐。"言霎时就过去，不留痕迹。

久缺观音拜礼；

当此在京之日，

有志朝朝参诣。

只是住在家里，

每日往返通衢，

着在人眼不相宜。

倒不如，先去轰坊①，

守过七天七夕；

再家来，和你长相聚。"

〔说书带腔〕　便戴上深笠，走向门外去；

弥石跟到门前阶砌，

小手儿招呼再见，

天生来的聪明伶俐。（繁音过曲）


〔说书带腔〕　却说阿古屋的胞兄，

名叫广近，通称伊庭十藏；

刚去北野敬天神②，

气喘吁吁，奔回家来讲：

〔斗藏白〕　"妹子哪里？呀，阿古屋！有道是躺着身子等，福星自来
临。你听我道来：如今外面立有大木牌告示，叫捕拿恶七兵卫
景清呢。不论是格杀，是生擒，或者知情报案，因而拿获者，
俱予重赏，军功悉依所愿，决非所吝。这，这不是咱们家来了
福星了吗？如今兵卫在哪里？你快去六波罗衙门③告
了他，——

〔说书带腔〕　准保你恩赏稳叨，

一笔荣华从天降。"


阿古屋半晌无言，

泪溢双眸唤"兄长！

---

①　轰坊是清水寺内一塔院。

②　京都北郊，有神社祀菅原道真。

③　平清盛造邸第于京都南郊，地有六波罗寺；镰仓设探题（警备）衙门于此。

你敢是神清志楚？

抑还着了疯狂？

你道景清是谁来？

我的丈夫，你妹丈；

孩儿们称你亲娘舅，

也就是你的外甥行。

倘还在，平家的天下，

他那身分儿可也不寻常；

冲天的威势落穷鸟①，

盖世的英名孰与双？

都只为当今这时世，

才和我辈微末合家常，

从来骨肉相亲无间隔，

直到昨夜今朝共一堂。

不道的杀生为业行猎客，

尚且穷鸟投怀不忍伤？

纵将日本加唐土，

悉赏做领邑封疆；

我也不能出卖亲夫，

干那告密状的歹勾当！

〔唱曲〕　　人生一世名百代，

你还仔细一思量！"

涕泗滂沱冻阻，

十藏摇首笑声扬：

〔十藏白〕　"哈哈哈哈，你那为名轻利的念头，都只是古老武士的陈腐话，如今早已不时兴了。这且姑置勿论，倒是你那一肚子夫咧妻咧的恩情义理，一心向的那景清，你哪知道他心目中最爱的，只有一个大官司的女儿小野姬君哩？你么，在他眼里，不过是供得暂时消遣，逢场作戏的闲花野草罢了。瞧着你去后悔不及吧。俗语道得好：能干婆娘打算盘，卖掉了耕牛；这话正说着你呵！也罢，一刺儿不用你操心，都交给我哥哥来替你做

---

① 俗语以"天上飞鸟都跌落下来"形容威风之盛。

主好了。"

〔说书带腔〕　说着便欲起身走，
　　　　　　阿古屋赶忙拦挡：
　　　　　　"大宫司的女儿云云，
　　　　　　都只是旁人的闲诽谤；
　　　　　　独是这景清，
　　　　　　决不会那等无良。
　　　　　　闲话尽人闲话，
　　　　　　好歹是我宿世的夫纲，
　　　　　　你要打定主意害他，
　　　　　　先来将我母子手自戕。
　　　　　　但凡我这一息尚存，
　　　　　　可不容你独做主张！"

〔沉弦〕　　拽住了衣裳，
　　　　　　抵死也不肯松放。


〔说书〕　　巧是正没开交处，
　　　　　　恰来门外人启事：

〔来人白〕　"这我是热田大宫司差来的飞脚使者，请问景清爷的旅宿，
　　　　　　是否就在这里？"

〔说书〕　　十藏便出来答话，
　　　　　　见他捧着个书函箧；

〔十藏白〕　"唉，是是是，这里正是景清爷的寓所。可是兵卫爷么，
　　　　　　为了还其宿愿，如今在清水寺里参佛哩。你这书函，且待我代
　　　　　　为收下，候他回来给他看；有劳你明日再来讨取回书吧。"

〔说书〕　　打发了飞脚使者，
　　　　　　兄妹开函偷觑；
　　　　　　的是小野姬君亲笔迹，
　　　　　　絮语怨言书满纸：
　　　　　　"君言暂出上京都，
　　　　　　如何一去无消息？
　　　　　　闻有娼家阿古屋，
　　　　　　君与相亲非一日；

岂忘对我深盟誓：
世世生生宜家室？
今但问君几时返？
荡游不省意何居？"

阿古屋不待看完，
抑不住地赫然色变：
"啊呀，可恼也可气，
可恨也可憾！
情爱原无贵贱分，
骂人娼妓是何言？
有子方为真夫妇，
无儿没女非家眷！
倒也不用恨他人，
恨只恨：畜生不良男儿汉。
我直恁的一心儿敬你爱你，
你却满口胡言将人骗；
呵呀，我好恨也悔也，
着人欺骗，着人玩！"
〔沉弦〕撕将书束纷纷碎，
哭泣唠叨剧可怜。


〔说书带腔〕十藏欣然挺起胸脯：
〔十藏白〕"啊，你这才明白过来了吗？这我的主意，原本不曾打错
呀。既然如此，早争一刻，便去告了他吧。你还迟疑什么呢？"
〔阿古屋白〕"哎，好吧。便许你去告他吧。
多少也舒得我心头这股恶气。"
〔十藏白〕"唉唉，这才是呢。你好明达也。"
〔说书〕说着便起身欲出，
阿古屋却又执袖拦住。
"且慢，你且慢一步。
虽说我一腔恨毒，
却怎便去告我亲夫？

219

　　　　　　　　思量这可憎可恶主，
　　　　　　　　其实还是那个女奴！"

〔沉弦〕　　意决还回，忽纵又忽阻；
　　　　　　　　扑身大哭，辗转踌躇。

〔十藏白〕　"咳，你这个轮回六道，没出息的女儿身，好糊涂也！快
　　　　　　　　与我躲开了者！"

〔说书带腔〕十藏跃起，推倒阿古屋，
　　　　　　　　挣脱了衣袖把握，

〔唱曲〕　　不思前后，径奔六波罗署，
　　　　　　　　告发了那个亡命之徒。（三重）


〔说书〕　　景清参佛在清水寺，
　　　　　　　　外界的风云了不知；
　　　　　　　　守通夜，轰坊里闲坐，
　　　　　　　　看着同参们，打双六游戏。
　　　　　　　　时当卯月①十四的半夜，
　　　　　　　　月色满山清如洗；
　　　　　　　　蓦听得呼哨呐喊，
　　　　　　　　怒潮般人马四逼。
　　　　　　　　原来是：江间的小四郎，
　　　　　　　　率领了甲胄五百余骑；
　　　　　　　　有告发人伊庭十藏做向导，
　　　　　　　　将轰坊，三重二重包围起。


　　　　　　　　山门和尚，向来鲁莽；
　　　　　　　　早当门，摆开了阵防，
　　　　　　　　齐声呼嚷，迎头相抗：
　　　　　　　　"呀呀，本寺乃净土灵场，
　　　　　　　　自从田村将军②开创以来，
　　　　　　　　绝不许兵马闯入门墙。

———————————

①　卯月是阴历四月。
②　坂上田村麻吕（758—811），清水寺的创造人，曾担任虾夷征讨使的官职。

何物猖狂，敢于明火执仗，
成群深夜劫禅房？
分明是强盗聚众行夜抢，
小僧们都来，都来剿荡！"

便见江间小四郎策马当前，
"众法师，莫作如是言！
兴师只为平家的逃遁，
问罪非关你们坊院。
顷据伊庭十藏密报：
今宵混迹在此参禅，
有个恶七兵卫景清；
为此我义时，奉命前来拿办。
倘有藏匿拒捕情事，
可不问你沙门与伽蓝；
悉数予以斩杀，
杀将你秃头陀，鸟兽散！"
话犹未了，景清早横刀杀出；
"恶七兵卫便在此；量你敢？"
常陆的律师永范，
一见他单身冒险，忙呼喊：
"这寺院，慈悲为第一；
信心的行者，何可任人伤残？
观世音的弘愿，
抑将何以为验？
众法师，速予防卫！
火头门，都来助援！"

一声"遵令"，莽法师三十余众，
络起大袖，举着得手的营生，
招架住五百余骑的官兵；
奋战不惜性命。（三重）
〔唱曲〕 官兵五百余骑，

密层层，分布四面围攻；

〔说书〕 争奈景清有飞鸟之术，
没左没右，近逼无从。
一时间，相持对睨，
呆住了阵容。
于是景清立上廊沿，
临众高声喊嚷：
"今夜告我之人，
分明是阿古屋，我妻房，
和她的哥哥，伊庭十藏；
背弃我多年的恩爱，
出此贪欲心昏愚妄。
但不该，亵渎庄严，
血溅梵宫污殿堂。
横竖我这遁世之身，
果真有利于若辈，一死也无妨；
与其伤杀人众，
莫如叫她兄妹来捆绑！"
当有十藏手下的匪徒二三太，
不识高低，跃身起来犯上。
景清莞尔一笑，
脚边适有双六楸枰一方，
只手拾来，迎头掷去，
只听得嘣的一声响，
二三太早仰翻在地，
脖颈儿缩进在矮胸膛。
不成名色空博彩，
自家本领不知量；
扑火夏虫愚小子，
生可怜，剩下了个软皮囊。
十藏急忙继起，杀上殿来，
景清挺出长刀，疾扬叫唱：
"你这虫一般的败叶狂徒，

胆敢诉讼逞强梁？
既已告我在娑婆世，
叫你便去投案见阎王！"
言下就动开了武，
招架砍杀，一片刀光。
江间挥使众兵混战：
"莫叫出诉人先丧！"
间隔开两下的刀锋，
齐向景清抵抗。
景清便一手卸下西门，
当盾牌，左遮右挡；
一边儿逢人便砍，
不管有无铠甲，刺人眉心额颗。
"哇呀，这可了当不得！"
个个儿官兵，却步彷徨；
终则是：拥着十藏，
奔向六波罗官邸逃亡。

这里景清，便也罢了手；
踏树枝，翻过音羽山头，
顿开岩石如飞走；
霎时间，已往东路去休。
端的是，希世的武流；
世人赞叹，至今不绝口。

（选自《近松门左卫门　井原西鹤选集》，人民文学出版社，1987）

# 《浮云》（节选）

[日本] 二叶亭四迷　著

石坚白　秦柯　译

二叶亭四迷（1864—1909）是日本批判现实主义的奠基人，原名长谷川之助，生于江户。二叶亭四迷自幼跟随身为小官吏的父亲辗转于东京、名古屋等地，在那里度过了青少年时代。在东京外国语学校俄语科读书期间，二叶亭四迷对文学产生了浓厚的兴趣，并逐步形成了"为人生而艺术"的文艺观。

《浮云》是二叶亭四迷的第一部长篇小说，也是日本批判现实主义文学的奠基作品，在日本近代文学发展史上占有重要地位。小说的主人公内海文三是个独生子，父亲在旧幕府时代曾当过差，吃过俸禄。明治维新后，尽管生活陷入了困境，却想方设法供儿子读书。文三十四岁的时候，父亲病故，他来到东京投奔了做小本生意的叔父园田孙兵卫。

找到一份公务员工作后的内海文三，对堂妹阿势逐渐产生了爱恋之情。然而，正当文三幻想与阿势结婚，并准备把乡下的老母接来共度安乐生活的时候，他却突然被官厅撤职了。虽然他的内心极其矛盾，但他还是把被撤职的事情告诉了婶母和阿势。母女二人对他的态度顿时大变。

就在内海文三陷入困境的时候，他原来的同事本田升闯入了他们的生活。本田升是个善于钻营的家伙，很快就和轻浮的阿势打得火热。面对这样的现实，内海文三变得日益沉默寡言，昏睡的智慧逐渐觉醒。他感到对阿势的堕落不能袖手旁观，他几次想找她谈谈，可始终鼓不起勇气来，最后，他竟然想到：近来发生的事情也许全是自己的疑心所致，但转念一想，过去的一桩桩一件件又都不是事出无因。在犹豫彷徨和无所适从之中，内海文三想着想着就回楼上去了。

《浮云》发表于日本近代史上一个重要的转折时期，即明治维新之后，从1874年开始的持续10年的"自由民权运动"被天皇反动政权镇压下去，从此日本人民走上了漫长而又坎坷的黑暗道路。在这种情况下，软弱的小知识分子时时陷入犹豫、彷徨、苦恼和愤懑的情绪之中。小说成功地从外形和精神世界塑造出了内海文三这一"多余人"形象。小说中人物的语言通俗、凝练，带有明显的个性特征。人物的语言也呈现出一些口语化特色，这些都显示了其在日本近代文学史上的开创性意义。所选文段为小说开头部分，作者运用细腻的笔调刻画出了内海文三等形象，也奠定了整部小说的基调。

# 第一部

## 第一回　举止奇怪的人

寒风凛冽的旧历十月只有最后两天了。就在这二十八日下午三点钟的光景，从神田的城门，络绎不绝地涌出来一股散乱蠕动的人群，他们虽然都很留心自己的仪容，可是，如果你仔细地对他们观察一番，真是形形色色各有不同。先从胡须来说，就有短胡、连鬓胡、络腮胡，既有昂然翘起的拿破仑胡，也有像哈巴狗须子似的俾斯麦胡，此外还有往下垂着的八字胡、狸鼠胡以及一些稀稀落落的胡子，真是各式各样，浓淡不一。除了胡须以外，就是服饰上的一些区别了。有些人穿着白木屋百货店做的黑色西服，配上一双法国式的皮鞋，据说这样打扮的人差不多都是些酒色之徒。次一等的穿着，虽然并不十分合体，却是些用英国斜纹呢做的西服，蹬着一双硬邦邦的皮鞋，再配上长得拖地的方格西服裤。这些穿戴一眼望去虽然马上可以知道都是从旧货摊上买来的东西，但是穿着这样衣着的人却都得意洋洋，流露出一副"我既有胡子，又有衣服，还有什么可求的呢？"的神气，端着十足的架子，恰似被火烘弯了的枯枝一般挺着胸膛往回家的路上走。嗬，这有多么令人羡慕啊！跟在这些人后面陆陆续续走出来的，大半都是些头发斑白、弯腰驼背的人，在软弱无力的腰上，冷冷清清搭拉着空饭盒，脚步蹒跚地走回家去。尽管已经老朽了，却难得他们能胜任自己的职务！他们都是职位低微的人，可以穿日本服上班，这种打扮的人，的确令人同情！

当路上行人已经稀少的时候，有两个青年边走边谈地从同一个城门里走了出来。一个大约有二十二三岁，脸色不大好，七分苍白三分发黄，却长着两道清秀的眉毛和一双锐利的眼睛；他虽然长着一个通天笔直的鼻子，可惜嘴长得有些不美，不过总是闭得严严的，即使站在画铺的门前，也不会张着大嘴露出呆相。也许因为下巴颏太尖、颧骨太高、瘦得太厉害的缘故，面孔好像有些严肃，显得很难令人接近。尽管长得并不丑陋，但是总有些令人可怕的地方。他的身材细长，虽不太高，可是因为他身体消瘦，所以很可能被人们起一个"钟贼"① 这样难听的外号。他穿着一件久历寒暑、带有皱痕的灰地白点的厚呢西

---

① 日本人常给高个子的人起绰号叫"钟贼"。"钟"是指清防队的警钟，因为它被挂得很高，所以只有高个子才能偷。

服，戴着一顶丝绦帽箍的宽沿黑呢帽。另一个人要比这个年长两三岁，是一个胖瘦合度的中等身材的人，长着一副白皙的圆脸。从他那好看的嘴和清秀的眼睛来看，虽然不失为一个美男子，但是面貌却不够端庄，显得有些鬼鬼祟祟的，好像不是个正派人。他身穿一件黑呢短礼服和一件同颜色的坎肩，裤子是用一种讲究的条纹呢做的，衣服穿得很潇洒，一顶圆顶卷边的毡帽，深深地扣到眉际。他左手插在衣袋里，右手不住地耍弄着一根细手杖，对着那个高个子说："不过，如果说科长真的能信任我们，那也是势所必然。你看，虽然说局里有四十多个职员，从表面上看好像人很多，可是，实际上，不是些弯了腰的老头，就是些百无一用的蠢才。我这样说也许是自吹自擂，在这些人里，要说年轻、念过些洋书而且还有些才干的，也不过就是咱们这两三个人，所以如果说科长器重我，也是势所必然。"

"不过，你看看山口！他办起事来比谁都能干，可是他不也是照样给撤职了吗？"

"那个家伙可不行，他是个傻瓜。"

"为什么？"

"不管为什么，反正那家伙是个傻瓜，从前些日子他对科长说的那些话来看，他越发是个傻瓜了。"

"那本来怨科长不好，自己吩咐错了，反而那么蛮不讲理！"

"那一次也许是怨科长吩咐的不合理，但他竟敢顶撞上司，那简直是胡来。你说，山口算什么，不就是个下属吗？他既然是个下属，科长吩咐的事，管它合理不合理，只要唯唯诺诺地奉命执行不就算尽到责任了吗？可是那个家伙反而竟教训起堂堂的科长来了……"

"不，那不能算是教训，只是请他注意。"

"你可真替山口辩护啊，噢，到底是同病相怜哪！哈哈哈哈……"

高个子的人斜着眼睛瞟了中等身材的人一眼，闭上嘴不说话了，谈话也暂时停止了。当他们拐进锦町，走到第二条横街拐角的地方，中等身材的人突然站住说："不过，你这回被撤了职真是又可悲又可贺呀。"

"为什么？"

"为什么！以后你可以从早到晚一直厮守在情人的身边了啊！哈哈哈哈……"

"什么，别胡说八道！"

说完，高个子的人脸上闪出一种跟他那副面孔不相称的微笑，只说了声"再见"，两个人就分了手。高个子的人独自朝着小川町走去。他脸上的微笑逐渐消失，脚步也随着越来越沉重，最后竟低垂着头，像爬虫蠕动一般，无精打采地往前走着。当他走了二三百米远的时侯，就突然站住，望了望四周，突然往后退了两三步，拐进了一条横街，走进了从拐角数第三家的一个有格子门的二层楼的房子里。让我们也跟进去看看吧。

这个高个子的人穿过了二门，走到廊沿上去，这时候从旁边的屋子里有人唰的一声把纸门拉开，走出来一个十八九岁的姑娘，从她那个蒜头鼻子和那张红红的胖脸来看，就可以知道她的身分了。

"您回来啦。"

她说完话不知为什么还用舌头舔舔嘴唇。

"婶母呢？"

"刚才和小姐一起出去了。"

"哦。"

高个子的人说完就顺着廊沿往里走，从廊沿尽头的楼梯上楼去了。这是一间六铺席的屋子，有一个壁龛和三尺宽的壁橱，三面是墙，只有南面是纸窗户。悬挂在壁龛里的画的边沿已被虫蚀，壁龛里的花瓶里插着的几枝翠菊有些开败了，叶子已经枯萎。在屋子的另一个角落里摆着一张旧桌子，桌子上的笔筒里歪歪斜斜地插着毛笔、钢笔和牙刷；在一块赤间石的砚台的旁边放着牙粉盒。在桌子旁边放着一个上下两格的书橱，书橱上摆着一盏小洋灯。桌子下面放着一个缺边的吸烟用的小火盆，里边扔着些划过的火柴棍。此外，席子上铺的毛毯、衣架上挂的夹衣和柱子的钉子上挂的手巾，这些东西从陈旧的程度上来看都是用过多年的了，不过还陈设得井井有条。

高个子的人慢吞吞地换上了和服，他本想把脱下的衣服叠起来，可是一咂嘴他就给塞进了壁橱里。正在这个时候，那个红红的脸、膀宽腰圆、骨骼粗大、肌肉丰满的、生理学上的美人咚咚地跑上来，把手里拿着的一封信往高个子的人面前一放，说："刚才来了一封信。"

"哦，是嘛，从哪儿来的？"他说着，就拿起信来看了看："啊！是家里来的。"

"我和您说，今天真想叫您看看小姐的打扮哩！她里面穿的是一件花格的黄色平纹绸衣，外面罩着一件非常好看的带花道的绸衣。她梳的是平素梳的投岛田髻①，头上戴的就是前些日子从出云屋买来的簪子，是这样的……"她说着，还特意用手比划着。"……蔷薇花的簪子！那真美极了！……我也想要那

---

① 日本妇女发式的名称。

么一个腰带扣子，可是……"她说到这里有些不高兴起来，可是又接着说："小姐虽然一向都说自己不化妆，可是今天一定是偷偷地擦了点粉。要不然，不管她长得多么白，怎么会那么……我在家的时候，也总爱擦上一层厚厚的粉，可是自从到了这里，除了新年，平素就没有擦过。本来也不是不可以擦，只是受不住太太的讥笑，有一次她竟当着客人的面就说：'阿锅擦了粉，活像煤球上了一层霜……'这太挖苦人了。喏，您说是不是？我就是长得再丑，也不该这样挖苦人呀！"

如同她的对头就在跟前似的，喋喋不休地说得面红耳赤。高个子的人从一开头就是一忽儿把信拿起来看几句，一忽儿又把信放下，显得很不耐烦。这时候他也只是用鼻子哼着，不大理睬那个女人。这位生理学上的美人越发鼓起她那本来就要胀破了的两腮，气鼓鼓地走下楼去。高个子的人目送着她的背影，这才像松了一口气似的，赶忙拿起信来看。信上写着：

> 吾儿知悉，日子过得这样快，眼看着天又冷了，不晓得你的景况如何，真是思念得很！我近来觉得忽然老得挺快，不仅头发已经斑白，而且神思也越来越迟钝，虽然明明知道年底就可以到你那里去，但总是心急，天天数着日子，希望你能及早来接我。本月二十四日是你父亲……

他读到这里，不知不觉信就从他的手里掉了下去，他交叉着胳臂，深深地叹了一口气。

## 第二回　奇特的初恋（上）

暂时被我们叫做高个子的那个人，本名叫做内海文三，他原是静冈县人，父亲在旧幕府时代当过差，吃过俸禄。自从幕府瓦解，王政复古①，万民归顺的明治盛世，他就一直蛰居在故乡的静冈，一时成了一个苟且偷生的人。他就这样终日无所事事地一天一天混了下去，正如俗语所说的"坐食山空"，不久手中的积蓄就渐渐耗尽，这时候他虽然抓耳挠腮地着起急来，可是鸟失双翼，已经是一点力量也没有了。两臂空有着真阴派②剑术的本领，但是不会拿锄使锹；在言谈交际上呢，由于矫揉造作地庄重惯了，一时既不能低三下四地说出

---

① 指 1868 年德川幕府把政权归还给日本皇室而言。

② 日本剑道的一个流派，由柳生宗岩创始，也叫做柳生派。

个"是"字来；要挑起担子来吧，又怕玷辱了门庭，惹人家耻笑。于是马不停蹄地到处奔走，好不容易才在静冈藩的史官处里找到一个职务，真是高兴非常，不过，到头来也只是个腰里带着饭盒子上班的小差事。这样虽然还不能把他从困窘的境遇中解救出来，但是可贵的是他却能把他那仅有的一点点积蓄，毫不吝惜地都用在他的独生子文三的求学上。天天早晨一起来，就帮他带好饭盒打发他去上学，放学一回来，立刻又叫他到附近的私塾去念书，弄得他没有一点闲工夫。这种情形对别的孩子来说，原是十分难于坚持的，可是也许是由于生性好静，宜于读书，文三倒是很痛快地去上学。不过，有时候在路上遇上同学们捉蜻蜓，一时高兴起来，不免跟着同学们一玩就玩到天黑，于是不得不偷偷地从后门溜回家去，但这毕竟是少有的事情，一般说来，还是个肯用功的，一来二去他对学问开始感到了兴趣。对于那些过去没人督促就连摸都不肯摸的书本，现在也能主动地去阅读，学业也逐渐有了进步，别人对他不住地称赞，父母自然也高兴，眼瞧着儿子成长起来，连自己年纪越来越老都忘却了。这样春去秋来，文三就在十四岁那年的春天，顺利地考完了盼望已久的毕业考试。正在欢欢喜喜的时候，父亲突然患了感冒，又引起了别的病，再加上连年的劳累，一下子就病倒了。尽管吃药、烧香、许愿，凡是人们所说的方法都用尽了，可是并不见效，终于到了绝境，就在他临死的时候还是念念不忘文三的事，就这样最后结束了他的一生。被撇下的妻儿的悲伤，实在是无法用言语形容，尽管嘴里说着"唉！不论怎样悲愁，也没有用了"这样的话，眼泪却早已沾湿了衣袖。好容易算是把这个万事皆空的遗体送到香火院去火葬，化成了一缕清烟。文三家里自从失去了挣钱的人，生活自然越发困难起来。积蓄本来就不多，因为药费、办丧事等等的花销，现在更弄得所余无几了。文三的母亲原来是一个比男子汉还刚强的女人，贫困并没有把她压倒，她在缺柴少米的日子里，抽出一些时间茹苦含辛地给人家织着每件三厘工钱的衬衣，苦苦挣扎的结果，汤也罢，粥也罢，好歹总算能勉强糊口了。父亲还在世的时候，文三就多少知道了一家中的困难，不过当时他的年岁太小，还以为父母可以跟自己一辈子，即使有时候出于他的一点孝心，说些"我将来要这样，要那样"的不像是孩子能说的话，感动得双亲流下泪来，但他终归还是个不懂事的孩子，就像是水上的浮萍随波漂荡一般一天一天地过了下去。自从父亲死后，他亲眼看到无依无靠的母亲的辛劳，在他弱小的心灵上感到了忧虑和悲伤，头一次尝到了人生的辛酸，好像是大梦初醒。他想："今后如果自己能去当个听差什么的，即使对母亲不能有多大帮助，至少自己还可以养活自己。"他把这个主意向母亲商量了一番。就在这个时候，真是天无绝人之路，住在东京的叔父答应照管文三。于是他就流着眼泪离开了静冈，从此就到东京投奔了叔父。这正是明治十一年①，文三十五岁那年春天的事。

文三的叔父名叫园田孙兵卫，是文三亡父的胞弟。为人忠厚慈悲，性情也很耿直，人缘虽然很好，可惜就是缺少魄力。自从维新以后他就马上弃武就文，拨弄算盘做起生意来了。因为没有经验，起初总是亏本，今天赔，明天赔，越赔越多，最后终于赔得债台高筑。正在这山穷水尽一筹莫展的时候，一个偶然的机会却使他脱出了穷困的重围。如今多少也算有了些积蓄，既买了地，还放了些零星钱吃利息。把家搁在东京，自己却在横滨当某咖啡馆的老板。虽然不是十分富有，但还算得上家道小康。留在东京操持家务的继室阿政，原是一个女佣人，后来才和他勾搭上的。虽然据阿政自己说，她原是个像样的官宦人家的小姐，这却有点不大可靠。总之，她精明能干，能说会道，不论是收地租或催利钱这一应家务事，她都能独力承担，真是一个分毫不让人的女人。要说她的毛病，就是好喝酒，举止轻佻，而且还不愿意做针线活。本来也没有什么大不了的事，可是人们总是好说别人的坏话，邻近的人们常在背后指着她说："这个娘儿们，大概是好色蛇脱生的吧！"② 夫妇俩有两个孩子，姐姐叫阿势，当时只不过是个十二岁的小姑娘，弟弟叫勇，是个抹鼻涕的顽童（如今他在某学校寄宿，不在家）。因为是这样的一个家庭，凡事只要能顺从婶母的意思，就不会发生什么龃龉。可是，文三除了在内心里把婶母既当作主人，又当作母亲那样毕恭毕敬地侍奉着以外，偏偏是个不会献殷勤、逢迎人的人，婶母总讨厌他不机灵。每当这种时候，他就不免深深地思念起自己的生身父母，不由得暗自落泪。尽管如此，可是他还是勉励自己，咬着牙忍耐下去。并且在做杂活儿的余暇，到附近的私塾里去念书，文三就是这样暂时度过了那凄凉的岁月。有一天，文三在私塾里听到某学校招考官费生的消息，因为大家都在谈论着这件事，于是他就想："不论如何我也要试一试。"应试的结果侥幸被录取了，接着就搬进了学校的宿舍，又能领到官费。直到昨天为止，虽说是住在自己叔父的家里，可是寄人篱下就得受人支使，处处还得仰人鼻息，而今天却已经能够摆脱一切束缚，可以专心致志地念书了。他高兴得心花怒放，直乐得都要跳起来了。但是，当学生也要过一段艰苦的日子。他不像别的少爷们那样阔气，能从家里寄钱来，所以连一文钱也不敢随便花，而且他根本也不想乱花钱。他心里想的，只是要使无依无靠的母亲安心，要报答叔父照管自己的

---

① 1878 年。

② 好色的意思，多半指女人说。

恩情。他爱惜一分一秒的时间，刻苦用功，所以学业突飞猛进，每次考试，总是名列前茅。教员们都赞美他是个难得的好学生。但是，这样一来，可就引起了同学们的不满。那些平素放荡懒惰惯了的少爷们，由于不服气和嫉妒，不免对他百般刁难，可是文三却丝毫不把这些事放在心上，一天到晚，一个人专心致志地埋头读书。岁月就这样一年又一年地过去了。多年的苦读，终于获得了一张毕业文凭。从此他又回到叔父家里寄居，并且也开始想尽办法托人，希望谋个一官半职。但是那时候谋职真是难如上青天，半年过去了，还是一筹莫展。在这一段期间文三真是受尽了婶母的冷嘲热讽，饱尝辛酸滋味……最初，婶母还多少有些顾忌，只说些旁敲侧击的话，到后来竟变本加厉，最后，她的话变得像甩鲜松叶烧辣椒冒出来的烟一般辛辣。起初，文三还捏着鼻子忍受了一个时期，后来因为这股烟实在太厉害，就感到有些忍不住了，可是文三依然归咎于自己无能，终于又默默地忍下去了。因此，经人介绍到某部去当一名办事员的时候，他高兴极了，如同一步登天似的松了一口气，不过，刚一上班，他却感到很奇怪。他领到调查文件，回到自己的座位上，往四下里环视了一下，有的装模作样地歪着脑袋在写什么文件，有的瞪大了眼睛全神贯注地在那里核对，还有的嘴里叼着笔杆忙忙碌碌地翻弄着账簿。在这形形色色的人们当中，面对着文三的一个五十来岁的老头，正皱着眉头、眨巴着眼睛不停地打着算盘，突然停下来，用手指按着算盘珠，嘴里嘟囔着："嗯，六五七十二……不对，不对，嗯，六五……"他扬起脸来，恰如天下安危就在此一举似的脸上流露着犹疑不定的神气，呆呆地张着嘴，从眼镜上边一个劲儿地盯着文三的脸，提高了嗓门说了句："噢，八十二呀！"说完又一心一意地打起算盘来了。文三瞧着这种滑稽样子实在可笑，忍不住笑了笑。可是仔细一想，笑人的和被笑的，两个人的境遇并没有多大差别。想到自己倾注心血，废寝忘餐学来的本事，就用在这样庸庸碌碌的工作上，心里不免感到了无限悲伤和惆怅，不由得深深地叹了一口气。可是又一想，不能这样，于是改变了念头，当天就开始了工作。头四五天，一看到对面的那个老头，免不了叹息一会儿，但这也无非是因为到了新环境的原故，日子久了，一习以为常，也就感不到有什么苦楚了。从这个月开始，文三每月给家乡的老母亲寄点钱去，母亲也高兴了；逐月分期还清了欠下叔父的债，婶母也痛快了；当年年底又升了一级，正式成了委任官；去年夏天回到阔别多年的故乡去省亲等等，这令人高兴的事情一多起来，从此就再也不愁眉不展了，寿命也像是延长了似的。在这里面却有一段艳事，在叙述这个故事之前，我们稍微了解一下孙兵卫的长女阿势的小传吧。

阿势生长在这样的一个环境里：她有个天性特别喜欢孩子的父亲孙兵卫，

还有个对别人刻薄，对自己的孩子却疼爱异常的母亲阿政，所以她自幼就被当作掌上明珠似的宠爱着，不管说什么，没有不依从她的，天长日久，自然而然地就成了一个骄纵任性的姑娘。她七岁就开始按照父亲的意思上了小学，母亲又按照自己的爱好叫她学习清元①的三弦。阿势天生有些小聪明，虽然是囫囵吞枣，却记得挺快，可以说是学、艺兼优。这就使她母亲乐得眉开眼笑，逢人就大吹大擂地夸耀着自己的姑娘，直说得唾沫横飞。正在那时候，邻居新搬来了一户做官的人家，一家四口，有妻子也有女儿。因为是邻居，免不了见面寒暄，两家的大人渐渐熟悉了，跟着两家的女儿也就亲近起来，几乎天天都是你来我往的。邻家这个姑娘，比阿势大两三岁，性情十分温柔娴静。因为父亲是个落魄的读书人，所以尽管她还是个孩子，也非常好学，而且学得很出色。上了年纪的人尚且免不了要模仿别人，何况像阿势那样生性浮躁的孩子，自然也就很快受到那个邻居姑娘的熏染，一举一动，一言一行，样样都学着那个姑娘。她立刻扔下三弦不学，坐在桌子前面，捧起书本用起功来了。阿政一向是不喜欢读书这种死板板的事儿的，因为心爱的女儿高兴，也就听其自然了。当阿势小学毕业的时候，正赶上邻家的那个姑娘已经到芝区的某私塾②去念书。阿势忽然也想跟着去入私塾，死乞白赖地央求，甚至连说梦话的时候都闹着要去。起初父母还拿着家长的威严斥责她说："你年纪那么小，尤其还是一个没出息的女孩子家，竟想要上私塾，真是岂有此理！"后来阿势拿出她那惯用的绝食办法，嘴里还嘟囔着说："连上私塾念书都不成，活着简直太没有意思了！"就这样整天不是无精打采，就是连哭带闹。父母看见她这个样子，终于软了心肠，说："既然你真想去，那就去吧！"于是就把一切事情都托付邻家的姑娘照料，迫不得已地叫她进了私塾。那已经是两年以前的事了。

阿势上的那个私塾的塾长，原是一个从包销报纸起家的"女英雄"。她是一个"一饭之恩不偿，睚眦之仇必报"的狠毒的人，只要谁不称自己的心意，就要想尽办法来陷害人。在父母跟前一向像蛤蜊似的总挺着胸脯任性惯了的阿势，在别人面前就像蜗牛似的缩成了一团，由于受不了这个女人的折磨，就百依百顺地对她献起殷勤来。也许正因为阿势原来就是个性情浮躁的女孩子，容易沾染上坏习气的原故，所以她很快地就变了一个人，这样不知不觉地就和邻家的姑娘逐渐疏远了。自从她开始学习英语以后，越发学得胡闹起来，衣服换

---

① 清元节的略称，江户净琉璃的一种。

② 当时日本的私塾也有外语或其他科学课程。

上了洋装，唐人髻①也改成西式发髻，脖子上系着一条围巾，忍受着别扭戴上一副眼镜，尽管别人讥笑，她却自鸣得意，完全变成了一个不知检点的人了。可是，在去年年末，自从那个"女英雄"说是被聘去当教员离开私塾以后，她身边的那些淘气姑娘们，也就一个个地离开私塾，剩下的也没有几个人了，因此阿势也情不自禁地怀念起家来。可是她又不肯直说，只是借口汉学大致学得差不多了，就在今年春末，樱花将谢的时候，离开了私塾回到了家里。

　　前面讲过，当文三刚到东京的时候，她还是个十二岁的小女孩子，腰上系着一条窄窄的带子，成天地玩着布娃娃。也许由于小孩子的早熟的心理，竟把大人对她说的那句"那个人就是给你找的丈夫"的笑话，当成了真话。起初还羞羞答答地不大自然，但是青梅竹马，两小无猜，两人很快地就熟识起来，不久更亲热得连吃块点心都要两个人分着吃，这还是当年的事。自从文三搬入某学校宿舍以后，彼此见面的机会很少，难得有时候在一起待上半天。今年寒假阿势回家的时候，两个人在一起待了十来天，不过这时已经和孩提的时候不同了，年龄也都不小了，文三凡事都怀着一种客气而有些疏远的心情，就没有亲密地谈过一次话。虽然如此，当阿势回私塾后的头两三天，他又好像失去了百年的知己一般，心里总觉得有些凄凉，不过，日子一多也就渐渐淡漠下去。如今想不到又生活在一个家里，有时候听到她几句亲昵的话，虽然并不是那么受宠若惊，但总有些像过新年一般，不由得感到心情愉快。家里又多了一个人，显得热闹一些，这也是很自然的事，可是奇怪的是，每次当文三和阿势坐在一起的时候，他的心情就和平常有些不同。这时候他总是意外地规规矩矩起来，直挺挺地、目不斜视地装出一副一本正经的神气。好像魂不守舍、六神无主一般，觉得周围的一切东西仿佛被一层薄薄的轻烟笼罩着，浮沉在虚无缥缈之中，若隐若现。而在这些东西之中，唯独有一个东西，即使不故意去看，也要在眼前出现。像这样的感情，直到现在还感到有些莫名其妙。自从夏初阿势请他教英语以来，文三也不像过去那么拘谨了，两个人有时候也谈起日本妇女的现状、西式发髻的优缺点，以及男女是否应该交际等问题。奇怪的是，过去在意识上一向并没把文三当作男子来看，总是信口开河、高谈阔论的阿势，不知从什么时候起，在文三面前逐渐变得沉默寡言，端庄起来，处处都流露着女性的温柔。有一天，当文三看见阿势忽然摘掉了眼镜，取下了脖子上的围巾，他觉得奇怪，就问她这是为什么，阿势回答说："不是你说过这些东西对健康有害吗？"文三禁不住莞然地笑着说："那真太好了！"说完又笑了。

---

　　①　日本少女发式的名称。

　　自从阿势变得安详稳重以后，相反地，文三倒坐卧不宁起来，上班的时候，不住地思念着阿势，总是急着盼下班。回家以后，能看见阿势还好，如果看不见，就无精打采起来。有一次他怀疑自己"是不是爱上了她"，不由得脸就羞红了。

　　自从阿势回家那天起，也许文三自己不觉得，在他的心里的确像是生了个虫子。只不过当时这个虫子还小，不占地方，在心里待着也没有什么妨碍。当它蠕蠕蠢动起来的时候，整个世界就仿佛集中在一起，他好像是脱离了人世，走向极乐世界，又好像在春光明媚的季节里，置身在奇花异卉、和风香气之中，似睡非睡蒙蒙眬眬地听着那渐渐飞远的蜜蜂的嗡嗡声，感到了一种无法形容的快乐。但是这个虫子，不知什么时候成长壮大起来了。在他怀疑"是不是爱上了她"的时候，这个虫子已经变成了一个"情愿相虫（从）"的大虫，在心里爬来爬去的……如果被她无情地拒绝了，那就无法得到它渴望吃到的那个香饵，这个大虫也许会饿死。但是像那连绵不绝的闷人的黄梅雨，若有情似无情地欲下还停，把人弄得半死不活，连大虫也受不了这种苦痛，会在肚子里辗转翻腾，使人肝肠欲断……谁料最初的欢乐，竟会变成眼前的苦痛。文三偷偷地留心观察着婶母的神色，也许是他的心理作用，他瞧着婶母仿佛是知道这种情形，她却故意装作没看见。他常想："如果是这样，就等于已经得到了婶母的默许……还不如索性把话说明白了……"但又觉得："说出这样极关重要的话，如果遭到拒绝，那就无法挽回了。"于是他又赶紧打消这个念头，抑制住心猿意马，就让这条虫子闷在肚子里苦恼着。……已经到了紧要关头，请读者再往下看吧！

（选自《二叶亭四迷小说集》，人民文学出版社，1962）

# 《我是猫》（节选）

（日本）夏目漱石　著

尤炳圻　胡雪　译

夏目漱石（1867—1916）是日本近代文学史上最著名的作家，日本近代文学的杰出代表。他出身于武士家庭，早年赴英留学，后成为专业作家。代表作有长篇小说《我是猫》（1905）、《三四郎》（1908）、《从此以后》（1909）、《门》（1910），中篇小说《哥儿》（1906）等。此外，漱石还有两部文学理论专著和大量的散文、诗歌、评论、小品文等。

《我是猫》是夏目漱石的处女作，也是其代表作之一。作品没有连贯的故事情节，只是通过一只猫的眼睛来观察主人教师苦沙弥和他的朋友们的生活、交往的琐事，中间穿插了邻居家金田小姐的婚事所引发的一系列风波。小说淋漓尽致地反映了二十世纪初日本中小资产阶级的思想和生活，尖锐地揭露和批判了日本明治时期的资本主义社会。但是也应当看到，小说在思想上还存在着一些局限性。作者对劳动人民的描写表现了其存有的阶级偏见。在苦沙弥和"猫"的眼里，普通车夫与金田、铃木、侦探一样的下贱可卑，都是趋炎附势的小人。而其中对日本妇女的讥笑、讽刺，更清晰地反映了作者的落后思想。小说共11章，节选部分是第4章的片段，描写了苦沙弥与金田老爷的冲突，揭露了资本家的丑恶面目以及铃木投靠资本家的市侩嘴脸。

小说中以苦沙弥为首的明治时期的知识分子形象被刻画得惟妙惟肖，他们矛盾的生活状态和性格特点，正是当时一种既不满上层统治者又不与人民为伍的处在社会中间状态的中小资产阶级知识分子的典型写照。作者夏目漱石就来自这个阶层，熟悉他们的生活习性和心理特征，因而在作品中对他们的描写非常真实和到位。

小说融合了日本俳谐文学和西欧讽刺文学的传统，运用风趣幽默、辛辣讽刺的手法对当时社会进行揭露和批判，叙述流畅，情节舒展自若，描写夸张而细腻，语言诙谐有趣。如对金田夫妇的容貌的描写就使用了夸张的手法，利用两人容貌上反差达到讽刺的效果。

# 第四章

......

......

主人认真地发表着他的奇妙理论。这时，门口的铃儿乱响起来，有人高声喊着："借光，借光！"大约是铃木先生以屋顶青草为线索，终于找着了苦沙弥先生的卧龙窟了。

女主人把争吵的问题保留到以后再谈，仓仓皇皇地抱起针线盒和坎肩，躲到饭厅里面去了。主人也把鼠色的毡子卷成一团，掷进书房。不久，女仆送来一张名片，主人拿起来一看，脸上现出了惊讶的神色，吩咐女仆把客人请进来，便握着名片径直走到便所里去了。我完全不懂主人为什么要急急忙忙地到便所里去，更无法说明他为什么要把铃木藤十郎的名片带到便所里面去。总之，倒霉的是奉命伴随主人到臭地方去的名片先生。

女仆把花洋布的坐垫在壁橱前面铺正，说声"请坐"就退下去了。铃木先用眼睛巡视了一番室内的情况。壁橱里面挂着一幅假的木庵的《花开万国春》的立轴，京都制造的廉价的青瓷瓶里插着春分前后的樱花……一样一样地检点过后，这才偶然向女仆劝用的坐垫一看，不知在什么时候有一只猫儿大模大样地坐着。不消说，那只猫就是我了。这时，铃木先生的心中起了风波了，不过一点也没有现出来。破坏了铃木先生心里的平静的第一个因素是：这个坐垫毫无疑问是为铃木先生自己而设的。在自己还没有坐上去之前，竟有一只莫名其妙的动物，连招呼也不打一个就老实不客气地坐下了。其次，破坏铃木先生心里的平静的第二个因素是：假使这个为自己设置的坐垫，就那样空着，一任春风吹拂的话，铃木先生为了表示谦逊，在主人出来催请坐上去之前，也许甘心情愿地坐在坚硬的地席上面的；然而，这个迟早要为自己所有的坐垫，却被别人连招呼也不打地坐去了。而坐这垫子的是谁呢？如果是一个人，自然还可让他一步；但却是一只猫，真岂有此理！坐垫子的是猫而不是人，这使铃木先生更感到不愉快。最后，破坏了铃木先生心里的平静的第三个因素是：这只猫的态度实在令人生气。坐在并没有权利坐的垫子上，非但没有一点抱歉不安的样子，而且傲慢非常，睁着一双毫不讨人欢喜的眼睛盯住铃木先生，仿佛在问：你是什么人呀？

铃木先生既然有这么多的不平，本来不妨提了我的脖颈，把我赶下去，但他却只是不言不语地望着。一个堂堂男子决不会不敢出手对付一只猫的，铃木先生之所以不及时处分我以泄他自己的愤怒，我看是由于他的自尊心，想维持作为一个人的体面。要用实力来解决的话，便是一个三尺的小孩也可毫不费力地把我赶上赶下的；然而一考虑到要保持体面，那就不怕是金田老爷的股肱铃木藤十郎先生，也只好对着这个坐镇在二尺见方坐垫上的猫神束手无策了。虽然这里别无他人，但和一个猫儿争座位，是有损人的尊严的。认真地把一只猫儿做对手来较量长短曲直，总嫌有些小气，而且是滑稽可笑的。为了避免这种不名誉，他只好忍受一些苦楚。但也正由于必须忍受一些苦楚，自然也就增加了对猫儿的憎恨，因此铃木先生不断地皱着眉头望望我。我看着铃木先生的愤怒的面容，觉得非常有趣，就尽量抑压着自己的滑稽之感，装做没有看见一样。

正当我和铃木先生演着这样一出哑剧的时候，主人拾掇着衣服从厕所里出来了，"哦"地招呼一声坐了下来。刚才捏在手里的那张名片，连个影子也不见了，大约铃木藤十郎先生的名片就在那个臭地方判处了无期徒刑。我还没来得及想到名片先生真是倒霉之至，就听见主人骂了一声"这个王八蛋"，提住我的颈根，使劲把我扔在走廊里。

"请用垫子呀！真是稀客哩。几时到东京来的？"

主人请老友用坐垫，铃木先生把垫子翻了一个面，然后才坐上去。

"实在是忙得很，没有通知你，我是最近调到东京的总公司来的……"

"那很好。我们很久没有见面了！你离开东京以后，我们这还是第一次会面哩。"

"是呀，大约将近十年了罢。不过，后来我倒也常常到东京来，只因工作太忙，竟一直没有来问候，请你不要见怪罢。公司的工作和你的职业不一样，实在太忙了。"

"十年以来，你大大的变样了。"主人上上下下地打量着铃木先生。铃木先生的头发分梳得很漂亮，穿着英国制的毛呢西装，系着华丽的领带，胸前还挂着一条闪亮的金链，一点也不像是苦沙弥的老友。

"是呀，弄到不得不挂上这家伙了哩。"铃木先生说，频频地显示着他的金链。

"那是真金的么？"主人发出没有礼貌的质问。

"是十八开金的。"铃木先生带笑地答。"你也老得多了。该有孩子了罢，一个？"

"不对！"

"两个？"

"不对！"

"还有吗？那么是三个了？"

"是的，现在有三个，将来还不知道有多少。"

"还是老脾气，尽说开心的话！顶大的一个有几岁了？不小了罢？"

"嗯，我也搞不清楚，大约是六岁或者七岁罢。"

"哈哈哈，当教员的真是悠闲，好得很。当初我也当教员就好了！"

"你当当试试，保证干上三天就生厌的。"

"是么？我觉得当教员既清高，又舒服，既有闲工夫，又可爱研究什么就研究什么，不是挺好的吗？做一个资本家当然也不坏，但是像我辈中的人可不行。要做资本家就得做个大的；做了小的，仍然得整天瞎奉承人，整天乱应酬一气，实在没有什么意思。"

"我从当学生起就讨厌资本家。只要能赚钱，什么也干得出来。用古人的话说，那就是'商人'嘛！"主人当着和尚骂起贼秃来。

"未必罢——倒也不能说全是那样的。不干不净的地方当然多少也有一些，总之，要是没有和金钱情死的决心，就做不成资本家的。不过，金钱也是一个不大好对付的东西。刚才我还在一个资本家那里听来了这样的话，说是要想赚钱，就得精通三角①，就是要缺义理，缺人情，缺廉耻的意思，不是说得很有趣的么？哈哈哈哈……"

"这是哪个糊涂东西说的？"

"说这话的人一点也不糊涂，是一个非常精明的人呢，在资本家里面也很有点名望的。也许你也知道罢，就住在前面横巷里。"

"是金田吗？那家伙算什么东西！"

"生这么大的气！唉，那也不过是说说玩笑话罢了，不过是打打譬喻，说要不那样的话就赚不到钱。你要是解释得太认真，可不行呀。"

"谈谈三角开开心也倒罢了，可是那家女人的鼻子简直不成话！你要是去过的话，总看到了的那个鼻子？"

"你是说金田太太么？她是一个很痛快的人哩。"

"我说的是鼻子啊，说的是大鼻子。前些天我还用那个鼻子写了十七字诗呢。"

"什么叫作十七字诗？"

"连十七字诗都不知道么，你也太不识时势了。"

---

① 精通三角，日本"角"字读音与"缺"字相同，均读"KaKu"，故此处所谓"精通三角"即是"精通三缺"之意。

"唉，像我这样的忙人，文学之类到底是不行的，而且，从前我就不怎样喜欢它。"

"你知道查理曼大帝的鼻子形状吗？"

"哈哈哈，真有闲情逸致！我不知道。"

"你知道惠灵顿的部下给他起过一个'鼻子'的绰号吗？"

"你这么关心鼻子是怎么回事？鼻子是圆是尖，不是毫无关系么？"

"绝不是这样。你知道帕斯卡①吗？"

"又是知道吗知道吗的，我简直像来受考试了。帕斯卡怎样呀？"

"帕斯卡说过这样的话……"

"说过什么？"

"他说过，假使克里欧帕特拉女王的鼻子稍微短了一点的话，就会使世界发生很大的变化。"

"原来如此。"

"所以，像你那样妄自轻视鼻子，是不行的。"

"呀，好罢，今后我一定重视鼻子。这个暂且放下不谈，我今天来，是有点事情要和你商量的。那位你曾经教过的叫作什么水岛——咦，水岛——咦，一时想不起他的名字了，不是常常到你这儿来的吗？"

"是寒月么？"

"不错，不错，就是寒月，就是寒月。关于他有些事情要向你请教。"

"是不是婚姻问题？"

"哦，多少也近似这一类的事。我今天到金田先生那里……"

"最近鼻子亲自来过一趟了。"

"是么？对对，金田太太也这么说过的。据金田太太说，她本是要向苦沙弥兄请教，亲自跑了来，碰巧迷亭也正在座，他老是开玩笑打岔，弄得她什么也没有问清楚就回去了。"

"带着那样一个鼻子跑来，就不对。"

"哪儿，她并没有怪你。因为迷亭在座，不能详细地询问，非常觉得遗憾，所以托了我，要我再来一趟，好好问一问？我也从来没有给人家办过这种事情，但又觉得如果男女双方自己并不反对，那末居中撮合一下也决不是一件坏事，所以我才来了。"

"那真辛苦你了。"主人回答得很冷淡，但当他听到"男女双方"这样的话

---

① 帕斯卡（1623—1662），法国数学家和哲学家。

的时候，不知怎的，他却有点心动起来，产生了一种仿佛在闷热的夏夜，有一缕清风钻进袖口里面的感觉。原来我的主人是一个天性直率坦白，顽固拙陋的人；但虽如此，却和那些冷酷无情的所谓文明的产物又自不同。要知道他为人如何，我们只需看他那伸拳掉臂、怒发冲冠的神态，也就可以知道。前些日子他之所以和鼻子夫人吵架，是因为看不惯那个鼻子；对于她的女儿并没有什么怨恨。他痛恨资本家，因而对于资本家分子之一的金田某某自然也很厌恶，但这和他的女儿究竟是不相干的。对于金田的女儿，他既无恩也无怨；而寒月先生又是他爱得比自己的亲兄弟还更深切的门生。如果像铃木先生所说，寒月先生和金田小姐的感情很不错的话，他觉得就是间接予以破坏，也不是君子所应有的行为。——在这一点上，苦沙弥先生认为自己是一个君子。——如果两个人很要好的话……但这还是一个疑问。要端正自己对于这个问题的态度，首先还得把问题的真相弄个明白。

"他家的女儿愿意嫁给寒月么？金田和鼻子用不着管，女儿本人的意思是怎样的呢？"

"那个嘛，那，怎么说好呀，不管怎样罢，嗯，大概总是愿意嫁给他的罢。"铃木先生的回答有点暧昧。事实上他以为只要问清楚寒月的事情回去复命就行了；至于小姐的意思，他确实事先没有打听了来。因此，圆转油滑的铃木先生在这里也有一点狼狈了。

"'大概……罢'这类的话，不是太含糊了么？"主人对于无论什么事情，倘不从正面攻击就不痛快。

"不，不，那是我刚才没有说好。小姐方面的确是有那个意思。真的是那样。——哦，金田太太就对我这么说过的。据说还常常咒骂寒月先生呢。"

"是那个姑娘么？"

"是呀。"

"还要咒骂，真是个蠢东西！这么说来，那不是对寒月没有意思吗？"

"问题就在这儿呀。男女之间的情感是非常微妙的，有的人对自己越是爱的人，越咒骂得厉害呢。"

"哪儿有那样的傻东西呀！"主人听了这样洞察人情机微的话，竟一点也没有理解。

"那样的傻东西世间很多，所以那样的事情也就不少了。金田太太也是这样解释的，她说她的女儿时常咒骂寒月先生是一个傻头傻脑的平凡庸懦的人，因此，她在心里一定是很爱他的。"

主人听到这个奇妙的解释很觉得意外，睁圆两眼，不作回答，只是像马路

上的算命先生一样死盯着铃木先生的面孔。铃木先生大概感觉到，这家伙，要
照这样搞下去的话，说不定这一趟也是白跑了的，于是就把话头引到主人能够
理解的这个方面来：

"你想一想也可以明白的。人家有那么大的财产，有那样好的姿色，不论
到哪儿都可以嫁到一个相当的人家。寒月先生也许了不起，但从身份方面说
来——啊，这么说也许有点失礼。——从财产这一点说来，谁看了也觉得他和
人家是很不相称的罢。然而她的双亲为她操心到这个地步，竟要托我特地来走
一趟，这不就因为她对寒月先生是有意的缘故吗？"铃木先生作了非常漂亮的
说明。他看见主人这回好像也被说服了，这才安心下来；但他知道要是老在这
个问题上打转的话，又有受到意外袭击的危险，因此想到了一个万全之策，那
就是及早把谈话向前推进一步，以便早些儿完成使命。

"由于刚才所说的原因，对方表示什么金钱财产都不考虑；只希望他能获
得一个资格。所谓资格，也就是一个学位。这倒不是吓唬他说得了博士就把女
儿嫁给他——你不要误会。前些时金田太太来的时候，因为迷亭兄也在座，他
尽说些怪话——当然，一点儿也没有怪你，金田太太还夸赞你很坦白正直呢。
完全是由于迷亭兄的不好罢。所以呢，只要寒月先生本人肯去挣一个博士之
类，那么女方在社会上也就有面子，有光彩了。不晓得怎样，水岛先生能不能
在最近期间提出博士论文，得到博士的学位呢？——当然，如果单是金田一家
的话，博士学士都用不着的，只因还有个社会，就不能那么简单了。"

这样一说，就使人觉得金田家要求博士学位似乎也不无理由。既然是要求
得有理，那就不能不按铃木先生的指示来办了。铃木先生实在有要主人生就生
死就死的本领。确实不错，主人是一个单纯而正直的人。

"既是这样，下次寒月来的时候，我就劝他草拟一篇博士论文罢。不过，
他本人是不是想讨金田的女儿这一点，我还得先查问他一下。"

"'查问'什么的，要是像这样郑重其事，事情是办不好的；还是用普通谈
话那种含而不露的方式，去试探他的心，才是好办法哩。"

"试探他的心？"

"唔，说'试心'也许有点儿语病——当然，不试也不要紧，谈着谈着就
自然会明白的呀。"

"你也许会明白，我要是不问个清楚，是不会明白的。"

"不明白的话，唉，也没有关系。不过，像迷亭兄那样狗拉耗子似的乱搅
扰，我想总不大好。这种事情，就说不去出力促成，也还是听由当事人自己的
意志决定才对。下次寒月先生来的时候，务请不要加以阻碍。——不，这说的

并不是你，是说的迷亭兄呢。什么事情他一插嘴，就无办法了。"铃木先生正在这样给主人找替死鬼，责斥迷亭的当儿，恰如俗话所说"说到曹操，曹操就到"，迷亭先生照例从后门里驾着春风飘然飞舞进来了。

"哎呀，稀客稀客！到底是像我这样成了熟客，主人的招待就没这样殷勤，简直不像话！看起来苦沙弥的府上只能十年才来拜访一次，瞧瞧这点心不是比哪一次的都要讲究吗?"迷亭先生一面说，一面把藤村点心铺买来的栗粉糕一劲儿往嘴里塞。

铃木先生张口结舌地发着愣，主人却嘻嘻地笑。迷亭先生只顾吧嗒吧嗒地嚼。我从走廊上望着这一瞬间的光景，觉得很可以构成一幕默剧。禅宗的无言问答如果是"以心传心"的话，那么这一幕默剧也明明是"以心传心"的。虽然表演的时间不长，但却十分精彩。

……

（选自《我是猫》，人民文学出版社，1997）

# 《棉被》（节选）

[日本] 田山花袋　著

黄凤英　译

田山花袋（1871—1929）是日本自然主义文学的代表作家之一。他出生于一个没落士族家庭，少年时期曾学习汉学。早期创作崇尚感情和理想，带有浓厚的浪漫主义色彩。20世纪初，在以冲击封建专制为目的的日本自然主义文学的影响下，他的创作转向自然主义。1904年发表著名论文《露骨的描写》，较全面地提出了他的自然主义文学观点，主张摒弃理想，不要技巧，只作客观、露骨的描写。1907年发表中篇小说《棉被》，以赤裸裸的情欲描写引起广泛注意，使得自然主义文学流派声威大震，对日本近代文学产生了深远影响，也奠定了田山花袋在日本近代文坛的地位。

《棉被》是田山花袋的代表作，是根据其真实经历创作的。田山花袋于1905年从军前，结识了一位名叫冈田美知代的少女，少女因为喜欢田山花袋的作品常向他表示爱慕。那时的田山花袋已经厌倦夫妻生活，他与美知代书信往来，陷入狂热的恋爱当中。田山将自己与美知代的恋情真实地写进了《棉被》，宣泄了情欲受到压抑的苦闷，在当时的文坛引起了一阵轰动。小说中对主人公时雄的内心深处的种种丑恶、肮脏的意念做了细致深入的"露骨"的描写，其中也包括对人的本能的描绘。这些都是日本自然主义文学强调的"内面的写实"，充分体现了其描写人的自然本能欲望等理论原则。

时雄是明治政府高压时期苦闷、压抑、空虚而无聊的小资产阶级知识分子的一个代表。他缺乏理想和追求，生活无聊而受到压抑，由此产生丑恶的欲念等畸形心态。他一方面恋着芳子，与芳子保持着暧昧的关系，但另一方面受师生道德等社会因素的制约而不得不压抑自己的感情，这种矛盾导致了种种恶念的产生。芳子是日本明治时期时髦女学生的代表。她活泼、爱美、追求理想、虚荣心强。她起初追求个性解放，向往自由恋爱，与恋人执著相恋，但最终软弱地向师长、家长的权威妥协。

在《棉被》中，田山花袋极力避免空想和虚构，以写事实、写身边琐事为主，刻意追求细腻的心理描写，以此来准确把握人物性格，细致传达感情，形成了日本"私小说"的最初模式，此后这种"私小说"作为"纯文学"在日本文坛经久不衰。

# 二

· · · · · · · · · · · · · · · · · · · · · · · · · · · · · · · · · · · · · · · · · · · · · · · · · · · · · · · · · · ·

他的名字叫竹中时雄。

三年前，也就是妻子怀着第三个孩子，新婚的欢乐终于就此结束的时候，他觉得世上忙忙碌碌的工作太没有意思，却又没有为毕生事业献身的勇气。日常的生活——早晨起床、上班；下午四点钟回家，依旧望着妻子的面孔，吃饭、睡觉。这种单调的生活，实在叫人厌倦透了。搬搬家换换新鲜空气吧，没有意思；和朋友们说说话吧，同样没有意思；看看外国小说，也得不到满足。甚至连庭院里茂盛的树木以及雨点、花开、花落等自然现象，都使他本来平凡的生活显得更加平凡，以至孤寂得没有安身之地，走在路上，经常见到年轻貌美的女子，如有可能，他真想再次谈情说爱。

的确，人一到三十四五岁这种时候，谁都会有自己的烦恼。不少人在这个年龄去玩弄卑贱的女人，为的就是填补精神上的空虚。社会上与妻子离婚的，也以这个年龄的人最多。

每天早晨在上班的路上，常与一位漂亮的女教师相遇。当时，他把碰上那女子作为当天唯一的乐趣，并对那女子产生了种种幻想：如能和她相恋，避开众人的耳目，把她带到神乐坡一带的酒店去，私下欢乐一番，那将会……瞒着妻子，两人一起到近郊去散散步，那又会……更有甚者，他甚至想，当时有孕在身的妻子，如果意外地难产死去，自己以此女子续弦，又会如何……她是否甘愿作自己的后妻呢？他一边走一边这样想。

就在这时，他收到了一位名叫横山芳子的女子的一封来信，信中充满了崇敬之情。这女子是神户女学院的学生，出生于备中新见町，是他的作品的崇拜者。他竹中古城①因写的小说文字优美而在社会上颇有名气。各地的崇拜者和渴慕者的来信，以往就相当多，有的要求修改文章，有的要求收作学生，他都未加理睬。所以，这个女子的来信也没有特别引起他的好奇心，以至想到要写回信。可是，一连收到三封出自同一个人的热情洋溢的来信，就连不想理人的时雄也不能不加注意了。来信人年龄大概十九岁左右，信中表达了她无论如何都要作老师的门生，一辈子从事文学事业的迫切愿望。从词句来观察，其表达之巧妙，确实令人吃惊。字体流畅秀丽，运笔自如，看来像是一个非常时髦的

---

① 即竹中时雄的别名。

女子。他写回信是在工厂楼上那间屋子里，当天，编写了两页每天必写的地理书之后，腾出手来，给芳子写了长达几尺的一卷信，长篇累牍地摆出许多理由，说明女子投身文学事业很不适宜；并说女子应从生理上尽到做母亲的义务，还说处女当文学家很危险等。信中还使用了一些带指责性的词句。他暗自得意地在想；这样一来，她也许会满肚子不高兴，从而打消这个念头。接着，他从书柜里找出了冈山县的地图，查找阿哲郡新见町的所在。从山阳线逆高梁川溪谷而上，深入十几里。在那山林深处，居然有这样一位时髦的女子。想到这一点，他不禁产生出一种眷恋之情，以至仔细地察看了那附近的地形，山脉和河川。

原以为她不会再来信的，谁知到了第四天，她反而寄来更厚的一封信。蓝格子的西洋纸，她用紫色墨水和细小的字体，横着写了三张，反复表达了希望老师不要见弃，一定要收她作弟子的意思。父母如能同意她的要求，她将去东京上合适的学校，尽心尽力攻读文学。对这个女子的意志，时雄不得不表示钦佩。即使是东京女校毕业出来的人，也有根本不懂文学价值的，可她信中的措词，却像什么都懂似的。时雄很快写了回信，就这样结下了师生关系。

从此以后，经常有书信和文章来往。时雄认为，虽说她的文章尚有幼稚之处，但文句流畅，没有语病，很有发展前途。随着彼此一次比一次地对各自的习性有所了解，时雄居然等起她的信来了，甚至有时很想让她寄张照片来，并用很小的字体把此意写在信纸角上，可紧接着，他又把它涂得一团黑。对一个女子来说，姿色是非常必要的。姿色不好的女人，即使有多大才能，男的也不会理睬。时雄心中暗暗地在想：反正想搞文学的人，肯定不会怎么漂亮的，可又希望这女子要尽可能使人看得过去。

第二年二月，芳子得到父母的同意，由父亲陪伴，来到时雄的家。那天正是时雄第三个儿子出生"满七"的日子，正在客厅隔壁房间坐月子的妻子听前来帮忙的姐姐说，来了一位年轻貌美的女弟子，心里便老大的懊恼。姐姐也对招收这样年轻美貌的女子作弟子，不知安的什么心而惴惴不安。时雄和芳子父女坐在一起，详细地谈到了文学家的处境和目的，并就芳子的婚姻问题，事先听取她父亲的想法。芳子的家在新见町是不下于第三位的豪门望族，父亲和母亲都是虔诚的基督教徒，母亲在信仰方面尤为出色，曾就读于同志社女校；大哥曾留学英国，回国后，在某公立学校任教。芳子在当地小学毕业后，就去神户上神户女学院，在那里过的是新式学校生活。教会女校比起其他女校来，在文学方面完全是自由开放的，虽然当时规定不准阅读《妖风热恋》[①]《金色夜义》[②] 等书籍，但在文部省未加干涉之前，只要不在教室里，阅读什么都不受限制。在学校附属的教堂里，她体会了作祷告的庄严，圣诞节之夜的乐趣和培养理想的意味，自己成了将人性中卑劣的一面掩抑下去，美好的一面标榜出来的社会成员之一。刚到学校的那阵子，确实曾为依恋母亲、怀念家乡而感到很难受，但不久就忘得一干二净，渐渐地感到没有比女学生的寄宿生活更有意思的了。若是不给吃好吃的南瓜，学生就往饭钵里倒酱油，捉弄厨师；有时还看着那性情乖僻的舍监老太太的脸色，明里暗里说东道西。像她这样一个在家庭里长大的少女，混在这些女学生当中，怎么能单纯地观察事物呢？爱美、培养理想、虚荣心强——芳子在潜移默化中接受了这样一些思想，明治年代女学生的长处和短处，在她身上都体现出来了。

时雄的孤寂生活至少因此起了变化。现在的妻子过去无疑是他的情人，但现在时代变了。这四五年来的变化是：女子教育的兴起，女子大学的设立，刘海式的发型，绛紫色的裙裤；女子和男子肩并肩走，谁也不感到害羞了。时雄认为：在这世界上，如果只满足于梳老式巴巴髻，用鸭步走路，性格温顺，恪守贞操，而别的什么都没有的话，那就太可悲了！他外出时常看到有人带上合乎潮流的漂亮妻子，亲亲热热地一块儿散步；访友时，又看到年轻的妻子出来和丈夫同席，与对方侃侃而谈。可是，自己的妻子不仅不能阅读自己费尽心思创作的小说，而且对丈夫的苦恼烦闷全不放在心上，只求把孩子很好地抚养成人就行。这不能不使他感到孤独，跟《孤寂的人们》中的约翰奈斯一样，他感到妻子没有意思。这种孤独感却由于芳子的到来而不复存在了。时髦的漂亮女弟子，嘴里不停地喊着"老师！老师！"把他尊为世上的伟人一般。对此，谁能无动于衷呢！

头一个月，她临时住在时雄的家里。女弟子美妙的声音，优美的身姿，跟他以往孤寂的生活，形成了何等鲜明的对照！她给刚坐完月子的妻子编织袜子和围巾，缝制衣服，逗孩子玩，那种活泼的姿态，使时雄感到好像又回到了新婚的当初。一走近家门，心里就很激动。门一开，女弟子娇艳的笑脸，多采的姿容就出现在门口。往日里，到了晚上，妻子总是贪睡，早早地和孩子一起上了床，六铺席的房间里，空点着明灯，反而增加了他的孤独感。可现在，不管回来多晚，总看到白皙的手，在灯光下轻巧地操作着编织针，膝盖上放着带色

---

① 《妖风热恋》，为小杉大外（1865—1952）所著，发表于1903年。

② 《金色夜叉》，为明治时代著名作家尾崎红叶（1861—1903）之名篇，发表于1898年。

的毛线团。牛込①深处的小篱笆院内充满了爽朗的笑声。

可是，不到一个月，时雄就觉得不能再把这可爱的女弟子安置在自己家里了。温顺的妻子尽管对此事不敢有所微词，也没有显出不满的样子来，但她的气色却越来越差。无限的笑声中，充斥着无限的不安情绪。他知道妻子娘家的亲戚，眼下已把这件事作为一个问题在进行议论。

时雄在经历了各种烦恼之后，最后决定让女弟子寄住在妻子的姐姐——军人的未亡人，靠抚恤金和裁缝活过日子的姐姐家里，从那里到麴町某女塾去上学。

# 三

从那以后，到发生这次这件事，其间经历了一年半的时间。

在此期间，芳子曾两次回家探亲，写了五个短篇小说，一个长篇小说，还有其他文章和新体诗几十篇。在某女塾，她的英语成绩优秀。时雄在丸善书店给她选购了《屠格涅夫全集》。她第一次回家是在暑假，第二次是因为神经衰弱，经常引起胃痉挛似的绞痛，这才听从医生的建议，暂时回故乡静僻的地方休养去的。

她寄住的房子在麴町堤岸三号街，是有甲武线电车通过的堤岸边。这家八铺席的客厅权作芳子的书斋，前面是人来人往的马路，行人、小孩吵吵嚷嚷的，令人心烦。她的书箱比时雄书斋里的西式书箱小，就放在纸胎漆桌旁，上面放着镜子、胭脂盒、白粉瓶，另外还有一只装有镇定剂溴化钾的大瓶子，据说这是在神经过敏而头痛难忍时服用的。书箱里放着《红叶全集》②、《近松世话净琉璃》③、英语教科书，特别是新买的《屠格涅夫全集》，最引人注目。未来的闺秀作家，从学校回来，就伏案作文。不过，与其说是作文，不如说写信的时候居多，她的男朋友相当多，男人字体的来信为数不少。据说，其中有一位是高等师范的学生，还有一位是早稻田大学的学生。他们经常来玩。

像她这样时髦的女学生，在麴町堤岸三号街这种地方，并不多见。而且时雄妻子的娘家在市谷见那边，附近旧风气的商家姑娘特别多，像芳子这样从神户来的时髦女子，自然会引起这一带人们的注意。妻子常对时雄说起从姐姐那

---

① 牛込：东京都的旧区名。

② "红叶"即作家尾崎红叶（1867—1903）。

③ 《近松世话净琉璃》：江户中期的近杉半二（1725—1783）所著的一种唱本。

儿听到的有关芳子的事：

"今天姐姐又来说啦，芳子真不好办！男朋友到家里来玩也没什么，可晚上还要一起去拜不动明王①，而且很晚也不回来。虽说芳子肯定不会干出那种事来，但人家要乱加议论，那就没法办了。"

每听到这种话，时雄总要为芳子辩解："像你们这些旧脑筋的人，是不会理解芳子的所作所为的。只要男女两人在一起走路，在一起说话，马上就大惊小怪，认为可疑。总之，这样怀疑人家、说长道短的人，都是旧思想。现在，女子已经觉悟起来了，想干什么就随她去吧！"

时雄还得意地利用这些议论向芳子进行说教："妇女自己也应该有所觉悟，不能像旧式妇女那样，存有依赖心理。如果像苏德曼的马库达②所说的那样没有出息，自己只是从父亲手里很快转到丈夫手里，那就不好了。作为日本的新女性，应该能独立思考，独立行动。"接着又讲了易卜生的娜拉③的故事，屠格涅夫的叶琳娜④的故事，以及俄国和德国等国的妇女富有意志和感情的事，"不过，所谓觉悟，应包括自我检点，如果胡乱地发挥意志或刚愎自恃，那就不好了。自己应对自己所做的事负完全责任。"

芳子听了时雄的这一教训，感到含意很深，似乎比基督教的教谕更自由，更具有权威性，因而更加崇拜时雄。

芳子作为女学生，打扮得过于时髦。她手戴金戒指，系着时兴的美丽腰带，亭亭玉立的身姿，特别引起行人的注目。她的脸与其说是漂亮，倒不如说是富有表情，所以有时叫人觉得非常美，有时又叫人觉得很丑。她眼睛发亮，秋波传情。四五年前的女子，表情非常单调，生气啦，嬉笑啦，脸上的表情就那么三四种；可如今，能巧妙地把感情表露在脸上的女子越来越多。时雄经常在想：芳子就是其中的一个。

芳子和时雄作为单纯的师生关系，交往也未免过于亲密了。有个旁观的女人，察看了两人的情景后，曾对时雄的妻子说："芳子来了之后，时雄先生的神态全变了。瞧他俩说话时的样子，彼此都像丢了魂似的，这可真不能大意啊！"从一旁观察，当然会产生这种看法。可是，两人果真是这么亲密吗？

---

① 不动明王，佛说中的五大明王之一。

② 苏德曼（H·Sudermann，1857—1928）德国剧作家，小说家。马库达是苏德曼原著《故乡》一剧中的女主人公的名字。

③ 娜拉为挪威剧作家易卜生（1828—1906）所著《玩偶之家》中的女主人公。

④ 叶琳娜为俄国作家屠格涅夫（1818—1883）所著《前夜》中的女主人公。

　　年轻女子有一颗容易冲动的心，往往刚一冲动，马上又会平静下来。一点点小事会使她激动，无聊的事也会使她伤心。那种既像恋情又非恋情似的温柔态度，常使时雄感到迷惑不解。其实，只要有一次机会，冲破道义的约束和习惯势力会比裂帛还要容易，只是难得有这种冲破阻力的机会。

　　时雄自己认为：在这一年里，至少有两次接近这种机会。一次是芳子含着眼泪写来一封厚厚的信，说由于自己不才，不能报答老师的大恩，只好返回老家，去做农夫的妻子，在乡下了此一生；另一次是一天晚上，芳子一人留下看家，这时时雄偶然来访。就这两次。第一次，时雄完全理解那封信的意思，但恼于不知如何回信，以致一夜不曾合眼。他几次窥看妻子安睡的脸庞，责怪自己良心多么麻木不仁。第二天，他以严师的姿态写了回信。第二次是第一次之后，又过了约两个月的一个春夜，时雄突然来访，芳子脸上抹了白粉，漂亮的容颜孤寂地朝着火盆。

　　"你在干什么？"时雄问。

　　"看家。"

　　"姐姐上哪里去了？"

　　"到四谷买东西去了。"芳子说完，目不转睛地看着时雄的脸，那神态显得多么艳丽。她这富有魅力的一瞥，使时雄的心脏马上不由自主地加快了跳动。虽然又是三言两语地谈了几句平常的话，但彼此心里似乎都明白，这平常的谈话反而更不一般。如果这时两人在一起再谈上十五分钟，将会怎么样呢？女子那双含情脉脉的眼睛在闪亮，话语很矫柔，态度也与平常不一般。

　　"今晚打扮得真漂亮啊！"时雄故意轻声地说。

　　"嗯，刚刚洗完澡呢！"

　　"这白粉可是真白。"

　　"嗳哟，老师！"她说着笑了起来，歪着身子，显出了矫柔的姿态。

　　时雄很快要走。芳子起身留他再呆一会儿，他说必须回去。于是芳子恋恋不舍地在月明之夜送了时雄一程。她白皙的脸上，确实笼罩着一层极为神秘的色彩。

　　进入四月以后，芳子经常闹病，脸色苍白，陷入了神经过敏。尽管服用了大剂量的溴化钾，还是不能成眠，真不知如何是好。显然，无穷的欲望和生殖的能力，正在诱惑着一个正当年的女子。芳子更加离不开药物了。

　　四月底，她回老家去了。九月来东京时，就发生了这回这件事。

　　这件事不是别的什么事。芳子有了情人，在来东京途中，她和情人一起去京都嵯峨旅游，中间玩了两天，所以离家和到达东京的日期不符，这是通过东京和备中之间的信件查证的。在追问芳子时，芳子说这是恋爱——神圣的恋爱，两人绝对没有越轨行为，恳切希望将来无论如何要成全他俩的爱情。时雄作为芳子的老师，不得不做这种恋爱的见证而充当月下老人。

芳子的情人叫田中秀夫，二十一岁，是同志社大学的学生，神户教会的秀才。

芳子当着老师的面向神发誓，表明他们的恋爱是神圣的。尽管老家的亲人说，作为一个学生偷偷地和男人到嵯峨去游山玩水，说明思想已经堕落，但她自己认为绝对没有那种肮脏的行为。他俩彼此意识到是在恋爱，毋宁说是在分手之后，加以芳子回到东京，又看到了男的充满热情的来信，这才定了终身的，绝对没有什么越轨之类的事。芳子是流着眼泪说这番话的。时雄虽然感到这是最大的牺牲，但又不得不为他俩所谓神圣的爱情尽力。

时雄非常烦闷。自己心爱的人被人夺走，心里的确很不痛快，尽管从开始起他就没有打算把自己的女弟子作为情人。如果有那种明确而肯定的想法，他当然会毫不犹豫地抓住曾经有过的两次向他扑来的机会。可是，心爱的女弟子曾给自己孤寂的生活增添了美丽的色彩，增添了无穷的力量。这样一个芳子，怎能任从他人突然夺走呢！尽管自己没有勇气抓住过去的两次机会，但在心灵深处却仍隐隐约约地抱着一线希望，在等着第三次、第四次机会到来，以便开创新的人生，组织新的生活。时雄苦恼不堪，思绪紊乱。嫉妒、惋惜、悔恨，百感交加，像旋风似地一起在脑子里打转，其中掺杂着作为师长的道义之情，而且这种感情越来越炽烈。当然，也有为自己心爱的女子的幸福作出牺牲的念头。吃晚饭时，他喝了大量的酒，一醉如泥，躺下睡了。

第二天是星期天，房后林子里，雨点哗哗作响，更增添了时雄的孤寂感。打在老榉树上的雨点，雨脚很长，令人感到像从漫无边际的天空中飘落下来没有止境似的。时雄既没有心思读书，也没有心思写作。已经是深秋季节，有些凉意，他躺在令人感到背部有些发凉的椅子上，一边看着雨脚很长的雨点，一边通过这次的事，回顾自己度过的前半生。在他的一生中，曾有过几次这种经历，由于一步之差，使他不能进入命运之中，总是站在圈外，经常尝到那种孤寂的凄楚和痛苦的滋味。在文学方面如此，在社会生活方面也是如此。恋爱、恋爱、恋爱，事到如今，仍是这样消极地在命运中漂荡。想到这里，他为自身不争气和命运不佳而深感痛苦；想到自己属于屠格涅夫所说的 Superfluous man①，书中主人

---

① 意为"多余的人"。屠格涅夫的作品中常使用"多余的人"这一形象。

公短暂的一生，就在他心中反复出现。

他不堪寂寥，从中午起就要酒喝。妻子准备酒菜晚了，他就发牢骚；端出的菜不合口味，马上就动肝火，自暴自弃地喝闷酒，一瓶、两瓶，随着酒瓶数量的增加，他酩酊大醉了，对妻子不再发牢骚了。可酒瓶里的酒一喝完，他又一个劲地喊着"拿酒来，拿酒来"，然后把拿来的酒，再次咕嘟咕嘟地喝下去。胆小的女仆不知发生了什么事，光是呆呆地看着。他喜爱那个五岁的小男孩，刚开始还不停地抱呀、摸呀、亲吻呀，可不知为什么，孩子突然哭了起来，他生气了，在孩子屁股上啪啪地乱打，三个孩子吓得老远地站着，惊奇地看着跟平时不一般、而又醉红了脸的父亲。他喝了近一升酒，就那么一动不动地醉倒在原地。饭桌被打翻了，他也不在乎。过了一会儿，他用怪里怪气的缓慢节奏，吟诵起十年前流行的那首幼稚的新体诗来：

> 你独自在门边徘徊，
> 望着小巷里被风刮起的尘埃，
> 以为暴风雨即将到来。
> 比暴风雨更加烦人啊，
> 比尘埃更乱得厉害。
> 把思恋的僵尸当作早晨的……

诗只吟了一半，就披着妻子盖的棉被，猛地站了起来，像小山一样，向客厅那边移动。"要上哪儿？你上哪儿？"妻子急得跟在他后面直喊。他未加理睬，仍然披着棉被，正要钻到厕所里边去时，妻子慌忙说：

"你，你，真不该喝醉了！那是厕所。"

妻子猛地从后面拽住了棉被，就在厕所门口，棉被落到了妻子手里。时雄摇摇晃晃地站在那里小便。小便完了，便就地躺倒在厕所里。妻子嫌脏，拼命摇晃他的身子，拖他起来。可他既不动，也不起。其实，他没有睡着，红土似的脸上，睁着两只锐利的眼睛，目不转睛地盯着户外下个不停的雨。

## 四

时雄按照往常的时间，一步一步走回牛込矢来町家里。

三天来，他和那种苦恼不断进行斗争。从他的性格来说，他具有某种不会消沉下去的力量。他对受这种力量的支配而经常感到遗憾，然而，他迟早要被打败、被征服。为此，他总是站在命运的圈外，被迫尝够了苦涩的滋味，但人们却因此而认为他是正直的人，是足可信赖的人。经过三天的痛苦斗争，他终于看到了事情的前景——两人的关系已经告一段落，往后只是尽到师长的责任，为自己心爱的女子谋幸福罢了。这是很痛苦的，但痛苦就是人生！他一路上就是这么寻思着走回来的。

他正要开门进去，妻子迎了出来。夏末的日子，天气还很热，西服里面的衬衫被汗水湿透了。他换穿了上过浆的白色单衣，坐到饭厅的火盆前。妻子忽然想起来似的，拿过柜子上的一封信，交给他说：

"芳子来的信。"

时雄急忙启封。单从那长长的一卷信纸，就可认定来信与那件事有关。时雄赶紧看了起来。

这是一封用口语写的信，文笔极其流畅。

老师：

说实话，本来是打算去跟您商量的，但事情很急，我自行处理了。

昨天四点钟收到了田中打来的电报，说是六点钟到达新桥车站。对此，我是多么吃惊啊！

我相信他不是那种没有事也要往外跑的轻率的人，这就使我更为担心。老师，请原谅！我按时到车站去接他。见面一问，他说，收到我写的关于那件事原委的信，非常担心，如果为了此事，万一我被带回老家，他会内疚的，所以放弃了学业，跑到东京来，想向老师彻底讲明情况，表示歉意，希望能给予谅解，使事情得以圆满解决。为了这一目的，他才匆匆前来的。接着，我对他说，我已向老师讲明了事情的原委，并转达了老师情深意重的谈话，说老师将来要做我俩神圣而纯洁的爱情的证人和保护人。对老师的情意，他十分感激，以至流出了泪水。

看起来，田中看了我过于惊慌的信，非常紧张。他做好了充分的准备，是抱定了万一爱情遭到破坏应有所对策的决心前来的。必要的时候，他将请当时一起去嵯峨旅游的友人作证，证明两人之间绝没有肮脏的关系，并坦率地说明自那以后，两人才开始谈恋爱的，想请老师向家乡父母如实讲明情况。据说他是抱着这种决心来的。可是，前些时候，由于我幼稚无知，伤了故乡父母的心，因此，眼下又怎么好向他们说出这件事来呢？我想，只好暂时瞒着。我们彼此抱定理想，专心学习，等什么时候有机会——也许五年或十年——再把实情讲清，这样做才是上策，所以就决定这么办。我把老师的话全都告诉了他。原想要他办完事情之后，马上回去的，但看他非常疲劳的样子，要他马上回去，实在难以开口（请原谅我的软弱）。对老师关于在学习期间不要接触这些实际问题的教诲，我是会恪守不渝的。但他特意来了，就只好先安顿在旅店里。我终于留他住了一天，去观赏一下东京风光。老师，请原谅我吧！我们灼热的感情中还是保持着理智的，所以决不会做出像在京都那样超出常识、以至使人产生误解的事来。我发誓，决不会那样做。最后，请代向师母问好。

芳子

在看这封信的时候，时雄心里像火一样在燃烧，各种感情交织在一起。这个叫田中的二十一岁青年，眼下来到了东京，芳子又到车站去接他，不知道他们干了些什么？说不定在这以前所说的，全是谎话。打今年暑假在须磨相会，有了感情之后，接着在京都的所作所为的都是为了满足自己的欲望。这次也许又是他控制不住思恋之情，才紧跟在姑娘后面，来到东京的。两人握手了么？拥抱了么？在人所不知的旅馆楼上，究竟干了些什么呢？乱与不乱，是一瞬间的事。想到这里，时雄实在无法忍受，心中叫喊着："这关系到我这个监护人的责任呀！"不能放任不管，不能给思想没有定型的女孩子以这种自由。必须监督，必须保护！说什么"我们既有热情又有理智"，这个"我们"指的是谁？为什么不写明"我"？为什么要用复数？时雄的心里像暴风雨似地翻腾开了。火车是昨天六点钟到达的。只要到姐姐家去打听，就可以弄清昨夜是什么时候回来的。可是，今天怎么样？眼下又在干什么呢？

妻子精心烹调的晚餐里，有新鲜的金枪鱼生鱼片，还有加了青紫苏香料的凉拌豆腐。可是，他没有心思去品尝，只是一盅又一盅地喝酒。

妻子把小儿子哄睡之后，来到火盆前坐下，发现芳子的信放在丈夫的身旁，就问：

"芳子说什么来着？"

时雄没有吭声，把信扔了过去。妻子一边接信，一边偷偷地看着丈夫的脸色，看到了暴风雨到来之前的滚滚乌云。

妻子看完了信，一边卷信，一边说："他来了？"

"嗯。"

"准备一直呆在东京吗？"

"信上不是说了吗，马上就回去……"

"真的回去吗？"

"这种事谁知道!"

丈夫语气很冲,妻子只好闭嘴不说了。

过了一会儿,妻子又开口说:

"所以说呀,真不应该这样。年轻轻的姑娘,说什么要当小说家。世界上真有抱这种愿望的女子,也真有这种把女儿送来的父亲!"

"可是,这一来你放心了吧。"他想这么说,可话到嘴边又咽了下去,"算啦! 这种事怎么着都行,反正你们弄不明白……要紧的是,给我再喝点,怎么样?"

温顺的妻子拿起酒壶,往京都陶瓷酒杯里斟上满满的一杯。

时雄不停地喝着酒,好像没有酒就不足以排遣心中的烦闷。喝到第三壶时,妻子担心地说:"最近,你好像心里有事嘛。"

"怎么啦?"

"你总是喝醉酒。"

"你是问为什么老喝醉酒吧?"

"是啊,有什么使你不顺心的呢! 芳子他们的事,不是说怎么着都行吗?"

"混账话!"时雄大喝一声。

妻子并未因此胆怯,说道:

"可是,喝多了会中毒的啊! 适可而止吧。若是再躺到厕所里去,你这个大个子,我和阿鹤(女佣人)怎么也弄不动啊!"

"好啦,那就再喝一壶吧!"

他又喝了半壶,看来已经醉得很厉害了。脸部成了赤铜色,眼球也有些发直。他突然站起来,说:

"喂,把腰带拿出来!"

"上哪儿去?"

"到三号街去一下。"

"去姐姐家?"

"嗯。"

"别去了吧,危险!"

"什么呀,不要紧的。人家把姑娘托付给我,我不能放任不管。那青年来到这东京,他们又是一起散步,又是干什么的,我不能装着没看见。就是放在田川(姐夫的姓)家,我也不放心。今天去看看,如果时间还早,我就把芳子带到家里来,你把楼上打扫干净!"

"又让她住在咱家里吗?"

"当然喽！"

妻子不太情愿替他把腰带和衣服拿出来。

"好吧，好吧，你如果不把衣服拿出来，那就这样也行。"他穿着素色和服单衣，系着整幅薄毛呢裁成的脏腰带，帽子也没戴，就那样匆匆地出了家门。妻子连忙从后面喊道："这就给你拿来……真拿你没办法。"

夏季已经快过完了。矢来的酒井①树林中传来乌鸦的叫声。家家户户都已吃过晚饭，在各家门口，可以看到皮肤白皙的年轻姑娘，也可以看到正在投球的少年，还一连看到好几对官吏打扮、胡子稀稀拉拉的绅士，领着梳刘海式头发的年轻妻子，在神乐坡散步。时雄心情激动，加以喝醉了酒，身子东倒西歪，周围的一切在他看来，恍然都在另一个世界中。他仿佛感到两旁的房子在移动，脚底的大地在下陷，天顶就盖在他头上。他酒量本来就不是那么大，这回又咕嘟咕嘟地使劲灌多了，所以酒性发作了。他忽然想起俄国贱民喝醉酒，躺倒在路边的事，又想起自己和某一友人说过的话："俄国人正因为如此，才叫了不起啊！既然被酒迷住了，那就得一醉方休。"

"真是混账！在恋爱上为啥要讲什么'师生有别'呢？"他嘴里骂出了这样的话。

他从中根坡往上走，经过士官学校的后门，往佐内坡走时，天已经全黑了。他听凭白色单和服拖在地上，烟草店门口站着一位年轻的夫人。晚风吹拂着冰店的门帘，给人以凉爽的感觉。时雄迷迷糊糊地看着夏天的这般夜景，走着走着，突然撞在电线杆上，踉踉跄跄地掉进了浅沟里，碰伤了膝盖骨，还挨了一个职工模样的家伙的骂："醉鬼！给我好好地走！"他忽然像恢复了记忆似的。从坡道上往右拐，走进了市谷八幡神社的院子里。神社内没有人影，十分清静，古老的大山毛榉树和松树蔽天被日。左边角上，大珊瑚树枝叶茂盛。各处的常明灯开始微微地透出了亮光。时雄感到特别难受，随即隐身在珊瑚树背后，躺倒在树下。这时，兴奋的精神状态、奔放的感情和悲哀的快感，全都发挥出最大限度的威力来了。他一方面深受嫉妒之念的驱使，一方面在冷静地思考自己眼下这种处境。

当然，他开始并没有类似恋爱的灼热感情，与其说盲目地任凭命运的摆布，不如说在严峻地批判那种命运。主观上灼热的情感和客观上严峻的批判，像搓在一起的线，紧紧地拧在一起，呈现出一种异样的心理状态。

可悲，实在可悲！这种悲哀不是青春年华时期的悲哀，也不单是男女恋爱

---

① 酒井：日本一名门望族。

方面的悲哀，而是隐藏在人们心灵深处的巨大的悲哀。河水流逝，花开花落，这是盘亘在自然界深处的不可抗拒的力量，一与这种力量相接触，就感到再没有比人生更渺茫可悲的了。

泪水沿着时雄长满胡子的脸，簌簌地滚落下来。

他突然想起了一件事，马上站起来往外走。夜幕已经降临，竖在神社院内各处的玻璃灯柱放出了亮光。灯罩上清楚地写着"长明灯"三个字。这三个字勾起了他的心思。他曾经带着非常懊恼的心情，看过这三个字。当时，现在的妻子还是个姑娘，头上盘着桃瓣型发髻，就住在坡下紧挨着这儿的房子里，他为了听到那隐隐约约的琴声，经常爬到这八幡神社的高地上去，抱着得不到她就宁愿到南洋的殖民地去漂泊流离的热恋，出神地看着华表、长长的石阶、神殿、写有俳句的吊灯和这"长明灯"三个字而思绪万千。如今，下面依然是那所房子，偶尔通过的电车发出的轰鸣声，划破了周围的寂静。妻子娘家的窗口，仍如过去一样灯火通明。多么缺乏节操的心啊！谁能想到刚刚过去八年的岁月，竟发生了这么大的变化，那桃瓣式的发型已经变成了巴巴髻！其乐融融的生活为什么变得如此凄凉！为什么会产生这种新的爱情？时雄深感时间流逝的可怕。然而，奇怪的是，他对现在留在他心中的事情，并没有产生任何动摇。

"矛盾也好，什么也好，都是没有办法的。矛盾，没有节操，这都是事实，是无可奈何的。事实！事实！"时雄在心中反复叫喊着。

时雄在难以违抗的自然力的压迫下，再次伸开身子，躺在旁边的长凳子上。猛然间抬头望去，只见黯淡无光的赤铜色大月亮，悄悄地升起在护城河那边的松树梢上。那色彩，那形状，那姿态，显得多么凄凉！时雄认为那种凄凉和眼下自身的凄凉十分相似，心中不禁充满了难以忍受的哀愁。

酒已经醒了。夜露开始降落。

他来到堤岸三号街姐姐家门口，往屋里一张望，芳子的房间没有灯光，看来她还没有回来。他心里又激动起来。在这夜晚，在这漆黑的夜晚，还和情人呆在一起，不知在干什么？竟敢做出这种缺乏常识的事来，这叫什么神圣的爱情？为什么还要辩解说没有不轨行为？

他正要进去，又想本人既然没有回来，进去也没有用。于是，他从门前径直走了过去。每当和女子擦肩而过时，他总要偷偷地瞧上一眼，看是不是芳子。他在堤岸上、松树下、街道的拐角处、甚至不顾行人生疑，在四周徘徊。九点已过，时近十点，即使是夏天的夜晚，也不该这么晚还在外面闲逛。他想肯定已经回来了，随即半途折返，向姐姐家走去。但芳子还是没有回来。

时雄走进屋里去，到了里面那间六铺席的房间时，问道："芳子干什么去了？"

姐姐尚未答话，先看到时雄衣服上沾了很多泥巴，感到奇怪。

"你是怎么啦？时雄。"

来到明亮的灯光下一看，白色单和服的肩部、膝部、腰部果然有不少泥巴。

"没什么，在那边跌了一跤。"

"可是，怎么连肩上都是泥巴呢，又喝醉了吧？"

"哪里……"时雄强作笑脸，支吾过去，紧接着问道："芳子到哪里去了？"

"今天早上出去时，只是说要和朋友一起到中野那边去散散步。快回来了吧，有什么事吗？"

"嗯，有一点……"他说，"昨晚她回来得晚吗？"

"不，昨天到新桥去接朋友，四点多出去的，八点左右就回来了呀。"她说着，看了看时雄的脸，"发生什么事了吗？"

"没什么……不过，姐姐……"时雄换了种语气说，"说实在的，即使托付给姐姐照看，如果再发生前不久在京都那样的事，也不好办，所以我想把芳子放到我家里去好好看管。"

"是吗，那太好了。老实说，芳子是那么个好姑娘，像我这种没有受过教育的人……"

"不，我不是那个意思。我想过分给她自由，反而对她本人没有好处，所以想暂时领到家里去，好好看管。"

"那很好嘛。要说芳子呀，确实什么都好，聪明，伶俐，在现今的社会上是难得的。不过，有一点不好，她总是满不在乎地晚上和男朋友散步什么的。我几次劝她，她总是笑着说：'阿姨的守旧思想又来了！'我甚至还提醒她说，因为过多和男人在一起散步什么的，有一次，街角上的派出所起了疑心，便衣警察跟踪到家门口来了。当然喽，既然没有那种事，也就用不着介意……"

"那是什么时候的事？"

"去年年底。"

"实在是过分时髦了。真叫人头痛！"时雄见时钟的指针已经指向十点半，又说，"若是没有那种事，又是干什么去了呢？年轻轻的，这么晚了，还一个人在外面乱跑，这该怎么说呢！"

"该回来了呀。"

"这种情况有过几次？"

"不，难得有一次。也许认为是夏天晚上，天又刚黑，才出去走走的吧。"

姐姐说话时，并没有停止手中的针线活。她前面摆着一块用银杏树做的大裁衣案板，周围凌乱地放着裁好的丝绸衣料、线、剪刀，灯光清晰地照在女人衣服的漂亮色彩上。九月中旬的深夜，稍稍有些寒意，甲武线的载货列车从后面堤岸上通过，强烈地震动着大地。

他们一直等着，一有木屐的声音，就认为该是芳子回来了。时钟敲响十一点后不久，从远处传来了一阵小碎步和木屐后跟轻轻着地的声音，划破了夜晚的寂静。

"这回才是芳子呢!"姐姐说。

那脚步声果然在家门口停住了。接着，格子门嘎啦嘎啦地打开了。

"是芳子吗?"

"嗯。"娇滴滴的回答声。

一个身材颀长、梳刘海式头发的美丽身影，从门口径直走进来。

"啊呀，原来是老师!"她叫了起来。叫声里充满了惊讶和疑惑。

"实在太晚了……"她说着，来到客厅和居室之间的门坎处，侧身坐着，眼睛闪忽闪忽地窥看着时雄的脸色，接着拿出用紫色包袱皮包着的什么东西，一声不吭地推到姐姐跟前。

"什么东西……是土特产吗? 总是难为你呀!"

"不，是我也要吃的东西。"芳子愉快地说。接着，正要向隔壁房间走去，时雄却硬让她在灯光耀眼的居室的角落坐下。她那优美的身段，时髦的刘海式发型，漂亮的法兰绒夏服，配上系得恰到好处的橄榄色腰带，使她那稍稍斜坐着的身影，显得更加娇艳。时雄和她相对而坐，心中有一种不可言状的满足感，刚才的烦恼和痛苦早已忘掉了一半。纵使有强劲的情敌，只要能占有自己的恋人，也就聊以自慰了。这就是恋爱者的常态。

"实在是太晚了……"她心中十分不安似地稍稍辩解了一下。

"说是到中野去散步了?"时雄冷不防地问道。

"嗯……"芳子又瞟了一下时雄的脸色。

姐姐沏上茶。打开芳子带回来的包袱，发现是自己最爱吃的奶油点心，便说道:"啊! 这太好吃了。"这一来，大家一时被这点心吸引住了。

"老师! 您一直在等我回来吗?"过了一会儿，芳子问。

"嗯，嗯，都等了约莫有一个半小时啰!"姐姐从一旁插话说。

于是，时雄又提到了刚才说过的事——打算来带芳子一起走，如果方便，今天晚上就走，行李以后拿去也行。芳子低着头，边点头边听。当然，她心中肯定会感到有一种压力。从芳子的心情来说，她绝对信任老师——老师对这次恋爱，全心全意给予了同情，现在要住到这样一位老师家里去，自然不会构成什么了不得的痛苦。何况她一直就对住在这旧式家庭里感到不愉快，如果可能，倒愿意像刚来时那样住在老师家里。如果不是碰上现在这种情况，也许反而会非常高兴的，可是……

时雄很想早一点把她情人的情况查问清楚。现在那家伙在什么地方？什么时候回京都去？对时雄来说，这实在是一个大问题。可是，在全然蒙在鼓里的姐姐面前，又没法问个明白。所以这天晚上，根本没有提起那件事。大家只是随便聊聊，就到深夜了。

时雄提出今晚就走，可姐姐提醒说，现在已经十二点了，还是明天走的好。时雄想独自先回牛込，但总觉得没法放心，就以时间太晚为借口，留宿在姐姐家里，决定明天一早和芳子一起走。

芳子睡在八铺席的房间里，时雄在六铺席的房间里和姐姐并排铺着床，躺了下来。不多久，姐姐发出了轻微的鼾声。时钟哔地敲响了一点，八铺席房间里的人大概睡不着，不时在高声长叹。深夜里，只有甲武线的货车驶过这里，声音震撼着大地。时雄同样久久不能成眠。

# 五

第二天早上，时雄领着芳子回家去。当路上没有别人时，时雄很想早一点向芳子问明昨天的情况。可是，芳子低着头，无精打采地跟在后面，见此情景，又觉得有些可怜，只好带着焦急不安的思绪，默默地往前走。

一走上佐内坡，路上的行人更稀少了。

"那件事怎么样了？"时雄突然回过头去，冷不防地问道。

"什么呀？"芳子反过来问，脸上蒙着一层阴影。

"昨天的事呀，他还没有走吗？"

"坐今晚六点的快车回去。"

"那么，你又得去送行啰？"

"不，不用了。"

谈话就这样中断了，两人又在默默地走。

时雄在矢来町的住宅，楼上三铺席和六铺席的房间，过去是放东西用的，现在把它打扫干净，作为芳子的居室。因为长期堆放东西，孩子们又在那里玩，所以灰尘积得很多。扫了扫，又抹了抹，再换下有雨点污迹的破纸隔扇，房间像变了样似的明亮起来了。房后酒井墓地上，茂盛的大树映得整个房间呈翠绿色，使人感到十分舒畅。邻居家的葡萄架，还有院子里那无人莳整的杂草里，混开着美丽的丽春花，显得更加醒目。时雄选出一幅已故画家画的牵牛花，挂在壁龛里，又在花瓶里插上迟开的蔷薇花。下午，行李运来了，有皮箱、藤箱、旅行袋、书箱、桌子、卧具等。费了很大的工夫，才把这些东西搬到了楼上。时雄为了帮忙，不得不向公司请了一天假。

桌子放在南边窗下，左边放书箱，上面整整齐齐地放着镜子、胭脂盒、瓶子，皮箱和藤箱放在壁柜的一边，正要把印花布做的被子等一套卧具放在壁柜的另一边时，女人的馨香味扑鼻面来，时雄产生了一种不可名状的感觉。

下午两点左右，总算把屋子里大致拾掇好了。

"怎么样？住在这里也是挺舒服的嘛！"时雄得意地笑了，"好吧！那就在这里好好用功。若是真正碰到了实际问题，苦恼也是没有用的。"

"嗯……"芳子耷拉着脑袋。

"以后再详细说吧。目前阶段，你们两个都只有安下心来，好好用功才行。"

"嗯……"芳子抬起头来说，"是啊，老师，我们也是这样想的，现在彼此都要好好用功。我们寄希望于将来，希望能得到父母的同意。"

"那很好。如果现在过分张扬，遭到他人或双亲的误解，你们特意抱定的真诚愿望，也就无法实现了。"

"正因为这样，所以我说，老师，我一定要专心用功。田中也是这么说的。另外，他还说一定要见见老师，当面致谢。否则，于心有愧。他要我好好跟您说……"

"不必了……"

芳子讲话中总带着"我们"这个复数。好像公开表明已经有了婚约似的，时雄对此很不高兴。而且又是十九、二十的妙龄少女，把这种话挂在嘴上，也有点不成体统。时雄进一步感到时代已经变了。他想到当今女学生的气质跟自己这辈人谈恋爱时的那种处女气质，有着多么大的差别。当然，从主义和兴趣方面来说，时雄是乐于看到这种女学生气质的，这是事实。接受过去那种教育的女子，要做现在明治时代男子的妻子，终归是不行的。女子也应该自立，要充分培养意志的力量，这是他一贯的主张，并向芳子反复宣讲过。然而，当真看到实行这种新派作风时，他又情不自禁地皱起了眉头。

第二天，从三号街姐姐家转来那个男子寄来的盖有国府津邮戳的明信片，说他已踏上归途。芳子在楼上居室里，只要听到呼唤，就会答应着很快下楼来。每日三餐，大家围桌共进。晚上，大家围着明亮的灯光，有说有笑，好不热闹。芳子还给他们织袜子，脸上一直挂着娇艳的笑容。时雄就这样完全占据了芳子，总算放心了，也满足了。妻子知道芳子有了情人之后，危险的念头和不安的情绪，全都抛到九霄云外去了。

芳子和情人两地分开，心里很痛苦。她很想和情人一起呆在东京，这样既能经常见面，也能一起交谈。当然她知道，在目前阶段，这是不可能的。在男方从同志社大学毕业以前的这两三年里，只能不时地靠鸿雁传递音讯，自己必须专心用功。跟往常一样，她下午去麴町某英语私塾上学，时雄也去小石川公司上班。

晚上，时雄有时也把芳子召唤到自己的书斋里来，谈谈文学，谈谈小说，也谈谈恋爱方面的事，并针对她的未来，指出应注意的事项。这种时候，他说话的态度是公正、坦率、富有同情心的，根本不像是醉倒在厕所里或随地躺下的人。话虽这么说，可时雄并非有意装出这副态度。面对女子的一刹那，为了取得心爱的女子的欢心，任何牺牲都包含着很高的代价。

当然，芳子对老师是信任的。她甚至想过：即使有一天老师把自己的恋爱情况告诉了父母，以至引起旧思想和新思想的冲突，只要能得到恩情极深的老师的承认，也就心满意足了。

从九月进入十月，凄风刮得后面林子里呼呼作响。天空一片湛蓝，充满了晴朗的阳光。黄昏的日影浓浓地勾画出周围的轮廓。雨点整天不停地打在拔剩的山芋叶上。菜店里摆出了松蘑。墙根下的虫子发出非常微弱的叫声。院子里的桐树叶子脆断下来。上午九点到十点的一个小时，时雄向芳子讲解了屠格涅夫的小说。芳子在老师炯炯有神的目光监督下，斜坐在桌子边，倾听着长篇故事《前夜》，叶琳娜的感情、意志坚强的性格和悲壮的结局，深深地打动了她的心！芳子把自己置身于小说之中，把叶琳娜的恋爱故事和自己作了比较。恋爱的命运，使她没有机会去爱该爱的人，却把她的一生交给了意想不到的人。实际上，芳子当时的心情就是如此。在须磨海滨，还意外地收到印有百合花的明信片，可做梦也没想到落得了眼下这般命运。

面对雨天的树林，漆黑的树林，月夜的树林，芳子浮想联翩，想起了京都夜晚的火车，嵯峨的月夜，在膳所游玩时那夕阳洒满湖面的美景，旅馆的庭院里那宛如图画般盛开的胡枝子花。那两天的旅游，的确跟做梦一样。接着，她又想起了没有和他恋爱之前的情景，须磨的海水浴，故乡山中的月亮，没有生病之前的情景，特别是当时的烦恼。她脸上不由得泛起了红潮。

　　从空想到空想，这种空想不知何时竟变成了长信，寄往京都。京都也几乎隔一天就寄来厚厚的信。写呀写，两人的情话总是写不完。由于信件来往过于频繁，时雄乘芳子不在的时候，以监护为借口，昧着良心，偷偷地查看了桌子抽屉和书箱，把搜出来的两三封男人的来信，一目十行地匆匆看了一下。

　　字里行间都是情人之间的那种甜言蜜语。时雄竭力想从中找出更大的秘密，看有没有表示接吻或性欲的疑点，两人之间是否已发展到超出神圣的爱情的界线。然而，不可理解的是，他从信中得到的信息，全都表明他俩的恋爱是真诚的。

　　一个月过去了。有一天，时雄拿到了寄给芳子的一张明信片，是用英语写的。他漫不经心地看了看，来信人说已经准备了一个月左右的生活费，接着问在东京是否能找到可以糊口的职业。署名是京都田中。时雄心中为之一怔，平静的生活一下子被搅乱了。

　　晚饭后，他向芳子问起这件事。

　　芳子显得很为难似地说："老师，实在不好办啦！田中说想到东京来。我已经劝过两三回了，可不知为什么，他觉得宗教生活很虚伪，由于有了新的想法，他对那种生活已经完全厌烦了，所以这次非到东京来不可。"

　　"到东京来，打算干什么呢？"

　　"说是想搞文学。"

　　"文学？他所说的文学是什么？是写小说吗？"

　　"嗯，也许是吧……"

　　"真是胡闹！"时雄大喝一声。

　　"确实让我为难！"

　　"是你劝他这么做的吗？"

　　"不。"她使劲摇头，"我对这件事……眼下我很为难。前些时候，他头一次提出来时，我就制止过他，要他至少等到同志社大学毕业……可是，他说已经独自打定了主意，并说现在已经无法改变了。"

　　"为什么？"

　　"神户有一个信徒叫神津，一直为神户的教会向田中提供学费。田中对那人说，自己搞不好宗教，打算将来搞文学，请求同意他到东京来。这一来，那人大发脾气，说如果那样的话，他可不管，随便好了。于是，田中就做好了来东京的准备。我实在是为难透了！"

　　"混账！"时雄骂道，"这回你再劝劝他，说什么想写小说，那是绝对不可能的，完全是空想，极端的空想！而且，田中一到这里来，我对你的监督就非常困难，也无法照顾你。你要严加劝阻！"芳子显得更加为难了，说："劝阻我是要劝阻的，但写信去可能会两下错开。"

"错开！那么，他已经来了吗?"时雄睁大眼睛问。

"刚才来的信说，即使给他信，也会错开的。"

"你说刚才来了信，那就是今天收到明信片之后又来了信啰?"

芳子点点头。

"真难办啦！所以说年轻的空想家根本不行。"

平静的气氛再次被搅乱了。

# 十一

孤独的生活，凄凉的生活，再次笼罩着时雄的家。妻子拿孩子没有办法，正在责骂孩子，那烦人的声音传到时雄耳朵里，他感到很不愉快。

生活又回到了三年前的老路上。

第五天，芳子来了信，信中用的是很有礼貌的候文①，而不是平时那种叫人感到亲切的口语体文笔。

> 昨夕抵家，一路无恙，请释锦念。此番就读，值老师百忙之际，诸多相烦，无任愧仄，特再表歉意，并谢大恩。本欲当面谢罪，又感徒添忧伤，以至最后见面，亦未启齿，区区此心，请予谅察。新桥别后，每凭车窗，即感似有茶色帽子映出，为此种种，仍历历在目。行至北山遇雪，自湛井往前十五里山路，沿途感伤之念不绝，令人对一茶②之名句感受尤深："可叹终身蛰居处，夜来雪深五尺许。"家父本当修书致意。今逢镇上集市，难以脱身，失礼中嘱我先代为问候。欲告吾师之事甚多，怎奈心烦意乱，难尽所怀，今日就此搁笔。

时雄遥想起那积雪很深的十五里山路和被雪覆盖的山区村镇，他爬上楼去，那里在芳子走后，原样未动。思慕和眷恋之情，促使他追忆那隐隐约约留在脑际的芳子的面影。这天，武藏野寒风凛冽，屋后的古树发出潮水般可怕的咆哮声。跟芳子走的那天一样，时雄一打开东边一扇雨窗，光线就像流水一样

---

① 候文为一种文言书信体。

② 即小林一茶（1763—1927），著名俳句作家，著有《我之存》《绿色日记》等。

泻进屋里。桌子、书柜、瓶子、胭脂盒，仍摆设在原来的地方，使他感到心爱的人跟平常一样上学去了似的。他打开桌子的抽屉看了看，里面还扔着沾有头发油的旧飘带，时雄把它拿起来闻了闻。他在房间里呆了一阵，然后站起来打开拉门一看，三个大藤箱用细麻绳捆扎在一起，只等送回家去。对面叠着芳子平常用的棉被——葱绿色藤蔓花纹的褥子和棉花絮得很厚、与褥子花纹相同的盖被。时雄把它抽出来，女人身上那令人依恋的油脂味和汗味，不知怎的，竟使时雄心跳起来。尽管棉被的天鹅绒被口特别脏，他还是把脸贴在那上面，尽情地闻着那令人依恋的女人味。

性欲、悲哀、绝望，猛地向时雄袭来。他铺上那床褥子，把棉被盖在身上，用既凉又脏的天鹅绒被口捂着脸，哭了起来。

室内昏暗。屋外狂风大作。

（选自《棉被》，江苏人民出版社，1987）

# 《吉檀迦利》（节选）

[印度] 泰戈尔 著

谢冰心 译

罗宾德拉纳特·泰戈尔（1861—1941），近代印度伟大的诗人和作家，是印度现实主义文学道路的开创者，作品享誉世界，是近代印度文学的光辉代表。他生于加尔各答市的一个富有哲学和文学艺术修养的家庭，从童年时代就开始写诗、小说、剧本，展露出非凡的才华。泰戈尔一生共写了50多部诗集，被称为"诗圣"。此外还写了12部中长篇小说，100多篇短篇小说，20多部剧本及大量的文学、哲学、政治论著。他的作品反映了印度人民在帝国主义和封建种姓制度压迫下要求改变自己命运的强烈愿望，描写了他们不屈不挠的反抗斗争，充满了鲜明的爱国主义和民主主义精神，同时又富有民族风格和民族特色，具有很高艺术价值，深受人民群众喜爱。

《吉檀迦利》是泰戈尔抒情诗的代表作，是诗人在1912年从自己的几部孟加拉文诗集《献祭集》（1903）、《渡口集》（1906）、《奉献集》（1910）、《吉檀迦利》（1910）等选出并译成英文出版的，共收录103首诗。"吉檀迦利"是孟加拉文的音译，意为奉献，是"献给那给他肉体、光明和诗才之神的"。泰戈尔向神敬献的歌是"生命之歌"，他以轻快、欢畅的笔调歌唱生命的枯荣、现实生活的欢乐和悲哀，表达了作者对祖国前途的关怀。《吉檀迦利》给泰戈尔带来了世界性的声誉，他也因此书获得诺贝尔文学奖。

《吉檀迦利》在艺术上是独具特色的。诗集里充满哲理，但它又是高度情感性的，抒情味很浓。诗人对理想的追求，对人生道路的探索，都是通过内心感受来表达的。通过诗与日常生活中最基本的东西相结合以及比喻的运用，诗集表现出朴实的风格。诗集还有一个比较突出的特点，是散文诗的优美韵律。孟加拉文本《吉檀迦利》《奉献集》和《渡口集》等诗集，都是有韵格律诗。诗人选译成英文时，采用了散文诗的形式。他认为"散文诗应列为真正的诗歌之中"，它可以不受诗体格律的限制而自由表达思想。

《吉檀迦利》作为抒情诗，处处充满浪漫的想象，浓郁的诗情画意，带哲理意味的述说。诗人对神崇拜和礼赞，为寻求出路而不得的矛盾和痛苦，对与神达到合二为一感到无限欢愉。诗歌展现了印度美丽迷人的自然风光，印度人民的日常生活、风俗习惯，使读者仿佛置身其中。

# 1

你已经使我永生，这样做是你的欢乐。这脆薄的杯儿，你不断地把它倒空，又不断地以新生命来充满。

这小小的苇笛，你携带着它逾山越谷，从笛管里吹出永新的音乐。

在你双手的不朽的安抚下，我的小小的心，消融在无边快乐之中，发出不可言说的词调。

你的无穷的赐予只倾入我小小的手里。时代过去了，你还在倾注，而我的手里还有余量待充满。

# 2

当你命令我歌唱的时候，我的心似乎要因着骄傲而炸裂，我仰望着你的脸，眼泪涌上我的眶里。

我生命中一切的凝涩与矛盾融化成一片甜柔的谐音——

我的赞颂像一只欢乐的鸟，振翼飞越海洋。

我知道你欢喜我的歌唱。我知道只因为我是个歌者，才能走到你的面前。

我用我的歌曲的远伸的翅梢，触到了你的双脚，那是我从来不敢想望触到的。

在歌唱中的陶醉，我忘了自己，你本是我的主人，我却称你为朋友。

# 3

我不知道你怎样地唱，我的主人！我总在惊奇地静听。

你的音乐的光辉照亮了世界。你的音乐的气息透彻诸天。

你的音乐的圣泉冲过一切阻挡的岩石，向前奔涌。

我的心渴望和你合唱，而挣扎不出一点声音。我想说话，但是言语不成歌曲，我叫不出来。呵，你使我的心变成了你的音乐的漫天大网中的俘虏，我的主人！

# 4

我生命的生命，我要保持我的躯体永远纯洁，因为我知道你的生命的摩抚，接触着我的四肢。

我要永远从我的思想中摒除虚伪，因为我知道你就是那在我心中燃起理智之火的真理。

我要从我心中驱走一切的丑恶，使我的爱开花，因为我知道你在我的心宫深处安设了座位。

我要努力在我的行为上表现你，因为我知道是你的威力，给我力量来行动。

# 5

请容我懈怠一会儿，来坐在你的身旁。我手边的工作等一下子再去完成。

不在你的面前，我的心就不知道什么是安逸和休息，我的工作变成了无边的劳役海中的无尽的劳役。

今天，炎暑来到我的窗前，轻嘘微语：群蜂在花树的宫廷中尽情弹唱。

这正是应该静坐的时光，和你相对，在这静寂和无边的闲暇里唱出生命的献歌。

# 6

摘下这朵花来，拿了去罢，不要迟延！我怕它会萎谢了，掉在尘土里。

它也许配不上你的花冠，但请你采折它，以你手采折的痛苦来给它光宠。我怕在我警觉之先，日光已逝，供献的时间过了。

虽然它颜色不深，香气很淡，请仍用这花来礼拜，趁着还有时间，就采折罢。

# 7

我的歌曲把她的妆饰卸掉。她没有了衣饰的骄奢。妆饰会成为我们合一之站：它们会横阻在我们之间，它们丁当的声音会淹没了你的细语。

我的诗人的虚荣心，在你的容光中羞死。呵，诗圣，我已经拜倒在你的脚前。只让我的生命简单正直像一枝苇笛，让你来吹出音乐。

## 8

那穿起王子的衣袍和挂起珠宝项链的孩子，在游戏中他失去了一切的快乐；他的衣服绊着他的步履。

为怕衣饰的破裂和污损，他不敢走进世界，甚至于不敢挪动。

母亲，这是毫无好处的，如你的华美的约束，使人和大地健康的尘土隔断，把人进入日常生活的盛大集会的权利剥夺去了。

## 9

呵，傻子，想把自己背在肩上！呵，乞人，来到你自己门口求乞！

把你的负担卸在那双能担当一切的手中罢，永远不要惋惜地回顾。

你的欲望的气息，会立刻把它接触到的灯火吹灭。它是不圣洁的——不要从它不洁的手中接受礼物。只领受神圣的爱所赋予的东西。

## 10

这是你的脚凳，你在最贫最贱最失所的人群中歇足。

我想向你鞠躬，我的敬礼不能达到你歇足地方的深处——那最贫最贱最失所的人群中。

你穿着破敝的衣服，在最贫最贱最失所的人群中行走，骄傲永远不能走近这个地方。

你和那最没有朋友的最贫最贱最失所的人们做伴，我的心永远找不到那个地方。

## 11

把礼赞和数珠撇在一边罢！你在门窗紧闭幽暗孤寂的殿角里，向谁礼拜呢？睁开眼你看，上帝不在你的面前！

他是在锄着枯地的农夫那里，在敲石的造路工人那里。太阳下，阴雨里，他和他们同在，衣袍上蒙着尘土。脱掉你的圣袍，甚至像他一样到地下泥土里去罢！

超脱吗？从哪里找超脱呢？我们的主已经高高兴兴地把创造的锁链戴起：他和我们大家永远连系在一起。

从静坐里走出来罢，丢开供养的香花！你的衣服污损了又何妨呢？去迎接他，在劳动里，流汗里，和他站在一起罢。

## 12

我旅行的时间很长，旅途也是很长的。

天刚破晓，我就驱车起行，穿遍广漠的世界，在许多星球之上，留下辙痕。

离你最近的地方，路途最远，最简单的音调，需要最艰苦的练习。

旅客要在每个生人门口敲叩，才能敲到自己的家门，人要在外面到处漂流，最后才能走到最深的内殿。

我的眼睛向空阔处四望，最后才合上眼说："你原来在这里！"

这句问话和呼唤"呵，在哪儿呢？"融化在千股的泪泉里，和你保证的回答"我在这里！"的洪流，一同泛滥了全世界。

## 13

我要唱的歌，直到今天还没有唱出。

每天我总在乐器上调理弦索。

时间还没有到来，歌词也未曾填好：只有愿望的痛苦在我心中。

花蕊还未开放，只有风从旁叹息走过。

我没有看见过他的脸，也没有听见过他的声音：我只听见他轻蹑的足音，从我房前路上走过。

悠长的一天消磨在为他在地上铺设座位，但是灯火还未点上，我不能请他进来。

我生活在和他相会的希望中，但这相会的日子还没有来到。

# 14

我的欲望很多，我的哭泣也很可怜，但你永远用坚决的拒绝来拯救我，这刚强的慈悲已经紧密地交织在我的生命里。

你使我一天一天地更配领受你自动的简单伟人的赐予——这天空和光明，这躯体和生命与心灵——把我从极欲的危险中拯救了出来。

有时候我懈怠地捱延，有时候我急忙警觉寻找我的路向；

但是你却忍心地躲藏起来。

你不断地拒绝我，从软弱动摇的欲望的危险中拯救了我，使我一天一天地更配得你完全的接纳。

# 15

我来为你唱歌。在你的厅堂中，我坐在屋角。

在你的世界中我无事可做；我无用的生命只能放出无目的的歌声。

在你黑暗的殿中，夜半敲起默祷的钟声的时候，命令我罢，我的主人，来站在你面前歌唱。

当金琴在晨光中调好的时候，宠赐我罢，命令我来到你的面前。

# 16

我接到这世界节日的请柬，我的生命受了祝福。我的眼睛看见了美丽的景象，我的耳朵也听见了醉人的音乐。

在这宴会中，我的任务是奏乐，我也尽力演奏了。

现在，我问，那时间终于来到了吗，我可以进去瞻仰你的容颜，并献上我静默的敬礼吗？

# 17

我只在等候着爱，要最终把我交在他手里。这是我迟误的原因，我对这延误负疚。

他们要用法律和规章，来紧紧地约束我；但是我总是躲着他们，因为我只等候着爱，要最终把我交在他手里。

人们责备我，说我不理会人；我也知道他们的责备是有道理的。

市集已过，忙人的工作都已完毕。叫我不应的人都已含怒回去。我只等候着爱，要最终把我交在他手里。

## 18

云霾堆积，黑暗渐深。呵，爱，你为什么让我独在门外等候？

在中午工作最忙的时候，我和大家在一起，但在这黑暗寂寞的日子，我只企望着你。

若是你不容我见面，若是你完全把我抛弃，真不知将如何度过这悠长的雨天。

我不住地凝望遥远的阴空，我的心和不宁的风一同彷徨悲叹。

## 19

若是你不说话，我就含忍着，以你的沉默来填满我的心。

我要沉静地等候，像黑夜在星光中无眠，忍耐地低首。

清晨一定会来，黑暗也要消隐，你的声音将划破天空从金泉中下注。

那时你的话语，要在我的每一鸟巢中生翼发声，你的音乐，要在我林丛繁花中盛开怒放。

## 20

莲花开放的那天，唉，我不自觉地在心魂飘荡。我的花篮空着，花儿我也没有去理睬。

不时地有一段的幽愁来袭击我，我从梦中惊起，觉得南风里有一阵奇香的芳踪。

这迷茫的温馨，使我想望得心痛，我觉得这仿佛是夏天渴望的气息，寻求圆满。

我那时不晓得它离我是那么近，而且是我的，这完美的温馨，还是在我自己心灵的深处开放。

## 21

我必须撑出我的船去。时光都在岸边捱延消磨了——不堪的我呵!

春天把花开过就告别了。如今落红遍地,我却等待而又留连。

潮声渐喧,河岸的荫滩上黄叶飘落。

你凝望着的是何等的空虚!你不觉得有一阵惊喜和对岸遥远的歌声从天空中一同飘来吗?

## 22

在七月淫雨的浓阴中,你用秘密的脚步行走,夜一般的轻悄,躲过一切的守望的人。

今天,清晨闭上眼,不理连连呼喊的狂啸的东风,一张厚厚的纱幕遮住永远清醒的碧空。

林野住了歌声,家家闭户。在这冷寂的街上,你是孤独的行人。呵,我唯一的朋友,

我最爱的人,我的家门是开着的——不要梦一般地走过罢。

## 23

在这暴风雨的夜晚你还在外面作爱的旅行吗,我的朋友?

天空像失望者在哀号。

我今夜无眠。我不断地开门向黑暗中了望,我的朋友!

我什么都看不见。我不知道你要走哪一条路!

是从墨黑的河岸上,是从远远的愁惨的树林边,是穿过昏暗迂回的曲径,你摸索着来到我这里吗,我的朋友?

## 24

假如一天已经过去了,鸟儿也不歌唱,假如风也吹倦了,那就用黑暗的厚幕把我盖上罢,如同你在黄昏时节用睡眠的衾被裹上大地,又轻柔地将睡莲的花瓣合上。

旅客的行程未达，粮袋已空，衣裳破裂污损，而又筋疲力尽，你解除了他的羞涩与困窘，使他的生命像花朵一样在仁慈的夜幕下苏醒。

## 25

在这困倦的夜里，让我帖服地把自己交给睡眠，把信赖托付给你。

让我不去勉强我的萎靡的精神，来准备一个对你敷衍的礼拜。

是你拉上夜幕盖上白日的倦眼，使这眼神在醒觉的清新喜悦中，更新了起来。

## 26

他来坐在我的身边，而我没有醒起。多么可恨的睡眠，唉，不幸的我呵！

他在静夜中来到，手里拿着琴，我的梦魂和他的音乐起了共鸣。

唉，为什么每夜就这样地虚度了？呵，他的气息接触了我的睡眠，为什么我总看不见他的面？

## 27

灯火，灯火在哪里呢？用熊熊的渴望之火把它点上罢！

灯在这里，却没有一丝火焰，——这是你的命运吗，我的心呵！

你还不如死了好！

悲哀在你门上敲着，她传话说你的主醒着呢，他叫你在夜的黑暗中奔赴爱的约会。

云雾遮满天空，雨也不停地下。我不知道我心里有什么在动荡，——我不懂得它的意义。

一霎的电光，在我的视线上抛下一道更深的黑暗，我的心摸索着寻找那夜的音乐对我呼唤的径路。

灯火，灯火在哪里呢？用熊熊的渴望之火把它点上罢！雷声在响，狂风怒吼着穿过天空。夜像黑岩一般的黑。不要让时间在黑暗中度过罢。用你的生命把爱的灯点上罢。

## 28

罗网是坚韧的，但是要撕破它的时候我又心痛。

我只要自由，为希望自由我却觉得羞愧。

我确知那无价之宝是在你那里，而且你是我最好的朋友，但我却舍不得清除我满屋的俗物。

我身上披的是尘灰与死亡之衣；我恨它，却又热爱地把它抱紧。

我的债务很多，我的失败很大，我的耻辱秘密而又深重；但当我来求福的时候，我又战栗，唯恐我的祈求得了允诺。

## 29

被我用我的名字囚禁起来的那个人，在监牢中哭泣。我每天不停地筑着围墙；当这道围墙高起接天的时候，我的真我便被高墙的黑影遮断不见了。

我以这道高墙自豪，我用沙土把它抹严，唯恐在这名字上还留着一丝罅隙，我煞费了苦心，我也看不见了真我。

## 30

我独自去赴幽会。是谁在暗寂中跟着我呢？

我走开躲他，但是我逃不掉。

他昂首阔步，使地上尘土飞扬；我说出的每一个字里，都掺杂着他的喊叫。

他就是我的小我，我的主，他恬不知耻；但和他一同到你门前，我却感到羞愧。

## 31

"囚人，告诉我，谁把你捆起来的？"

"是我的主人，"囚人说。"我以为我的财富与权力胜过世界上一切的人，我把我的国王的钱财聚敛在自己的宝库里。我昏困不过，睡在我主的床上，一觉醒来，我发现我在自己的宝库里做了囚人。"

"囚人，告诉我，是谁铸的这条坚牢的锁链？"

"是我，"囚人说，"是我自己用心铸造的。我以为我的无敌的权力会征服世界，使我有无碍的自由。我日夜用烈火重锤打造了这条铁链。等到工作完成，铁链坚牢完善，我发现这铁链把我捆住了。"

## 32

尘世上那些爱我的人，用尽方法拉住我。你的爱就不是那样，你的爱比他们的伟大得多，你让我自由。

他们从不敢离开我，恐怕我把他们忘掉。但是你，日子一天一天地过去，你还没有露面。

若是我不在祈祷中呼唤你，若是我不把你放在心上，你爱我的爱情仍在等待着我的爱。

## 33

白天的时候，他们来到我的房子里说："我们只占用最小的一间屋子。"

他们说："我们要帮忙你礼拜你的上帝，而且只谦恭地领受我们应得的一份恩典"；他们就在屋角安静谦柔地坐下。

但是在黑夜里，我发现他们强暴地冲进我的圣堂，贪婪地攫取了神坛上的祭品。

## 34

只要我一息尚存，我就称你为我的一切。

只要我一诚不灭，我就感觉到你在我的四围，任何事情，我都来请教你，任何时候都把我的爱献上给你。

只要我一息尚存，我就永把你藏匿起来。

只要把我和你的旨意锁在一起的脚镣，还留着一小段，你的意旨就在我的生命中实现——这脚镣就是你的爱。

275

## 35

在那里，心是无畏的，头也抬得高昂；

在那里，知识是自由的；

在那里，世界还没有被狭小的家国的墙隔成片段；

在那里，话是从真理的深处说出；

在那里，不懈的努力向着"完美"伸臂；

在那里，理智的清泉没有沉没在积习的荒漠之中；

在那里，心灵是受你的指引，走向那不断放宽的思想与行为——进入那自由的大国，我的父呵，让我的国家觉醒起来罢。

（选自《泰戈尔全集》，河北教育出版社，2000）

# 《清兵卫与葫芦》（节选）

[日本] 志贺直哉　著

楼适夷　译

志贺直哉（1883—1971），日本宫城县人，1909 年东京帝国大学文科中途退学。同年与武者小路实笃、里见淳、有岛武郎等创刊同人杂志《白桦》，主张人道主义、理想主义文学。一生著作甚丰，唯一的长篇小说《暗夜行路》主人公时任谦作在鸟取县的大山和自然融合为一，身心得到安宁，服膺了自然主义文学的主张，即以追求人的真实和发现原始自然最大价值为目的。其短篇具有代表性者，计有小说《直到网走》《海角之城》《小僧的神样》，随笔《在城之崎》等。

志贺直哉的创作，着重客观的写实，把握对象，锐利而精确，曾被誉为"日本文学的故乡"。《清兵卫与葫芦》（1912）是篇轻妙的小品，写一个名叫清兵卫的小学生，因热中于葫芦，遭到老师的申斥和父亲的毒打，葫芦也一个个或没收，或敲碎。可是，谁也没有料到，经他摩娑把玩过的葫芦，竟成了价值昂贵的艺术品！后来，他又专心致志于绘画，父亲却又开始啧有烦言……这篇小说的寓意在于说明封建家长制和旧的习惯势力，压制着人的才能和个性的发展，而真正的天才是终究扼杀不了的。这篇小说不仅在内容上关注了少年人在自由成长过程中所遭受到的阻挠，暗示社会和家长应给予他们充分的有利于健康人性发展的空间，而且还写得很富于幽默感，如小说的第三段中写到清兵卫错把一个老头子的秃脑袋当成葫芦的情景："有一天，他在海边的街上走着，心里依然在想着葫芦，忽然眼前看见一件东西，使他吓了一跳。原来背海一带都是摊户，这时候忽然从一个摊户伸出一个老头子的秃脑袋，清兵卫把它错看作葫芦了。'这葫芦真好！'心里这么想着，有好一会儿没有看清楚——再仔细一看，连自己也吃惊了。那老头子昂着光彩奕奕的秃脑袋，走进巷子里去了。"像这样妙趣横生的文字在小说中随处可见，请在阅读过程中体会小说的这种特色。

　　这是一个叫清兵卫的孩子跟葫芦的故事。自从发生了这件事以后，清兵卫和葫芦就断了关系。过了不久，他又有了代替葫芦的东西。那便是绘画，正如他过去热中于葫芦一样，现在他正热中着绘画……

　　清兵卫常常买了葫芦来玩，他爸妈是知道的。从三四分钱到一毛五分钱一个的带皮葫芦，他大概已有十来个了。他能够自己把葫芦口切开，把里边的籽掏出来，技巧很好，塞子也是自己装上的。先用茶卤一泡，把气味泡干净了，然后就把父亲喝剩的淡酒装在里面，不停地把表皮擦亮。

　　他对于这爱好异常专心。有一天，他在海边的街上走，心里依然在想着葫芦，忽然眼前看见一件东西，使他吓了一跳。原来背海一带都是摊户，这时候忽然从一个摊户伸出一个老头子的秃脑袋，清兵卫把它错看作葫芦了。"这葫芦真好！"心里这么想着，有好一会儿没有看清楚——再仔细一看，连自己也吃惊了。那老头子昂着光采奕奕的秃脑袋，走进巷子里去了。清兵卫觉得好笑，就大声地笑了起来，一边不住地笑着，一边跑过了半条街，还是忍不住地笑。

　　因为他热中得这么厉害，所以他每次上街的时候，走过古董店、水果铺、旧货店、糖食店以及专门卖葫芦的铺子或仅仅门口挂着葫芦的店铺，总是呆呆地站在门前观望。

　　清兵卫是一个才十二岁的小学生，每天从学校里放学回来，他也不跟别的孩子一起玩，常常一个人上街去看葫芦。一到晚上，就坐在起坐室里收拾葫芦；收拾好了，就装上酒，用手巾包好，放在罐子里，又把罐子藏在火炉箱中，然后去睡觉。第二天早晨起来，立刻又打开罐子看，葫芦皮上冒出了许多水珠。他永远不倦地看着，看过之后，很郑重地系好络绳，挂在朝阳的廊檐下，然后上学校去。

　　清兵卫居住的小镇，是个商业码头，虽然算个市镇，其实是很狭小的，一条细长的市街，只要二十分钟就可以走完了。所以卖葫芦的店铺即使怎样多，像清兵卫这样几乎每天都跑去看，大概所有的葫芦，也都被他一一地看过了。

　　他对于旧的葫芦，没有多大的兴趣，他所喜欢的是还没有开过口的带皮葫芦。而且他所有的大抵都是葫芦形很周正的平凡的东西。

　　"真是小孩子呢，不是这种葫芦他就不喜欢。"来看望做木匠的他爸爸的客人，看见清兵卫在一旁很专心地擦葫芦，就这样说。

　　"是呀，一个小孩子，却喜欢这种玩意儿……"他爸爸很不高兴地向那边望了一望。

　　"阿清，这些并不见什么好，再去买几个奇特点的来呀。"客人说。

"这样的好呀。"清兵卫只是这样回答了一句。

清兵卫的父亲与朋友就谈到了葫芦。

"今年春天开评品会时，有人拿出了马琴的葫芦来做参考品，那才是出色的呢。"清兵卫的父亲说了。

"是一个很大的葫芦吧？"

"又大又长。"

听见这样的话，清兵卫偷偷地发笑。他们所说的马琴的葫芦，是那时候一件很有名的东西，他也去看了一看——他不知道马琴是什么人——立刻觉得并不见得怎样好，就掉头走了。

"那种葫芦我可不喜欢，不过大一点就是了。"他插嘴说。

听了这话，父亲就圆睁着眼睛呵叱说：

"什么话，你懂得什么，也来多嘴！"

清兵卫沉默了。

有一天，清兵卫走过后街，在平时不大注意的地方，一家闭了门的住房前，有一个老婆婆摆着一个卖柿子桔子的摊子。他发现摊子后边的店板门上，挂着二十来个葫芦。他立刻说：

"让我看一看。"说着走近去一个一个地仔细把玩。其中有一个，约五寸高，看那模样是很普通的，他却喜欢得什么似的。

他心头发着跳，问了：

"这个葫芦卖多少钱？"

"看你是小哥儿，就便宜点算一毛钱吧。"老婆婆回答了。他喘着气：

"好，你别卖给别人，我回家去马上拿钱来。"他急匆匆地说定，就跑回家去。

不多一会，他红着脸，呼呼地喘着气跑回来，买了葫芦就跑着回去了。

从此，他片刻也不离这个葫芦，还带到学校里去。终于因为在上课的时候也偷偷地藏在桌子底下摩擦，给级任教员看见了。恰巧上的是修身课，所以教员更加生气。

这位外来的教员，对于本地人爱好葫芦的风气心里本来不舒服，他是喜欢武士道的，每次名伶云右卫门来的时候，平时连走过都不大高兴的新地的戏院子，演四天戏，倒要去听三天。学生在操场里唱戏，他也不会怎么生气，可是对于清兵卫的葫芦，却气得连声音都抖起来，甚至说："这种小孩子将来不会有出息的。"于是这个一心热中的葫芦，终于被当场没收。清兵卫连哭也没哭一声。

他脸无人色地回到家里，靠火炉边发呆。

这时候，教员挟着一只书包来访问他的父亲，父亲恰巧不在家。

"这种事情，家里应该管管他……"教员对清兵卫的母亲这样说，母亲吓得只是战战兢兢地不敢出声。

清兵卫对于这位教员的顽固，吓得什么似的，哆嗦着嘴唇，在屋角里缩作一团。在教员身后面的柱子上正挂着许多收拾好了的葫芦。清兵卫心头别别地跳着，怕他会注意到。

训斥了一顿之后，教员终于没有注意到葫芦，回去了，清兵卫透出了一口大气。清兵卫的母亲却哭了起来，唠唠叨叨发了许多没意味的怨言。

不多一会，清兵卫的父亲做工回来了，听了这话，立刻抓住正在身边的清兵卫，使劲揍了一顿。在这儿，清兵卫又被骂了"没出息的孩子！"还说："像你这种家伙，赶快给我滚蛋吧。"

清兵卫的父亲忽然注意到柱子上的葫芦，就拿起槌子来一个一个地砸碎；清兵卫只是脸色发青，不敢作声。

从清兵卫那儿没收来的那个葫芦，教员当作脏东西似的交给老年的校役，叫他去扔了。校役拿了来挂在自己那间熏黑的小屋子的柱子上。

约莫过了两个月，校役恰巧因为没有钱花，想起这个葫芦，准备多少换几个钱，就拿到附近的古董店里去看。

古董店老板横捧竖捧地仔细瞧了半天，马上做出一副冷淡的神气，把葫芦向校役一推：

"要卖就算五块钱吧。"

校役暗暗吃了一惊，可是他是乖觉的，连忙板起脸回答说：

"五块钱可不卖。"古董店马上加到了十块，可是校役还不肯答应。

结果是五十块成了交——校役从那位教员手中好像平白地得了四个月的薪水，心里偷偷地高兴。他当然不曾告诉教员，对清兵卫也隐瞒到底。因此这个葫芦的去处，终究没有人知道。

可是凭校役怎样聪明，也不会想到古董店把这个葫芦卖给当地的富家，价钱是六百块。

……清兵卫现在正热中于绘画，自从有了新的寄托，他早已不怨恨教员和用槌子打破了他十多只葫芦的父亲了。

可是他的父亲，对于他的喜欢绘画，又在开始嘀咕了。

（选自《日本短篇小说选》，中国青年出版社，1983）

# 《尾生的信义》

[日本] 芥川龙之介　著

王向远　译

　　芥川龙之介（1892—1927）是日本大正时代著名的小说家。日本文坛至今还设有"芥川奖"，是日本重要的文学奖之一。芥川的一生充满了矛盾性和传奇性。1914 年发表短篇小说《罗生门》，但并没有受到重视。1916 年发表短篇小说《鼻子》，受到夏目漱石的赏识。在短短 12 年的创作生涯中，芥川龙之介共写了 148 篇小说、55 篇小品文、66 篇随笔以及大量的评论、游记、札记、诗歌等。1927 年他因"恍惚的不安"自杀身亡。

　　芥川龙之介是新思潮派的代表作家，创作上既有浪漫主义特点，又具有现实主义倾向。他的短篇小说篇幅很短，取材新颖，情节新奇甚至诡异。他的很多作品关注社会丑恶现象，但作家很少直接评论，只用冷峻的文笔和简洁有力的语言来陈述，却让读者深深感觉到其丑恶性。这使得他的小说即具有高度的艺术性又成为当时社会的缩影。他的文笔典雅俏丽，技巧纯熟，精深洗练，意趣盎然，别具一格。1950 年，日本著名导演黑泽明将芥川的作品《罗生门》与《竹林中》合二为一，改编为电影《罗生门》，在国际上获得多项大奖，使日本电影走向世界。此后，"罗生门"更是成为华语地区对于扑朔迷离的、各方说法不一的事件的代名词。

　　《尾生的信义》讲述了主人公尾生在桥下苦苦等待恋人到来，却始终未见对方人影，直至被无情的河水淹死的故事。在等待的过程中，尾生的心情也在发生着变化。初到桥下时，他心情愉快，吹着口哨。可是随着时间的流逝，他的心情越来越焦急、害怕。可是他为了自己的"信义"，始终没有离开。

　　这篇作品有着典型的芥川龙之介的艺术风格。他超乎冷静地叙述着一个在常人看来是很平常的事情——约会。但在他细腻的笔触和超乎冷静地剖析之下，这件看起来是愉快的事情却向着让人感觉不可思议的方向发展着：为了约会，为了这种不可掌控的信义，尾生竟然让河水把自己淹死。作者的文笔精细，描写景物出色。小说最后还插入了一番慨叹，"我虽然生活在现代，却干不出任何有意义的事情来，一天到晚过着浑浑噩噩的生活，一味等待着某种当来不来的不可思议的东西，正像那个尾生在黄昏的桥下，一直等待着那位始终未出现的恋人一样"。这实际上也是芥川龙之介根据自身体验道出的肺腑之言。

尾生伫立在桥下，等待着她的到来。

他抬头一看，只见高高的石桥栏杆，已被爬上来的攀援植物遮盖了一半。桥上人来人往，人们的白色衣裳沐浴着灿烂的夕阳，风儿悠悠地吹拂着他们的衣裙。可是，她还没来。

尾生轻轻地吹着口哨，愉快地眺望着桥下的沙洲。

桥下黄泥的沙洲，大约还剩下两坪（坪，日本面积单位，每坪约合$3.3m^2$），与河水紧连在一起。长满芦苇的河畔，有许许多多的小洞，那也许是河蟹的巢穴，每当水波涌上来，就发出轻轻的咕咚声。可是，她还没来。

尾生望眼欲穿地走到河畔，环视着没有一只船通过的平静的河流。

河边上青青的芦苇长得密不透风。而且，在芦苇中，还有一棵棵郁郁葱葱的、婀娜多姿的河柳。芦苇和河柳遮住了水面，看不见河面的宽度。只见一条带状的清澈的河流映着天上云母般的云彩，静静地在芦苇中蜿蜒开去。可是，她还没来。

尾生在河畔踱步，现在沙洲越来越小了。尾生一边踱步，一边注意着暮色渐浓的四周的动静。

桥上早就没有行人的踪影了。脚步声、马蹄声，还有车轮声，全都消失了。只听见风声，芦苇声，水声，——还有不知从何处传来的苍鹭的尖啸的啼叫声。尾生停下脚步，潮水不知何时涨了起来。挟裹着黄泥的波光粼粼的河水，比刚才更逼近了。可是，她还没来。

尾生担忧地蹙起眉头，在桥下昏暗的沙洲上着急地团团乱转。这时，河水一寸一寸，一尺一尺地渐渐地涌上沙洲。同时，从河里升起的河藻气、水气，冷飕飕地渗在他身上。抬头一看，桥上那灿烂的夕阳已经消失了。只有石桥栏杆，黑魆魆地横跨在暮色苍茫中，可是，她还没来。

尾生很害怕，呆立不动。

河水打湿了他的鞋，冰冷的河水渐渐地蔓延开来。也许在很短的时间里，他的膝头、腹部、胸部就要被那猛涨的河水无情地淹没。这时候，水位越来越高，他的两条腿已被河水吞没。可是，她还没来。

尾生站在水里，仍怀着一丝希望，不住地向桥上张望。

水已经没到腹部了，周围早已笼罩在苍茫的暮色中，远远近近的茂密的芦苇和河柳的沙沙的响声，从昏暗的暮霭中传来，一条像是鲈鱼的鱼，翻着白肚，从尾生的鼻子前面跳过。鱼跳过之后，天空中也已出现了稀稀疏疏的星光，连藤蔓缠绕的桥栏，也很快消融在暮色里，变得模糊不清了。可是，她还没来。

夜半，当月光洒在河中的芦苇和柳树上的时候，河水和微风互相低语着，将桥下尾生的尸体，轻轻地朝大海方向托去。也许尾生的灵魂向往着天空中那皎洁的月光，它摆脱了躯壳，就像水汽、藻味一样，悄无声息地向那微暗的夜空，袅袅地上升……

时隔几千年之后，他的灵魂历经流转沧桑，又必须托生为人了。他的灵魂就是如今寄附在我身上的这个灵魂。所以，我虽然生活在现代，却干不出任何有意义的事情来，一天到晚过着浑浑噩噩的生活，一味等待着某种当来不来的不可思议的东西，正像那个尾生在黄昏的桥下，一直等待着那位终未出现的恋人一样。

（选自《环球文萃》，1995 年 2 月 26 日）

# 《先知》（节选）

纪伯伦　著

李唯中　译

　　纪伯伦（1883—1931），黎巴嫩著名诗人、散文家、画家。他是阿拉伯近代小说和散文诗的主要奠基者，阿拉伯近代文学史上第一个重要文学流派"旅美派"的代表作家之一。代表作有中篇小说《折断的翅膀》、散文诗集《先知》等。纪伯伦既受到了阿拉伯传统文化的熏陶，又受到现代西方文化的影响，在东西方之间架起了一座桥梁。

　　《先知》描写了一位智者亚墨斯达法在奥法里斯城中等候了12年，等他的船到来，好载他回到他生长的岛上去。在第12年4月的第7天，他出城登山远望，看见他的船在烟雾中驶来，他向他的船走去。这时，奥法里斯城中的人们从城里赶到海边，表达了对他的崇拜、敬爱与不舍，并希望他在走之前回答他们提出的问题，讲出真相，告诉他们关于生和死之间的一切，以便将真理传给自己的子孙后代。城中的人们一个个走上前来，与亚墨斯达法谈论了26个方面的问题。时间已近黄昏，亚墨斯达法走上了船，与奥法里斯的民众道别，驶向了东方。

　　《先知》是纪伯伦最深刻和最优美的作品，是他的"顶峰之作"。这部抒情哲理性散文诗集风格独特、意境深邃，具有教谕性和启示性，是东方现代"先知文学"的一个典范。《先知》中主人公的形象是东方智者的象征，又是人类完美的象征。他要返回的那个岛，既是他的祖国、他的故乡的象征，又是"爱与美"的理想世界。奥法里斯城既是西方世界的象征，也是整个人类社会的象征。这种象征的双重性，使《先知》的内涵具有两个层面，一个是东方的，一个是世界的。至于《先知》中反复出现的大海、云雾、梦幻、明镜、面纱、羽翼等意象，都是人类生存状态和生命表达方式的不同象征。大海象征生命的丰富和永恒，云雾象征生命的朦胧和神秘，梦幻象征人的渴望和憧憬，明镜象征理性和明澈，面纱象征人的真实性被掩盖，羽翼则象征生命的飞翔与自由。

　　《先知》不仅具有明晰的哲理性，而且具有浓郁的抒情性。抒情和哲理的结合，使整个作品真切感人。特别是作品的前序和尾声两部分，无论是主人公的内心独白，还是市民们的送别话语，所反映的依依惜别之情都诗化了。《先知》的语言独具特色，充满新奇美妙的比喻，被称为"圣经式的语言"。

# 船的到来

∙∙∙∙∙∙∙∙∙∙∙∙∙∙∙∙∙∙∙∙∙∙∙∙∙∙∙∙∙∙∙∙∙∙∙∙∙∙∙∙∙∙∙∙∙∙∙∙∙∙∙∙∙∙∙∙∙∙∙∙∙∙∙∙

年值韶华，被主所选、为主所爱的穆斯塔法，在奥法里斯城等了十二年，等待着他的船到来，以便载他归返他出生的岛上去。

在第十二年的四月，即收获之月的第七天，他登上城墙外的小山，放眼向大海望去，只见他的船披着雾霭驶来。

此刻，他的心境豁然开朗，欢悦之情远远地飞越大海。他闭上双眼，在灵魂的静殿中祈祷。

当他从小山上走下来，忽觉一阵忧思袭上心头，他暗自想：

我怎能心无惆怅，安然地走去呢？

我在这座城里度过的痛苦白天是漫长的，我所度过的孤寂之夜是漫长的。谁能够与自己的痛苦和孤寂毫无遗憾地分手呢？

在这一条条路上，我撒下了多少精神的颗粒！

有多少我所喜爱的孩子，赤身裸体地跪在它的山丘之间！因此，我不能毫无负担、毫无痛苦地离开它。

今天，我脱下的不是一件外衣，而是用我们双手撕下自己的一块皮。

今天，我不是把一种想法丢在了身后，而是丢弃了一颗用饥饿和干渴浸透的甜蜜之心。

但是，我不能再久留了。

呼唤万物前往的大海在召唤我，我必须扬帆起航了。

虽然我掖下的归思仍灼热似火，可如果再呆下去，却要凝固、结晶、模化了。

我多么希望能够带走这里的一切，又有什么办法呢？

唇和舌是声音的双翅，而声音飞走时却不能带着双翅，只能独自去觅寻以太①。

如同鹰不能带着巢，只能独自飞过太阳。

现在，穆斯塔法行至丘山脚下，转身向着大海，看见他的船正向港口靠

---

① 以太，科学家假想的传播光的媒介。

近，船头上站着来自故乡的水手。他向他们发出由衷的呼唤：

我的老母的孩子们，弄潮的英雄汉，

你们有多少次航行在我的梦里呀！现在，你们在我苏醒时来了，而苏醒是我更深的梦境。

看哪，我现在准备起航了。我的渴望风帆已经全部展开，正等待着风的到来。

我只求在这静静的空气中吸上一口气，

只想向这里的一切投上亲切的一瞥，

之后，我便加入你们的行列，成为一名水手。

还有你呀，宽阔的大海，不眠的母亲，

只有在你的胸膛里，江河和溪流才能找到平安和自由。

这条小溪仅剩下一次转变，之后在这林间只作一声低语，便奔向你那里，化作无边大洋中的一滴自由水珠。

穆斯塔法正走在路上时，忽见远处有众多男女离开他们的田地和葡萄园，快步向着城门走来。他听见他们呼唤着他的名字，穿过田间阡陌，高声喧嚷着说他的船来了。他自言自语道：

莫非离别之日正是聚会之时？

我的夕阳西下之时，果真是朝阳东升之时？

他们耕作之时丢下犁杖或者停下榨汁的轮子，我能给他们什么呢？我的心能成为一棵结满果子的树，以便采摘并分给他们吗？

我的愿望能像涌泉，以便斟满他们的杯盏吗？

我是可供上帝之手弹奏的琴，或是可让上帝吹奏的笛子？

我是探索寂静的人，在其中我能发现什么宝藏，并且满怀信心地撒播出去呢？

如果今天就是收获之日，那么，我曾在哪块土地上，又是在哪个被我遗忘的季节里，播下我的种子的呢？

假若那的确是我举灯的时刻，那么，灯里燃烧着的不是我所点燃的火焰。

我将举起我的灯，那灯空空无油，而且很暗。

夜下守护你们的人将为灯添油，也将为你们将之点燃。

这些都是穆斯塔法说出口的事情，还有很多话隐藏于他的心中，未能道出他深藏心底的秘密。

穆斯塔法进城时，众人们纷纷迎接他，齐声呼唤他的名字。

长老们走上前，说道：

你不要急于离开我们！

你在我们生命的苍茫暮色中，曾像丽日一样悬挂中天。

你的青春华年曾赋予我们美梦联翩。

你在我们中间，既非客居，也不是异乡人，而是我们可爱的孩子，我们的灵魂对你情有独钟。

不要让我们因渴望见到你的容面而望眼欲穿。

男女祭司们高声对他说：

莫让海浪现在就把我们分开，不要让你在我们中间度过的那些岁月化为记忆。

你曾是一位神灵走在我们当中，你的影子曾是照亮我们脸面的光芒。

我们是多么地深爱着你，虽然我们的爱默默无言，且又隔着薄纱；然而它现在正高声呼唤你，希望它在你的面前能被撩开来。

爱总是这样，不知其深，除非到了别离的时辰。

另外一些人走来恳求、挽留他。但是，穆斯塔法默不作声，然后低下头去。站在他周围的人们看见他泪流如注，直滴落在胸膛上。

穆斯塔法走去，众人们随着他走向神殿前的宽大广场。

一位名叫美特拉的女预言家从神殿里走出来。

穆斯塔法用充满温情的目光望了女预言家一眼，因为她是他进城仅一天的时间里第一个向他走来并寻求他相信的人。

女子深情地问候他，然后说：

上帝的先知，极致境地的探索者，

一直眺望天际寻觅自己航船的人呀，

你盼望的船已经来了，你的启程已成定局。

你对记忆中的土地和强烈希冀中的故国是多么热切地眷恋！我们的爱是拴不住你的，我们的需要也留不住你。

但是，在你离开我们之前，我们请求你给我谈上一谈，用你的真理把我们武装一番。

我们将用这些真理武装我们的子女，他们也将把真理传给他们的子女，如此代代相传，永世不断。

你曾在孤独中关怀着我们的白日；你曾在苏醒中倾听我们睡梦中的哭与笑。

现在，我们请求你把我们的内心世界揭示给我们，把你所知道的关于生与死之间的学问告诉我们。

穆斯塔法回答他们说：

奥法里斯城的居民们，除了回旋在你们心灵里的那些东西，我还能谈什么呢？

# 论　爱

美特拉说：请给我们谈一谈爱吧！

穆斯塔法抬起头来，望着众人们，那里一片寂静，鸦雀无声。他用洪亮的声音说：

爱向你们示意，你们就跟他走，

即使道路崎岖，坡斜陡滑。

如果爱向你们展开双翅，你就服从之，

即使藏在羽翮中的利剑会伤着你们。

如果爱对你们说什么，你们只管相信他，

即使他的声音惊扰了你们的美梦，犹如北风将园林吹得花木凋零。

爱为你们戴上冠冕的同时，也会把你们钉在十字架上。

爱能强壮你们的骨干，同时也要修剪你们的枝条。

爱能升腾到你们天际的至高处，抚弄你们那摇曳在阳光里的柔嫩细枝。

爱同样能沉入你们那伸进泥土里的根部，并将根部动摇。

爱把你们抱在怀里，如同抱着一捆麦子。

爱把你们春打，以使你们赤体裸身。

爱把你们过筛子，以便筛去外壳。

爱把你们磨成面粉。

爱把你们和成面团，让你们变得柔软。

爱再把你们放在他的圣殿里的火上，以期让你们变成上帝圣筵上的神圣面包。

爱如此摆弄你们，为的是让你们知道你们心中的秘密。依靠这一见识，你们就能成为存在之心的一片碎屑。

如果你们心存恐惧，只想在爱中寻求安逸和享受，

那么，你们最好遮盖起自己的裸体，逃离爱的打谷场，

走向一个没有季节更替的世界；在那里，你们可以笑，但笑得不尽情；在那里，你们可以哭，但眼泪淌不完。

爱，除了自己，既不给予，也不索取。

爱，既不占有，也不被任何人占有。

爱，仅仅满足于自己而已。

当你爱的时候，你不要说"上帝在我心中"，

而要说"我在上帝心中"。

你切莫以为自己能够指引爱之行程。

爱会引导你，如果发现你适于引导。

爱除了实现自我，别无所求。

当你爱时，而且还要伴随着某些愿望，那就把这些作为你的愿望吧：

融化自己，让自己变得像一条流淌的溪水，对夜色哼唱小曲；

感受过分温柔产生的痛苦；

接受由对爱的了解为你带来的伤害；

甘心情愿地任你的血流淌；

黎明即起，带着一颗长了翅膀的心，满怀谢意地迎接爱的新一天的来临；

中午小憩，深深沉浸在爱的微醉之中；

黄昏回家，满怀感恩之情；

入睡之时，你的心为你心爱的人祈福，唇间哼吟着赞美的歌。

# 论婚姻

美特拉又问：夫子，关于婚姻，你有何论说呢？

穆斯塔法回答道：

你俩同生，相伴到永远。

当死神的双翼带走你的岁月时，你俩在一起。

是的，同样在默默追忆上帝之时，你俩也在一起。

不过，你俩结合中要有空隙。

让天风在你俩间翩翩起舞。

你俩要彼此相爱，但不要使爱变成桎梏；

而要使爱成为你俩灵魂之岸间的波澜起伏的大海。

你俩要相互斟满杯子，但不要用同一杯子饮吮。

你俩要互相递送面包，但不要同食一个面包。

一道唱歌、跳舞、娱乐，但要各忙其事；

须知琴弦要各自绷紧，虽然共奏一支乐曲。

要心心相印，却不可相互拥有。

因为只有"生命"的手才能容纳你俩的心。

要相互搀扶着站起来，但不要紧紧相贴。

须知神殿的柱子也是分开站立着的。

橡树和松树也不在彼此的阴影里生长。

# 论孩子

一位怀抱婴儿的妇女说：请给我们谈谈孩子吧。

穆斯塔法说：

你们的孩子并不是你们的，

而是"生命"对自身的渴望所生的儿女。

他们借你们来到世上，却并非来自你们，

他们虽与你们一起生活，却并不属于你们。

你们可把爱给予他们，却不能给予他们以思想。

因为他们有他们的思想。

你们能够庇护他们的身体，却不能庇护他们的灵魂。

因为他们的灵魂居于明日的华屋，那是你们无法想见的，即使在梦中。

你们可以努力以求像他们，但不要试图让他们像你们。

因为生命不能走退步，它不可能滞留在昨天。

你们是弓，你们的孩子则是从你们的弓弦上射出的矢箭。

射手看见竖立在无尽头路上的目标，

他会用自己的神力将你们的弓引满，以便让他的箭快速射至最远。

就让你们的弓在射手的手中甘愿曲弯；

因为他既爱那飞快的箭，也爱那静止的弓。

# 论施舍

一个富翁说：请给我们谈谈施舍吧。

穆斯塔法答道：

当你把你的财产给人时，那只是施舍了一点点儿。

只有把你自身献给他人，那才是真正的施舍。

你所占有的岂不是惧怕明天需要它而保存起来的东西吗？

那明天，又能随从前往圣城朝觐时，把骨头埋在没有人迹的沙土里的多虑的狗，储存下什么呢？

除了需要本身，需要还惧怕什么呢？

你的井水充溢时还惧怕干渴，那不是无法解救的干渴吗？

有的人家财万贯，却只拿出一星点儿给人，

他们还自诩为施舍；他们心中暗藏的欲念难免要葬送他们的施舍善意。

有的人囊中羞涩，却慷慨献出全部。

他们是笃信生命及其丰富内存，因而他们的金库总也不空。

有的人乐于施舍，施舍之乐便是他们的报酬。

或者痛苦地施舍，在痛苦中净化自己的灵魂。

有的人施舍既不觉痛苦，也不寻欢乐，亦不知道施舍是一种美德。

有些施舍的人，就像山谷中的桃金娘，只管把芳香撒向天空。

上帝通过这些乐善好施者的手说话，透过他们的眼睛将微笑洒满大地。

向求乞者施舍，当然好，若向未开口的，而你早知道的饥馑者施舍，那就更好了。

对于乐善好施者来说，主动寻觅有待周济之人，较之施舍的快乐有过之而无不及。

你真有什么必须保留的东西吗？

终有一天，你所有的一切都要给人。

你现在就施舍吧！让施舍的时令属于你，而不属于你的继承人。

你常说："我一定施舍，但只给那些配得恩施的人。"

但你的果园中的树木及你牧场上的羊群不这样说。

他们为了生存而施舍，因为守财导致灭亡。

毫无疑问，凡配得到白昼与黑夜的人，均应得到你所施舍的一切。

凡配从生活的大洋中饮水者，均配在你的小溪中灌满自己的杯子。

接受施舍的勇气、信心和慈善是一种美德，还有比这更伟大的美德吗？

你是何许人，竟敢要人们向你袒露心中的隐私，抛弃狂傲的外衣，让你看看他们的价值和无愧傲气？

还是首先审视一下你自己是否配做施舍者，是否配做施舍者的工具吧！

其实，生命是生命的施舍者，自以为是施主的人啊，你不过是个证人罢了。

你们，接受施舍的人们——你们都是接受者——你们不必过分感恩戴德；如若不然，会把轭加在你们和施舍者的肩上。

你们和施主理应一道起来，那便是怀疑以慈善大地为母，以上帝为父的施舍者的慷慨仁义之情了。

# 论饮食

一个开饭店的老者说：请给我们谈谈饮食吧！

穆斯塔法说：

但愿你们能够依赖大地的芳菲而生存，就像攀缘藤萝那样依靠阳光的供养。

既然你们必宰牲而食，非从幼畜口中夺取奶汁解渴，那么，你们应使之成为一种祭拜仪式。

让你们的餐桌成为祭坛吧！祭坛上那来自平原和丛林中的纯洁、清白的肴馔，正是为了使人变得更纯洁、更清白而牺牲的。

你宰牲时，心里要对它说：

"宰杀你的权力，同样也将把我宰杀；我的命运与你相同，都要走向死亡。

"把你送到我手里的法规，也将把我送到一只更强大的手里。

"你我的血，都不过是营养永恒之树的液汁。"

当你用牙咀嚼苹果时，心中要对它说：

"你的籽将在我的体躯中生存，

"你明日的蓓蕾将在我的心中开花，

"你的芳香将成为我的气息，

"我们伴随着四季一道欢乐。"

秋天，当你从你的葡萄园里采摘葡萄，以便将之送往榨汁酿酒时，你要对葡萄说：

"我也是葡萄，果实也要送去榨汁酿酒。

"像新酒一样，将被存储在永恒的桶里。"

冬天，当你咽吮酒时，你的心中要对每一杯酒唱歌。

让你的歌中充满对秋天、葡萄园及榨汁酿酒作坊的怀念。

# 论劳作

一个农夫说：请给我们谈谈劳作吧。

穆斯塔法说：

你劳作，为的是与大地及其灵魂一道前进。

因为松弛懈怠者将成为时节的陌路人，并会远离生命的队列，而生命的队列正在迈着庄重的步伐，昂首、顺利地走向永恒。

劳作时，你是一支芦笛，时光的低语在你的腹中变成了乐曲。

在万物合唱之时，你们当中谁愿意做一支哑然无声的芦笛呢？

你们常听人说，劳作令人厌恶，苦劳是祸殃。

我要对你们说，你们劳作之时，实现的是大地的深远梦想的一部分；而那梦想诞生之日，实现的责任就是你们的。

你们进行劳作时，就是实实在在地实践对生命的热爱。

通过劳作热爱生命，便彻悟到了生命的最深秘密。

当你们痛感生活的疾苦之时，会把出生唤作悲剧，把养身视为可诅咒，并且写在你们的额上，那么，我要对你们说：只有用你额上的汗水，才能洗掉你们写在额上的字句。

也有人对你们说，生命是黑暗的，致使你们在过度疲倦之时，重复疲惫者们所说的那些话。

我要说，没有激励，生命的确是黑暗的；

不与知识结合，一切激励都是盲目的；

不与劳作结伴，一切知识都是无用的；

不与仁爱相配，一切劳作都是空虚的；
当你的劳作与爱相结合时，你便与你自己、与他人和与上帝连在一起了。

怎样才是满怀仁爱的劳作呢？
那就是用从你心中抽出的线织布做衣，仿佛你所爱的人将要来穿。
那就是满怀热情地建造房屋，仿佛你所爱的人将要来住。
那就是满怀温情地播种，欢天喜地地收获，仿佛你所爱的人将要来享用。
那就是把你心灵的气息灌输到你所制作的一切之中去。
你应当知道你的先人们都在你的周围看着你。
我常听见你们好像在说梦话：
"雕刻大理石，在石头里寻找自己灵魂形象的人，要比耕夫高贵多了。
"撷取虹的色彩，在画布上绘人像的人，要比编草鞋的人高明多了。"
至于我，则要在正午完全清醒时说：
风同高大橡树的低声细语，并不比同大地上最小的草更温柔。
只有把风声变成柔美歌声，并且将自己的爱心加入其中的人，才是伟大的人。

劳作是眼能看见的爱。
如果你进行劳作时不是满怀着爱，而是带着厌恶心理，还不如丢下工作，到庙门去，等待高高兴兴劳作者们的周济。
假若你无所用心地去烤面包，烤成的是苦面包，只能为半个人充饥。
假若你怀着怨恨榨葡萄汁酿酒，你的怨恨会在葡萄里渗进毒液。
你能像天使一样唱歌，却不喜欢唱，那就堵塞了人们的耳朵，使他们听不见白昼和黑夜的声音。

# 论悲欢

一个妇人说：请给我们谈谈悲伤与欢乐吧。
穆斯塔法说：
你们的欢乐，正是你们揭去面具的悲伤。
供你的汲取欢乐的井，常常充满着你们的泪水。
事情怎会不如此呢？
悲伤在你们心中刻下的痕迹愈深，你们能容纳的欢乐便愈多。

你们盛酒的杯子，不就是曾在陶工的窑中烧的那只杯子吗？

使你们心神愉悦的那把琴，不是刀刻的那块木头吗？

当你沉浸在欢乐之中时，深究你的内心深处，就会发现曾是你的悲伤泉源的，实际上是你的欢乐所在。

当你沉浸在悲伤之中时，重新审视你的心境，就会发现曾是你欢乐泉源的，实际上又成了你的悲伤所在。

有人说："欢乐大于悲伤。"

另一些人说："悲伤更大。"

我要对你们说，悲欢是互相不可分离的。

悲欢同至，其中一个在与你同桌共餐，另一个则正睡在你的床上。

实际上，你们就像天平的两个盘子，悬在你们的悲与欢之间。

只有你们的心中空空时，那两个盘子才能平衡，你们的情况才会稳定下来。

当司库举起你用来称量他的金银时，你的悲与欢就不免要升或降了。

# 论房舍

一个泥瓦匠走上前来，说：请给我们谈谈房舍吧。

穆斯塔法说：

你在城中建造房舍之前，先用你的想象力在旷野建造一个草舍吧。

因为就像你黄昏之时有家可归一样，你那漂泊在遥远、孤独天际的迷魂，也该有个归宿之地。

你的房舍是你的更大的躯壳。

房舍在阳光下生长，静夜里入眠，且眠中不能无梦。你的房舍不做梦吗？不曾在梦中离开城市，走入丛林，或登上山巅吗？

但愿我能把你们的房舍握在手里，就像农夫耕种一样，把你们的房舍撒在平原和丛林里。

愿谷地成为你们的街市，绿径成为你们的小巷，你们人人可穿过葡萄园去访朋问友，回返时衣褶间夹带着大地的芳香。

但此刻尚未到来。

你们的祖辈心存恐惧，因而把你们彼此聚集在一起。

这种恐惧必存在一段时间。

直到你们的城墙将你们的房舍与田地分隔开来。

奥法里斯城的居民们，请你们告诉我，你们这些房舍里有些什么东西？你们的门紧锁着，保卫的又是什么东西呢？

你们有和平吗？那不就是显示你们力量的温和动力吗？

你们有回忆吗？那不就是架在思想山峰间的闪光拱桥吗？

你们有美吗？那不就是把你们的心从木雕石刻天际引上圣山的东西吗？

请告诉我，你们的房舍里有这些吗？

或者你们只有舒适及对舒适的欲望？那种诡秘的东西，悄悄潜入你们的房舍做客，旋即反宾为主，继而成为家长。

嗨，他继之变成一个驯兽者，挥舞着钩和鞭，把你们的宏大意愿化为他手中的玩具。

是啊，他手柔如丝，心却如铁铸。

他为你们催眠，目的在于站在你们的床边，讥笑你那躯体尊严。

他戏耍你们那健全的感官，将之像易碎器皿一样丢在蓟绒刺间。

无疑，贪图舒适的欲望，熄灭了灵魂激情烈火，之后狞笑着走在送葬的行列中。

你们啊，太空的女儿，平静时也安不下心来，

你们不会陷入罗网，也不会被驯服。

你们的房舍永远不会成为下抛之锚，而是挺立的桅杆。

你们的房舍不会成为遮盖伤口的闪光薄皮，而是保护眼睛的眼帘。

你们不会因过门而收起翅膀，或因害怕碰着天花板而低头，或者担心墙壁崩裂坍塌而屏着呼吸。

不，你们不能住在死人为活人建造的坟墓里。

尽管你们的房舍富丽堂皇，但不应使之隐藏你们的秘密，或者使之居住在"天国"；那天国以清晨雾霭为门，以夜之歌及其寂静为窗。

# 论衣服

一位纺织工说：请给我们谈谈衣服吧。

穆斯塔法回答道：

你们的衣服遮住了许多美，却遮不住你们的丑。

你们在你们的衣服里，虽然可以寻到隐秘的自由，但却也发现了桎梏与枷锁。

我真希望你们多用皮肤而少用衣服去迎接太阳和风。

生命的气息隐藏在太阳光里，生命之手随着风移动。

你们当中有的人说：

"我们穿的衣服是北风织成的。"

我要说："对的，正是北风。"

但它是用羞涩当织机，以柔弱肌肉作经纬，刚刚织完，便笑着跑向丛林中。

你们不要忘记，羞怯是挡住污秽目光的盾牌。

当污秽完全消失之时，余下的羞怯不就是心灵的桎梏和腐蚀剂吗？

不要忘记大地喜欢接触你们的赤脚，风渴望抚弄你们的长发。

# 论买卖

一个商人说：请给我们讲讲买卖吧。

穆斯塔法说：

大地贡献果实给你们，假若你们只知道摘满双手，你们也就不该要它了。

你们拿大地的献礼做交易，不仅得到富裕，且感到心灵上的满足。

假若你们不本着爱和公平进行交易，必将有人贪婪成性，有人饥饿潦倒。

大海上、农田中和葡萄园里的劳动者们，

当你们在市场上遇见织工、陶匠和香料商时，

要一道祈求大地的主神到你们中间来，圣化你们的天平和交易计量的核算。

你们不要让那些游手好闲的人参与你们的交易，因为他们会用花言巧语来骗取你们的劳动果实。

你们要对这些人说：

"和我们一起到田间，或同你们的兄弟一道去下海撒网吧！因为大地和海洋对你们像对我们一样慷慨。"

如果在那里见到了歌手、舞蹈家和吹笛子的，你们也要买他们的东西。

因为他们和你们一样，都要采集果实和乳香的；

他们带给你们的虽是梦幻的织物，但却是你们灵魂的衣服和食物。

你们离开市场之前，要留意不让一个人空手而回。

因为大地的主神只有在你们每个人的需求都得到满足时，才会安枕风翼进入梦乡。

# 论罪与罚

本城的一位法官走上前，说：请给我们谈谈罪与罚吧。

穆斯塔法说：

当你们的灵魂随风飘荡时，

你们孤独，无人监督，不慎对别人犯下过错，同时也对你们自己犯了过错。

因为犯了过错，你们只有去敲天府圣门，不免受到怠慢，让你等上一时。

你们的神性自我像汪洋大海，

永远一尘不染。

又像以太，

只助有翼者高飞。

你们的神性自我也像太阳，

既不识鼹鼠的路，也不寻觅蛇的洞穴。

但是，你们的神性自我并不独自居于你们的实体之中。

你们实体里的，有一大部分是人性的，还有一部分尚未变成人性的。

那只是一个未成形的侏儒，睡梦中在雾霭里行走，寻求自己的觉醒。

我现在就谈谈你们的人性吧，

只有它才晓得罪与罚，而你们的神性自我和雾霭中行走的侏儒，却全然不知。

我常听你们谈起一个犯了过错的人，仿佛他不是你们当中的一员，而是一个闯入你们天地的陌生人。

至于我，却要说那纯洁或善良者，超不过存在于你们每个人心灵中的至纯至善；

同样，那恶劣或柔弱者，也不会低于你们每个人心灵中的极恶极弱。

正如一片树叶，只有得到整棵树的默许，才会枯黄。

就像那作恶者，如果不是你们大家暗中默许，他是不会作恶的。

仿佛你们行走在队伍中，都要寻找你们的神性。

你们既是路，也是行路者。

倘若你们当中有人跌倒，是因为后面的人而跌倒的，那便是告诫他们，让他们绕开绊脚石。

是的，他也是为前面的人绊倒的。他们虽然比他走得速度快，脚步也比他稳，却未曾挪开那块绊脚石。

我还有话对你们说，尽管我的话对你们的心说来很沉重：

被杀者对自己被杀，不能全然无辜；

被劫者对自己被劫，不能全无可责；

正直人也不能完全摆脱恶人犯的过错，

清白人也不能完全摆脱罪人犯的罪过。

是的，罪犯常常是受害者的牺牲品。

更多的是被定罪的人往往替那些无罪的和未受责备的人担负罪责。

你们不能把公正与不公、善与恶分裂开来；

因为他们同站在太阳面前，如同交织在一起的黑线和白线。

黑线断时，织工就要察看整匹布，也要察看织机。

假若你们当中有人要把一个负心妻子送上法庭，

那就让她把她丈夫的心也放在天平上称一称，并拿尺子将其灵魂量一量。

你们中谁想鞭打伤害者，就请先察看一下受伤害人的心灵。

你们中谁想以正义之名砍伐罪恶之树，那就用刀剜出树根仔细观察；

他定将发现好根与坏根相互交织着。

探求公正的法官们哪，

你们怎样宣判外表无辜、内藏罪心的人呢？

你们怎样惩罚杀人肉体而自己灵魂遭杀的人呢？

你们怎样控告那种行为属于欺骗和伤害，

而实际上自己却受了委屈和虐待的人呢？

你如何惩处那些悔悟大于过错的人呢？

悔悟不正是你们所乐于奉行的法律所支持的公道吗？

但是，你们不能够把悔悟强加在无辜者的身上，也不能够从罪犯的心中将之剔除。

悔悟将在黑夜里自发呐喊，唤醒人们进行内心自检。

欲诠释公道的人们，若不在明光下细察全部行为，你们的愿望怎能实现？

只有在那里，你们才能弄明白，站着的和倒下的却是一个人，黄昏时分，在自己的侏儒性黑夜与神性的白昼之间站立着，

也会晓得那神殿的角石，并不比殿基里的任何一块最差的石头高贵。

# 论法律

一位律师说：关于我们的法律，你有何见教呢？

穆斯塔法说：

你们乐于立法，

但你们更喜欢犯法。

正像在海边玩耍的孩子，他们不断地用岸沙堆塔，然后又笑着把沙塔毁掉。

不过，在你们筑塔之时，大海又把更多的沙子推到岸边；

当你们毁掉沙塔时，大海也同你们一起欢笑。

是的，大海总是和天真无邪的人一起欢笑。

可是，对那些既不把生命看做大海，也不把人制定的法律视为沙塔的人，应当怎样呢？

对那些把生命看做石头，将法律视为能在石头上雕刻出自己形象的凿子的人，又当怎样呢？

对憎恶舞蹈家的瘸子，当怎样呢？

对喜欢牛轭，甚至把林中麋鹿视作迷途、流浪的牛崽的牛，又当怎样呢？

对年迈却无力蜕皮，却把除自己之外的虫豸都斥为赤裸、无耻的老蛇，又当怎样呢？

对早赴婚筵，撑饱而去，却说"一切筵席都是犯罪，所有宾客都是罪犯"的人，当怎样呢？

对于这些人，我除了说他们像别人一样站在日光里，而他们却背对着太阳之外，还能说什么呢？

他们只能看自己的影子；他们的影子便是他们的法律。

他们认为太阳只是影子根源吗？

在他们看来，承认法律只不过是弯曲着身子，在地上寻觅法律的影子吗？

面朝着太阳行走的人们，落在地上的影像能限制住你们吗？

随风游移的人们，风向标能为你们引路吗？

假若你们不在任何人的囚室门上砸碎你们的镣铐，

那么，那种人制定的法律能来束缚你们吗？

你们纵情狂舞，只要不碰任何人的锁链，你们还怕什么法律呢？

假如你们脱下自己的衣服，不把它丢在别人走的路上，谁会把你们送上法庭呢？

奥法里斯的居民们，纵然你们能够抑制住鼓声，并能松弛琴弦，可谁能命令云雀停止歌唱呢？

# 论自由

一位雄辩家说：请给我们谈谈自由吧。

穆斯塔法答道：

我们曾看见你们在城门前和自家炉火旁，对你们的自由顶礼膜拜，

就像奴隶们，在暴君面前卑躬屈膝，为鞭笞他们的暴君歌功颂德。

在寺庙广场，在城堡的阴影里，我看见你们当中对自由怀着最强烈热情的人，他们把自由像枷锁那样戴在自己的脖子上。

我的心在滴血；因为只有当你们的愿望化为自由，而不是你们的羁饰，不再把自由谈论为你们追寻的目标和成就时，你们才能成为自由人。

当你们的白天不无忧虑而过，你们的黑夜不无惆怅而去之时，你们便获得了自由。

不如说当忧愁包围你们时，你们却能赤裸裸地毫无拘束地超脱之，你们才真正获得了自由。

假若你们不砸碎随你们苏醒的晨光而诞生，生命的太阳又将之加在你们身上的锁链，你们怎能超脱这些白昼和黑夜呢？

其实，你们说的那种自由，是这些锁链中最坚固的锁链，虽然链环在阳光下闪闪放光，令人眼花缭乱。

你们想成为自由人而要挣脱掉的东西，不就是你们自身的碎片吗？

如果那就是你们想废除的一个不公平的法律，但那法律却是你们亲手写在你们的前额上的。

纵然你们烧掉你们亲手写的法典，倾大海之水冲刷法官们的前额，也无法抹掉那个法律。

假若那里有你们想废黜的暴君，也要首先看看你们在自己的心中为他建造的宝座是否已经毁掉。

一个暴君怎能统治自由和自尊的人们呢？除非他们的自由被专制，他们的尊严中包含着耻辱！

假如这就是你们欲摆脱的忧虑，那是你自选的，并非他人强加于你的。

假如这就是你们想驱散的恐惧，那是它的座位在你的心里，而不是握在你所怕之人手中。

说真的，在你们灵魂深处的一切事物，都是运动着的，包括期盼的与恐惧的，可恶的与可爱的，追寻的与回避的，几乎都是永恒相互拥抱着的。

这所有一切在你的灵魂里运动着，就像运动着的光与影，成双成对，互不分离。

阴影淡化并消失时，留存的光则变成了新光的阴影。

你们的自由就是如此：当它挣脱了自己的镣铐时，它自身便变化为更大自由的镣铐。

# 论理智与热情

女祭司又开口说：请你给我们谈谈理智与热情吧。

穆斯塔法答道：

你的心灵常常是战场，你的理智、判断总在那里和你的热情、嗜好打仗。

我真想作为一个和平的调解人莅临你的心灵中，将那里相互对立、争斗的因素融合为彼此谐调的一体，共奏同一支乐曲。

但我的愿望难以实现，除非你的心灵致力于和平，并且钟爱你心灵中的各种因素。

你的理智和你的热情，是你那航行在海上的灵魂的舵与帆。

一旦舵毁或帆破，海浪就会把船抛离航线，或使船漂泊在海面。

因为理智独自当权，就会变成禁锢你的力量；而热情，你们一旦听任之，便化为火焰，甚至自焚。

那么，就让你的灵魂带着你的理智飞至热情的最高点，直至引吭高歌。

让你的灵魂用理智引导你的热情，让它在每日复活中生存，像凤凰一样自焚，然后从灰烬中重生腾飞。

但愿你将你的判断和嗜好当做两位嘉宾对待，

切不可厚此薄彼，因为如果厚待其一，便会失去两位嘉宾的爱戴与信任。

在山林中，你坐在白杨树阴下，享受着来自田野和草原的宁静与清凉，就让你的心反复默念："上帝之魂静息于理性之中。"

当风暴刮起，暴风撼动林木，雷鸣电闪显示苍天威严之时，就让你的心敬畏地默念："上帝之魂波动于理性之中。"

既然你是上帝天空里的一股气息，又是上帝森林中的一片叶子，你也应在理智中静息，在热情中波动。

# 论痛苦

一个妇人说：请给我们谈谈痛苦吧。

穆斯塔法说：

你的痛苦，是包裹着你的知识的外壳碎裂。

就像果核碎裂一样，以便将果仁露在太阳光下，因为你们必须理解痛苦。

假若你的心能为每天绽现在你面前的奇迹而感到欢悦欣喜，那么，你便认为你的痛苦之妙并不亚于你的欢乐；

你就会像乐意接受你的田野上经历的春夏秋冬四季一样，乐于接受心中季节的变换。

你也就会泰然自若地站着守望你那悲凉的冬天。

正是你自己选择了你的大部分痛苦。

那是你心里的医生为医治你的病而给你的苦药。

因此，你要信从医生，放心地默默服下它。

医生的手尽管沉重而粗糙，但却由冥冥中的上帝之手在指引着。

医生带来的杯子，尽管会灼烧你的双唇，那却是上帝用自己的神圣眼泪和成的泥焙制成的。

# 论自知

．．．．．．．．．．．．．．．．．．．．．．．．．．．．．．．．．．．．．．．．．．．．．．．．．．．
．．．．．．．．．．．．．．．．．．．．．．．．．．．．．．．．．．．．．．．．．．．．．．．．．．．

一个男子说：请给我们谈谈自知之明吧。

穆斯塔法说：

你的心在默不作声中晓知日夜之奥秘。

但是，你的耳朵渴望听到发自你内心的知识之声。

你多么想用语言了解凭思想晓知的奥秘！

你多么希望用手指触摸幻想的赤裸躯体！

你想得多好啊！

隐藏在你灵魂中的泉水定会溢出，低声吟唱着奔向大海；

你内心深处的宝藏定会呈现在你眼前。

不过，千万不要用秤去称量你那未知的珍宝，

也不要用标尺杆或绳子去探测你那知识之渊的深浅。

须知自我就是不可丈量的无边大海。

不要说："我找到了真理。"

而要说："我找到了一条真理。"

不要说："我找到了灵魂的道路。"

而要说："我发现灵魂在我的道路上行走。"

因为灵魂行走在所有道路上。

灵魂既不在一条划定的路上行走，又不像芦苇那样生长。

灵魂像荷花那样开花，花瓣不计其数。

# 论传授

．．．．．．．．．．．．．．．．．．．．．．．．．．．．．．．．．．．．．．．．．．．．．．．．．．．
．．．．．．．．．．．．．．．．．．．．．．．．．．．．．．．．．．．．．．．．．．．．．．．．．．．

一位教师说：请给我们谈谈传授吧。

穆斯塔法说道：

任何一个人都不能向你揭示什么，除非他在知识的拂晓里微睡时。

在神殿的阴影里，行走在弟子们中间的教师，他所传授的不是他的智慧，而是他的信仰和仁爱。

如果他真是大智者，则不会让你进入他的智慧之门，而只会把你引向你的

心灵门槛。

天文学家也许向你谈他对宇宙的理解，但他却不能把他的这种理解给予你。

音乐家也许会向你唱那韵律遍布宇宙的曲子，但他却不能把他那听取韵律的耳朵和他应和韵律的声音给予你。

通晓数学的学者能向你谈度量衡的范围，可是，他却不能引导你走入数学殿堂。

因为一个人不能把洞察力的翅膀借给他人。

正如上帝对你们每个人的认识是不同的，你们对上帝和大地秘密的理解也各不相同。

# 论友谊

一个青年说：请给我们谈谈友谊吧。

穆斯塔法说：

你的朋友是你的能满足的需求。

朋友是你的田地，你在那里满怀爱意播种，满怀谢意收获。

朋友是你的餐桌，是你的火炉。

因为你饥饿地奔向他，在他那里寻求安稳。

当你的朋友向你吐露心声之时，你既不怕坦诚地向他说"不"，也不会不肯向他说"是"。

当你的朋友沉默时，你的心仍然在倾听他的心声；

因为在友谊里，一切思想，一切愿望，一切希冀，均在毫无炫耀之中而产生和共享。

你与朋友别离时，不要忧伤；

因为朋友的可爱之处在于，当他不在之时，你会觉得友谊更加清新，这正如登山者在谷地里望山峰，山峰显得更加分明。

除了加深神交之外，不要对友谊抱别的目的。

因为那种只探求揭示自身秘密的爱，并不是爱，而是一张撒下的网，只能网住一些无用的东西。

你要把你灵魂中最美好的东西，留给你的朋友。

朋友要知道你生命的落潮，也要让他知道你生命的涨潮。

你为打发空余时光而找的人，那算是什么朋友？

你要常找朋友共度生命的宝贵时光。

朋友不是为了填补你心灵的空虚，而是为了满足你的需要。

要让友谊在温柔甜美中充满欢笑和同乐。

因为在润物的露珠中，心可以寻到自己的清晨，继而精神抖擞。

# 论说话

一位学者说：请给我们谈谈说话吧。

穆斯塔法回答道：

当你与你的思想之间发生争论时，你就要说话了。

当你无法在你的心的孤寂中生活时，你的生活便挂在你的唇上，发出声音，作为娱乐和消遣。

伴随着你的大多话语，思想半受残害。

因为思想是天空之鸟，在语言中的樊笼里能够展翅，但却不能飞。

你们当中有些人，因怕寂寞，便去找贫嘴人。

因为在孤独的寂静中，呈现在他们眼中的将是赤裸裸的自我，于是设法逃避。

你们当中有的人说话时，在不知不觉或不假思索中，揭示一条真理，而他们自己却并不懂得它。

有的人把真理深藏心中，却不肯用话讲出来。

在这些人的胸中，心灵居住在韵律和谐的寂静里。

当你在路上或市场里遇到你的朋友时，就让你的心灵拨动你的双唇，指挥你的舌头。

让你声音里的声音，对朋友耳朵里的耳朵说话。

因为朋友的心灵会保存你心中的真理，

如同酒的颜色被忘掉了，酒杯也被丢掉，但舌头总保存着酒的滋味。

# 论时间

一位天文学家说：夫子，请给我们谈谈时间吧。

穆斯塔法说道：

你要衡量那不可测和不可限量的时间。

你要按照时辰和季节调整你的举止和行动，引导你的精神前进方向。

你要把时间视作一条小溪，静坐溪旁，观察溪水流淌。

但是，你那内心的永恒，却深知生命不能用时光限量。

也知道昨天只不过是今天的回忆，而明日不过是今天的梦。

你内心所歌唱和所思索的，仍然居于最初时刻的广阔空间里，那里散布着天空的浩繁星斗。

在你们当中，又有谁不觉得他那爱的力量是无穷无限的呢？

又有谁不感到，那爱虽则无限，却总绕着自身的核心转动，而不会从爱的一种思想转移到另一种爱的思想，从爱的一种行动转移到另一种爱的行为呢？

时间不正像爱一样，既是不可分割的，又是不可用步量的吗？

如果思维要你把时间分成季节，

那就让每一个季节围绕着其余季节，

让现在用记忆拥抱过去，用温情拥抱明天。

# 论善与恶

城中的一位长老说：请给我们谈谈善与恶吧。

穆斯塔法说：

你们的善，我能够谈，但不能谈恶。

恶，不就是被自身饥饿折磨得精疲力竭的善吗？

确确实实，善临饥饿之时，会到黑暗山洞里去觅食；善到干渴之时，会去饮死水。

你与自我合而为一时，你则是善者；

如若不能合而为一时，你就是恶人。

一座被分隔的房子，并不是贼窝，仅仅是一座被分隔的房子罢了。

一条船没有舵，或许会漂泊在充满险阻的群岛之间，但却不会沉入海底。

当你努力自我奉献时，你是善者；

但是，当你为自己谋求利益时，你也不是恶人。

当你为自己谋利时，你就像树根，深扎在大地里，吮吸大地的乳汁。

当然，果实不能对树根说："你要像我一样成熟、丰硕，永远奉献。"

因为对于果实来说，奉献是一种需要，而对于树根说来，吸收也是一种需要。

你在完全清醒时谈话，你是善者；

而你在微睡时，口舌无目标地发出呓语，你也不是恶人。

或许结结巴巴的话语，能扶助柔弱无才的口舌。

当你迈着坚定的步伐走向目标时，你是善者；

但你步履蹒跚时，你也不是恶人。

瘸子虽拐，却也不会后退。

你们这些身强力壮、健步如飞的人，

不要出于对瘸子的同情和怜悯，便在瘸子面前故作跛子行路。

在数不清的事情上，你是善者；

但是，你一时逃避善事，你也不是恶人。

你只不过迟缓、疏懒罢了。

在你渴求"大我"之中隐藏着善；你们每个人的心中都有这种渴求。

但是，在你们部分人的心中，这种渴求如同汹涌的洪流，挟带着山丘的秘密和森林的颂歌，滔滔奔向大海。

而在另一部分人的心中，这种渴望像平缓的小溪，徐徐徘徊在弯弯曲曲的途中，迟迟不到海边。

但是，千万不要让渴求强烈的人对渴求淡薄的人说："你为什么行动如此迟缓？"

因为真正的善者不会问赤身裸体者："你的衣服在哪里？"

也不会问流浪汉："你的房子是怎样坍塌的？"

# 论祈祷

一个女祭司说：请给我们谈谈祈祷吧。

穆斯塔法答道：

你们在悲伤或需要时祈祷。

但愿你们在心里充满欢乐和日子宽裕时也祈祷。

祈祷不就是让你们的"自我"发散在活的以太之中吗？

假若你们发现向太空吐露心中的黯然之处是一种慰藉，

那么，你们倾吐心中的灿烂晨光也会感到是一种快乐。

当你们的灵魂要你们祈祷时，你们抑制不住自己的泪水，尽管你们哭个不住，灵魂还是催促你们再次祈祷，直到你们眉开眼笑。

你们祈祷时，心灵升入云天，以便会见那些同时祈祷的人们；

除了祈祷之时，你们不会见到他们。

就让你对冥冥中神殿的朝拜，成为微微陶醉、甜蜜柔美的聚会吧！

因为你进神殿只是求乞，那将一无所获；

假若你进神殿的目的只在于屈尊，那你的灵魂难以升华；

即使你进神殿是为他人求吉利，谁也不会听你的呼声。

只要你进入了那冥冥之中的神殿，也就够了。

我不能教你们用言语祈祷。

上帝不会听你们的言谈，除了那些上帝通过你们的口舌说的那些话。

我也不能把大海、森林、山岳的祈祷教给你们。

你们是大海、森林、山岳的儿子，你们能在你们的心中寻到它们的祈祷。

夜静之时，只要你们侧耳聆听，便可听到它们说道：

"我们的上帝啊，你是我们那展翅高飞的自我。"

你的意志就是我们的意志。

你的愿望就是我们的愿望。

你赐予我们内心深处的动力将我们的黑夜转化为白天；那黑夜是属于你的，那白天也是属于你的。

我们的主啊，我们不向你祈求什么，因为我们心中的需求产生之前，你已经知道我们需要什么。

因为你就是我们的需要；在你把自己更多地赐予我们时，你早把一切全赐予了我们。

# 论逸乐

每年进该城的一位隐士走上前来，说：请给我们谈谈逸乐吧。

穆斯塔法答道：

逸乐是一支自由的歌，

但它并不是自由。

是你们的开花的愿望，

但却不是愿望之果。

是呼唤高的深，

但既不是深，也不是高。

是翅膀，却被关在笼中，

但不是被围绕的天空。

说实在的，逸乐是一支自由的歌。

我多么希望你们满心愿意地歌唱它，

但却不希望歌把你们的心迷惑。

你们当中有些青年，他们寻求逸乐，仿佛逸乐就是一切，他们理应受到责备与惩罚。

假若我是你们当中的一员，我则既不责备他们，也不惩罚他们，而要鼓励他们去寻求。

因为他们找到逸乐之时，发现的不仅仅是逸乐；

他们将发现逸乐有七姐妹，其中最不漂亮的也比逸乐靓丽。

你们没听过一个刨地寻找树根的人却发现了宝藏吗？

你们当中有些老者，想起自己享受的逸乐，不免感到懊悔，仿佛那是他们醉时所犯下的罪过。

然而懊悔只是蒙蔽心灵，不是惩罚心灵。

他们应满怀谢意回忆自己的逸乐，就像他们回忆夏季的收获那样。

假若懊悔能给他们的心带来慰藉，那就让他们品味慰藉吧。

你们当中有的人，既不是寻求逸乐的青年，又不是回忆逸乐的老者；

他们在畏惧寻求回忆之时，弃绝一切逸乐，生怕怠慢或伤害了自己的心灵。

然而他们的逸乐就在他们的弃绝之中。

即使他们曾用颤抖的手刨寻树根，他们却也发现了宝藏。

不过，请你们告诉我，谁能伤及心灵呢？

或许夜莺能破坏夜的宁静，流萤能触犯繁星？

你们的火或烟能加重风神的负担吗？

或者你们以为心灵是一汪死水，仅用棍棒一根便能将之搅浑？

在你拒绝逸乐之时，常常是将欲望隐藏在你的内心深处罢了。

谁能料想今日能避开的事情，明天不会仍等待着你呢？

你的躯体知道自己的遗传基因，也晓得自己的真正需要，任何东西都欺骗不了它。

你的肉体便是你灵魂的琴。

只有你才能使之发出甜美乐曲或噪音。

你现在就问自己吧："我怎样区别逸乐中的善与恶？"

你到田野和花园里去，就会发现蜜蜂在从花中采蜜时找到了逸乐。

而花让蜜蜂把蜜采走，花也找到了逸乐。

而在蜜蜂的眼里，花是生命泉源。

在花儿看来，蜜蜂是爱的使者。

蜜蜂和花儿在授受中找到了需要和欢乐。

奥法里斯城的居民们，在你们的逸乐之中，你们要像花儿和蜜蜂。

# 论 美

一位诗人说：请给我们谈谈美吧。

穆斯塔法回答道：

你们怎样去追寻美呢？假若美不做你们的路和向导，你们怎能找到美呢？

除了美编织你们的言语，你们又怎能谈论美呢？

受虐待、遭伤害的人说：

"美仁慈而温柔，就像一位年轻的母亲，带着豪迈心情，其中又夹杂着些许羞涩，行走在我们中间。"

情感冲动的人说：

"不，美强大而可怕，就像暴风，下撼大地，上摇苍天。"

精疲力竭的人说：

"美是温柔的细语，在我们的心灵中低声说话。

"它的声音久久存在于我们的静寂之中，就像微弱的光，因惧怕黑影而颤动。"

惴惴不安的人却说：

"我们已经听到美在山峦中呐喊。

"紧随呐喊声而来的是马蹄声、翅膀拍击声和雄狮怒吼声。"

夜间，守城的人说：

"美将伴着曙光从东方升起。"

午时，劳动者和行路人说：

"我们已经看到美正凭着面临落日的窗口俯瞰大地。"

冬天，被冰雪所阻之人说：

"美将伴着春姑而至，活跃在群山之巅。"

炎炎夏日里，割麦子的人说：

"我们已经看见美正在与秋叶共舞，还看见美的发髻里夹带着雪花。"

是的，这都是你们对美的描绘。

其实，你们描述的不是美，而是你们那些未曾得到满足的需求。

美，并不是一种需求，而是一种欢悦。

美，并不是一张干渴的嘴，也不是一只伸出来的空手，而是一颗燃烧着的心，一个陶醉的灵魂。

美，既非你们想看见的一种形象，也不是你们想欣赏的歌。

美是你们闭着眼睛能看到的一种形象，又是你们捂着耳朵也能听到的歌。

美，既不是隐藏在皱巴巴树皮下的汁液，也不是联系着爪子的翅膀，而是一个鲜花开不败的花园，一群永远翱翔的天使。

奥法里斯城的居民们，美就是揭开面纱露出神圣面容的生命。

你们就是生命，你们就是面纱。

美是揽镜自照的永恒。

你们就是永恒，你们就是镜子。

# 论宗教

一位年迈的牧师说：请给我们谈谈宗教吧。

穆斯塔法说道：

今天我讲过别的什么吗？

宗教不就是一切功德和省悟么！

或许它既不是功德，也不是省悟，而是一种惊异与感叹，二者常常发自于手雕坚石或操作织机时的心灵之中。

谁能把自己的信念与工作分开，或者将自己的信仰与事业分开？谁能把自己的时间摊展在自己的面前说"这些属于上帝，这些属于我，这些属于我的灵魂，这些属于我的肉体"？

你的所有光阴，都是在空中扇动着的翅膀，不时地从自我飞到自我。

把德行穿在身上，当作华丽衣饰显摆的人，最好一直赤身裸体。

风与太阳不会使他的皮肤裂口。

以伦理界定行为的人，是把善鸣之鸟关在笼子里。

最自由的歌声，不是从铁丝网和铁栅栏里发出来的。

视礼拜为可开可关窗子的人，他尚未深入到自己的灵魂堂奥，因为灵魂的窗子是从黎明开启到黎明的。

你每天的生活，就是你的神殿和宗教。

无论你什么时候进神殿都要把一切带齐：

带上犁耙、熔炉、木槌和琵琶，带上为你日常需要或娱乐所准备的东西。

因为你在梦中遨游时，你既不能飞翔在你的最高成就之上，也不能下降到你的失败之下。

你要让所有的人跟着你去。

因为在你的慕恋中，你不能飞翔在他们的希冀之上，也不能将自己降到他们的失望之下。

假若你想了解上帝，那就不要使自己仅仅成为解谜的人。

而要看看你的周围，就会发现上帝正在逗你的孩子们玩儿。

你要望望天空，将会看见上帝与闪电一起伸展双臂，在雨水中降下。

你将看见上帝在花丛中微笑，在树林间挥动双手。

# 论死亡

美特拉开口道：现在请给我们谈谈死亡吧。

穆斯塔法说：

你想晓知死亡的秘密吗？

如果不在生命中探寻死亡，你又怎能找到它呢？

黑夜里能够看见，而在白天盲目的猫头鹰，它是不能揭示光明秘密的。

你如果真想揭开死亡的秘密，那就要对生命的肉体敞开你的心扉。

因为生与死是一体的，正像江河与大海是一体一样。

在你的希冀与愿望的深处，隐伏着你对幽冥的无声理解。

你的心梦想着春天，就像藏在雪下的种子所做的梦。

相信梦吧，梦中隐藏着永生之门。

你对死亡的恐惧，只不过是牧人的颤抖；因为他站在国王面前，国王拍着他的肩膀示宠。

牧人因肩上留有国王宠爱的印记而颤抖，心中岂不充满欣悦之情？

但，你没发现他更加重视那种颤抖吗？

死亡不就是赤身裸体站在风口上，消融在烈日之下吗？

断气不就是呼吸从无休止的潮汐中解脱出来继之升腾，不受任何限制地追寻上帝去吗？

只有你们饱饮静默河水时，你才能真正引吭高歌。

只有你们到达山顶之时，你们才能开始登高，只有大地包容你们的肢体之时，你们才能真正手舞足蹈。

# 道　别

已是夕阳西下时分。

女语言学家美特拉说：为今天祝福，为这个地方祝福，为你那给我们谈话的灵魂祝福。

穆斯塔法说：谈话的是我吗？我不也是一位听众吗？

穆斯塔法走下神殿的台阶，所有的人跟随着他。之后，穆斯塔法登上船，站在甲板上，接着把脸转向众人，提高声音说道：

奥法里斯城的居民们，风将把我吹离你们。

我虽然没有风那么迅急，但我必走不可了。

我们这些流浪天涯的人，永远寻觅更加孤独的道路，既不在休歇一天的地方起程，朝阳也不会在我们眼见落日的地方升起。

即使大地沉睡之时，我们仍然在行走。

我们是坚韧植物的种子，心一旦成熟丰满，大风便带着我们飞扬，将我们播撒到四方。

我在你们中间度过的日子是暂短的，我对你们讲的就更短。

当我的声音在你们的耳朵里渐渐模糊，在你们的记忆中渐渐消失时，我定会再回到你们中间，

定会用感情更加丰富的心和更积极响应灵魂召唤的双唇对你们谈话。

是的，我将随涨潮而至，

即使死亡将我卷起，更大的沉静将我包围，我也要与你们的心灵对话。

我的努力决不会白费。

倘若我讲的话是真理，那么，这真理将以更加清晰的声音，用更加接近你们思想的语言揭示出来。

奥法里斯城的居民们，我将乘风而去，但不会坠入虚无的深渊。

假如今天不能满足你们的需要和我的爱，那么，我们就另约一天。

人的需要是变化的，但他的爱是不变的，同样他使爱满足自己需要的愿望也是不变的。

那么，你们当知道，我将在更大的沉静中归返。

拂晓中消散的雾霭，只会在田野留下露珠，继之升腾，凝成云，化作雨而降下。

我也未尝不是雾霭。

我在静夜中行走在你们的街道上，我的心神拜访你们的房舍。

你们的心与我的心一起跳动，你们的呼吸轻拂我的面庞，我认识了你们所有人。

是的，我深解你们的欢乐和痛苦。你们熟睡中的梦，恰是我的梦。

我时常在你们当中，就像山间的湖泊。

我就像一面镜子，映照着你们心灵的高峰和斜坡，

映照着你们的思想和愿望的过往的行列。

你们的孩子们的欢笑，你们的青年们的向往，都会化为溪流、大河，淌入我的沉静之中。

当它流入我的湖中深处时，溪流和大河都会不住地歌唱。

汇入我的湖中的还有比笑更甜、比向往更美妙的东西。

那就是你们内心中的"无限"；

"无限"是巨人，而你们不过是细胞和组织而已。

是的，在这位巨人的歌喉里，你们的吟唱都是无声的搏动。

你们与巨人结合在一起，才能显露出你们的巨大。

我只有看到他时，才能看到你们，并爱你们。

爱若不超越这无边的空间，又能到达多远的地方呢？

什么幻想、什么希望、什么假想，能够展翅高飞呢？

在你们的心中，巨人就像开满苹果花的大树一样。

巨人用自己的力量将你们束缚在大地上，他的芳馨带着你们在天空翱翔，他的不停旋动使你们永远摆脱死亡。

有人说你们像一条锁链：你们像一条锁链，但你们是锁链中最脆弱的一环。

这话仅仅说对了一半，因为你们也是坚固的，就像锁链中最坚固的一环。

谁用你们最小的功绩来衡量你们，他就像用泡沫的脆弱衡量大海的威力。

谁用你们所遭受的失败来评判你们，他就像以季节的变化抱怨四季。

是的，你们就像大海一样，

虽然承载重负的船等待着涨潮，以便靠岸，即使你们像大海，也无法使潮水早来。

因为你们也像四季，

虽然你们在冬天里拒绝了春天，

你们内心深处的春天，在浅睡中微笑，你们的微笑对它毫无伤害。

你们不要以为我说的这些话是为了让你们当中的一个人对另一个人说："他过奖我们了，他只看到我们的优点。"

我不过是用语言讲出了你们思想中所知道的事情。

有言知识不过是无言知识的影子吗？

你们的思想和我的言语，即使只是从封存的记忆中涌出来的波浪，但这种记忆却保存了我们昨天的记录。

保存了大地既不认识我们，也不认识自己的往昔的记忆。

保存了混沌中太古的漫漫长夜的记忆。

智者曾到你们这里来过，将他们的智慧传给你们。我来这里，为了吸取你们的智慧。

看哪，我已发现了比智慧更加伟大的东西。

那便是你们内心里愈聚愈旺的火焰似的心灵。

但你们不注重这种精神的扩展，却哀悼你们岁月的凋逝。

那是生命，在向害怕坟墓的肉体的生命求助。

这里没有坟墓。

这些高山和平原不过是摇篮和垫脚石。

每当你们经过埋葬你们先人的墓地，只要你们仔细看一看，就会发现你们在与你们的子女一起，手拉着手跳舞。

是啊，你们总是那样的欢乐，而你们自己则全然不知。

其他人来到你们这里，以闪光的许诺换取你们的信仰，你们却报之以钱财、权力和荣光。

我给你们的比许诺还少，而你们待我却格外的慷慨。

你们给予我对生命最热烈的渴求。

无疑，将一切向往变成干渴之后，把生命全部化为甘泉，一个人所接受的礼物，还有比这更珍贵的吗？

这其中包含着我的荣誉与报酬。

每当我去泉边饮水时，我总发现喷涌的泉水也是干渴的，我饮它的同时，它也饮我。

你们当中有的人认为我高傲和过分羞怯，致使我不肯接受礼物。

说真的，在接受酬劳时，我是自傲者，而对待赠礼却不是这样的。

当你们请我赴宴时，我已去采摘山丘上的桑葚去了；

当你们邀请我入宿你们家时，我却睡在了宇宙的廊柱下。

虽然如此，你们不还是盛情关怀着我度过的日日夜夜，让我吃得饱、睡得香甜吗？

因此，我要深深祝福你们：

你们给出了许多，而你们却从不知道你们在给予。

是的，善行自我照镜之时，便变成了石头。

善事自赐芳名时，却引来了诅咒。

你们当中有人把我称为清高者，陶醉在自我孤独里。

你们说："他与林木交谈，却不跟人说话。"

"他独自坐在山巅，俯视我们的城市。"

是的，我确实曾攀登高山，独自远行。

我若不在高远之处，能看到你们吗？

人若未曾尝过遥远之苦，又怎能感触相近之甘呢？

你们中有人对我无声地呼唤道："异乡人啊，异乡人，绝顶的爱慕者啊，为什么甘心居于鹰隼作巢的山巅呢？

"为什么苛求不可获取之物呢？

"你希望什么暴风落入你的网中呢？

"你想在天空捕捉何种虚幻的飞鸟呢？

"来吧，成为我们当中的一员吧。

"下来吧，用我们的面包充饥，饮我们的佳酿解渴吧！"

是的，他们独处之时，说出了这些话；

假若我让他们更孤寂一些，他们就会知道：我要探索的只是你们欢乐与痛苦的秘密。

我要猎取的，只是你们在天空中飞行的"大我"。

然而猎人也是猎物；

因为从我的弓弦上放出的许多箭，将要回射到我的胸膛。

同样，飞鸟本来也在地上爬行，

因我的羽翼在太阳下展开时，投下的影子是地上爬行的乌龟。

我是个信仰者，同时也是怀疑者。

我常把手指按在我的伤口上，以期对你们的信仰更加强烈，对你们的认识更加深刻。

基于这种信仰和认识，我要对你们说：

你们既非被封闭在自己的躯壳之内，也非被禁锢在房舍、田野里。

你们的自我宿于高山，随风飘游。

你们不是在阳光下爬行取暖或在黑暗中挖洞求安的动物；而是自由之物，是围绕大地、遨游以太的灵魂。

如果我的这些话含混不清，你们则不必苛求完全明白。

含糊与混沌乃万物开端，而不是终结。

但愿我成为你们记忆中的开端。

生命及类似的一切生物，均孕育于雾霭，而非孕育于水晶。

谁知道水晶不是凝固的雾霭？

当你们想起我时，但愿你们记住我说的话；

在你们看来，你们那最软弱、最迷惘的，实际上也是最强大、最坚定的。

难道不是你们的呼吸使你们的骨架挺立支撑吗？

难道消隐在你们所有人记忆中的那个梦，不是建造了你们的城池，并描绘了城市中的一切吗？

假若你们能够看到你们那紊乱的呼吸，你们便看不见别的一切了。

假若你们能听到那梦的低语，你们也便听不到别的任何声音了。

但是，你们既看不见，也听不到，这倒对你们有好处。

蒙在你们眼睛上的纱，将被织纱的手揭去。

阻在你们耳朵里的泥，将被和泥的手捅开。

你们定将看得见，也听得到。

你们既不会因曾经盲目而叹息，也不会因曾经耳聋而懊悔。

那时候，你们将知道万物潜在的目的。

你们将像为光明祝福那样，为黑暗祝福。

穆斯塔法说完，环顾四周，但见船长在船上依舵而立，时而望望张起的风帆，时而放眼望望遥远的天际。

穆斯塔法说：

我的船长好有耐心啊，好有耐心。

风刮起来了，风帆不耐烦了；

就连船舵也在乞求导航；

然而我的船长却静静地等待我把话说完。

这些水手们都是我的伙伴。

他们聆听过更大海洋的歌声之后，耐心地听我讲。

他们现在不用等待多久了，我已作好准备。

溪水已到大海，伟大母亲将再次把她的儿子抱在胸前。

别了，奥法里斯城的居民们。

这一天过去了。

白日的帷幕在我们面前垂降下来，就像莲叶合拢在自己的明天之上。

我们将收藏起这里给予我们的一切。

如果这不能满足我们的要求，我们只有再相聚一次，一起把手伸向赐予我们恩惠的人。

不要忘记，我将回到你们这里。

仅仅片刻，我的渴望将把泥土和泡沫集聚成新的躯体。

只一会儿，我乘风静息片刻，另一个女人就将怀上我。

我要同你们告别了，同与你们一起度过的青春告别了。

我们相会仅仅在昨天的梦中。

你们曾在我的孤独里为我唱歌，而我用你们的向往在空中建了一座高塔。

现在睡眠已终结，梦境已经消逝，黎明也已过去。

我们头顶中天丽日，已经从微睡中来到白昼，不得不分别了。

如果天命注定我们要在记忆的薄幕中再次相会，交谈将重新把我们联系起来。

你们要为我唱一支更加深沉的歌。

如果天命注定我们在另一个梦中握手，我们将在空中另建一座高塔。

穆斯塔法边说边向水手们打了个手势，水手们立即起锚，解开缆绳，向着东方驶去。

人们异口同声地呐喊，喊声高飞云天，随风飞向大海，如同巨号鸣响。

只有美特拉默不作声，目送船远去，直至消隐在雾霭之中。

人们全都散去，美特拉独自站在海堤上，心中响起穆斯塔法的那句话：

"只一会儿，我乘风静息片刻，另一个女人就将怀上我。"

（选自《纪伯伦全集》，百花洲文艺出版社，2007）

# 《伊豆的舞女》（节选）

[日本] 川端康成　著

叶渭渠　译

　　川端康成（1899—1972）是日本现代文学史上第一个现代文学流派——"新感觉派"的代表作家，也是具有世界性影响的著名作家。他一生写了100多部小说，以中篇和短篇为主。1968年，他凭借《雪国》《古都》《千只鹤》三部作品获得诺贝尔文学奖。1972年，他在自己的工作室里口含煤气炉管自杀。川端康成的代表作《伊豆的舞女》《雪国》《舞姬》《古都》《千只鹤》等，多描写处于社会底层的人们的悲惨境遇，表现他们对生活、爱情、艺术的热爱与追求，充满了作者对他们的同情。川端康成一直努力探索东西方文化融合的途径。他按照日本人、东方人的思路来理解现代西方文学，成功地找到了东西方文化和文学的结合点，这也在他的创作中有非常明显的体现。

　　《伊豆的舞女》是川端康成早期的代表作，作品情节简单，描写了高中生"我"独自在伊豆旅行时邂逅一位年少舞女的故事，伊豆的青山秀水与少男少女间纯净的爱慕之情交织在一起，互相辉映，给人一种清新自然、净化心灵的感觉，将人带入一个空灵美好的唯美世界。

　　《伊豆的舞女》是根据川端康成1918年的伊豆之行写成的，川端康成在这次旅行中遇到了巡回艺人，并与他们之间形成了一种平等、亲密的关系，这种他从未体验过的关系给作者留下了非常美好的印象。但小说的情节并不完全是作者的真实经历，带有明显的虚构成分。作者把小说中的世界描写得更加美好，将感情描写得更加纯美。这种感情是朦朦胧胧、模糊不清的，但绝对是种极尽纯净与美好的感情。此外，这篇小说比较真实地反映了当时艺妓舞女的困难处境，她们生活在社会底层，供人消遣娱乐，并且还要遭受他人的蔑视，地位甚至和乞丐相差无几。作家和小说中的"我"一样，对她们充满了同情。

　　这篇小说在"新感觉派"鼎盛的时期产生，它体现了部分新感觉派的文学特色，非常重视直观性与感觉性，使读者能够直接地感受到文中人物的心情和环境的情况。但与典型的新感觉派小说不同的是，它没有其所常见的奇特的修辞方法和精心加以修饰的文体，它的语言典雅而朴素，笔法清新自然，一切的美都自然而然地孕育其中。川端康成继承了日本传统文学中缠绵悱恻的哀怨情调，借旅途漂泊、萍水相逢的男女之情抒发了人生的无常感。

一

· · · · · · · · · · · · · · · · · · · · · · · · · · · · · · · · · · · · · · · · · · · · · · · · · · · · · · · · · · · · · · · · ·

　　山路变得弯弯曲曲，快到天城岭了。这时，骤雨白亮亮地笼罩着茂密的杉林，从山麓向我迅猛地横扫过来。

　　那年我二十岁，头戴高等学校①的制帽，身穿藏青碎白花纹上衣和裙裤，肩挎一个学生书包。我独自到伊豆旅行，已是第四天了。在修善寺温泉歇了一宿，在汤岛温泉住了两夜，然后登着高齿木屐爬上了天城山。重叠的山峦，原始的森林，深邃的幽谷，一派秋色，实在让人目不暇接。可是，我的心房却在猛烈跳动。因为一个希望在催促我赶路。这时候，大粒的雨点开始敲打着我。我跑步登上曲折而陡峭的山坡，好不容易爬到了天城岭北口的一家茶馆，吁了一口气，呆若木鸡地站在茶馆门前。我完全如愿以偿。巡回艺人一行正在那里小憩。

　　舞女看见我呆立不动，马上让出自己的坐垫，把它翻过来，推到了一旁。

　　"噢……"我只应了一声，就在这坐垫上坐下。由于爬坡气喘和惊慌，连"谢谢"这句话也卡在嗓子眼里说不出来了。

　　我就近跟舞女相对而坐，慌张地从衣袖里掏出一支香烟。舞女把随行女子跟前的烟灰碟推到我面前。我依然没有言语。

　　舞女看上去约莫十七岁光景。她梳理着一个我叫不上名字的大发髻，发型古雅而又奇特。这种发式，把她那严肃的鹅蛋形脸庞衬托得更加玲珑小巧，十分匀称，真是美极了。令人感到她活像小说里的姑娘画像，头发特别丰厚。舞女的同伴中，有个四十出头的妇女，两个年轻的姑娘，还有一个二十五六岁的汉子，他身穿印有长冈温泉旅馆字号的和服外褂。

　　舞女这一行人至今我已见过两次。初次是在我到汤岛来的途中，她们正去修善寺，是在汤川桥附近遇见的。当时有三个年轻的姑娘。那位舞女提着鼓。我不时地回头看看她们，一股旅行的情趣油然而生。然后是翌日晚上在汤岛，她们来到旅馆演出。我坐在楼梯中央，聚精会神地观赏着那位舞女在门厅里跳舞。

　　……她们白天在修善寺，今天晚上来到汤岛，明天可能越过天城岭南行去汤野温泉。在天城山二十多公里的山路上，一定可以追上她们的。我就是这样

――――――――――――

　　① 高等学校，即旧制大学预科。

浮想联翩，急匆匆地赶来的。赶上避雨，我们在茶馆里相遇了。我心里七上八下。

不一会儿，茶馆老太婆把我领到另一个房间去。这房间大概平常不用，没有安装门窗。往下看去，优美的幽谷，深不见底。我的肌肤起了鸡皮疙瘩，牙齿咯咯作响，浑身颤抖了。我对端茶进来的老太婆说了声："真冷啊！"

"哎哟！少爷全身都淋湿了。请到这边取取暖，烤烤衣服吧。"

老太婆话音未落，便拉着我的手，把我领到她们的起居室去了。

这个房间里装有地炉，打开拉门，一股很强的热气便扑面而来。我站在门槛边踟蹰不前。只见一位老大爷盘腿坐在炉边。他浑身青肿，活像个溺死的人。他那两只连瞳孔都黄浊的、像是腐烂了的眼睛，倦怠地朝我这边瞧着。身边的旧信和纸袋堆积如山。说他是被埋在这些故纸堆里，也不过分。我呆呆地只顾望着这个山中怪物，怎么也想象不出他还是个活人。

"让你瞧见这副有失体面的模样……不过，他是我的老伴，你别担心。他相貌丑陋，已经动弹不了，请将就点吧。"老太婆这么招呼说。

据老太婆谈，老大爷患了中风症，半身不遂。他身边的纸山，是各县寄来的治疗中风症的药方，以及从各县邮购来的盛满治疗中风症药品的纸袋。听说，凡是治疗中风症的药方，不管是从翻山越岭前来的旅客的口中听到的，或是从新闻广告中读到的，他都一一打听，照方抓药。这些信和纸袋，他一张也不扔掉，都堆放在自己的身边，凝视着它们打发日子。天长日久，这些破旧的废纸就堆积如山了。

老太婆讲了这番话，我无言以对，在地炉边上一味把脑袋耷拉下来。越过山岭的汽车，震动着房子。我落入沉思：秋天都这么冷，过不多久白雪将铺满山头，这位老大爷为什么不下山呢？我的衣衫升腾起一股水蒸气，炉火旺盛，烤得我头昏脑胀。老太婆在铺面上同巡回演出的女艺人攀谈起来。

"哦，先前带来的姑娘都这么大了吗？长得蛮标致的。你也好起来了，这样娇美。姑娘家长得真快啊。"

不到一小时的工夫，传来了巡回演出艺人整装出发的声响。我再也坐不住了。不过，只是内心纷乱如麻，却没有勇气站起来。我心想：虽说她们长期旅行走惯了路，但毕竟还是女人，就是让她们先走一二公里，我跑步也能赶上。我身在炉旁，心却是焦灼万分。尽管如此，她们不在身旁，我反而获得了解放，开始胡思乱想。老太婆把她们送走后，我问她：

"今天晚上那些艺人住在什么地方呢？"

"那种人谁知道会住在哪儿呢，少爷。什么今天晚上，哪有固定住处的哟。

哪儿有客人，就住在哪儿呗。"

老太婆的话，含有过于轻蔑的意思，甚至煽起了我的邪念：既然如此，今天晚上就让那位舞女到我房间里来吧。

雨点变小了，山岭明亮起来。老太婆一再挽留我说：

"再呆十分钟，天空放晴，定会分外绚丽。"可是，说什么我再也坐不住了。

"老大爷，请多保重，天快变冷了。"我由衷地说了一句，站了起来。老大爷呆滞无神，动了动枯黄的眼睛，微微点了点头。

"少爷！少爷！"老太婆边喊边追了过来，"你给这么多钱，我怎么好意思呢。真对不起啊。"

她抱住我的书包，不想交给我。我再三婉拒，她也不答应，说要把我直送到那边。她反复唠叨着同样的话，小跑着跟在我后头走了一町远。

"怠慢了，实在对不起啊！我会好生记住你的模样。下次路过，再谢谢你。下次你一定来呀。"

我只是留下一个五角钱的银币，她竟如此惊愕，感动得热泪都快要夺眶而出。而我只想尽快赶上舞女。老太婆步履蹒跚，反而难为我了。我们终于来到了山岭的隧道口。

"太谢谢了。老大爷一个人在家，请回吧。"我说过之后，老太婆好歹才放开了书包。

走进黑魆魆的隧道，冰凉的水嘀嘀嗒嗒地落下来。前面是通向南伊豆的出口，露出了小小的亮光。

二

山路从隧道出口开始，沿着崖边围上了一道刷成白色的栏杆，像一道闪电似地伸延过去。极目展望，山麓如同一副模型，从这里可以窥见艺人们的倩影。走了不到七百米，我追上了她们一行。但我不好突然放慢脚步，便佯装冷漠的样子，赶过了她们。独自走在前头二十米远的汉子，一看见我，就停住了步子。

"您走得真快……正好，天放晴了。"

我如释重负，开始同这汉子并肩行走。这汉子连珠炮似地向我问东问西。姑娘们看见我们两人谈开了，便从后面急步赶了上来。

这汉子背着一个大柳条包。那位四十岁的女人，抱着一条小狗。大姑娘挎着包袱。另一个姑娘拎着柳条包。各自都拿着大件行李。舞女则背着鼓和鼓架。四十岁的女人慢慢地也同我搭起话来。

“他是高中生呐。”大姑娘悄声对舞女说。

我一回头，舞女边笑边说：

“可能是吧。这点事我懂得。学生哥常来岛上的。”

这一行是大岛波浮港人。她们说，她们春天出岛，一直在外，天气转冷了，由于没做过冬准备，计划在下田呆十天左右，就从伊东温泉返回岛上。一听说是大岛，我的诗兴就更浓了。我又望了望舞女秀美的黑发，询问了大岛的种种情况。

“许多学生哥都来这儿游泳呢。”舞女对女伴说。

“是在夏天吧？”我回头问了一句。

舞女有点慌张地小声回答说：“冬天也……”

“冬天也？……”

舞女依然望着女伴，舒开了笑脸。

“冬天也能游泳吗？”我重问了一遍。

舞女脸颊绯红，非常认真地轻轻点了点头。

“真糊涂，这孩子。”四十岁的女人笑了。

到汤野，要沿着河津川的山涧下行十多公里。翻过山岭，连山峦和苍穹的色彩也是一派南国的风光。我和那汉子不住地倾心畅谈，亲密无间。过了荻乘、梨本等寒村小庄，山脚下汤野的草屋顶，便跳入了眼帘。我断然说出要同她们一起旅行到下田。汉子喜出望外。

来到汤野的小客店前，四十岁的女人脸上露出了惜别的神情。那汉子便替我说：

“他说，他要跟我们搭伴呐。”

她漫不经心地答道：“敢情好。‘出门靠旅伴，处世靠人缘’嘛。连我们这号微不足道的人，也能给您消愁解闷呐。请进来歇歇吧。”

姑娘们都望了望我，显出若无其事的样子。她们一句话也没说，只是羞答答地望着我。

我和大家一起登上客店的二楼，把行李卸了下来。铺席、隔扇又旧又脏。舞女从楼下端茶上来。她刚在我的面前跪坐下来，脸就臊红了，手不停地颤抖，茶碗险些从茶碟上掉下来，于是她就势把它放在铺席上了。茶碗虽没落下，茶却洒了一地。看见她那副羞涩柔媚的表情，我都惊呆了。

“哟，讨厌。这孩子有恋情哩。瞧，瞧……”四十岁的女人吃惊地紧蹙起双眉，把手巾扔了过来。舞女捡起手巾，拘谨地揩了揩铺席。

我听了这番意外的话，猛然联想到自己。我被山上老太婆煽起的遐思，戛然中断了。

这时候，四十岁的女人仔细端详了我一番，抽冷子说：

"这位书生穿藏青碎白花纹布衣，真是潇洒英俊啊。"

她还反复地问身旁的女人："这碎白花纹布衣，同民次的是一模一样的。瞧，对吧，花纹是不是一样呢？"

然后，她对我说：

"我在老家还有一个上学的孩子。现在想起来了，你这身衣服的花纹，同我孩子那身碎白花纹是一模一样的。最近藏青碎白花纹布好贵，真难为我们啊。"

"他上什么学校？"

"上普通小学五年级。"

"噢，上普通小学五年级，太……"

"是上甲府的学校。我长年住在大岛，老家是山梨县的甲府。"

小憩一小时之后，汉子带我到了另一家温泉旅馆。这以前，我只想着要同艺人们同住在一家小客店里。我们从大街往下走过百来米的碎石路和石台阶，渡过小河边公共浴场旁的一座桥。桥那边就是温泉旅馆的庭院。

我在旅馆的室内浴池洗澡，汉子跟着进来了。他说，他快二十四岁了，妻子两次怀孕，不是流产，就是早产，胎儿都死了。他穿着印有长冈温泉字号的和服短外褂，起先我以为他是长冈人。从长相和言谈来看，他是相当有知识的。我想，他要么是出于好奇，要么是迷上了卖艺的姑娘，才帮忙拿行李跟着来的。

洗完澡，我马上吃午饭。早晨八点离开汤岛，这会儿还不到下午三点。

汉子临回去时，从庭院里抬头望着我，同我寒暄了一番。

"请拿这个买点柿子尝尝吧！从二楼扔下去，有点失礼了。"我说罢，把一小包钱扔了下去。汉子谢绝了，想要走过去，但纸包却已落在庭院里，他又回头捡了起来。

"这样不行啊。"他说着把纸包抛了上来，落在茅屋顶上。我又一次扔下去。他就拿走了。

黄昏时分，下了一场暴雨。巍巍群山染上了一层白花花的颜色。远近层次已分不清了。前面的小河，眼看着变得浑浊，成为黄汤了。流水声更响了。这么大的雨，舞女们恐怕不会来演出了吧。我心里这么想，可还是坐立不安，一次又一次地到浴池去洗澡。房间里昏昏沉沉的。同邻室相隔的隔扇门上，开了一个四方形的洞，门框上吊着一盏电灯。两个房间共用一盏灯。

暴雨声中，远处隐约传来了冬冬的鼓声。我几乎要把挡雨板抓破似地打开了它，把身子探了出去。鼓声迫近了。风雨敲打着我的头。我闭目聆听，想弄清那鼓声是从什么地方传来、又是怎样传来的。良久，又传来了三弦琴声。还有女人的尖叫声、嬉闹的欢笑声。我明白了，艺人们被召到小客店对面的饭馆，在宴会上演出。可以辨出两三个女人的声音和三四个男人的声音。我期待着那边结束之后，她们会到这边来。但是，那边的筵席热闹非凡，看来要一直闹腾下去。女人刺耳的尖叫声像一道道闪电，不时地划破黑魆魆的夜空。我心情紧张，一直敞开门扉，惘然呆坐着。每次听见鼓声，心胸就豁然开朗。

"啊，舞女还在宴席上坐着敲鼓呐。"

鼓声停息，我又不能忍受了。我沉醉在雨声中。

不一会儿，连续传来了一阵紊乱的脚步声。他们是在你追我赶，还是在绕圈起舞呢？嗣后，又突然恢复了宁静。我的眼睛明亮了，仿佛想透过黑暗，看穿这寂静意味着什么。我心烦意乱，那舞女今晚会不会被人玷污呢？

我关上挡雨板，钻进被窝，可我的心依然阵阵作痛。我又去浴池洗了个澡，暴躁地来回划着温泉水。雨停了，月亮出来了。雨水冲洗过的秋夜，分外皎洁，银亮银亮的。我寻思：就是赤脚溜出浴池赶到那边去，也无济于事。这时，已是凌晨两点多钟了。

## 三

翌日上午九时许，汉子又到我的住处来访。我刚起床，邀他一同去洗澡。南伊豆是小阳春天气，一尘不染，晶莹透明，实在美极了。在浴池下方的上涨的小河，承受着暖融融的阳光。昨夜的烦躁，自己也觉得如梦似幻。我对汉子说：

"昨夜里闹腾得很晚吧？"

"怎么，都听见了？"

"当然听见啰。"

"都是本地人。本地人净瞎闹，实在没意思。"

他装出无所谓的样子。我沉默不响。

"那伙人已经到对面的温泉浴场去了……瞧，似乎发现我们了，还在笑呐。"

顺着他手指的方向，我看见河对面那公共浴场里，热气腾腾的，七八个光着的身子若隐若现。

一个裸体女子突然从昏暗的浴场里首先跑了出来，站在更衣处伸展出去的地方，做出一副要向河岸下方跳去的姿势。她赤条条的一丝不挂，伸展双臂，喊叫着什么。她，就是那舞女。洁白的裸体，修长的双腿，站在那里宛如一株小梧桐。我看到这幅景象，仿佛有一股清泉荡涤着我的心。我深深地吁了一口气，噗嗤一声笑了。她还是个孩子呐。她发现我们，满心喜悦，就这么赤裸裸地跑到日光底下，踮起足尖，伸直了身躯。她还是个孩子呐。我更是快活、兴奋，又嘻嘻地笑了起来。脑子清晰得好像被冲刷过一样。脸上始终漾出微笑的影子。

舞女的黑发非常浓密，我一直以为她已有十七八岁了呢。再加上她装扮成一副妙龄女子的样子，我完全猜错了。

我和汉子回到了我的房间。不多久，姑娘到旅馆的庭院里观赏菊圃来了。舞女走到桥当中。四十岁的女人走出公共浴场，看见了她们两人。舞女紧缩肩膀，笑了笑，让人看起来像是在说：要挨骂的，该回去啦。然后，她疾步走回去了。四十岁的女人来到桥边扬声喊道：

"您来玩啊！"

"您来玩啊！"大姑娘也同样说了一句。

姑娘们都回去了。那汉子到底还是静坐到傍晚。

晚间，我和一个纸张批发商下起围棋来，忽然听见旅馆的庭院里传来鼓声。我刚要站起来，就听见有人喊道：

"巡回演出的艺人来了。"

"嗯，没意思，那玩意儿。来，来，该你下啦。我走这儿了。"纸商说着指了指棋盘。他沉醉在胜负之中了。我却心不在焉。艺人们好像要回去，那汉子从院子里扬声喊了一句："晚安！"

我走到走廊上，招了招手。艺人们在庭院里耳语了几句，就绕到大门口去。三个姑娘从汉子身后挨个向走廊这边说了声："晚安。"便垂下手施了个礼，看上去一副艺妓的风情。棋盘上刹时出现了我的败局。

"没法子，我认输了。"

"怎么会输呢。是我方败着嘛。走哪步都是细棋。"

纸商连瞧也不瞧艺人一眼，逐个地数起棋盘上的棋子来，他下得更加谨慎了。姑娘们把鼓和三弦琴拾掇好，放在屋角上，然后开始在象棋盘上玩五子棋。我本是赢家，这会儿却输了。纸商还一味央求说："怎么样，再下一盘，再下一盘吧。"

我只是笑了笑。纸商死心了，站起身来。

姑娘们走到了棋盘边。

"今晚还到什么地方演出吗？"

"还要去的，不过……"汉子说着，望了望姑娘们。

"怎么样，今晚就算了，我们大家玩玩就算了。"

"太好了，太高兴了。"

"不会挨骂吧？"

"骂什么？反正没客，到处跑也没用嘛。"

于是，她们玩起五子棋来，一直闹到十二点多才走。

舞女回去后，我毫无睡意，脑子格外清醒，走到廊子上试着喊了喊：

"老板！老板！"

"哦……"一个年近六旬的老人从房间里跑出来，精神抖擞地应了一声。

"今晚来个通宵，下到天亮吧。"

我也变得非常好战了。

# 四

我们相约翌日早晨八点从汤野出发。我将高中制帽塞进了书包，戴上在公共浴场旁边店铺买来的便帽，向沿街的小客店走去。二楼的门窗全敞开着。我无意之间走了上去，只见艺人们还睡在铺席上。我惊慌失措，呆呆地站在廊道里。

舞女就躺在我脚跟前的那个卧铺上，她满脸绯红，猛地用双手捂住了脸。她和中间那位姑娘同睡一个卧铺。脸上还残留着昨夜的艳抹浓妆，嘴唇和眼角透出了些许微红。这副富有情趣的睡相，使我魂牵梦萦。她有点目眩似的，翻了翻身，依旧用手遮住了脸面，滑出被窝，坐到走廊上来。

"昨晚太谢谢了。"她说着，柔媚地施了个礼。我站立在那儿，惊慌得手足无措。

汉子和大姑娘同睡一个卧铺。我没看见这情景之前，一点儿也不知道他们俩是夫妻。

"对不起。本来打算今天离开，可是今晚有个宴会，我们决定推迟一天。如果您非今儿离开不可，那就在下田见吧。我们订了甲州屋客店，很容易找到的。"四十岁的女人从睡铺上支起了半截身子说。

我顿时觉得被人推开了似的。

"不能明天再走吗？我不知道阿妈推迟了一天。还是有个旅伴好啊。明儿一起走吧。"

汉子说过后，四十岁的女人补充了一句：

"就这么办吧。您特意同我们做伴，我却自行决定延期，实在对不起……不过，明天无论发生什么情况，我们也得起程。因为我们的宝宝在旅途中夭折了，后天是七七，老早就打算在下田做七七了。我们这么匆匆赶路，就是要赶在这之前到达下田。也许跟您谈这些有点失礼，看来我们特别有缘分。后天也请您参加拜祭吧。"

于是，我也决定推迟出发，到楼下去。我等候他们起床，一边在肮脏的帐房里同客店的人闲聊起来。汉子邀我去散步。从马路稍往南走，有一座很漂亮的桥。我们靠在桥栏杆上，他又谈起自己的身世。他说，他本人曾一度参加东京新派剧①剧团。据说，这剧种至今仍经常在大岛港演出。刀鞘像一条腿从他们的行李包袱里露出来②。有时，也在宴席上表演仿新派剧，让客人观赏。柳条包里装有戏装和锅碗瓢勺之类的生活用具。

"我耽误了自己，最后落魄潦倒。家兄则在甲府出色地继承了家业。家里用不着我啰。"

"我一直以为你是长冈温泉的人呐。"

"是么？那大姑娘是我老婆，她比你小一岁，十九岁了。第二个孩子在旅途上早产，活了一周就断气了。我老婆的身子还没完全恢复过来呢。那位是我老婆的阿妈。舞女是我妹妹。"

"嗯，你说有个十四岁的妹妹？……"

"就是她呀。我总想不让妹妹干这行，可是还有许多具体问题。"

然后他告诉我，他本人叫荣吉，妻子叫千代子，妹妹叫薰子。另一个姑娘叫百合子，十七岁，惟独她是大岛人，雇用来的。荣吉非常伤感，老是哭丧着脸，凝望着河滩。

我们一回来，看见舞女已洗去白粉，蹲在路旁抚摸着小狗的头。我想回到自己的房间去，便说：

"来玩吧。"

"嗯，不过，一个人……"

---

① 新派剧是与歌舞伎相抗衡的现代戏。

② 刀鞘是新派剧表演武打时使用的道具。露出刀鞘，表明他们也演新派剧武打。

"跟你哥哥一起来嘛。"

"马上就来。"

不大一会儿，荣吉到我下榻的旅馆来了。

"大家呢？"

"她们怕阿妈唠叨，所以……"

然而，我们两人正摆五子棋，姑娘们就过了桥，嘎嘎地登上二楼来了。和往常一样，她们郑重地施了礼，接着依次跪坐在走廊上，踟蹰不前。第一个站起来的，是千代子。

"这是我的房间，请，请不要客气，进来吧。"

玩了约莫一个小时，艺人们到这旅馆的室内浴池洗澡去了。她们再三邀我同去，因为有三个年轻女子，所以我搪塞了一番，说我过一会儿再去。舞女马上一个人上楼来，转达千代子的话说：

"嫂嫂说请您去，好给您搓背。"

我没去浴池，同舞女下起五子棋来。出乎意料，她是个强手。循环赛时，荣吉和其他妇女轻易地输给我了。下五子棋，我实力雄厚，一般人不是我的对手。我跟她下棋，可以不必手下留情，尽情地下，心情是舒畅的。房间里只有我们两人。起初，她离棋盘很远，要伸长手才能下子。渐渐地她忘却了自己，一心扑在棋盘上。她那显得有些不自然的秀美的黑发，几乎触到我的胸脯。她的脸倏地绯红了。

"对不起，我要挨骂啦。"她说着扔下棋子，飞跑出去。阿妈站在公共浴场前。千代子和百合子也慌里慌张地从浴池里走上来，没上二楼就逃回去了。

这天，荣吉从一早直到傍晚，一直在我的房间里游乐。又纯朴又亲切的旅馆老板娘告诫我说：请这种人吃饭，白花钱！

入夜，我去小客店。舞女正在向她的阿妈学习三弦琴。她一眼瞧见我，就停下手了。阿妈说了她几句，她才又抱起三弦琴。歌声稍为昂扬，阿妈就说：

"不是叫你不要扯开嗓门唱吗！可你……"

从我这边，可以望见荣吉被唤到对面饭馆的三楼客厅里念什么台词。

"那是什么？"

"那是……谣曲呀。"

"念谣曲，气氛不谐调嘛。"

"他是个多面手，谁知他会演唱什么呢。"

这时，一个四十开外的汉子打开隔扇，叫姑娘们去用餐。他是个鸟商，也租了小客店的一个房间。舞女带着筷子同百合子一起到贴邻的小房间吃火锅。

她和百合子一起返回这边房间的途中，鸟商轻轻地拍了拍舞女的肩膀。阿妈板起可怕的面孔说：

"喂，别碰这孩子！人家还是个姑娘呢。"

舞女口口声声地喊着大叔大叔，请求鸟商给她朗读《水户黄门漫游记》。但是，鸟商读不多久，便站起来走了。舞女不好意思地直接对我说"接着给我朗读呀"，便一个劲儿请求阿妈，好像要阿妈求我读。我怀着期待的心情，把说书本子拿起来。舞女果然轻快地靠近我。我一开始朗读，她就立即把脸凑过来，几乎碰到我的肩膀，表情十分认真，眼睛里闪出了光彩，全神贯注地凝望着我的额头，一眨也不眨。好像这是她请人读书时的习惯动作。刚才她同鸟商也几乎是脸碰脸的。我一直在观察她。她那双娇媚地闪动着的、亮晶晶的又大又黑的眼珠，是她全身最美的地方。双眼皮的线条，也优美得无以复加。她笑起来像一朵鲜花。用笑起来像一朵鲜花这句话来形容她，是恰如其分的。

不多久，饭馆女佣接舞女来了。舞女穿上衣裳，对我说：

"我这就回来，请等着我，接着给我读。"

然后，走到走廊上，垂下双手施礼说：

"我走了。"

"你绝不能再唱啦！"阿妈叮嘱了一句。舞女提着鼓，微微地点点头。阿妈回头望着我说：

"她现在正在变嗓音呢……"

舞女在饭馆二楼正襟危坐，敲打着鼓。我可以望见她的背影，恍如就在跟她贴邻的宴席上。鼓声牵动了我的心，舒畅极了。

"鼓声一响，宴席的气氛就活跃起来。"阿妈也望了望那边。

千代子和百合子也到同一宴席上去了。

约莫过了一小时，四人一起回来了。

"只给这点儿……"舞女说着，把手里攥着的五角钱银币放在阿妈的手掌上。我又朗读了一会儿《水户黄门漫游记》。她们又谈起宝宝在旅途中夭折的事来。据说，千代子生的婴儿十分苍白，连哭叫的力气也没有。即使这样，他还活了一个星期。

对她们，我不好奇，也不轻视，完全忘掉她们是巡回演出艺人了。我这种不寻常的好意，似乎深深地渗进了她们的心。不觉间，我已决定到大岛她们的家去。

"要是老大爷住的那间就好啰。那间很宽敞，把老大爷撵走就很清静，住多久都行，还可以学习呢。"她们彼此商量了一阵子，然后对我说，"我们有两间小房，山上那间是闲着的。"

她们还说，正月里请我帮忙，因为大家已决定在波浮港演出。

后来我明白了，她们的巡回演出日子并不像我最初想象的那么艰辛，而是无忧无虑的，旅途上更是悠闲自在。他们是母女兄妹，一缕骨肉之情把她们连结在一起。只有雇来的百合子总是那么腼腆，在我面前常常少言寡语。

夜半更深，我才离开小客店。姑娘们出来相送。舞女替我摆好了木屐。她从门口探出头来，望了望一碧如洗的苍穹。

"啊，月亮……明儿就去下田啦，真快活啊！要给宝宝做七七，让阿妈给我买把梳子，还有好多事呐。您带我去看电影好不好？"

巡回演出艺人辗转伊豆、相模的温泉浴场，下田港就是她们的旅次。这个镇子，作为旅途中的故乡，它飘荡着一种令人爱恋的气氛。

# 五

艺人们各自带着越过天城山时携带的行李。小狗把前腿搭在阿妈交抱的双臂上，一副缱绻的神态。走出汤野，又进入了山区。海上的晨曦，温暖了山腹。我们纵情观赏旭日。在河津川前方，河津的海滨历历在目。

"那就是大岛呀。"

"看起来竟是那么大。您一定来啊。"舞女说。

秋空分外澄澈，海天相连之处，烟霞散彩，恍如一派春色。从这里到下田，得走二十多公里。有段路程，大海忽隐忽现。千代子悠然唱起歌来。

她们问我：途中有一条虽然险峻却近两公里路程的山间小径，是抄近路还是走平坦的大道？我当然选择了近路。

这条乡间小径，铺满了落叶，壁峭路滑，崎岖难行。我下气不接上气，反而豁出去了。我用手掌支撑着膝头，加快了步子。眼看一行人落在我的后头，只听见林间送来说话的声音。舞女独自撩起衣服下摆，急匆匆地跟上了我。她走在我身后，保持不到两米的距离。她不想缩短间隔，也不愿拉开距离。我回过头去同她攀谈。她吃惊似地嫣然一笑，停住脚步回答我。舞女说话时，我等着她赶上来，她却依然驻足不前。非等我起步，她才迈脚。小路曲曲弯弯，变得更加险峻，我越发加快步子。舞女还是在后头保持二米左右的距离，埋头攀登。重峦叠嶂，寥无声息。其余的人远远落在我们的后面，连说话的声音也听不见了。

"家在东京什么地方？"

"不，我在学校住。"

"东京我也熟识，赏花时节我还去跳过舞呢……是在儿时，现在什么也不记得了。"

后来，舞女又断断续续地问了一通："令尊健在吧？""您去过甲府吗？"她还谈起到了下田要去看电影，以及婴儿夭折一类的事。

爬到山巅，舞女把鼓放在枯草丛中的凳子上，用手巾擦了一把汗。她似乎要掸掉自己脚上的尘土，却冷不防地蹲在我跟前，替我抖了抖裙裤下摆。我连忙后退。舞女不由自主地跪在地上，索性弯着身子给我掸去身上的尘土，然后将撩起的衣服下摆放下，对站着直喘粗气的我说：

"请坐！"

一群小鸟从凳子旁飞起来。这时静得只能听见小鸟停落在枝头上时摇动枯叶的沙沙声。

"为什么要走得那么快呢？"

舞女觉得异常闷热。我用手指冬冬地敲了敲鼓，小鸟全飞了。

"啊，真想喝水。"

"我去找找看。"

转眼间，舞女从枯黄的杂树林间空手而归。

"你在大岛干什么？"

于是，舞女突然列举了三两个女孩子的名字，开始谈了起来。我摸不着头脑。她好像不是说大岛，而是说甲府的事。又好像是说她上普通小学二年级以前的小学同学的事。完全是东拉西扯，漫无边际。

约莫等了十分钟，三个年轻人爬到了山顶。阿妈还晚十分钟才到。

下山时，我和荣吉有意殿后，一边慢悠悠地聊天，一边踏上归程。刚走了两百多米，舞女从下面跑了上来。

"下面有泉水呢。请走快点，大家都等着你呢。"

一听说有泉水，我就跑步奔去。清澈的泉水，从林荫掩盖下的岩石缝隙里喷涌而出。姑娘们都站立在泉水的周围。

"来，您先喝吧。把手伸进去，会搅浑的。在女人后面喝，不干净。"阿妈说。

我用双手捧起清凉的水，喝了几口。姑娘们眷恋着这儿，不愿离开。她们拧干手巾，擦擦汗水。

下了山，走到下田的市街，看见好几处冒出了烧炭的青烟。我们坐在路旁的木料上歇脚。舞女蹲在路边，用粉红的梳子梳理着狮子狗的长毛。

"这样会把梳齿弄断的！"阿妈责备说。

"没关系。到下田买把新的。"

还在汤野的时候，我就想跟她要这把插在她额发上的梳子。所以她用这把梳子梳理狗毛，我很不舒服。

我和荣吉看见马路对面堆放着许多捆矮竹，就议论说：这些矮竹做手杖正合适，便抢先一步站起身来。舞女跑着赶上，拿来了一根比自己身材还长的粗竹子。

"你干么用？"荣吉这么一问，舞女有点着慌，把竹子摆在我前面。

"给您当手杖用。我捡了一根最粗的拿来了。"

"可不行啊。拿粗的人家会马上晓得是偷来的。要是被发现，多不好啊。送回去！"

舞女折回堆放矮竹捆的地方以后，又跑了过来。这回她给我拿了一根中指般粗的。她身子一晃，险些倒在田埂上，气喘吁吁地等待着其他妇女。

我和荣吉一直走在她们的前面，相距十多米远。

"把那颗牙齿拔掉，装上金牙又有什么关系呢？"舞女的声音忽然飞进了我的耳朵。我扭回头来，只见舞女和千代子并肩行走，阿妈和百合子相距不远，随后跟着。她们似乎没有察觉我回头，千代子说：

"那倒是，你就那样告诉他，怎么样？"

她们好像在议论我。可能是千代子说我的牙齿不整齐，舞女才说出装金牙的话吧。她们无非是议论我的长相，我不至于不愉快。由于已有一种亲切之情，我也就无心思去倾听。她们继续低声谈论了一阵子，我听见舞女说：

"是个好人。"

"是啊，是个好人的样子。"

"真是个好人啊，好人就是好嘛。"

这言谈纯真而坦率，很有余韵。这是天真地倾吐情感的声音。连我本人也朴实地感觉到自己是个好人。我心情舒畅，抬眼望了望明亮的群山。眼睑微微作痛。我已经二十岁了，再三严格自省，自己的性格被孤儿的气质扭曲了。我忍受不了那种令人窒息的忧郁，才到伊豆来旅行的。因此，有人根据社会上的一般看法，认为我是个好人，我真是感激不尽。山峦明亮起来，已经快到下田海滨了。我挥动着刚才那根竹子，斩断了不少秋草尖。

途中，每个村庄的入口处都竖立着一块牌子：

"乞丐、巡回演出艺人禁止进村！"

# 六

"甲州屋"小客店坐落在下田北入口处不远。我跟在艺人们之后，登上了像顶楼似的二楼。那里没有天花板，窗户临街。我坐在窗边上，脑袋几乎碰到了房顶。

"肩膀不痛吗？"

"手不痛吗？"

阿妈三番五次地叮问舞女。

舞女打出敲鼓时那种漂亮的手势。

"不痛。还能敲，还能敲嘛。"

"那就好。"

我试着把鼓提起来。

"唉呀，真重啊。"

"比您想象的重吧。比你的书包还重呐。"舞女笑了。

艺人们和住在同一客店的人们亲热地相互打招呼。全是些卖艺人和跑江湖的家伙。下田港就像是这种候鸟的窝。客店的小孩儿小跑着走进房间，舞女把铜币给了他。我刚要离开"甲州屋"，舞女就抢先走到门口，替我摆好木屐，然后自言自语似地柔声说道：

"请带我去看电影吧。"

我和荣吉找了一个貌似无赖的男子带了一程路，到了一家旅店，据说店主是前镇长。浴罢，我和荣吉一起吃了午饭，菜肴中有新上市的鱼。

"明儿要做法事，拿这个去买束花上供吧。"我说着，将一小包为数不多的钱让荣吉带回去。我自己则不得不乘明早的船回东京，因为我的旅费全花光了。我对艺人们说学校里有事，她们也不好强留我了。

午饭后不到三小时，又吃了晚饭。我一个人过了桥，向下田北走去，攀登下田的富士山，眺望海港的景致。归途经过"甲州屋"，看见艺人们在吃鸡火锅。

"您也来尝尝怎么样？女人先下筷虽不洁净，不过可以成为日后的笑料哩。"阿妈说罢，从行李里取出碗筷，让百合子洗净拿来。

明天是宝宝夭折四十九天，哪怕推迟一天走也好嘛。大家又这样劝我。可是我还是拿学校有事做借口，没有答应她们。阿妈来回唠叨说：

"那么，寒假大家到船上来迎您，请通知我们日期。我们等着呐。就别去住什么旅馆啦,我们到船上去接您呀。"

房间里只剩下千代子和百合子,我邀她们去看电影,千代子按住腹部让我看:

"我身体不好,走那么些路,我实在受不了。"

她脸色苍白,有点精疲力尽。百合子拘束地低下头来。舞女在楼下同客店里的小孩儿游玩儿,一看见我,她就央求阿妈让她去看电影。结果脸上掠过一抹失望的阴影,茫然若失地回到了我这边,替我摆好了木屐。

"算了,让他带她一个人去不好吗?"荣吉插进来说。阿妈好像不应允。为什么不能带她一个人去呢?我觉得不可思议。我刚要迈出大门,这时舞女抚摸着小狗的头。她显得很淡漠,我没敢搭话。她仿佛连抬头望我的勇气也没有了。

我一个人看电影去了。女解说员在煤油灯下读着说明书。我旋即走出来,返回旅馆。我把胳膊肘支在窗台上,久久地远眺着街市的夜景。这是黑暗的街市。我觉得远方不断隐约地传来鼓声。不知怎的,我的眼泪扑簌簌地滚落下来了。

# 七

动身那天早晨七点钟,我正在吃早饭,荣吉从马路上呼喊我。他穿了一件带家徽的黑外褂,这身礼服像是为我送行才穿的。姑娘们早已芳踪渺然。一种剜心的寂寞,从我心底里油然而生,荣吉走进我的房间,说:

"大家本来都想来送行的,可昨晚睡得太迟,今早起不来,让我赔礼道歉来了。她们说等着您冬天再来。一定来呀。"

早晨,街上秋风萧瑟。荣吉在半路上给我买了四包敷岛牌纸烟、柿子和"熏牌"清凉剂。

"我妹妹叫熏子。"他笑咪咪地对我说。"在船上吃桔子不好。柿子可以防止晕船,可以吃。"

"这个送给你吧。"

我脱下便帽,戴在荣吉的头上。然后从书包里取出学生制帽,把皱褶展平。我们两人都笑了。

快到码头,舞女蹲在岸边的倩影赫然映入我的心中。我们走到她身边以前,她一动不动,只顾默默地把头耷拉下来。她依旧是昨晚那副化了妆的模样,这就更加牵动我的情思。眼角的胭脂给她的秀脸添了几分天真、严肃的神情，使她像在生气。荣吉说：

"其他人也来了吗?"

舞女摇了摇头。

"大家还睡着吗?"

舞女点了点头。

荣吉去买船票和舢板票的工夫，我找了许多话题同她攀谈，她却一味低头望着运河入海处，一声不响。每次我还没把话讲完，她就一个劲点头。

这时，一个建筑工人模样的汉子走了过来：

"老婆子，这个人合适哩。"

"同学，您是去东京的吧？我们信赖您，拜托您把这位老婆子带到东京，行不行啊？她是个可怜巴巴的老婆子。她儿子早先在莲台寺的银矿上干活，这次染上了流感，儿子、儿媳都死掉了。留下三个这么小不丁点的孙子。无可奈何，俺们商量，还是让她回老家。她老家在水户。老婆子什么也不清楚，到了灵岸岛，请您送她乘上开往上野站的电车就行了。给您添麻烦了。我们给您作揖。拜托啦。唉，您看到她这般处境，也会感到可怜的吧。"

老婆子呆愣愣地站在那里，背上背着一个吃奶的婴儿。左右手各拖着一个小女孩，小的约莫三岁，大的也不过五岁光景。那个污秽的包袱里带着大饭团和咸梅。五六个矿工在安慰着老婆子。我爽快地答应照拂她。

"拜托啦。"

"谢谢，俺们本应把她们送到水户的，可是办不到啊。"矿工都纷纷向我致谢。

舢板猛烈地摇晃着。舞女依然紧闭双唇，凝视着一个方向。我抓住绳梯，回过头去，舞女想说声再见，可话到嘴边又咽了回去，然后再次深深地点了点头。舢板折回去了。荣吉频频地摇动着我刚才送给他的那顶便帽。直到船儿远去，舞女才开始挥舞她手中白色的东西。

轮船出了下田海面，我全神贯注地凭栏眺望着海上的大岛，直到伊豆半岛的南端，那大岛才渐渐消失在船后。同舞女离别，仿佛是遥远的过去了。老婆子怎样了呢？我窥视船舱，人们围坐在她的身旁，竭力抚慰她。我放下心来，走进了贴邻的船舱。相模湾上，波浪汹涌起伏。一落座就不时左跌右倒。船员依次分发着金属小盆①。我用书包当枕头，躺了下来。脑子空空，全无时间概念了。泪水簌簌地滴落在书包上。脸颊凉飕飕的，只得将书包翻了过来。我身

---

① 供晕船者呕吐用。

旁睡着一个少年。他是河津一家工厂老板的儿子，去东京准备入学考试。他看见我头戴高制帽，对我抱有好感。我们交谈了几句之后，他说：

"你是不是遭到什么不幸啦？"

"不，我刚刚同她离别了。"

我非常坦率地说了。就是让人瞧见我在抽泣，我也毫不在意了。我若无所思，只满足于这份闲情逸致，静静地睡上一觉。

我不知道海面什么时候昏沉下来。网代和热海已经耀着灯光。我的肌肤感到一股凉意，肚子也有点饿了。少年给我打开竹叶包的食物。我忘了这是人家的东西，把紫菜饭团抓起来就吃。吃罢，钻进了少年学生的斗篷里，产生了一股美好而又空虚的情绪，无论别人多么亲切地对待我，我都非常自然地接受了。明早我将带着老婆子到上野站去买前往水户的车票，这也是完全应该做的事。我感到一切的一切都融为一体了。

船舱里的煤油灯熄灭了。船上的生鱼味和潮水味变得更加浓重。在黑暗中，少年的体温温暖着我。我任凭泪泉涌流。我的头脑恍如变成了一池清水，一滴滴溢了出来，后来什么都没有留下，顿时觉得舒畅了。

（选自《伊豆的舞女》，中国社会科学出版社，1996）

# 《戈丹》（节选）

[印度] 普列姆昌德　著

严绍端　译

　　普列姆昌德（1880－1936），原名滕伯德·拉伊，是印度杰出的现实主义作家，印度现代进步文学的奠基人。他是印度第一个在文学作品中反映穷苦人民生活、关心他们未来命运的作家。他一生创作了15部中篇和长篇小说（包括未完成的两部），约300篇短篇小说及论著、电影剧本、儿童文学和翻译作品。早期用乌尔都语写作，1915年前后开始改用印地语。

　　《戈丹》（1936年）是普列姆昌德最优秀的一部长篇小说。主人公何利是个农民，他一生中唯一的梦想，就是积一点钱买一头母牛。但终因警察、高利贷者、地主和资本家的层层盘剥，希望落空。

　　何利是《戈丹》中的主人公，是不觉悟的印度贫苦农民的典型。作者无限同情何利的遭遇，通过这样一个本分农民的毁灭，控诉了封建主义的罪恶，也批判了他逆来顺受的性格。作品中的莱易是20世纪30年代印度最典型的地主形象。普列姆昌德就是通过地主莱易的形象，深刻地指出殖民主义者与农村封建势力的勾结是造成农民越来越贫困的社会根源。小说还深刻地表现了印度劳动人民的不满情绪的增长，预示着反帝反封建斗争的不可避免。何利的妻子丹妮亚就是一个具有反抗精神的印度贫苦妇女的形象。她大胆、泼辣，与何利的性格形成鲜明的对照。她的不满都是从切身的感受中认识的，反映了被压迫农民的反抗情绪和要求改变现状的迫切愿望。

　　《戈丹》对农民的心理描写很出色，尤其是对何利几次买牛时内心活动的描写，更是细致、自然而真切。作品的语言朴素优美，既有生动贴切的比喻，又有充满浓郁乡土气息的描写，还有抒情诗式的感情抒发。

　　选文部分写何利为了交清地主莱易的欠租，他把二女儿变相卖给一个老头做妻子。为实现第三次买牛的梦想，何利白天做苦工，晚上和妻子搓绳子，好不容易积了二十安，但终因劳累过度，在地里干活时倒下了。按照印度教的习惯，临死前要行"戈丹"的仪式，请婆罗门祭司来"净化灵魂"，要买一头牛作为谢礼。于是何利生前的二十安也被祭司搜刮无遗。

# 三十六

村里接连热闹了两天。卢巴在鼓乐声中哭哭啼啼地离开了家。可是这当中谁也没有看见何利走出门来。他一直藏在家里，仿佛觉得自己没有脸见人似的。而玛尔蒂的出现，却增加了快活的气氛，邻村的妇女们也都赶来参加婚礼。

戈巴尔的和蔼可亲的态度博得了全村的赞赏，他在每一个家庭里都留下了让人思念的印象。薄拉对他更是崇敬得五体投地，薄拉的妻子诺哈莉招待他吃槟榔叶，临别还送给他一个卢比，打听他在勒克瑙的地址，说她上勒克瑙去时，一定去看他。索娜出嫁时她借给何利的那笔钱，她没有对戈巴尔提起。

第三天，戈巴尔要动身的时候，何利当着丹妮娅的面，眼泪汪汪地说出了好多天来一直在折磨他的心灵的事情："孩子，我为了贪恋土地，犯下这样的罪孽，不知道老天爷会怎样惩罚我啊！"

戈巴尔一点也不生气，他和颜悦色、恭恭敬敬地说："这事没什么罪过，爹！当然喽，拉姆·舍瓦克的钱务必要还清。其实，你又有什么办法呢？我没出息，不能帮你忙，地里没有收成，借债又借不到，家里的粮食吃一个月也不够。碰到这种光景，你不这样做又怎么办呢？不保住田地，往后怎么过日子呢？一个人到了走投无路的时候，也只好听天由命了。这种昏天暗地的日子，不知还要过到几时哟！一个人饭都没得吃，什么礼义廉耻对他都是骗人的把戏。要是你像别人一样懂得敲诈勒索，那你也是一个贵人了。可是你从来不肯丢开做人的道德，因此才受到这样的折磨。我要是处在你的地位，我宁可去坐牢，宁可给绞死。要把我辛辛苦苦挣来的钱送给别人，自己跟妻子儿女挨饿，这我可受不了。"

丹妮娅不愿意让裘妮娅跟他一块儿去，裘妮娅自己也想在家里多住几天，因此决定戈巴尔一个人动身。

第二天清早，戈巴尔向大家告辞，动身到勒克瑙去。何利一直把他送到村外。他对戈巴尔从来还没有这样爱过。戈巴尔临别时伏下去摸他的脚，他忍不住哭起来了，仿佛他再也不会见到儿子的面了。但他的心里充满了幸福和骄傲。他也变得坚定了。儿子对他的敬爱使他有了力量，也使他胸襟开阔了。几天以前，他对一切都感到厌倦，觉得眼前一片漆黑，在黑暗中迷失了自己的道路，现在他却满心欢喜，看到了明朗的阳光。

卢巴结婚以后，生活过得很愉快。她的童年是在一个一钱如命的环境里度过的，那时候她有过多少愿望，都只好压抑在心头。现在这些愿望通通实现了。拉姆·舍瓦克虽然已经到了中年，婚后也变得年轻了。他是卢巴的丈夫，无论他是青年，是中年或者是老年，她对他的感情都不会有什么两样。她的这种感情跟丈夫的容貌或年龄没有关系，这种感情根源深远，深到古老传统的底层，只有地震才能摇撼它。她的青春的花朵在为自己开放，她浓妆艳抹也是为了自得其乐。拉姆·舍瓦克看见的是她的另一面：一个忙于操持家务的主妇。她不想在拉姆·舍瓦克面前现出自己的青春美貌，使他感到困惑迷惘。现在她的心里什么也不觉得欠缺了。仓里装满了粮食，田地伸展到村子的边界，大门口是成群的牛羊，真是要什么有什么。

她最大的愿望是要看到她娘家的人过点幸福的日子。可是，要怎样才能解除他们的贫困呢？那头母牛的记忆，现在依然活鲜鲜地留在卢巴的心里，它像客人一样来到他们家中，随后又匆匆离去，让每个人都为它伤心落泪。这虽然已经是过去很久的事，现在想起那情景却更令人难过。

她现在在这个新的家庭里还没有住惯，还是把娘家当作自己的家。那儿的人都是她的亲骨肉，他们的悲哀也就是她的悲哀，他们的幸福也就是她的幸福。在这儿的大门口看见成群的牛，还不如在娘家门口看见一头牛那样使她快活。可是她父亲的这个愿望从来就没有实现过。那头母牛来到的那一天，他是多么高兴啊，仿佛是一位仙女从天上来到了人间。那以后他就无法再买一头母牛了。但她知道，在父亲的心里，那个愿望今天也还是跟从前一样强烈。等她回娘家去时，她一定要带着那头白色的母牛去送给他们。不，为什么不派一个人送去呢？她犹豫了好一阵，才跟拉姆·舍瓦克提起这事情。拉姆·舍瓦克答应了。第二天，卢巴便叫一个牧童把牛送去。她对牧童说："你告诉我爹，送这头牛来是好让蒙加尔有牛奶喝。"

何利也一直在惦记着买一头母牛的事情。本来他现在是用不着急于买牛的，可是蒙加尔跟他们住在一起，这孩子没有牛奶喝怎么行呢？只要手边有钱，他先得买一头母牛。蒙加尔现在不仅是他的孙子，不仅是戈巴尔的儿子，他也是玛尔蒂小姐的宠儿，对他的照拂也得像个样子。

可是，往哪儿去弄钱呢？恰好那天有一个承包商开始在村子附近的荒坝里采掘铺路的石头，何利一听到这消息，马上跑到那儿去做了挖掘工人，每天的工钱是八个安那。如果这工作能继续干两个月，他挣得的钱就够买一头母牛了。

他在热风和太阳下干了一天，回家时已是精疲力竭，但他心里丝毫也不觉得疲倦。第二天他又怀着同样的热情去上工。夜里，吃过晚饭，还要在一盏油灯下搓绳子，一直到半夜以后才睡觉。丹妮娅也像疯狂了似的，在何利这样操劳之后她不但不劝他不要干夜活，她自己反而陪着他搓绳子。母牛是一定要买的，拉姆·舍瓦克的钱也得还清。戈巴尔临走时这样说过。他对这事情很不放心。

夜里十二点多钟。他们俩还在坐着搓绳子。

"你困了就去睡吧，天一亮还得起来干活哩。"丹妮娅说。

何利抬头望望天空："还早哩，现在恐怕只有十点钟。你去睡吧。"

"晌午我睡过一会儿。"

"我吃过午饭也在树下睡了一觉。"

"可别中暑啊！"

"哪会中暑？树下可荫凉哩。"

"我担心你会病倒。"

"得啦！要那些有工夫害病的人才会病倒，现在我一心一意只想到，等戈巴尔下次回家的时候，要积攒下一笔钱，把拉姆·舍瓦克的债还掉一半。戈巴尔也会带一点钱回来的。今年还清了这笔债，那咱们的日子就不同了。"

"我心里一直在惦记着戈巴尔。这孩子现在多懂事啊！"

"那天跟我分手，他还摸我的脚来着。"

"蒙加尔刚由城里来的时候，长得胖嘟嘟的，到了乡下就变瘦了。"

"在城里，牛奶啦，黄油啦，要啥有啥。在乡下，只要有烙饼吃就算不错了。等我向包工头领到工钱，咱们就买一头母牛。"

"咱们早就可以买一头母牛的，只是你不肯听我的话。自己的地都张罗不过来，你却把普妮娅那副担子也挑起来了。"

"有什么办法呢，自己得讲点为人的道德呀。希拉做了那样的傻事，他的妻子儿女总得有个人照顾。我不照顾还有谁照顾呢？你倒说说看！我要是不帮忙她，你想想她今天会落得个什么光景。我虽然费尽了心机，蒙格鲁还是告了她一状。"

"她把钱窖起来了，哪会不吃官司！"

"别扯淡！地里的收成最多只够吃，她有什么东西窖起来呀？"

"希拉好像钻到地下去了似的，一点儿音讯也没有。"

"我心里总觉得，他早晚一定要回来的。"

两人都睡下了。第二天天蒙蒙亮，何利起来，忽然看见希拉站在他的面前。希拉的头发很长，衣服破破烂烂，脸上干巴巴的，身上没有一点肉，仿佛身材也萎缩了。他跑上前来，匍匐在何利的脚边。

何利把他扶起来，拥抱着他说："你简直瘦得不像样了，希拉。几时回来的？我老在想念着你。你病了吗？"

今天他眼中的希拉不是那个使他的生活陷于悲惨的希拉，而是他们父母的小儿子希拉。这当中的二三十年仿佛消逝得无踪无影了。

希拉什么话也没有说，只是站在那儿哭泣。

"为什么要哭呢，弟弟？"何利抓住他的手，哽咽着说。"人总有个差错啊。这些日子你是待在哪儿？"

"我该怎么对你说啊，大哥！"希拉的声音里充满了痛苦。"我留下了一条命，只是因为我命中注定，要见你一面才能死去。我谋害了那头母牛，心里总是忘记不了，我老觉得那母牛时时刻刻都站在我面前，睡的时候也好，醒的时候也好，它总是在我眼前出现。后来我发疯了，在疯人院里住了五年，半年前才从疯人院里出来，靠着讨饭过日子。我不敢回家来。我没有脸见人啊！后来我实在受不了，才壮起胆子回来。你对我的老婆孩子……"

"其实你是用不着跑的，"何利打断了他的话，"随后巡官来了，塞给他几块钱事情也就解决了。"

"我一辈子感激你的恩情，大哥！"

"我不是外人啊，弟弟！"

何利心里很高兴。他觉得人生的一切厄难，一切失意的事情都跟他无缘了。谁说他在人生的战斗中失败了？这种喜悦，这种骄傲，这种幸福的感觉，难道是失败的象征吗？如果说这是失败，那他的胜利就在这些失败之中。他的那些残缺的武器就是他的胜利的旗帜。他胸中感情激动，脸上光彩焕发。希拉的感恩使他看见了自己生平的一切都没有做错。即使他的谷仓里装满粮食，他的土罐里窖着金子，他也不会享受到这种天堂一般的幸福！

希拉从头到脚打量了他一遍，然后说："你也挺瘦啊，大哥！"

"这种年月我会发胖吗？"何利笑着说，"要那些不借钱过日子，不担心自己体面的人才会发胖。这种年月，发胖是不光彩的事情。要让一百个人变瘦了，才会有一个人发胖，试问这种胖又有什么幸福？要人人都发胖的时候才会有幸福。你看过索巴了没有？"

"昨天晚上就看见他了。你这些日子自己人也照顾，跟你作对的人也照顾，所以保全了自己的体面。可是他呢，庄稼活儿全都丢开不管，天知道他怎么活下去啊！"

如果何利也知道卢巴就在这一天派人送一头母牛来给他，那么这一天将会是他一生中真正最幸福的日子。可是，他命中注定不会知道这个喜讯了。①

这一天，他去挖石头的时候，觉得浑身软弱无力。夜里干活的疲劳还没有恢复过来。但他还是走得很快，而且在步态中显出悠然自得的神气。

这一天，上午十点钟就刮起热风，快到中午时，太阳简直像火烧一样。何利把一筐一筐的石头顶在头上，从石坑走到大路，又把石头装在车上。到了中午休息，他已经上气不接下气了。他从来没有觉得这样疲倦过。他的腿拖也拖不动，身体内部好像在燃烧。他澡也不洗，饭也不吃，把自己的头巾铺开，就在那难熬的疲倦中躺在一株树下睡觉；可是他觉得口渴，嗓子都干了。空肚皮喝水又不行。他尽力忍着。心里那种毛焦火辣的感觉越来越厉害，他实在忍耐不住了！他看见在他旁边吃饭的工人有一满桶水，便起来舀了一杯，喝过水又回去躺下。不到半个钟头，他呕吐了，脸色像死人一样苍白。

"你怎么啦，何利大哥？"那个工人问他。

何利的脑里天旋地转。"没什么，我是好好的。"他说。

说着，他又吐起来了，而且手脚都在发冷。他奇怪他的头为什么会晕眩，为什么眼前会是一片漆黑？他闭上眼睛，往事的记忆都在心幕上清晰地映出来，但就像梦景似的支离破碎，颠倒错乱，而且改变了原来的形状。他看见了自己玩洋娃娃和在母亲怀里睡觉的欢乐的童年；又看见戈巴尔回家来了，匍匐在他的脚边；接着换了另一幅景象，丹妮娅在做新娘子，搭着一条红披巾，在侍候他吃饭；然后是一头母牛，一头地道的如意牛，他挤了牛奶，正在给蒙加尔喝，母牛忽然变成了一位仙女，而且……

"嘿，何利，晌午过了，起来搬石头去！"那个工人在对他叫嚷。

何利什么话也没有说。他的灵魂不知道正在什么地方游荡哩。他的身体烧得烫人，他的手脚却是冰冷的。他中暑了。

有人跑去通知他家里的人。不到一个钟头，丹妮娅急匆匆地赶来了。索巴和希拉要做好一副担架再随后赶来。

丹妮娅摸摸何利的身体，不觉吃了一惊，脸色都白了。

"你怎么啦？"她用颤抖的声音问道。

"你来了，戈巴尔，"何利睁着茫然的眼睛说，"我为蒙加尔买了一头母牛，

---

① 这一小段是根据俄译本译出的。在译者手边的印地文原本第十版、第十一版、第十二版及印地文节本第九版等各种版本中都没有这一小段。俄译本是从乌尔都文译本转译的。原作的最初版本中是否有这一小段，还需要再作查对。现在根据俄译本译出，以便故事情节有个交代。

瞧，它站在那儿哩。"

丹妮娅曾经看见过死神的面影。她是认得死神的。她曾经看见死神蹑手蹑脚地悄悄走来，也曾经看见死神像暴风骤雨似的袭来。她的公公、婆婆，她自己的两个儿子，村里许许多多的人，都是在她眼前死去的。她的心痛苦地抽搐了一下。她觉得她的生活的根基仿佛也在动摇了。可是，不，她现在应该耐心等待，她的怀疑是没有根据的，何利不过是中了暑，因此失去了知觉。

"瞧我呀，是我，你不认得我？"她说，勉强忍住满眶的泪水，不让它流出来。

何利渐渐恢复了知觉。他意识到死神已经走到他的身边，火葬堆就要点燃了。他的头脑清醒了。他凄凉地望着丹妮娅，眼角滚出了两颗泪珠，接着他用微弱的声音说："丹妮娅，我亏待你的地方，你原谅我吧！我要死了！买牛的心愿还没有了结。我挣来买牛的钱，正好用来葬我。别哭啊，丹妮娅，哭一阵又能让我活多少年呢？什么样的苦我都受过了，让我死去吧！"

他的眼睛又闭上了。这时，希拉和索巴已经抬着担架来到，他们把何利抬到担架上躺下，向着村里走去。

这消息像风一样吹遍了村庄，全村的人都汇集在何利家门口。何利躺在担架上，也许一切他都看得清楚，一切他都明白，可是他已经说不出话来了。只有他那滚滚流下的眼泪好像在说，一个人要摆脱一切恋栈是多么艰难啊。恋栈也就是一个人对他生前没有做到的事情所感到的那种痛苦。对那已经履行了的义务和那已经完成了的工作，还有什么恋栈呢？引起恋栈的是我们抛下的那些孤儿寡妇，因为我们不能对他们尽到抚养的义务；引起恋栈的是那些只实现了一半的愿望，因为我们不能继续实现它们了。

丹妮娅虽然明明知道已经没有希望，她还是想要捉住那渺茫的希望的影子。她一边流着眼泪，一边像个机器人似的跑来跑去，一会儿把芒果烤熟，挤出汁水来给何利喝，一会儿又用麸子按摩何利的身体。① 没有钱，有什么办法呢？若是有钱，他会打发人去请个医生来看看的。

"嫂嫂，"希拉哭着说，"想开一点，行'戈丹'② 礼吧。大哥要归天了。"

---

① 这两种办法都是印度民间用来治中暑的。

② "戈丹"也就是本书的书名。"戈"是"牛"的意思，"丹"是"奉献"的意思。按照印度教的习俗，一个人在临死时要请婆罗门来举行一种宗教仪式，净化死者的灵魂，最后将一头母牛献给婆罗门——据说这头牛可以把死者的灵魂送过一条冥河，进入冥土。这整个的仪式就叫"戈丹"。

丹妮娅谴责地看了他一眼。现在还要她怎么想开呀？她对自己的丈夫应尽的职责，难道还要别人告诉她？她对自己的终身伴侣，难道只需要哭一场就够了吗？

"是呀，行'戈丹'礼吧，是时候了。"别的许多人也这样说。

丹妮娅机械地站起来，拿出今天卖绳子赚得的二十个安那，先在何利的冰凉的手里搁了一会，然后对站在面前的婆罗门达塔丁说："马哈拉其，家里没有母牛，没有小牛，也没有钱，就只这几个安那，这就是他的'戈丹'!"

说完，她便昏倒在地。

（选自《戈丹》，人民文学出版社，1958）

# 《相会》

〔黎巴嫩〕米哈依尔·努埃曼　著

程静芬　译

　　米哈依尔·努埃曼（1889—1988）是黎巴嫩当代著名的文学家和诗人，"旅美派"代表作家之一。他的创作以小说为主，有短篇小说《不育者》《往事悠悠》《大人物》《粗腿壮》等，中长篇小说《相会》《最后一日》等。这些小说采用现实主义的创作方法，从生活中选取题材和人物，通过现实中存在的、被人们看惯了的事物，表现深刻的主题，揭示传统社会的种种丑恶与荒谬。他的小说不仅题材广泛，善于从小故事引出大主题，还善于运用多种艺术风格来凸现主题。他重视小说中的性格塑造、人物对话、叙述方式、情节转换、心理刻画和结尾处理，显示出现代小说家的自觉和精明。他的短篇小说在艺术质量上居"旅美派"之首。

　　小说《相会》是他的代表作，最能体现他的创作风格。《相会》以男女情爱题材表现了反封建的主题。《相会》最大的两个特点，一是魔幻，二是反封建。作者以第一人称"我"讲述了一个奇特的爱情故事。雷纳里德与贝哈的两次相会是独特而奇异的，他们以琴声为媒介，进行情感和心灵的交流。小说揭示了爱情世界不可思议的神秘性——情感的直觉与心灵的相互感应，是以情感为中心的人的自由意志、自由选择。主人公都是中了爱情的魔法，能够仅凭琴声就使两个生命紧紧地联系在了一起。精神世界的这种交流像魔法一样似乎是不可思议的，但又合乎自然，合乎情感逻辑的。然而这种情感却遭到了另一种魔法的限制，即封建的等级、门第观念和婚姻的价值交换。封建的魔法毁灭了两人美好的爱情，他们只能到死亡的世界中相会。这种死亡是对封建制度的控诉，也是精神世界觉醒的开始。

　　《相会》中，作者把阿拉伯传统的神话故事和欧洲的现实主义、浪漫主义以及拉丁美洲的魔幻现实主义融为一体，通过魔幻的手法揭示了现实社会中的种种黑暗。非常难得的是，作品不只对封建主义做了批判，还同样提出了生活的哲理。作者对人物的心理刻画方式新颖，没有采取直接描写法，而是通过琴声的变化表达出主人公内心的波澜起伏。

　　努埃曼的这篇《相会》有英、俄等文字的译本。本译文是译者根据阿拉伯文版《努埃曼全集》第二卷译出的。

# 寄存物

时间正值子夜。当猛烈的敲门声将我震醒时，我正在恶梦中挣扎，起初我还以为那是梦魇中的事。我心惊肉跳；很快我就听出有一个恳切的声音在呼叫："开门，开门！给我开开门！"

这声音对我来说，是很不熟悉的，它在我脑子里没有一点印象。但是那一阵阵迫切的恳求声促使我迅速从床上跃起，开亮了灯，快步迈向房门；我来不及细想这叩门者是谁，他干吗要深更半夜来找我，就把房门打开了。

灯光一照亮来人，我就用一种很温和的、企图掩饰内心惊奇的声音叫起来：

"啊，是雷纳里德？"

"大家是这样叫我的。我可以进来吗？"

"当然可以。请进，请。"

我们步入客厅，面对面地就座。客人腋下夹着一把套着金黄色名贵皮盒子的小提琴。他坐下来，把琴搁在双膝上，然后取了支香烟，点着了抽起来。烟从他的鼻孔和嘴里不断吐出，他连续地抽着，连烟灰都不弹。他的另一只手在提琴上从这一头到那一头很快地来回抚摸着，似乎他要保护提琴的安全，又似乎担心它会突然生出两翼，从他手中飞走。

我不打算先打开话匣子。可是客人连续抽了两支烟，点燃了第三支，仍然缄口不言，他也不把目光从地上转向我。长时间的沉默使我不安，最后还是我先开了腔：

"我生平只见过你一次，那是在一年或者一年多以前；但是我马上就认出了你，你不觉得奇怪吗？"

"要是你认不出我，那才使我感到奇怪呢。"

"这就怪了，难道你相信任何人见了你，哪怕只是一面，就会对你永世不忘吗？"

"我只是相信，不管谁只要对我的声音听到过一次，他就会像你一样，忘不了我。"

"可是在过去我却从来没有听到过你的声音。"

他愣了一下，然后诧异地说：

"那么，你怎么会认出我来的？"

"你的容貌一直印在我的记忆里：乌黑发亮的卷曲头发垂在你的耳边，双

眼上面有着两道浓眉，长长的睫毛遮着眼眶，两只黑眼珠在闪动，流露出惊慌
失措的神色，紧闭着的薄嘴唇的两端蕴藏着苦恼和悲伤，还有细长的鼻子和高
高的前额……是的，这是一张富有感情的、瘦削的、憔悴的、褐色的脸庞，我
没有忘记也决不会忘记这面容的。你那细长的手指在琴弦上的灵敏动作是诱人
的。有谁看到以后会忘掉呢？"

"这些就是你所记得的关于我的一切吗？"

"不，我没有忘掉你的提琴。它在我见到你的那个夜晚，是你的一部分。
它那甜蜜的声音，至今还在我的耳边回响。"

"可是你说从未听到过我的声音。"

"我说我没有听到过你的声音——是你的语音；而你的琴声，我当然是听
到过的。"

"难道我的琴声不就是我的声音吗？"

他自言自语地说着，然后俯下身去，把提琴抱在怀里。我感到他的声音里
有一种对我的无言的、婉转的责备，还有一种对提琴本身无法形容的爱怜。

接着是长时间的难堪的沉默。大概是我冒犯了客人，使他对我失望了；或
者是我侮辱了他和他的提琴，因为我在谈论提琴的时候只把它当作一件乐器。
我想抹去这些不愉快，缓和气氛，使他很容易地达到来访的目的。我开始让他
回忆我首次见到他的那个夜晚，那确实是个千载难逢的值得纪念的夜晚。
我说：

"你还记得'灯塔旅社'的开业夜宴吗？"

"怎么不记得！它是我生命的开始，也是我生命的结束。"

"我简单明了地跟你说话，你却含糊其辞地回答我。不过没关系，你是一
位艺术家。我的朋友萨里姆·卡拉姆对你的形容毫不夸张。那天他就是拿你来
吸引我，使我接受他的邀请参加晚会的。他知道我讨厌形形色色的宴会，特别
是宴会上过分的喧嚷、嘈杂，以及灯红酒绿的欢乐。"

"他是怎样拿我来吸引你的？"

"他说：'你将听到小提琴的演奏，这琴声是你有生以来未曾听到过的。'"

"他没有说，你将听到小提琴家的演奏？"

"他是说，你将听到小提琴的演奏。"

"我倒想不到他会有如此高的鉴赏力。"

"你的意思是，他把你和小提琴看作一体了？不错，萨里姆是一位有很高
鉴赏力和感觉敏锐的人。他同我谈论你有一个来钟头，他说谁家的旅社把你罗
致进乐队，谁就好像得到了瑰宝。当我向他问到你的血统和国籍的时候，他说

除了你所告诉他的之外，他不知道你的更多情况。他只晓得你的父亲是黎巴嫩人，母亲是意大利人，你在意大利学习小提琴。你的双亲去世后，你就回到故乡，靠自己的天才谋生。除了你的提琴外，他们在尘世间没有留下分文财产。而你则不愿用父亲或母亲的姓，只使用你自己的名字：'雷纳里德'。"

"这些都是我告诉人们的，为的是不让他们多管闲事。"

"你的意思是事实并非……"

"现在不说这些吧。告诉我，在那个夜晚，我的小提琴向你倾诉了什么？"他深情地把提琴紧抱在胸前说。

"它用细腻而又优美的旋律向我倾诉，这种乐声是我一生中没有听到过的，它的含义不是语言、笔墨、琴弦所能表达的。尤其是那首题为《相会》而远不止于相会的乐曲，它从热情奔放开始，最后转为神圣的感奋；它那神秘的思念像迷雾，彷徨的情绪似烟霞；然后，它又转入明朗和庄重的静谧。那时，你就是提琴，提琴也就是你，你和提琴浑然一体，化为奇妙的乐曲。在我有生之年，是不会忘记它给我的印象的。我认为别人听过之后也不会忘掉，特别是旅社老板的爱女——贝哈小姐。那时我坐在她身旁，感到她那富有青春活力的、美丽出众的躯体，在不寻常地颤动。你的琴声好像时而在呼唤，时而在低语，在她身上起着电流的作用。当她在曲终晕倒时，我非但不觉得惊奇，而且早已料到会如此。不过混乱和惊恐已过去了，感谢真主赐予平安。那真是个奇特的夜晚。"

我止住了话，给对方以机会，也许他会向我吐露他的秘密。但是他更加执拗地沉默不语。我觉察到他的脸部和动作有了很大的变化，他脸色发青，双眉紧锁，嘴唇微微发抖，凝视着灯光的双眸黯淡了。他两手松弛下来，提琴从他的胸前落到双膝上；他的手指僵直着，不再爱怜地来回抚摸琴身了。

好几分钟过去了。我搜索枯肠，想找个话题诱他开口。但找不到比谈论旅社、旅社老板、以及老板的妻子和女儿更好的话题了。因为一年多以来，他就在旅社里演奏，他了解他的主人们，也知道我与他们间的交谊，这个话题对他和我都是熟悉和亲切的，所以我在犹豫之后，又说：

"萨里姆先生真是个好人，是一个高贵、仁慈又机智的人。他的妻子虽然不及丈夫那样聪明大方，可是在妇女中间也算是个佼佼者。至于他们的千金小姐贝哈——安拉保佑她——无论是在这座城市还是其他城市，再也找不到能够同她媲美的姑娘了。她确是一个从天国降临到人间的奇迹，无怪乎她的双亲宠爱她到了崇拜的地步。难道你不同意我说的吗？昨天是她的十九岁生日，毫无疑问，这是个美好的节日。"

沉默。

"我难得访问他们家，因为我的住处离他们太远。自从那次开业晚宴以来，我还没有见过他们中的任何一个人。他们近况如何？都很健康安乐吧？"

沉默。

"我听说贝哈已同本城的一个富贵之家的子弟订了婚。我希望他能同她相配。你认识他吗？你觉得他怎么样？"

沉默。

我的策略失败了，于是我便决定沉默，不再说话，直到他开腔为止。果然沉默比谈话有效。过了几分钟，我的客人突然从椅子上站了起来，双手捧着小提琴，神经质地高声说：

"我来是想把我的灵魂托付给你。"

"你说什么？"

"我的灵魂，我的灵魂。我求你来保管它。"

"谁？我？保管灵魂？"

"你，是你。我知道你是谁。我的琴唯有在你的手里和你的保护下才安全。"

"哦，你是要把提琴留下寄存在我这儿。你这是要我承担一份很重的责任啊，我的朋友！"

"对于别人来说，这是一个不小的累赘；而对你来说，却是一个不大的负担。我对你的全部要求就是，除你之外，不让任何人看到它，也不让任何人碰到它；将它放在干燥的地方。此外，你不承担任何责任。"

"也许你要去旅行吧？"

"是的，去旅行。"

"到哪儿？"

沉默。

"对不起，也许我不应该问及与我无关的事情，但我是想要知道你什么时候回来。

"我可能一个星期就回来了，也可能一年还不回来。假若两年过去了，而我还没回来，那就请你把提琴连同琴套烧掉，把灰攒在一起，把它埋在一棵孤独的老松树下。"

"这是一个奇怪的嘱托。你真是一个守口如瓶的人，我要斗胆请问你这样做的意义是什么。"

"请不要询问我无法回答的问题。可能有一天你会明白事情的一切，也可能你永远也不会知道。"

"没关系。这是一个我无法解开的谜，但是……"

"但是天还黑漆漆的，雄鸡却已经在叫了。我必须在黎明前把寄存物交给你，然后离去。请你保管好，并且不要从坏处来想我。"

他双臂战栗着，把提琴捧给我，又弯腰俯首，在提琴上亲了一个长吻。我似乎看到他的眼里噙着泪水。我小心地，更确切地说是虔敬地，从他手里接过提琴，痛苦地说：

"请放心吧。我将像保护我的眼珠一样保护它。希望你尽快回来，让我再听到它的倾诉声，让我不因焚毁它而痛苦。安拉不会答应的，决不会答应！"

我的客人拖着沉重的步履走向门口，我跟在后面。他刚要伸手拉开房门，却又回过身来瞧着我，结结巴巴地说：

"我有一个最后的嘱托，也许它是我最难启齿的。那就是……就是我今晚到你这儿来，这件事请你保守秘密，不要让任何人知道，不要泄露我们之间的一言一行。你能和我约定……并且信守这一约定吗？"

"如果有人向我打听，你要我把有过的事说成没有吗？你要我撒谎吗？"

"诚实有时是最虚假的，而虚假有时是最诚实的。我的朋友，我是诚实的，用不着欺骗，我怎会教你去欺骗或撒谎呢？我不过是要求你将这件与人们无关的事保守秘密。倘若他们知道了，只会产生误解。答应我吧，答应我吧。"

他的热情和渴望消除了我的警惕，打消了我继续争辩的念头，我说：

"就按你的意愿办吧。我答应对你守约。"

"那我就走了。"……他拉开门出去了。我说："祝你一路平安，再见。"

他停了一会儿，我听见他轻轻地说："再见了，再见了。"然后又回过头来看看我，大声喊道："请你说，'但愿如此'。"我慢慢地一个字一个字地回答他，话音好像被人切断了似的：

"但——愿——如——此！"我仍然站在门口，谛听着他的脚步声，看着他在微弱的灯光下渐渐远去的身影，直到黎明前的黑暗吞噬了他。此后，我再也没有听到他的消息或见到他了。

# 有罪的提琴

三天过去了。在这期间，我的思绪从来没有离开过雷纳里德和他这次充满神秘色彩的奇怪来访。我诧异自己怎么会那样轻易地顺从了他，接受了他的寄存物，相信了他所说的一切。我怎能确信提琴盒里装的真是小提琴，而不会是炸弹、毒蛇或者小妖精呢？我是多么简单愚蠢啊，竟然保证不向人们透露他的来访和他与我之间的一切。也许我不应该对此保持缄默，缄默只能产生不良的后果，只能使我陷入可怕的困境。然而，这个人的整个语调和动作，都向我显示着他的诚实，同时这诚实也表现在他的衣着和他的脸上。我没有觉察到他有半点儿伪善和狡诈。谁能使我的眼光背叛我？我的心会把我欺瞒到如此地步？不，不！这个人的诚实是无可怀疑的。但是他为什么坚持要我与他订立协定？为什么我会答应他保持沉默？我应该拒绝才是，屈服是一种无可辩解的软弱。而事情过去后再自怨自艾，又有什么用呢？我既已与他订立协定，现在就不能食言，必须信守不移。然而，我跟他无怨无仇，他怎么会在万众之中独独挑上我，要把我推进灾难？他选中我，是出于对我的巨大信任，这不是很明显的吗？那么，我的错误就在于以小人之心度君子之腹。

我正在这样想的当儿，突然一辆豪华的轿车停到我家附近，一个身材匀称、体格壮实的中年人下了车，我一眼就认出他是我的朋友萨里姆。不知何故，我的心房紧缩起来，思绪如云雾般地缭乱。我感到在他突然来访的背后有着不祥的消息。但是我强作欢颜出去迎接了他，高声说：

"欢迎，欢迎我的朋友萨里姆！"

他在离我几步的地方喘着气同我打招呼。他的胡子搭拉着，头发零乱地披散在没有戴帽的头上，他本是一个公认的相貌堂堂、注重仪表的男子，可现在他的服饰和面容都显出不修边幅的模样。

"朋友应当是患难之交。而你——安拉保佑你——既不是欢乐时候的朋友，也不是患难时候的朋友。"他不同我握手，边说边走进了房间。然后坐下来用丝绢拭脸，好像一个累得精疲力竭、满头大汗的人。而事实上他仅仅走了几步路，额头上并无半点汗渍或灰土。

我坐在他旁边，用手轻拍着他的肩膀。我努力以欢快的情绪压抑着不祥之感，说：

"欢迎欢迎，萨里姆。多美好的来访，我们阔别已有一年多啦。我知道你为何而来，你是来邀请我参加贝哈的婚礼吧？"

我的朋友顿时显得痛苦万分和怒不可遏，他浑身颤抖，面如土色，抓住我的手，用力捏着，直到我痛得快要叫出来。然后他眼睛盯着我，暴躁地说：

"你在我患难之际袖手旁观还不算，甚至还要来捅我的伤口？不，我不是来叫你参加贝哈的婚礼，而是她的葬礼！"他准备像刚断奶的婴儿那样放声啼哭。我张口结舌，喉头燥热，两眼发花，手足无措。

这个男人和他的妻子，在他们正要获得圆满、美好和真正的幸福的时刻，却失掉了他们的唯一宝贝，这确是飞来横祸。他俩喜欢富裕的生活、响亮的名声、良好的品德和夫妇间的和睦，成为使人羡慕和敬佩的对象。他们的女儿贝哈更给他们的美满生活锦上添花。他们对她的钟爱到了如醉如狂的程度。这是毫不奇怪的，这个姑娘像孩子般的单纯、像天使般的纯洁和先知般的真诚。她不卖弄风情，尽管她的芳龄已有十九岁；她也不过于矜持，尽管她的天性庄重和显而易见地很聪明。她常常微笑，但从不放声大笑；她不大声说话，只是低声细语，但低语中隐含着最美妙的曲调和最柔和的色彩。她不跳舞，但是她的步履就是生活波浪中最优美的舞步。

我很喜欢贝哈。她对我表示亲密的时候不多费唇舌，只说"我最亲爱的朋友"。她最感兴趣的是跟我谈论诗歌、音乐和我们称之为"大自然背后"的事物。由于她在这些方面很热衷，所以我担心她那少女的纯洁心灵会患"充血"或"积食"症，但是她却以惊人的理解力，驱散了我的忧虑。她能毫不费力地深入知识之底蕴，并飞跃到思想和幻想的顶峰。

我力图在我的记忆里，再现贝哈那张细腻、光洁和非常匀称的脸庞，然后想象她的尸体；但是，我驾驭不了自己的思想，也不能驱散整个幻觉，我的心收缩起来，我不仅为她无限惋惜，更为她那坐在我身边的父亲和在城里受折磨的母亲而深感悲痛。我搜索枯肠找话说，但找不到片言只语。房间里的空气就像铁罐子里的空气那样，使我感到窒息。最后，我的朋友使劲地吐了一口气，他低声说道：

"我们动身吧。"

"上哪儿？"

"到城里，上我家。贝哈给我们带来了不幸，我担心她的母亲也要给我们带来不幸。我们走吧。"

"但是……但是请你告诉我。告诉我发生了什么事？在什么时候？怎样发生的？"

"这就怪了，消息竟然一点都没有传到你这儿。几天以来，它是这座城市，不，是这个国家的新闻。"

"你难道不知道我是在怎样的孤独中生活的？我毫无所知是不足为奇的。"

"我们不要浪费时间。在路上我会原原本本地讲给你听。锁上门，快和我一道走。兴许我们还能救贝哈母亲的命。"

我顺从了朋友的意愿，我们一上车，他就吩咐司机用最快的速度行驶。这是春天的季节，白天暖洋洋的。我们离城里大约有七十里，道路坎坷不平，汽车时而行驶在山谷腹地；时而行驶在小山顶上；大地一片葱绿，空气馨香醉人；鸟儿为爱情和幸福尽情歌唱，好像它们的翅膀永远不知疲倦，它们的歌喉永远不会嘶哑。而我的朋友只听到毒蛇的嘘叫声，此外，什么也没有听见。他只觉得毒蛇的利齿深深地咬啮着他的家庭幸福，要使这种幸福在不久以后变成一部分堆积在整个大地上的人类幸福的残骸。

至于我呢，我想把视线移向别处，不去观看锦绣大地和灿烂的天空，但是不能；我还想集中思考死亡的黑暗，我的朋友一直沉浸在这个问题里，但我的脑子不肯去考虑，它只想着光明。我心里琢磨着，我奇怪一句话、一个动作或一件事情，怎么能够像罩子一样蒙住人们的眼睛，使人黑白颠倒？我对此深感惊奇。我诧异，人们为何无力撕掉这罩子，相反还要设法维护它？他们还用整个心灵的帘纱去加固那罩子上的一层轻纱，直到它成为他们与广大世界之间的一重难以逾越的障碍。

我的朋友同我一样，呼吸着春天的芬芳的空气，但他似乎只是吸进了一股肃杀之气；他同我一样，面对着大地的宝藏，整个大地欣欣向荣、生气勃勃，但他只看到永远不能死而复生的被埋葬的生命。而昨天——仅仅三天前——他吸进的还只是生活的欢乐气息，看到的只是春天的光辉，甚至在冬天也不例外。所有这些，都是因为罩子蒙住了他的双眼，帘幕遮没了他女儿的生命，而他大概认为幕后不如幕前那么美好。寒冷的冬之幕——僵化、昏厥和死亡之幕——已盖住了活跃、清醒和生命。可他凭什么认为死后的贝哈，没有活着的时候那样美好、高贵？呵，贝哈，贝哈！

我的朋友似乎在倾听我的内心独白，他突然清了清嗓子，用手绢擦了擦湿润的眼睛说：

"多可惜啊，春天变成了冬天。唉，贝哈呵贝哈，你已经使我们的春天变成了冬天。你知道吗，她爱你超过了爱我和她母亲？"

"这种爱只是出于另一种源泉。可是，现在你能告诉我究竟发生了什么事吗？"

"好，好。那是发生在她的生日——在上星期一的白天，我们决定要使这一天成为双重的节日，让上流社会的人们出乎意料地得到邀请，参加她同本城的优秀青年法阿德·本·贾希德·法赫达维的订婚礼。我们也没有将订婚告诉你，因为我们认为你决不会不来的。但是你却拍了一封贺电就算了。但愿你知道，你的贺电在贝哈看来是最美好的东西，也是她在那天收到的最珍贵的礼物。

"我们就在旅社举行了宴会。这确实是个完美无缺、无与伦比的宴会。订婚仪式结束后，贝哈要求雷纳里德——安拉诅咒他——用那罪恶的小提琴演奏那首他在开业宴会上奏过的曲子。我还记得你是与会者中对那乐曲最动感情的人，你和贝哈都这样，你还记得吗？"

"怎么不记得？是《相会》，《相会》。"

"就是它，对，对，就是它。但愿这些事没有发生过。贝哈坐在面对乐队演奏台的沙发上，她的未婚夫坐在她右边，我坐在她左边，用手臂搂着她的颈项，她母亲坐在她未婚夫旁边。来宾们有站着的，也有坐着的，所有的人都注视着雷纳里德。

"雷纳里德的提琴弓一接触琴弦，所有的声音都消失了，一切活动都静止了。人们屏息静听，没有窃窃私语，没有人打喷嚏，也没有人咳嗽；演奏在进行，人们好像面对着大魔术家，他身体摇晃，人们也摇晃；他凝神不动，人们也不动；他皱眉蹙额，人们也皱眉；他闭眼又睁眼，人们也跟着闭眼睁眼。当乐曲开始进入责备、诉说、求救和痛哭的时候，这儿和那儿，人们突然发出忧郁的叹息声，并伴随着断断续续的抽泣声。突然我也热泪盈眶，而我只有在深切的悲哀中两眼才会湿润。

"过不久，提琴声由痛哭转为嘲笑和幸灾乐祸，接着是挑战和恐吓，愤激和示威，然后是激烈的斗争，随之而来的是辉煌的胜利，以及天上的鸟鸣，最后是虔诚的祷告声在空中来回飘荡。我凝视着雷纳里德和他的小提琴，以及他的手指，突然，我感到贝哈的脖子像枯干的花梗那样弯了下来，她的头垂到我的胸前，一直滑到我的怀里，她的整个身体倒在我身上，就像她在孩提时打瞌睡的模样。我把她抱在怀里，让她的头斜倚在我的臂膀上，也就像她小时我抱她一样。

"小提琴沉默了。整个大厅马上变成了疯人院似的：吵闹、喧哗、窃窃私语、脚步声和椅子搬动声、器皿磕碰声，还有呼叫声：贝哈！贝哈！医生在哪里？

"我以为她昏过去了，只须几分钟就会苏醒过来，就像开业那天晚上一样。谁知四天过去了，现在她，她不吃，不喝，不说，也不动。她闭着眼睛，不知何时脉搏会停止跳动。"

"你是说她仍然活着？"

"那是生命的残余了。"

"萨里姆，你真是个异教徒。你怎么叫我在她仍然活着的时候设想她已死了呢？"

"我是对你说生命的残余。但是她已毫无希望，她就像死了一样。"

"有生命就有希望。你妄想凌驾于主宰生死的真主之上，要他去结束还不该结束的生命，而你对他的意图又一无所知；这是对神灵最大的亵渎。"

"我的朋友，用别的话来安慰我吧，我的心已经看不到哪怕一点点的希望了。"

"没关系，医生的看法怎么样？"

"医生！他们什么时候有过一致的意见？'心脏衰弱'，'肠子有虫'，'歇斯底里'，'精神失常'，'昏睡病'，但他们几乎一致认为活的希望极小。"

我的朋友咬着他的右手的食指，闭上眼睛，摇摇头不响了。在他痛苦的时候，为了对他表示尊重，我也沉默着。我们就这样进了城，车子行驶在熙熙攘攘、永不停息地活动着的街道上。他说：

"瞧，这座城市多么像坟墓，它的居民不断地跳着舞！"之后突然又说：

"关于魔法，你知道点什么吗？"

"奇怪的问题。"

"你不要觉得奇怪。有人向我肯定地说贝哈中了魔法。"

"那么是谁使她中了魔法的？"

"就是那个该诅咒的雷纳里德。"

"雷纳里德？如果我是魔法师的话，雷纳里德才会是魔法师。说实在的，那个可怜的家伙自己是中了魔法的人，而不是什么魔法师。"

"你不要为他辩护，我相信他是一个十足的无耻之徒。"

"萨里姆，别说这些无稽之谈吧。告诉我，就我们两人私下说，贝哈是否爱她的未婚夫？她答应他，是否只是为了使你和她母亲高兴？"

"看来你并不了解贝哈。我认为她并不懂得什么是爱情。当我们对她谈婚事时，她接受了我们的提议，好像我们和她谈的只是关于天气，或者一件姑娘们的生活中必不可免的日常事儿。她没有显出不乐意。她的未婚夫法阿德・法赫达维是一位出色的青年。过一会儿你就会看到他，毫无疑问，他会使你满意的。"

"你没有估计到不懂得爱情的贝哈在订婚的那一晚却懂得了爱情？"

"你的意思是什么？"

"我的意思是……是不是有可能贝哈在那天晚上被雷纳里德吸引住了，可是她已同别人订了婚，这个沉重的打击不就是后来发生的种种事件的缘由吗？"

"不，不，我认为事情并非如此。雷纳里德为我们服务已有一年多，我没听说，别人也不知道贝哈曾在哪一天和他谈过一句话，尽管她非常喜爱他的小提琴。我认为，不，我相信，那个魔鬼爱上了她，他知道自己没有得到她的希望，于是就用他的提琴来使她中魔法，使得别人也不能同她结合。否则，他就不必逃之夭夭。但是我一定要抓到他，我已经和秘密警察谈妥要搜捕他。而后我要按律师的建议，由法庭发出传票，控告他偷了我的一笔钱。因为假若告他施魔法的话，我很难提供证据使法庭受理。"

"那么，在偷窃方面你有足够的证据吗？"真可耻，悲伤使萨里姆·卡拉姆丧失理智，到了不顾男子汉大丈夫尊严的地步，他居然捏造罪名来诬告无辜者，并雇用人作伪证。

"采用任何手段对那些卑微低贱的人报仇都是体面的，而这个下流的雷纳里德正是那路货。等几天看吧，我将向你证实我是对的。他只是一个无耻的魔法师。即使他逃到天涯海角，我也一定会把他缉拿归案。哪怕倾家荡产，我也不在乎。等几天看吧，等几天看吧。"

我们到了他的家，谈话便中止了。

# 意　见

萨里姆的宅邸是一座无论建筑、装饰还是环境都很优美的房子。它单独坐落在长满各种花草树木的美丽的山上，鸟瞰着大海和山坡，它像在城市里，但却不在城市里。

我要我的朋友带我绕过客厅，直接到贝哈的房里去；因为我不想在那里碰见一大群来客，他们有的是来好言相慰的，有的是来探听新闻的，有的是来东拉西扯的，还有一些人则在口头上深表同情而心底里幸灾乐祸的。让安拉把每一个不幸的人从抚慰者中拯救出来吧。

我躲开了在客厅里的那种困境，然而在贝哈的卧室里，却陷入了也许更为难堪的困境。在她父亲陪伴下，我径直走向病人的床。我第一次感到空气里弥漫着玫瑰、晚香玉和素馨等鲜花的浓郁的香气，这个房间简直成了一家头等的花卉商店。

"呵，贝哈最亲密的朋友！为了贝哈，你来安慰我吗？"母亲这样说着。她坐在床头边，伸出手来同我握，但是她又神经质地缩了回去，拿起手帕去擦她的眼睛。她似乎为自己的软弱害羞，她两手捂着双眼，把头转向床的那一边，企图把自己的脸藏在被子里。就这样默默地过了几分钟，在这期间我只听见她断断续续的啜泣声。她的脸色苍白，眼圈发黑，使我很不安。

至于贝哈，她躺在绿色的软缎被子下，床头堆着颜色、大小、式样不一的刺绣枕头，她的双手放在被子上，她那发亮的栗色头发衬托出轮廓秀丽的脸，脸上的神情安详而又开朗。她闭着眼睛，面颊上显出透明、美丽的红晕。倘若不明情况的人在这时候瞧见她，还以为她是在最安谧地入睡，做着最美妙的梦呢。而我却看见黎明般的笑容在她脸上若隐若现，这种笑容，是婴儿在睡眠中才有的。

"过来，过来。你握着她的手，像过去那样同她交谈，也许她会听出你的声音，醒过来的。"

我服从了她母亲的命令，向床前走去。我拿起了贝哈的手，呼唤着她的名字。我看见她眉宇之间显露不安，在嘴角边也如此。我相信她已听到了我的声音，我又叫了她第二、第三次，但她脸上的肌肉毫无活动。于是我放弃了再作努力的尝试，转向她的母亲，以不容置疑的语气对她说：

"贝哈已睡着，用哭声或不祥的念头去打扰她都是残酷的。"

"你以为她听见我们的声音了吗？"

"那谁知道呢？不管听到或者没有听到，她不是像我们一样有灵魂吗？"

"但是她的灵魂在另一个世界里。它与我们互相隔绝，不通往来……我的儿呀！我的儿呀！我的儿呀！贝哈！贝哈啊，我的眼睛！贝哈，我的心肝！贝哈，我的灵魂！贝哈，你在哪里呀？"

"只要把那该诅咒的雷纳里德的提琴弦给我，我转眼之间就能使贝哈回到你这儿。"有个男人用法语说。这个人我不认识。很快有人告诉我，他就是贝哈的未婚夫。我打量着他，这是一个将近三十岁的青年，身材优雅而匀称，外貌漂亮，但是从他的仪容能看出他的思想和感情都很浅薄。我对他的话没有作答，可另外一个男人，据说是个检察官，他在贝哈订婚前也曾想向她求婚，这时候自动应答说：

"赞美安拉。我们现在不是在中世纪，而是在二十世纪——光明和文明的世纪。现代法律根本不考虑魔法，也没有要惩治魔法师的条文。"

"可是宗教却承认有魔法，它用地狱之火来警告玩魔法的人。"一位坐在两个妙龄女郎之间的宗教人士说。

未婚夫（他法语夹着阿拉伯语，并且说话时他的手、眉和双肩都在动）说：

"先生，昨天你要是和我一起在艾布·塔克长老那儿就好了，他对着一块亮晶晶的东西左看右看，看到了那个无赖雷纳里德，尽管他以前从未见过雷纳里德，他却向我作出了最确切的描述。"

检察官（语含讥刺）说：

"那么他已向你讲了雷纳里德藏身的地点了？"

未婚夫（忿然地）说："可以完全肯定，他看到雷纳里德藏在一艘轮船的甲板上。他还告诉我，如果我们能够拿到雷纳里德的小提琴，至少是提琴弦，我们烧了它，用它的烟来熏贝哈，那么邪魔立即就会被驱散，她就会康复如初。"

一个姑娘说："艾布·塔克长老难道不能把小提琴从存放的地方给你拿来？"

未婚夫："我问他关于小提琴的事儿，他说它被藏在山区某座房子的一间暗室的壁架上。他向我描述的这所房子的主人，他的模样几乎与这位先生阁下完全一致。"他指了指我，我心中一惊。

一位女士说："可是，最近五天内没有轮船从我们的港口启航。"

未婚夫说："我不知道。反正我相信艾布·塔克所说的一切，也相信我将找到那个该死家伙的藏身之处。"

检察官："侦查正在顺利进行。正义必将得到伸张。我们知道这个人至今仍在国内，他用伪造的证件进入这个地区，单凭这一条就足以通缉和审判他，更何况他还是个偷窃犯。"

宗教人士说："按安拉的意旨办吧。"

父亲说："可是为什么他要给我们降下如此大难？我们造了什么孽？"

宗教人士："安拉要考验敬畏他的人，安拉也施舍慈悲。"

母亲说："但愿安拉去考验那些不敬畏他的人。如果安拉的慈悲没有给我们降下这样惊人的惩罚，那就好了。不过，我就要到他那儿去了。我恳求他减轻我的痛苦……安拉，你宽恕我吧。"

父亲说："让不信安拉的人去乞求安拉宽恕，至于我们，安拉应当求我们宽恕，这比我们求他宽恕更合适。"

这时我忍不住开口了，我对我的朋友说：

"萨里姆，这是命中注定的，我知道你从未遇见过如此异乎寻常的不幸。"

母亲说："是的，我的朋友，它是命中注定的。但是母亲的心怎么办呢？这受苦受难的心，它几乎要炸开了，它马上就要爆炸了。我已看到死亡近在咫尺。死亡赶快来吧，快点儿。生命的光芒已经黯淡。我的儿，但愿这迷迷糊糊闭着的，是我的眼皮。我的真主，你不接受我为她赎罪吗？我的儿，我的儿，我的儿啊！"

母亲号啕大哭，她开始抓头发，打自己的面颊，大声喘气。这时，医生进来了，他问候在场的人，同时也为他们人数如此之多而吃惊。他温和地对大家说，他们呆在病人的房间里，这不好，对她的健康无益，她需要的是安静。他责备坐在床边的护士，说她没有尽职。她耸了耸肩，好像是说："对这些人我有什么办法？他们会听我的吗？"然后医生走近母亲，搀扶着她步出房间。看来她已呈半瘫痪状态，他努力帮助扶持她，使她减轻痛苦，但不那么容易。

等到那些探病的、来访的、有事的和无事的人都走掉，屋子里清静下来时，已经相当晚了。屋里只剩下佣人、女护士和一个名叫瓦达特的女人，我知道是这儿主人的妹妹。她是个寡妇，带着她两个未成年的子女住在城郊的村庄里。医生对萨里姆说，他妻子的状况同样令人不安，萨里姆像个神志不清的人，时而愁眉苦脸，时而张着嘴笑。他从这个房间跑到那个房间，从这把椅子坐到那把椅子，走到这里开灯，走到那里关灯，嘴里嘀嘀咕咕，自言自语。他刚点上烟卷，就把它扔进烟灰缸，然后再点一支。最后又走开去，不知到哪儿去了。他似乎没有意识到我和他妹妹的存在。瓦达特羞涩、温和地走近了我，伸出手来和我握手说：

"我们素昧平生，这是我初次同你握手。"她说这话的语调是轻柔、甜蜜的，与她和蔼、诚恳和温顺的表情正相一致。我觉得我们仿佛是老相识似的。我毫不拘束地回答她：

"这真是愉快的相遇。自从我认得你哥哥萨里姆以后，本当早就认识你了。但是奇怪的是，他从未向我提起过你，而我曾误认为他是个独生子。"

她含意颇深地笑了笑，用一种悲伤的语气说：

"你不用奇怪，萨里姆耻于在人们面前承认我是他的妹妹。他的妻子——努尔·胡达也是如此。她比他更加耻于承认我。如果他俩没有遭到今天那样的灾难，如果不是我对贝哈的爱，那么你是不会在这儿见到我的。"

"我不理解，你们是在遗产问题上有争执还是为了别的什么？"

"不是那些事儿。在遗产问题上，我自愿把我的一份让给了他——这可不是一笔小数目。他憎恨我、蔑视我，是因为我违背了他的意志，同一个穷意大利人结了婚，他是教钢琴的。在我享受了十年的婚姻幸福之后，我的丈夫去世了，留下一男一女两个孩子，还有他的钢琴及钢琴教师的职位。我们——我和两个孩子——靠安拉保佑都平安。"

"就为了这事儿萨里姆蔑视你？我几乎难以置信。"

"就为了这事儿。另外他认为我是个怪人，如果你愿意，也叫我'不可捉摸的人'吧。"停顿片刻之后，她又说："也许你在同我谈话后，将会同意他的看法。"

"安拉保佑，我喜欢古怪的人。"

"如果你不认为我这个怪人给你增添了麻烦，我就高兴了。"她走到放着两把软椅的角落，叫我就座。一盏乌木柱子的落地台灯罩着镶有金丝的天蓝色的绸灯罩，照亮着这个角落，周围半明半暗，一片昏黄。我们刚坐下，她就急忙问我："你想打瞌睡吗？"

"瞌睡早就离开了我的眼皮和我的思想。"

"那么我们今天晚上可以谈谈了。你相信反常现象吗？相信有时能够超越我们错误地称之为自然界的界线吗？——自然界好像是存在界线的。"

"很多人自称能了解和区分可能与不可能之间的界线。至于我，我却认为它们之间没有界线，只有无知者和未成年的人才会那样区分。"

"好极了，好极了。那么你对贝哈的遭遇有什么看法？"

"请相信我，我还没有形成看法。你的看法是什么呢？"

"我的看法是，贝哈不属于这个世界。我的哥哥和嫂子以及其他的人们，一定要把她看成同别的女人一样，因此他们为她安排了婚事，同那个身上散发着香气、举止优雅、嘴里唠叨不已的木乃伊攀了亲，他的名字就叫法阿德·法赫达维。你可曾看到或听到过有哪一个笨蛋和白痴，能像他一样愚蠢？"

"我们别提他，让我们回到贝哈的话题。"

"贝哈不愿被他或别的人玷污。"

"而雷纳里德，你认为她是爱着雷纳里德吗？"

"雷纳里德也同样不属于这个世界。他是时代的畸形儿。你见到过他、听说过他吗？"

"是的，我见过他，也听说过他。"

"你同意我对他的评论吗？"

"他是一位非常敏锐、才气横溢的青年，是的，是一位诚实可靠的人。至于他是否天使或者他的本质是否与凡人不同——请原谅！我的舌头不愿意谈这些。"

"也许你了解他的程度，与我不相上下，只是你的舌头有点儿犹豫而已。"

"你认识他很久了吗？"

"从他少年时候起就认识了。我了解他的童年。在我没有结婚之前，我的婆婆把这个弃儿从墓地上捡了回来。我的婆婆是个寡妇，她抚养着她的独生子——我的丈夫。他比雷纳里德大十来岁。当我的丈夫钢琴弹得很出色，并去教授音乐时，他惊奇地发现雷纳里德的天资比他高得多。他曾对我这样说：'雷纳里德前程无量！'我的丈夫去世了，雷纳里德也失踪了。此后他一直杳无音讯。又过了几年，我突然听说他在我哥哥的旅社里演奏。我不想去找他，也不希望他来找我，这原因用不着详说。后来我风闻到了他和贝哈的事情，我既不奇怪，也不惊讶。"

"除了你以外，还有谁知道雷纳里德的这些情况？"

"再没有一个人。"

"那你为什么不去向检察官说明一下呢？"

"检察官？检察官之流对这种事懂得什么！他们关心的只是雷纳里德的身份证。可怜的人，他没有身份证。我担心一旦检查官捉到他，会把他活埋在监狱里。不，我不去白费唇舌，除你而外，我也决不透露这些情况，希望你也保守秘密。"

"明智不表现为隐讳，特别是当隐讳有损于雷纳里德和贝哈两人时。"

"必须保密以维护两个人的尊严。人们怎么能明白，贝哈和雷纳里德已经离我们而去？"

"已经离去？"

"是的，是的。他们早就跨进了为他俩准备好的世界里去了。"

"我不明白。"

"像你这样的人应该明白。他们的灵魂已从人间迁徙到天界。我这双有罪的眼睛看到了他俩。我是在昨晚看到的，我独个儿坐在房间里，我的两个孩子已经睡着。我看到他俩拥抱着，一条光辉的彩带把他俩系在一起。我又看到他们从地面冉冉上升，就像寺院里的香烟缭绕而起。那时，天空被灰白色的云幕遮盖着，突然，天幕上出现了一个小孔，发着光的雷纳里德和贝哈就进入了这个孔里，它很快又合上了，天空依旧被灰白色的云幕遮盖着。"

我那伙伴说话的神态犹如在舞台上。她的嗓音时而提高，时而压低到悄声细语。她双臂张开又并拢，用手来比划光柱的形状和天上出现的小孔，她的眼睛向上仰望着。她讲完以后就站了起来，伸了伸胳膊，双目凝视着天花板，嘴唇惊奇而虔敬地微张着，她那卷曲的金黄色头发披到肩头，灯光照在她苍白的脸庞上，照在她穿着橙黄色衣服的苗条身躯上，呈现出一幅由朦胧柔和的光和宁静的梦组成的奇妙幻景。

"这是在干什么？难道这是墓地里的化装舞会？瓦达特，安拉不会祝福你。甚至在坟墓里，你都会毫无禁忌。你不知道吗？我的家已变成坟墓！这个男人有什么罪过，你都不让他睡觉？我的朋友，请你原谅，你不要责备她。至于我，你应该同情，而不是责备。我失去理智了，不要责备我。"

我不知道萨里姆是怎么进来的，我们没注意他。我担心他同他妹妹会顶撞起来，但是她却一声不吭。萨里姆走向我，连声道歉，拉着我的手，领我到为我准备的房间里去。我瞧了瞧仍在角落里站着的女人，非常真挚和尊敬地对她说：

"瓦达特太太，晚安。"

# 少女谷

● ● ● ● ● ● ● ● ● ● ● ● ● ● ● ● ● ● ● ● ● ● ● ● ● ● ● ● ● ● ● ● ● ● ● ● ● ● ● ● ● ● ● ● ●

　　夏天开始收卷起它那宽阔的绿地毯，萨里姆家的情形越来越不妙。贝哈昏迷不醒，她的生命好像白日的美梦，在慢慢地消失，她的母亲只剩下最后一口气，她父亲魁伟的躯体一天比一天支撑不住了。他生活中的强烈愿望就是要向雷纳里德报复，然而没有一个人清楚雷纳里德的行踪。检察官和他手下一班人的努力也都归于失败。我在海滨和山区之间来回奔波。大海不再为我敞开胸怀，山陵也不再对我露出笑容，就像我已失去了它们的友谊。

　　那天，当我获悉努尔·胡达太太已陷于濒死状态，而我又无法在次日早晨前赶到城里时，一大堆讨厌和不祥的念头纷至沓来。我对这些念头感到厌烦，于是带着它们漫步到了一个深邃的山谷，附近的村民们称它为少女谷。这是一个使我受益不浅的山谷。每当我心中烦闷、思绪杂乱时，就到那里去，归来时，我的胸怀就像原野一样宽阔，思想就像鹰眼一样敏锐。

　　谷地具有罕见的深度，它的两旁耸立着悬崖峭壁，峭壁上，有各种形状奇特、眼力和想像都不能穷其妙的有趣雕刻。在石壁的缝隙里，到处长着繁茂的树木和杂草，这儿就像一座空中花园。山谷的底部像一个坚硬的灰色石罐，它经过秋天的洪水和春天的融雪的冲刷，留下了深浅不一、形状各异的水塘。有一个水塘约宽一米，深半米，在整个炎夏始终贮满着新鲜而清净的水，在所有的水塘都干涸的日子里，唯独它，既不溢出，也不干涸。附近村民们都相信，在它里面有神奇的泉眼，他们称它为"泪泉"。这些就是少女谷的概貌。

　　那天，太阳刚沉入大海，我就来到了这里。热气仍旧炙人，我开始一跳一滑地在石板上走着。太阳的热吻使石板的面颊依然发烫，我不断地从这块石头上跳到那块石头上，从这个水塘边滑到那个水塘边，最后到了"泪泉"边。两只小鸟在那里洗澡，我的身影惊扰了它们，它们闪电般地消失在我眼前，隐藏到岩石深处。

　　我瞧了瞧水塘，它同我过去看到的一样，里面满是清水。我细看铺在池边的沙粒和一颗颗光滑的石子，有大如核桃的，有小如扁豆的，有些还饰有艳丽的花纹，好像宝石一般，还有一些形状诡奇，十分精美，简直无法描述。

　　我像往常一样坐在沙堆上，一手扬沙子，一手抓石子。我抓了一把石子，放在手里搓搓，再一个一个地抛起来。当它们在空中互相碰撞、发出嗒嗒声时，我十分兴奋，就如听到了天使的音乐。我这样玩腻了，又开始一堆一堆地聚集沙子，再把小石子放在上面构成三角形、圆形和正方形，或者一些不规则图形。然后我再从沙中捡掉石子，用手掌将沙抹平，用食指画不规则的图形，或者写一些没有意义的、互不连贯的话。接着我就丢开沙子和石块，来到水塘边，把我的手杖放进水中轻轻搅动，我的眼睛跟踪着水面上迷人的圆圈儿和手杖下面可爱的旋涡。

从我身后投来的山石阴影遮住了大半个水塘，水面上映出诱人的奇异幻影。这个影子柔和，带着清新的气息，周围阒然无声，静得使人的感觉敏锐到纤毫必察的程度。我好像听到了它在水面上、花草树木上和岩石上的移动声，我似乎感到湿润的和风吹拂我的眼睛，其实，那只是一种由山巅奔腾而来、冲决一切污泥、回归大海的流水的低吼声。

就在此时，突然有一个东西，好像一块石头从高处掉下来，落在我面前的水塘中，浪花四起，溅了我一身。原来那是一只肥大美丽的鹧鸪，突然掉进了水塘里。塘水上漂浮着缕缕鲜血。

我拾起鹧鸪，看到它还活着。它的一只翅膀已被打断，鲜血从胸脯中流出来，两只爪子已和腿分离，但皮还连着。我看看这只受伤的鸟儿，用手抚摸它美丽的头；我揩干它背上和胸前被血水濡湿的羽毛，它虚弱、痛苦，但还企图从我的手中逃脱。对它来说，空中翱翔的乐趣，岩石堆上跳跃的高傲，泥地里攫食的享受，都已经离开了它，在短短几分钟内，生命将在它的胸膛中消逝。

"喂……"一个粗犷的喊声在山谷里回响。我瞧见在我对面的巨大岩石顶上，有一个大汉挎着一支枪，在石板上可以看到他长长的身影。当我听见喊声，并注意看时，从他站着的高处又传来话声，问我是谁，是否看见鹧鸪在附近掉落下来。我把鹧鸪高举在手，向他晃动。他的身影立即消失了，只隔几分钟，他就来到了我的身边。

他不是别人，正是这个地区的看守人。我同他是老熟人、好朋友。他熊腰虎背，外形健壮，性格却温厚开朗，并且很自尊、聪明和敏感。有一种说法形容他是再合适不过了：他是那种连浑水都能喝下肚的人。他在狩猎方面是一位超级能手。关于他同野兽、鸟类以及窃贼们打交道，有许多奇妙的传说，他在与黑熊的一次搏斗中，失掉了左手的三个指头——大拇指、食指和中指，但他最后还是杀死了黑熊，保住了性命，并从此得了个外号叫"常胜将军"。

常胜将军向我连连问候，并且为了刚才喊我"喂……"而一再道歉，接着便同我一起坐在"泪泉"边上。他向我讲述了这只鹧鸪受伤的事，以及他如何花了将近两个小时追逐它的情形。他弯下腰去，双手掬起泉水，畅快地喝了起来，好像他渴得没了命似的。他饮毕又坐下来，用手擦了擦嘴唇和胡须，然后长长地舒了口气，轻轻地拍了三下胸脯，说：

"哎，这水真好喝。人们叫它作'泪泉'，叫得好。它的水比眼泪还干净，可它是没有咸味的泪水，是从天堂里来的水。"

作为一个本地人，我对我的无知感到惭愧，我问：

"常胜将军，你知道为什么叫这个水塘为'泪泉'，叫这个山谷为'少女谷'？"

他很诧异地回答我："你是一位与众不同的知识广博的学者，又是热爱这个山谷的人，而你居然对它一无所知？那么，我就来讲讲在这一带只有你不知道的事儿。"我给他点了支烟，自己也点了一支，开始听他的叙述：

"传说在古时候，有一位伟大的埃米尔①住在这一带。他有三个女儿，她们的容貌和品德都很出众。求婚的人四面八方拥来，络绎不绝，但他们当中没有一个被她们看中。埃米尔对她的女儿爱如掌上明珠，他在任何事情上都让她们自己做主，绝不勉强。

"埃米尔有一个给他放羊的青年牧人。这个牧人一表人才，吹得一口好笛，使人听了神魂颠倒。埃米尔的女儿们瞧见了这个牧人，听到了他的笛声，都被他吸引住了，对他十分钟情。但她们都没有向牧人吐露过自己的感情，并且互相隐瞒着，也不让埃米尔知道。至于牧人，谁也没有见过他曾在哪一天正眼看过她们，或者同她们说过一句话。

"这位牧人在这一带放羊，多次来到这个山谷。有一天，姐妹们苦于相思，最小的一个就请求父亲允许她单独去散步，埃米尔答应了。一会儿，第二个也这样做了。再过一会儿，最大的也学了她两个妹妹的样。她们每人心里都明白，两个姐妹同自己一样迷恋着牧人；她们每人也都害怕，怕别人比自己先获得了他，独享他的爱情。

"当三姐妹在这山谷底部的水池边碰面时，大家既吃惊，又害羞，好像她们是约好了似的。但是她们没有碰见牧人。由于这个不幸，她们痛哭流涕，哭呀哭，直哭到眼泪流满了水塘。从那以后，它就总是满的，既不溢出，又不减少，也不发臭变味。

"最后，那牧人带着他的笛子来了，谁也不知道以后发生了什么事。三姐妹都没有回宫，牧人也销声匿迹。经过长时间的仔细寻找，毫无结果。几年以后，埃米尔因思念女儿，悲痛过度而死去，于是他的王国崩溃了，他的后代也断绝了。就这样，人们叫这个山谷为'少女谷'，叫这个水塘为'泪泉'。"

这个传说令我神往至极，我问道："四个人竟然会一下子不见了？咦！常

---

① 埃米尔，穆斯林国家的酋长，或贵族、王公。

胜将军，难道远近都没有发现过他们的一点踪影？”

"我忘了告诉你，相传在埃米尔死去几个世代以后，有人在你背后那块巨岩上的洞穴里发现了三个像人形的东西，据说那不是别的，正是三个少女的遗骸。对这个传说，我既不否认，也无法证实。不过应该说一说的是——你也许会笑我——近些日子以来，我在这个山谷里听到了笛声和女人的哭声，可是又看不到吹笛子的人和哀哭的女人。在这里，有人肯定地说，他们不止一次地看见月光下有三个年轻女人，穿着白色衣裳，跟在一个吹笛子的年轻人后面走着。信不信由你。”

"那么，常胜将军，你从来没有到这个山洞里去过吗？我看要爬到那儿简直是不可能的。”我掉过脸去看看那个洞，它的圆形洞口离地面将近有三米高，洞的直径大约有半米多宽。在它下面有一块凹凸不平的岩石，形状像船头，岩石上有几道裂缝。紧靠洞口长着一棵粗壮的笃耨香树，它的枝叶几乎遮住了洞。常胜将军说：

"我进去过几次。如果你要从底下登上石头，那是要冒些风险的。但是对于像你这样的山里人，这还不是无法做到的。我的朋友，生活本身不就是一种不断的冒险吗？”

片刻之后，常胜将军向我告别。当我拒绝接受血迹斑斑的鹧鸪作为他的礼物时，我几乎惹得他发起火来。我当时对他说，我宁愿欣赏鹧鸪在山石间蹦跳的景象，以及它在黎明与黄昏时同它的配偶情话连绵的声音，而不想看它那充满痛苦的尸体，并用它来满足我的口腹之欲。我的话也许被理解为是对他的温和的责备，对他这个有名的猎手的轻视和对安拉的亵渎，因为安拉是允许人们杀死一些鸟、动物，并吃他们的肉的。

看守人的脚步声刚在我耳际消失，他魁伟的身躯刚从我的视野中消失，我就开始探索往山洞去的路径。我时而前进、时而后退，最后我克服了畏难心理，开始攀登。常胜将军不是说，生活本身不就是一种不断的冒险吗？

我的冒险成功了，结果大大超出我的预想。我一进去就发现里面是个宽敞的圆顶大洞，它的两壁和地面都是坚硬的石头，石头的形状有似于绑带、饰带以及奇特的塑像，这洞好像经过斧头和凿子的雕琢，但事实上又没有一点儿由人手加工过的痕迹。我进去后，首先使我惊奇的是，这里有两只狐狸躺在地上，其中一只舒展着身子，把头放在前足中间，另一只则蜷曲着，两个爪子捂住它的鼻子。

我靠边站着，让出一条路，给两只狐狸逃走。但令我迷惑不解的是，它俩居然睡着了，它们的一切情状都表明这一点。然而更使我惊异的是，我攀登和进入山洞时，有许多响动，它们居然没有被惊醒，于是我不禁怀疑自己是弄错了。我走近了它们，想知道它们是真的狐狸呢，还是我的幻觉？我看见它们在均匀、安静地呼吸，原来这是两只活生生的狐狸。我伸手拨弄这只，又拨弄另一只，可它们继续酣睡不醒。我无意中看了看洞的四壁。在一个壁架上，我看见了一根长竹子；再凝神细瞧，我突然又发现它不是什么竹子，而是一支笛子。

顿时，我感到脊梁上好像有蚂蚁在爬动，许多双我看不见的眼睛，从洞的四面八方盯视着我。我不记得自己是如何走出洞，回到地面上的。山谷中的阴影越来越浓重，山顶上也黯淡无光。我走向泪泉，掬起一捧水，润润燥热的嗓子，洗洗面孔，然后怀着千百个悬念和幻想，循着原路回家。

# 沙霍莱伯和迈霍莱伯

几天后，我又来到了少女谷。在我的一生中，从来没有像现在这样渴望到这儿来。在努尔·胡达太太的丧仪上，我耳闻目睹了深切的悼念、巨大的悲痛和啮人的烦恼，在送殡的行列中，我还看到了假仁假义、欺骗、幸灾乐祸和虚假的眼泪，所有这些，都披上了可笑的、虚情假意的丧服。

荣誉在消失，尊严被贬损，富裕变为贫穷，幸福露出了不幸的犬牙，生气勃勃的绿色牧场变成了弥漫着绝望和死亡气息、没有生命和希望的荒凉沙漠。这就是在那个可怕的丧仪上我所看到的萨里姆·卡拉姆的家。我为那个一家之主、我的朋友而痛心。他的眼睛呆滞，眼皮几乎不眨一眨，他咬着嘴唇，一言不发。生命的活力已从他的脸上逝去，留下的是一片蜡黄。是啊，我为这个强壮的人失去了健康、愉快和对生活的乐趣而难过，他在大庭广众中像一台毫无生气的机器活动着。难道我不能使他恢复原样，哪怕只有微弱的一线希望？

我知道，假如我能够使他的爱女痊愈，让他微弱的希望实现，并坚强地经受住丧妻的打击，那么，也许他的活力与对生活的热爱就会恢复。然而我从哪里做起呢？贝哈若不是还存一口气，她差不多已是一具僵硬的死尸了。我是否应当同他和贝哈的未婚夫一样，相信艾布·塔克长老所说的话，认为贝哈是中了魔法，只有烧掉雷纳里德的小提琴或琴弦，才能禳灾去祸？我是否应当向他透露小提琴和我同雷纳里德之间的有关事情？但是，倘若我的思想退化到法阿德·法赫达维和魔法理论的信奉者艾布·塔克的水平，那么，我必将受到良心的嘲笑。再说，我和雷纳里德之间有协议，不向任何人泄露他的来访，我要像保护自己的眼珠一样保护他的小提琴，如果他两年没有归来，我就得把提琴烧掉，把灰埋在一棵孤独的老松树下。除非艾布·塔克掌握了我所不知道的秘密，我怎能毁弃诺言、不守信用呢？不过，也许他真的掌握着秘密，他不是说小提琴在山区一所房子的壁架上，那房子的主人很像是我吗？要是雷纳里德真是个魔法师，那么，从死亡线上拯救出来的不是一个人，而是两个人的生命，这就比对这个该死的雷纳里德守信更为神圣了。

但是，雷纳里德是最纯洁无瑕的人，这是我心底里的感觉。难道艾布·塔克长老的感觉比我更可靠吗？不过雷纳里德又为什么要躲藏起来呢？他在哪里？也许他不知道在他出走后发生了这些灾难和痛苦吧？

我一如往常坐在泪泉边，这次我面对着山洞。我玩着沙砾和石块，眼睛不时地瞅瞅石壁上的洞穴，但是我的心思只在两只狐狸和一支笛子上。一股冲劲推动我再上去看看，可是我克制了自己，主要是担心摔下来，而且有一种无以名状的恐惧在心里占了上风，使我不敢贸然行事。

这样，我又坐了一会儿，此后就简直不知道自己干了些什么。我只觉得双手先抓住通向山洞的石缝和凸出部分，然后又抓牢笃耨香树的根往上攀，由于害怕遇到危险，我的心在胸口剧烈地狂跳，不过终于平安地登了上去。

我在洞外休息了片刻，使自己的心镇定下来，呼吸恢复平静。一束阳光早已射到洞里，它透过笃耨香树叶，连同树影一起散落在地上，微风同树叶在嬉戏，阳光和树影也随之跳着奇异而迷人的舞蹈。

我的眼光开始向洞里搜索。兴许我还能看到两只狐狸，但是它们影踪全无。我只看到一支笛子横在地上，离它两步远有一堆衣服，或是衣服之类的东西。当我走近细看时，便发现原来是一个睡着的男人。他蜷缩着腿，脚跟贴着臀部；他的头枕在右臂上，胳膊把眼睛和大半个脸都遮住了；他的左臂伸展着，手捂着膝盖。他轻微地、安详地、均匀地打着鼾。

我怔住了，感到惊异和为难。我不知道应该弄醒他，还是等着他醒来，或是不去管他，退出洞去。他也许是个贼，选中了这个坚固的山洞作为他的巢穴；对，他是贼，要不跑到这偏僻的山谷干什么？更何况是躲到这常人几乎看不见又到不了的洞里！然而，洞里也没有任何迹象可以证明他是盗贼，没有打劫来的财物，没有枪支，没有任何武器，甚至连根棍子都没有，就只有一支笛子。

正在我这样猜想的时候，这人在睡眠中显出了烦躁不安的样子，他翻了个身，把本来遮掩住的面孔露了出来。我立即高声叫道：

"雷纳里德！"

睡觉的人哆嗦了一下，坐了起来，然后揉了揉眼睛，长时间地盯着我。他脸上毫无吃惊的表情，不慌不忙地说道：

"你真是个高明的秘密警察！"

"你真是个有才能的逃跑者！是谁指引你到这个山谷、这个山洞来的？"

"是谁指引你来的？"

"我是这山岭的儿子，我早就热爱上了少女谷和泪泉。不过我对这山洞并不熟悉，在这以前我也只进来过一次，那仅仅是几天以前的事儿。"

"至于我，熟悉这山谷、泪泉和山洞，比你早好几个世代。"

"几个世代？"

"是的，几个世代！"

"你不满三十岁，而我已年过五十。"

"我不明白我们之中谁更大，我只知道我同这山谷发生联系比你早得多，从前我吹着牧笛在这一带放羊时，未曾见过你一次。"

"你的熟人谁也不曾告诉过我，在你的生活经历中曾经牧过羊。"

"不对，我只在这一段时间中没有牧过羊。"

"你指哪一段时间？"

"指从我出生以来。"

"那么你一生中哪一段时间牧过羊呢？"

"在我出生之前。"

"雷纳里德，我们再来猜谜语吗？告诉我，你是什么人？你难道不是像了解你的人所说的那样，你是——"

"了解我的人是谁？"

"例如瓦达特太太。"

"哦，瓦达特太太？她对你讲了她的婆婆从墓地里捡回了一个被遗弃的孩子——我。安拉祝福她丰富的想象力和刚强的意志。你在哪儿见到她的？"

"我在她哥哥萨里姆·卡拉姆家里碰见了她。"

"他在这么多年翻脸不认她之后，也许现在对她满意了？"

"这我不知道。但她是为看望贝哈而来的，我也是为了同一目的到了那儿，于是我们就认识了。"

"贝哈……贝哈怎么啦？"

"你似乎对贝哈和她的父母的情况全然不知。你已经永远地毁了他们家。贝哈自从订婚之夜以来，一直神志不清、昏迷不醒，她一天天地在走向死亡。她父亲也快走向坟墓了，而盖在她母亲坟上的土，现在还是湿润的。"

"她死了？"

"是的。努尔·胡达女士怀着对她女儿最深厚的爱而去世了。对她的死你是唯一要负责任的。"

"我？我是什么人？我干吗要去夺取不是我所赋予的生命？"

"你没有直接致她死命。但是你对贝哈施用的魔法，导致了她母亲的死亡，这是毫无疑义的。同样，你还将导致她父亲的死亡。"

"这是你的话还是别人的话？"

"这是多数人说的，我也有些倾向于这种说法。"

"我相信你比他们明智。你晓不晓得我们当中谁是魔法师，谁是中魔法的？我的朋友，这里唯一的魔法师，那就是生活。至于人们，他们都中了魔法，我也是其中之一。但我中的魔法，是任何人未曾体验过的。"

"我知道你除了被控告为施魔法外，还被控告为盗窃和伪造证件。萨里姆告你偷了他的一笔钱；警方说你进入这个地区使用的是伪造的身份证，法律正使用它所有的手段在缉捕你，对你进行公正的裁判。"

"确实，我和人们有隔阂。我生活了很多年，除了今天受到人们的审判外，我不是没有受到过奖励或惩罚吗？人们对我有种种好的或坏的看法。但仅止于此，他们从未动用法律来对我进行干预。为什么今天人们的裁判就一定要闯入我的生活进程，非要用法律来审判我？莫非怕我进行贿赂，使法律失去它的正义？或者担心法律防范不严，使我逍遥法外？然而，有哪一种生物能够逃脱生活的判决？而你想想，赐予我生存和使我享受天地万物的真主他会对我吝啬，不给我一张身份证吗？"

"既然加给你的罪名是莫须有的，那你为什么马上要逃跑，躲到这个山谷里？"

"为了用我偷来的萨里姆的金钱，同这些狐狸一起过美好的日子。"

"雷纳里德，别开玩笑了。"

"我的朋友，雷纳里德远避人世，为了更好地惩罚自己。这难道是开玩笑吗？不幸的是他离幸福的顶峰仅仅一发之差。"

"这一发之差指什么？"

"就是雷纳里德心中的欲念。"

"说明白些，雷纳里德。"

"明白人不说自明。"

"但是我不理解。"

此时，雷纳里德双肘支在膝上，他捧着头，两手压着太阳穴，就这样过了好久，不动也不说话，他两眼盯着鼻尖，我真以为他忘记了我和他自己。他的灵魂已经升华到另一世界，在这个山洞里只残存着他的躯壳。而当他吐出一口气来的时候，我几乎更加相信我的想象。雷纳里德伸手拿起牧笛，吹了长长的两声。突然，有一只狐狸，然后是另一只，从我未曾注意的山洞深处的一个小洞里跑了出来，它们扑进雷纳里德的怀里，向他做出各种亲昵的动作，摇着尾巴向他表示好感，它们伸出前爪搭在他胸前，它们的鼻子靠近他的下巴。雷纳里德双手抚摩着它们背上的毛，对它们说着亲切甜蜜的话。

我兴趣盎然地看着这一切，简直难以置信。我自言自语地说："他无疑是个魔法师，他使我也落入了他的魔法之网。"后来，雷纳里德向两只狐狸示意退下，于是它们就一左一右地趴在地上，好像在静候命令或等待指示。雷纳里德看看我，似乎面前进行的都是不足为奇的平常事儿，他用淡漠的声音说：

"让我把两位忠实的伙伴介绍给你，这是沙霍莱伯，这是迈霍莱伯，我叫它们出来，也许它们可以更好地帮我向你解释这件事。"

他说毕，又开始吹笛。两只狐狸尖叫了一声，叫得人毛骨悚然、魂飞魄散。突然，笛子高亢的音调转为低沉缓慢的嘶哑声，又转入断断续续的快速的低音。两只狐狸随之跳了起来，它们的动作协调一致，就像是每个细节都经过训练的舞蹈。它们跳跃着，蹒跚着，直到笛子接连吹出催眠曲的音调。于是狐狸的动作转慢，并静止下来，然后又躺在地上不动，似乎疲倦已经征服了它们，它们浑身没有力气，困乏不堪。

雷纳里德将笛子从嘴边移开，他以嘲讽和认真的口气说：

"你看到怎样施魔法了吗？"

"是的，这确是魔法。"

"但是你知道我们之间谁是魔法师？是我还是笛子？是沙霍莱伯还是迈霍莱伯？"

"我不知道，我也不想知道。"

"我也不知道。但是我要知道。为此我才在这儿，还有笛子和我在一起。"

"所以你在我这儿留下小提琴，然后逃走了？"

"唉，那事儿你以后会明白的。如果真主愿意的话，你很快会明白的。"

他又痛苦地沉默了好久，两只狐狸就好像是死去了似的。最后，笛子又到他的嘴边，他重又吹起来，但乐曲已不再是刚才的那一首。两只狐狸连忙吃力地爬起来，并且欢蹦乱跳地投进他的怀里，就像什么事也没有发生过似的。忽然雷纳里德推开它们，对我说：

"我的朋友，你已经耳闻目睹了这一切。去对人们说吧，雷纳里德是个魔法师，他应该被处死。"

"是魔法师，但是他不应当去死。"

"你不是说我的魔法已导致贝哈母亲的死，还将导致贝哈和她父亲的死吗？"

"我是说了，但我不相信我所说的。雷纳里德，我从内心只愿意看到你好。可是你的事使我感到困惑。难道你不能让我明白，是一种什么样的力量使你能够那样做？为什么？"

"我的朋友，我怎么能使你明白连我自己都不明白的事呢？"

"这就怪了！难道你竟不明白自己的所作所为吗？"

"奇怪！是奇怪！其实，有什么样的事情不奇怪呢？难道你相信，你能理解你自己的一切思想意图和行动吗？你能够理解只要你活着，就必须进行的奇怪的呼吸吗？此外我不必再说别的了。"

"呼吸是一种自然而然的事情。而两只狐狸在笛声中跳舞，接着停下，然后再跳，所有这些却不是很自然很寻常的事儿。"

"对你来说不自然的事，对别人却可能是自然的。天地万物中的一切，即使超出人们的实践和理解的限度，也决不会超越自然的范围，自然界没有不可能的事。但愿自然界的范围只限于人们的实践和理解的范围，那么，人们也就毋须使它驯服和归顺于人类。"

"但是你能够做的我却办不到，而我同你是一样的人呀！"

"因为我不是你，你也不是我。尽管我们来自同一天国，回到同一归宿，但我们并不是同时来到人间，我们走的也不是同一条道路。"

"如果我希望，我能够做到你所做的一切吗？"

"毫无问题。它不在今天，就在明天。生活的魔法是一样的，但是它在各种不同的感觉、认识和倾向的领域中，有各种不同的表现方式。我不是对你说过吗？唯有生活才是魔法师，天地间的一切都是中了它的魔法。我们的一言一行，或者是每一欲念，只对某一人或某一生灵具有魔力，有时可能涉及许多人和许多生灵。那些使生活变得充满力量和壮丽美好的魔法师，他们同时也中了生活的力量和生活的壮丽美景所施的魔法。因此，我的朋友，我们每人都中了魔法，同时又都是魔法师。难道你没有从笃耨香树叶的飘动中，从这个岩洞口下忽明忽暗中看到魔力？雷纳里德就是一株奇妙的笃耨香树，它的叶子一刻不停，日夜舞动着；而不断地摇动着它的叶子的微风，就是那强烈的欲念，特别是相会的欲念。"

"你指的是什么相会？"

"同那个她对我的魔力比我对她的魔力更大的人相会。她使我变成一组永久绷紧的奇妙的弦，不断地发出悦耳的旋律。我的笛子和提琴只不过是两个小小的执行工具，我用它们紧凑的旋律，来排遣我心中的忧闷。至于我所希望的慰藉，只有相会时才有。"

"我能否请问，她是谁？"

"我想，几个世代之前，我就遇到她了，那时我放牧着她父亲的羊群。她来到了这个山谷，随后是她的两个姐姐来到了这里。但是当我的牧笛对她吹出我的欲念时，我失去了她。她昏迷过去了，她的两个姐姐也不省人事。我无法使她们苏醒过来。我毁坏了我的笛子，我彷徨徘徊，寻觅着已在我嘴边消失了的曲调，那时我的双唇渴望同她接吻。我的这个欲念毁掉了我的目的。我的目的是要超越时间和空间的界限同她结合，而我的欲念是要在时间和空间的范围内占有她。"

"那么，关于少女谷的传说是事实，而不是虚构的？"

"昨天我又见到了她。昨天是多么近，又是多么遥远！我用琴弦向她表达我的热忱。以前我失败了，而这次我认为会获得成功。而当我几乎要取得那纯洁、圆满和异常美丽的胜利之果的时候，长期以来认为已被我制服的欲念又袭来了，于是我失去了曲调和胜利，欲念又控制了我，嗣后我再度奋起，努力制服欲念，最终我战胜了它。我的朋友，请你相信这一切，也不必为贝哈担心，她的生命安然无恙，倒是雷纳里德的生命面临着危险。现在我希望你别管我，在我的前面还有残酷的斗争，我除了炽烈的希望和这两只狐狸外，再也没有别的依靠。你再也别想回到山洞来了，今后你在这儿绝对找不到我。至于你从我这儿看到和听到的一切，请你注意，别向他人透露。因为时机未到，他们都不能理解。再见，我的朋友！再见，对生活的魔法不要失望。"

# 从监狱到监狱

"请相信我，瓦达特太太，你要我做的事，我是无能为力的。"

"难道你不喜欢雷纳里德？"

"我很喜欢他。"

"你不觉得加给他的所有罪名都是莫须有的？"

"只有当我也是小偷、魔法师或者杀人犯时，雷纳里德才会是小偷、魔法师和杀人犯。"

"你不觉得这个世界非常需要他的稀世天才、绝伦艺术，以及臻于完美的崇高品德？"

"我明白所有这一切，甚至比这些更多，瓦达特太太。但是我无法设想如何能帮助囚犯越狱，然后又在当局和人们的眼皮底下，把他隐藏在我家中。不，不，瓦达特太太，请原谅，这是我力所不能及的。"

"可是你不需要做更多的事，只要驾着车把雷纳里德带到你家里就行了，其余的事情自有别人来干。成功是有把握的。至于我选中了你的房子，那是因为在任何情况下，它都不会受到怀疑。雷纳里德在你那里最多住两、三天，一有机会，我们就帮助他逃过边界。看在真主的面上，请不要拒绝。倘若你去看过他，并了解他所遭到的非人折磨、侮辱和无法忍受的痛苦，你就绝对不会推托了。"

"瓦达特太太，所有这些都使我痛心疾首，然而不可能的事情总归是不可能的。"

瓦达特太太长长地叹了一口气，勉强沉默下来，时而搓搓手，时而擦擦眼睛，然后她咬着下嘴唇，用手帕抹着她宽阔的额头，将披散在上面的发鬈撩开。她的两腮绯红，就像在发高烧似的。她在傍晚来到我这儿，告诉我两天以前，警探已逮捕了雷纳里德，把他投入了监狱，并施以种种刑罚。他们逮捕他的时候，乘大家不注意的当儿在他口袋里塞进了大笔的钱和伪造的通行证，作为指控他偷盗和伪造证件的证据。领着他们去抓人的，只能是我的朋友常胜将军——我们这一带的看守人。他因此获得了贝哈父亲的大笔奖赏，贝哈的父亲痛恨雷纳里德，简直要想喝他的血。

当她取出手帕，拿它去拭额头时，我看到有一张折叠的小纸条从里面掉出来。她漫不经心地把它拾起来，塞进怀里。在说话的当儿，纸条一再地掉在地上，瓦达特太太每次都拾起来，顺手塞进怀里。直到有一次纸条又掉到地上了，我发现这是一个用来打破这难堪的沉默的好机会，并且可以缓和我谈话对手的不安情绪，哪怕只是一会儿。我捡起纸条递给她说：

"瓦达特太太，这张纸条大概是有用的。"

她哆嗦了一下，就像是茫然失措的人骤然清醒过来似的，用一种满含着歉意和惭愧的语调说：

"该死！我简直像白痴一样地傻。我几乎忘了到你这儿来的目的。这是雷纳里德托我带来的信，他再三叮咛，要我亲手交给你。"

我拿过纸条，它是粘封着的，我把它拆开，只见上面写道：

"希望你明天能带着小提琴到我这里来，雷纳里德。"

瓦达特太太左手按着胸脯，摇摇头，睁着一双大眼睛，犹豫了一阵后，说：

"我可以知道信里写的是什么吗？毫无疑问，他叫你提防着我。我猜得对不对？"

"绝对没有这回事。"

"那么，他要你提防我，别相信我的帮助，因为救他出狱的计划是我想出来的。对不对？"

"不，这一次你也没有猜对。他对你的计划是怎样看的？"

"我还没有把计划说给他听，因为我相信他会拒绝的。"

"那么，你是要在他不知道的情况下救他，并帮助他逃出监狱，尽管他本人不赞成。"

"是的，是的，尽管他不赞成。他决不肯自己一个人悄悄逃走，因为他不了解他的生命对自己和对人们的价值。而我们则了解这一点。我们应该去办很难办到的事，把他的生命从死亡中拯救出来。他不该死，不应该死。"

"瓦达特太太，让我们在不超出法律的范围内，尽一切努力。"

"不行，法律欺凌无辜者，袒护有罪的人。在这件事里，最大的罪犯就是我的哥哥萨里姆，是他坚持要毁灭无辜的人的生命，要喝无辜者的鲜血。"

我的对话者怒不可遏，从她嘴里说出来的话犹如颗颗子弹，她的嘴唇颤抖，口角挂着白沫，她的眼睛冒火，双手不停地挥舞，她的脸庞在发烧，好像她的心里燃烧起炽烈的火焰。她毫不留情地谴责她的哥哥、法律，直到政界的大大小小人士，我担心她这场大火熄灭时，随之而来的将是歇斯底里。然而唾沫还挂在她嘴边，子弹仍旧从她口中连珠般射出，她霍地站了起来，神经质地迈开脚步，嗒嗒地快速走向门口，也不同我告别，就径自开门出去了。我听见她边走边说："让那种装聋作哑、麻木不仁的人见鬼去吧。他们是不公道的人。"

这是我最后一次见到瓦达特太太。

次日清晨，我带着提琴前往城里。在去监狱之前，我首先想到应当去见见某些实力人物，他们掌握着对雷纳里德的生杀大权，兴许我的劝说能使他们确信他是无辜的，使他获释。但是我的努力就像要死灰复燃一样，全归于失败，没有一个人相信雷纳里德不是魔法师、窃贼、伪造证件者。不能把雷纳里德同其他人等量齐观，他是一个奇妙的产物，他的感觉敏锐到了不可思议的程度，他比骗子有力，比偷盗者富有，比那种玩世不恭的人神圣得多。可是我从各方面得到的回答，却几乎异口同声地这样说：

"我们尊重你的意见，也尊重你的人道的感情。但是你对犯罪的情况了解太少，使得像雷纳里德这样的惯犯，很容易地玩弄你的感情，他向你表露的完全是假象。我们凭着多年丰富的经验，认定这个人是最厉害的罪犯，对于社会秩序，再也没有比他更危险的人了。我们掌握了无法辩驳的证据，证明他是个窃贼、伪造证件者，他比我们通常听说的魔法师还厉害。我们已经在他的口袋里搜出偷来的钱和伪造的证件，山林看守人证明他曾看到过雷纳里德，有两只狐狸随着他的笛声跳舞。瞧！你这样热情地为他说情，而我们这样回答你，真使我们感到万分遗憾。但是正义是无情的。"

我在到处碰壁之后，不得不承认自己的失败。但是我在失败之余，尚有一点满意，那是我得到了一纸手令，允许我到雷纳里德那儿去，允许我在没有看守在场的情况下与他谈话，还允许我在经过仔细检查、并保证无论如何都不让他在狱中拉琴之后，把小提琴带进去。

我走进雷纳里德的牢房。那里窄小而黑暗，四壁空空，唯有破烂的草席铺在水泥地上。我看见雷纳里德盘腿坐在席上，两手按着膝盖，眼睛望着鼻尖，不动声色。他见到了我，也一动不动，只是没精打采地瞧着我，勉强露出笑容说：

"你来了？"

我也强作笑容，回答他：

"雷纳里德，从少女谷的山洞到这个牢房，这两者之间真有天壤之别！"

"从监狱到监狱。"

"但是在山洞里，却没有鞭子来抽打你瘦弱的躯体，就像他们在这儿抽打你那样。这是了解你的人告诉我的。"

"山洞里也有鞭子，不过它不是皮和绳索做成的。那种鞭子更严厉地惩罚着我，只是它的伤痕不显露在我的皮肉上。"

"雷纳里德，他们经常折磨你吗？"

"只要我的手指还完整无缺，我就感到满足了。"

"雷纳里德，他们虐待你，残酷地虐待你。我相信你是清白无辜的。但是我的舌头太笨拙，无法打开他们紧锁的心；我的双臂太软弱，无法制止他们凶狠的手。"

"他们虐待我是公道的，但不是出于他们的意愿。我的朋友，这是你和他们都不明白的。人间的痛苦来自安拉公正的惩罚。"

"难道像你这样的人挨鞭打和受侮辱是公道的吗？"

"如果在我一生中毫不存在挨鞭打和受侮辱的原由，那么，我也就不会挨打受辱，你也就不会看到我关在牢房里，我也就不会有这种我毕生渴望的，但是至今从未体验过的感情。"

"你能不能向我吐露这种感情？或许我能够理解你那些我原来不知道的事。"

"我的罪名，就像秋风中的黄叶一样四处飞扬。可是今天，我却只觉得自己像微风那样轻盈，像白雪那般纯洁。我的朋友，我已经打消了心底里最后一个欲念。我生平第一次赤裸裸地站在真理面前，没有任何东西遮掩。我们对真理坦率到什么程度，真理对我们也坦率到什么程度。今天我是生存与死亡的朋友，也是所有人们的朋友。假如你要怜悯的话，别怜悯我，应当去怜悯那些在生死线上挣扎的人们，怜悯那些用伪善来遮掩真理的人们。他们的末日还未来临。让他们用面纱蒙住自己的眼睛，用塞子塞住自己的耳朵吧。总有一天，面纱要被撕去，塞子要被拔掉，每一个渴望相会的人必定如愿以偿。"

"我们为你想好了一个解救的办法，你乐意吗？"

"解救就在眼前。那是肯定的。"

"你的意思是判决就在眼前，今后无论结果怎么样，你都满意。可是我指的并不是这个。"

"你指的是什么？"

"我指的是逃跑。倘若有人向你担保成功，你逃吗？"

雷纳里德嘲讽地笑了，他慢慢地摇着头说：

"逃跑？我已经摆脱了我毕生所要逃避的东西，从今以后，我干吗还要逃跑？"

"他们也许会判你永久监禁和苦役，也许会判你死刑，谁知道呢？只要有办法逃脱，把你救出来，不是更好吗？"

"那些有逃跑念头的人真该死，因为他们是从一个监狱逃到另一个监狱。从监狱逃跑的人真该死，因为他们是从救星那儿逃跑，而自己却不知道。把小提琴给我吧。"

我本想告诉雷纳里德我和瓦达特太太要帮助他越狱的事，但是我听了他的这些话后，改变了主意。

雷纳里德伸手向我要小提琴，我给了他，并告诉他拉琴是不允许的。但是当提琴到他手里后，他似乎完全忘记我和周围一切的存在了。他并不注意听我说话，而是用双手不断地抚摸着琴盒，就像母亲在逗弄她的孩子，情人在逗弄她的所爱者。然后他打开琴盒，小心翼翼地取出琴，长时间地端详着它。接着他的嘴巴靠近它，吻了三下，又把四根琴弦依次轻轻地、温柔地弹拨了一下。他闭上双眼，脸上浮现出平静、安详的光辉和柔和的幻影。最后他把提琴放回盒子里，关好后又交给我说：

"你拿着吧。晚上带着它到贝哈那儿来见我。"

"到贝哈那儿？你忘了你是一个囚犯？"

"必须这样。你应当为此作出安排。"

"但是当她的父亲见到你时，他一定控制不住自己的神经。他现在最大的愿望莫过于要喝你的鲜血了。"

"但愿他那样做。也许他还能从痛苦中醒悟过来。不过，他在场会坏我的事。不应该让他看到我，而在我见到贝哈之前，我也不应该看到他。在我同贝哈见面时应该只有你和我在一起。"

"你去见贝哈的目的是什么？是不是想去触动她父亲的伤口，并让她死去？"

"如果我见不到贝哈，那么我就白白地毁掉了自己的生命，我所承受的痛苦就毫无目的和意义。我的朋友，我必须见到她，我必须见到她。你会碰到好运气，把这件事办好的。现在你心平气和地去吧，晚上到我这里来，我们一道去贝哈那儿。千万别忘了我以前说过的关于提琴的嘱托。"

"我不是忠实地按照你的嘱托做了吗？我完好无损地保存了你的提琴，并对任何人保守秘密。此外你还要我怎样做呢？"

"我还曾嘱托过你烧掉小提琴，把它的灰埋在一棵孤独的老松树下。你忘了吗？"

"那是要等你两年之后还不回来才这样做。"

"我已在两个月内生活了两年。"

我不明白他这是什么意思，但我假装已经懂得的样子。我匆匆同他告别，我觉得头脑有点儿发晕。这也许是由于牢房里的空气太浑浊，或是由于雷纳里德的境遇使我心绪烦闷，还可能是由于我要清楚而有条理地回答他那复杂而混乱的话语时，费尽心机的缘故。

要从当局那里获准让雷纳里德暂出监狱两个小时，对我来说也是不容易的。我以我的信誉、诚实和雄辩，向他们担保他会回来。然而最困难的还是说服我的朋友萨里姆允许雷纳里德进入他的家门，特别是到贝哈的房间里去。

"他是不是想来杀她，然后给她送葬？她的生命已日薄西山，他来看她居心何在？我怎能容许像他这种坏蛋，把他罪恶的眼光落在贝哈纯洁无瑕的脸上？不，不行，我的朋友。你的高见我很尊重，但是我不能因此而不顾自己的荣誉、尊严，用自己的脚来践踏自己的名誉。再说当我知道他已在我的掌握之中，我怎能控制住自己的神经，不把他宰了，又不喝他的血呢？不，不行，请你原谅，我的朋友。我是经不住这种考验的，你不要来考验我，不要来考验我。"

但是，经过长时间的劝说后，我在一定程度上平息了他的暴怒，使他的思想和神经安定下来。他答应，不伤害雷纳里德，只要我和雷纳里德在房间里，他就避开我们，除非我亲自请他来。

我急不可耐地盼望着夜幕赶快降临，也许届时我能够明白雷纳里德探望贝哈的原因。

# 相　会

∙∙∙∙∙∙∙∙∙∙∙∙∙∙∙∙∙∙∙∙∙∙∙∙∙∙∙∙∙∙∙∙∙∙∙∙∙∙∙∙∙∙∙∙∙∙∙∙∙∙∙∙∙∙∙

贝哈的变化太大了。凡是在她订婚之夜见过她的人，现在几乎都认不出她了。她的两个大眼窝犹如两座坟墓，躺在里面的两颗梦幻般的大眼珠裹在两片番红花瓣那样柔软的眼皮里。在颧骨的上面，两道向上卷的黑色的长睫毛，互相粘贴着。枯槁、深陷的两腮，就像是用掺油过少的石膏塑成的。两片薄薄的嘴唇神秘而可怕地紧闭着，纹丝不动。嘴唇苍白，缺少血色。两个细小的鼻孔朝着天花板，吸气很慢，呼气更缓。她的双手放在绸被上，它们软弱无力，毫无生气。十指细细，瘦骨嶙峋，手节骨历历可见。指甲久不修剪，没有色泽，也没有光彩。

这只是一具直挺挺的人的骨骼，但它不死也不活，而是介于两者之间，谁也不清楚哪一方占上风。它的两眼里有光吗？哪儿来的光呢？它的头脑里有幻想和梦境吗？是怎样的幻想和梦境呢？它的心里有希望和欲望吗？这些希望和欲望能起什么作用呢？对毫无能力享受人间乐趣的人来说，生与死又有什么区别？没有思想、感觉和活动的身躯有什么用处呢？而不能实现的思想、无法表达的感情、被静止吞噬的活动又有什么用处呢？在时间的长河里，不是有意想不到的情况发生吗？它并不是我们所了解的生，也不是我们所熟悉的死，而是一种无法表达、不需要活动的存在。

我们走进了灯光昏暗的贝哈的房间，我想观察一下雷纳里德的脸，也许我能在他脸上看到强烈反应的表情，那是我期待着在这个相会时刻发生的。但是雷纳里德使我失望了，他的脸犹如狮身人面像的面孔。

雷纳里德走过去站在贝哈的床头，目光停留在贝哈的脸上，他眼神呆滞，眼睛一眨也不眨，面部肌肉不紧张也不松弛。就这样持续了一会儿，我觉得时间似乎已过了很久。之后，他轻声对我说：

"请帮我一下。"

他的要求使我吃惊，我说：

"我帮你什么？"

他毫不理会我的惊奇，只是低声说：

"帮我净化一下这个房间的空气。"

我再次以吃惊的语调说：

"房间里的空气是清爽的。那边有开着的窗子，你是不是要我把其他窗户都打开？"

"我是要你把开着的窗子关上，帮我去除空气中包含的不祥思想、破碎的希望、泪珠、叹息、怨恨、愤怒和假仁假义等，你难道没有感受到沉闷的气氛吗？"

他说毕就双膝跪地，两眼紧闭，两臂交叉在胸前，不说也不动。而我继续站着，时而看看他，时而看看贝哈。我的思想企图深入他或她的心，去弄清他们之间的关系，以及我同他俩之间的关系，但是白费力气。我与他俩有什么关系？他俩与我又有什么关系？雷纳里德与贝哈有什么关系？贝哈与雷纳里德又有什么关系？为什么在他俩的关系中有这些奇妙的事情？难道事实真如雷纳里德所暗示的那样，他们很早就相识，还在她是伟大埃米尔的公主、而他是她父亲的牧羊人的时候就互相认识了？如果真是这样的话，那么，每当我在泪泉畅饮的时候，我就已经喝过了她的眼泪，我与她之间就有了关系，正如我与雷纳里德之间也存在着关系一样。怪不得命运要选中我来充当他俩之间的桥梁。假如这些都是确实的，那么人们计算从摇篮到坟墓的寿命是多么愚蠢！他们的生命是与时间并存的。

然而理性却接受不了这些。在它看来，出生是开始，死亡是结束。所有人与人之间的关系，都不可能发生在他们出生之前，也不可能发生在他们死亡之后。难道出生之前还有出生，死亡之后还有死亡？难道生命就像时间那样连续不断？这些都是难以接受和无法理喻的。

我忆起了雷纳里德有一次和我谈起自然界的时候，说："但愿自然界的范围只限于人们的实践和理解的范围，那么，人们也就毋须使它驯服和归顺于人类。"难道他是正确的，而人们则在迷途之中？

突然，雷纳里德从地上站起来，摇了摇头，用双手把搭拉在前额上的长长的头发向后掠了掠。他向我示意，要我把夹在腋下的提琴递给他。他迅速地把它从琴盒里取出来，把盒子搁在一边，然后开始非常轻柔、非常文雅地调弦，调好弦后就演奏起来。

最初，我感到提琴声好像是刚断奶的幼儿在牙牙学语，咬着舌头讲话，结结巴巴，口齿不灵。但那琴声并不因此而犹豫退缩，也不在意这种挫折，而是像小孩那样微笑，为体验到了说话和表达的乐趣而自豪，尽管那只是孩子的说话和孩子的表达法。有时，提琴声像是一只出齐了羽毛、长硬了翅膀的小鸟，开始离巢飞去，纵身投入宽广无垠的天空，它第一次感受到力量，感受到在空中自由飞翔的魅力。幼小的心灵起先害怕尝试和担心失败，后来却体验到胜利的喜悦，渴望取得更大的成功。

我不能够追随着小提琴四处周游，也不能全部懂得它的音乐的语言，我有不少听漏的地方；但是，我感到它在我身体里发生了共鸣。似乎有一条神秘的线，把我的每一滴血都同雷纳里德的手指和他的琴弦联系在一起。我还感到在我周围的空气里有类似的共鸣，我觉得自己整个身体就像一部调好弦的乐器。有时我觉得自己的目光锐利，有时觉得自己的听觉灵敏，有时又觉得自己的五官同时融化在浑然一体的感觉里。

当雷纳里德专心致志地运弓、拨弦、拥抱和亲吻提琴的时候，生活就如朝晖与晚霞般地展现出来，它的景象通过那空心的乐器，一幅幅地向我涌来，从恬适的微睡到不祥的觉醒，从手舞足蹈的欢乐到消失了的热情，从心旷神怡的宁静到啮人心灵的不安，信赖和怀疑，疲倦和振作，胜利和失败，飓风和暴雨，雷击和地震，夹杂着梦幻般的静谧，愉快的沉思，充满信心的希望和令人宽慰的镇定。全都包容在永不熄灭之火般的渴望里。我甚至奇怪小提琴怎么没有在雷纳里德的手里燃烧起来？我还奇怪雷纳里德这些年来是如何生活的，那种渴望怎么没有吞蚀掉他的血肉和骨骼？

我开始担心雷纳里德的小提琴使我落入与贝哈同样的遭遇。我不止一次地企图摆脱提琴的颤抖声对我的魅力，但是无济于事。可我却无意中发觉雷纳里德的脸部突然有了变化。那笼罩在他脸上的乌云改变了他的容颜。他的眼中闪烁着奇异的光，他半张开的嘴唇边隐现出迷人的微笑，它们似乎在那里吸饮着清纯、舒心、欢快的雨滴。他的额头微微湿润，就像太阳光下的毛毛雨，闪闪发光。

我的目光移到了贝哈的脸上，突然发现她的脸上也像雷纳里德一样蒙上了一层阴云。她的嘴唇突然张开，同样隐现出迷人的微笑。她的额头也和雷纳里德一样湿润。她的两道淡眉向上扬了一下，然后又落下来。她的眼皮开始轻轻颤动。我还看到她的被子在胸前上下起伏。

是我的眼睛欺骗了我，还是我看到的确是事实而不是梦境？莫非雷纳里德的琴声麻醉了我的感官，使我不知道自己究竟是睡着了还是醒着？

我用手狠狠地搓了搓眼睛，拧了三下腮帮子，我感到了疼痛。看来我并没有在做梦。那么，贝哈的关节已恢复了活动。是的，是的，她长长的往上卷的睫毛在动，她的眼睛睁开了一会儿，接着又闭上。她的右手指捏拢了一会儿又伸开来。盖在她胸前的被子，上下起伏得更明显了。而且我还听见从她胸中发出的缓慢而微弱的呼吸声，我看到了鲜艳的红色回到了她的双颊，这些都无可怀疑，贝哈能听、能感觉、能活动了。对，这是千真万确的。

提琴的演奏进入了高潮，我似乎听到了少女谷的微风吹拂声，我似乎看到了泪泉中蔚蓝色的清水，我似乎在那里饮水，于是一股甜蜜的感觉流进我的血管。然后我攀上岩洞，在洞里，沙霍莱伯和迈霍莱伯随着雷纳里德的笛声跳舞，接着它们睡着了，后来又醒了过来。提琴似乎已变成笛子，我们所在的房间也似乎变成少女谷的山洞。我面前的景象是否将跟山谷里的景象一样消失？贝哈是否将跟沙霍莱伯和迈霍莱伯一样地醒来？哦，她是醒了，她确实醒了！那不是她在床上辗转反侧吗？她不是把身子翻向右边，又从右边翻向左边，然后两手揭开被子，好像要坐起来吗？对，对！应该让她父亲也看到我所看到的情景。

我毋须征得雷纳里德的同意，他这时除了提琴和贝哈以外，对于我和大地上的一切都已茫然无知。我像一阵风那样轻快地走出房间，去找我的朋友萨里姆。我发现他缩在宽敞的客厅的角落里，两手抱头，泪珠挂满他的脸庞。他不明白我向他报喜的任何语句和任何表示，我觉得无论怎样说和怎样做，都不如拉着他的手好。我想拉他跟我走，但是他不肯顺从，反而生气地把手挣脱，并问：

"到哪儿去？"

我说，"到贝哈房间里去。"

他咬牙切齿地回答："我的朋友，我已跟你说过，你不要来考验我，我已没有勇气接受考验。你去做你的事吧，你走吧。我一定要宰了他！"

"可是他把贝哈还给了你。"

"把贝哈还给了我？"

"对，对，贝哈已经醒啦！"

可怜的人不相信我的话，但是他已停止对我的反抗，跟着我走了。我们一跨进房门，就看见贝哈坐在床上，她的手按在胸前，两只大眼睛凝视着雷纳里德；他不停地在演奏、演奏。

我觉得我的朋友魁梧的身体在颤动，他在发抖，就像在发疟疾。我看到他惊奇地瞪着双眼，目光闪电般地从贝哈转向雷纳里德，从雷纳里德又转向贝哈。他的嘴唇微微颤动，想要说话，可说不出来。我又觉得他好像要扑向他女儿，于是我使劲抓住他的手，示意他安静别动，等雷纳里德奏完。

提琴声颤抖着，好像一个醉汉在蹒跚地走着。这是尘世间无法得到的佳酿。它那明快的旋律已到了纯净的极限，它散发着炽热而柔和的光芒，并且不断地向上升，了无止境。最后，它在充满旋律、神秘和魅力的寂静中消失了。

提琴刚静下来，贝哈就朝雷纳里德伸出双臂，用一种无法形容的充满着渴望、爱怜和胜利的声音叫着：

"雷——纳——里——德！"

雷纳里德以同样充满渴望、爱怜和胜利的声音回答他：

"贝哈，我在这里！"

瞬间，小提琴从他手里掉了下来，接着他也慢慢倒在地上，蜷曲成一团，就好像是一堆衣服。不一会，我们又看到贝哈也蜷缩起来，倒在床上。

这里，父亲走上前去，他已不再颤抖。他走近床边，叫着贝哈的名字，她没有回答。他又摸摸贝哈的脉搏，它已经停止了跳动，生命逝去了。再摸雷纳里德的手，也同样没有了生命。但是令我吃惊和震动的是，我看到他把贝哈的手放在雷纳里德手上，然后把两个手掌翻转着吻它们。我听他低声叫道："贝哈，我的孩子。雷纳里德，我的孩子。"然后他转向我说——在他的声音里我听不出有丝毫痛苦的成分——"他们相会了。"

在一个葱绿的山丘上，在一棵单独挺立的古松荫下，竖着一块罕见的豪华大理石碑，碑上镌刻着醒目的大字"相会"；下面是小字"雷纳里德——贝哈。"

在松树根下的土中，埋有一个雪花石雕成的盒子，里面盛着小提琴的灰，这琴只有在雷纳里德手里，才具有无比的魔力。

（选自《黎巴嫩》，上海译文出版社，1981）

# 《假面的告白》（节选）

[日本] 三岛由纪夫　著
王向远　译

　　三岛由纪夫（1925—1970）是日本战后文学的大师之一，在日本文坛享有极高声誉，生前曾两次被提名为诺贝尔文学奖的候选人。本名平冈公威，官僚家庭出身。6 岁起在皇族学校学习院受教育长达 13 年之久。在校期间，思想上受日本浪漫派的影响，同时开始用"三岛由纪夫"的笔名发表习作。1946年经作家川端康成的推荐，发表短篇小说《烟草》，从此正式进入文坛，后成为专业作家。1949 年发表《假面的告白》，奠定了其在日本文坛的作家地位。1970 年 11 月，三岛由纪夫煽动军队组织武装政变失败，切腹自杀。他是一个在政治思想上谬误多端，在艺术上的成就又不容抹煞的复杂人物。

　　三岛由纪夫代表作有《假面的告白》（1949）、《潮骚》（1954）、《志贺寺上人之恋》（1954）、《金阁寺》（1956）等，大多描写青年男女的性苦闷和浪漫的爱情故事，以不少笔墨刻画变态心理和风流韵事，唯美主义色彩较浓。

　　《假面的告白》是三岛的一篇自传性作品，深刻而坦率地告白了主人公病态的人格。作品的特色在于内外交错、不拘事实，完全凭主人公的梦想意识轨迹构成。战后混乱时期，由于时代、社会和个人的原因造成精神上的空虚和失落，尤其是失去了文化概念上的天皇制这一精神支柱，三岛面临崩溃，丧失了人的尊严，异常的欲望受到压制。这篇作品充分体现了作者企图摆脱道德、价值、伦理的束缚，以求疏远社会、游离现实的精神状态和文学观念。

　　三岛认为一切艺术都是假面的告白，《假面的告白》将这种观念文字化。它不同于自然主义的私小说那样混淆艺术与私生活的关系，它虽然写的是真实，却又巧妙地组合成精微的虚构，通过自白的形式，剥去自己的假面，追寻真正的自我。选文是小说的第一章，作者写了自己五岁时碰上的掏粪工、检票员、士兵以及后来在殉教图上看到的塞巴斯蒂安等形象和由他们的力、血、美所唤起的种种意象，自然地迸发出一种原始生命力的渴求，憧憬青春、美和男性肉体的活力，产生了一种快感和性欲。然而，这一切作者都是通过假面来思考的，以便更准确更客观地描绘出一副人性的真面目。这种自白的方法十分新颖，结合了多种文学思潮特点，使三岛由纪夫成为日本文学独具特色的一面旗帜。

# 第一章

我一直坚持说我曾看见过自己出生时的情景。每当我这么说的时候，大人们便发笑，他们总认为自己被我嘲弄了，便以讨厌的目光看着我这脸色苍白、不像孩子的孩子。偶尔，我在不大熟悉的客人面前说这话时，祖母生怕别人认为我是傻子，便正颜厉色地喝止道："到别处玩去！"

嘲笑我的大人们，一般是想拿什么科学道理来说服我。说什么那时婴儿还没睁眼呢，即使睁开了眼，也不能清楚地思维，不会留存于记忆。他们千方百计想让我明白，唠唠叨叨，喋喋不休。这种热心真有些戏剧性。这是他们惯用的伎俩。"喂，你说不是吗？"当他们摇着我的小肩膀时，似乎才发现我是那样不可理喻，发觉自己险些儿上了我的当。不要以为对孩子就可以大意，这小家伙一定是在设圈套，想问出"那种事"来。否则，他为什么不更天真、更孩子气地问"我从哪儿生下来的？我怎么生下来的？"最后，他们便沉默不语，带着一种十分伤心的淡淡的苦笑，冷冷地瞧着我。

然而，大人们是过虑了。我根本无意打听"那种事"，即便想打听，我也怕伤了大人的心，我怎么可能对他们设什么圈套，使什么手腕呢？

不论别人对我怎么解释，不管他们怎样嘲笑我，我仍坚信我曾有过的体验——看到过自己出生时的情景。也许是当时在场的人告诉了我，我便记住了，也许是自己随意的空想，这我不知道。但只有一个地方我是亲眼所见，至今仍历历在目。那地方便是初生婴儿洗澡用的盆子的边缘。那是个木纹清晰的新盆子，从内侧看去，边缘上投来朦胧的光线。只有那里的木纹显得耀眼夺目，看来像黄金铸造的一般。荡漾着的水舌眼看就要舐上边缘。但是盆子边缘的水，也许是由于反射，或是因为光线照射到那儿，只见微细的波纹发出柔和的光亮，不断地相拥相撞着。

对于我这个记忆，别人可以提出的最有力反驳是：我出生的时间不是白天，而是晚上九点，当然不会有什么射进来的光线。那么，是不是灯光呢？尽管被人嘲笑，我仍然固执地、违拗常理地想：即使是晚上，那盆子的某个地方就不会受到日光的照射吗？而且那个盆子边上晃动着的亮闪闪的水波，作为我出生时的见证，不止一次地在我的记忆中晃动。

东京大地震后的第三年，我出生了。

在我出生的十年前，祖父在任殖民地的长官时，因一起疑案，替部下受过而引咎辞职。（我不想在这里歌功颂德，我可以说，像祖父那样对别人的近乎愚蠢的信赖，其完璧无瑕的程度，在我半生中从未见过堪与相比者。）因此家境就像哼哼鼻歌似的，在轻松快活中迅速衰落。庞大的借债、抵押、家产的拍卖，随后生活日趋窘迫。同时，一种病态的虚荣却在潜滋暗长，变本加厉。于是，我出生的地方，只能是一个风气不太好的街角上的一座古老的赁宅。森严的铁门和前院，一个郊外礼拜堂那么大的宽敞的洋式客厅。从高坡上往下看是座二层建筑，从坡下往上看则是个三层建筑，给人一种烟熏火燎的灰暗的感觉，形状错综复杂，一副盛气凌人的气派。有许多阴暗的房间，还有六个女佣人。祖父、祖母、父母亲，总计十几人起居于这座破旧衣橱似的吱吱作响的建筑里。

祖父的事业欲、祖母的病和她的浪费癖，是全家的烦恼之源。被一帮不务正业的投机分子带来的一张设计图所诱惑，祖父做着黄金梦，经常远走他乡。出身旧家庭的祖母，总是憎恨、蔑视着祖父，她有一颗狷介不屈的，或者说是近乎狂妄的诗的灵魂。脑神经痛的痼疾，缓慢而又切实地侵蚀着她的神经。同时，她的理智中又增加了无益的明晰。她那赓续至死的躁狂症的发作，是祖父壮年时代的罪恶的纪念品。这一点谁不知道？

父亲就在这个家里迎娶了一位纤弱而又漂亮的新娘，那就是我的母亲。

大正十四年①一月十四日早晨，阵痛袭击着我的母亲。晚上九时生下了一个两公斤半的小婴儿。第七天的晚上，我被裹上法兰绒的贴身衬衫、乳白色的绸衬衣，穿上特制的碎白点花纹的和服。祖父当着全家人的面，把我的名字写在日本式的白纸上，然后盛在白木盘里，搁在壁龛上。

我的头发在好长时间里一直是黄色的，每天擦橄榄油才慢慢变黑。父母住在二楼上。祖母以二楼育婴有危险为由，在我出生后的第四十九天，从父母手里把我夺走。在终日门窗紧闭的、充满疾病与衰老气息的祖母的房间里，我的床挨着她的病床。我就这样被抚养着。

出生后不到一年。我从楼梯的第三个台阶上摔下来，伤了额头。那时祖母去看戏了，父亲的堂兄妹与母亲趁机在一起聊天说笑。突然母亲要去二楼取东西。我追着母亲，不料绊着了她的和服下摆，摔了下来。

祖母被人从歌舞伎剧院叫了回来。她反倒站在大门口不肯进来，右手挂着拐杖支撑着身体，一动不动地盯着在门口迎她的父亲，用异常冷静的口气，一字一句地问道：

"已经死了吗？"

---

① 大正十四年，即公元 1925 年。——译者注

"没有。"

祖母以巫女一样充满自信的脚步，走进家里。

五岁那年元旦的早晨，我吐出了咖啡状的东西。主治医生来了，说了句"不敢保证"。准备注射樟脑液和葡萄糖，可手腕和胳膊上的血脉却摸不着。两个小时过去了，人们发现我已变成了死尸。

一家人围上来，给我穿上白寿衣，把我喜爱的玩具都找齐摆上。过了一小时后，我撒出了尿。母亲的博士哥哥说："有救啦！"证据是心脏开始了跳动。过了一会儿又尿了。慢慢地，生命之光重新又回到了我的脸上。

那种病——自体中毒——成了我一生的痼疾。这病一月一次，或轻或重地光顾我，使我不止一次险些送命。凭着向我走来的病魔的脚步声，我似乎可以分辨出那是近于死亡的病呢，还是远离死亡的病。

最初的记忆，以不可思议的明确的影像困扰着我的记忆，就是从那时开始的——

我记不得是谁牵着我的手，是母亲、护士、女佣人还是叔母。什么季节也模糊不清。午后的阳光灰蒙蒙地笼罩着环坡而居的人家。我的手不知被哪个女人牵着，爬上坡朝家走去。对面有个人顺坡而下，那女人紧紧拉着我的手，让开路，站到一边。

这情景反复出现在我的记忆中，不断被强化、被集中，每次都肯定无疑地带着一种全新的意味。为什么呢？就因为在周围那漠然的环境里，只有"从坡上走下来的人"的姿态带有一种不恰当的精密。毫无疑问，这最初的纪念性的情景使我的大半生处于烦恼和困惑中。

从坡上走下来的是一个年轻人。他担着一对粪桶，污脏的手巾缠在头上，有一张充满血色的面颊和一对亮闪闪的眼睛，踏着沉重的脚步走下坡来。他是清道夫——一个打扫粪尿的人。他穿着布鞋，套着蓝色的细筒裤。五岁的我以异常的眼神注视着他。虽然其中的意味难以确定，但某种力量的最初的启示、某种暗暗的不可思议的声音在呼唤着我。在那清道夫的姿态中显现出的东西是寓言性的。因为粪尿是大地的一种象征。向我呼唤的无疑是黄泉国那位女神①的带有恶意的爱。

我预感到在这个世界上有一种热辣辣的欲望。我一边仰头看着那位脏乎乎

---

① 指日本古代神话中的伊邪那美命。她死后进入"黄泉国。"详见《古事记》。——译者注

的年轻人，一边被一种欲求所纠缠——"我要成为他"，"我希望他就是我"。这种欲求里显然包含着两个重点：一个重点是他的紧身细筒裤；另一个是他的职业。细筒裤使他的下半身形成了一个清晰的轮廓，柔美地摆动着朝我走来。我对他的紧腿裤产生了一种无法形容的倾慕。我不知道这是为什么。

他的职业——这时候，就像那些一懂事就想当陆军大将的孩子一样，"想当一个清道夫"这样一个憧憬驱动着我。我说过，憧憬的原因似乎在于那紧身裤上，其实决不只是如此。这种憧憬本身在我身上得到发展、强化，并显示出了它的特异性来。

我感到，我对他的职业有一种敏锐的、焦灼般的悲哀的憧憬。从感觉的意义上极而言之，我从他的职业中感受到了一种"悲剧性的东西"，我对他的职业产生了一种"跃跃欲试"或以身相投的冲动，一种对于危险的亲近感，一种虚无与活力混在一起的头晕目眩。这些感觉压抑着我，俘获了我。也许我误解了清道夫这个职业，也许听别人说他从事另外一种职业，只因为他的装束而误解了他，硬把服装和职业混在一起。也许是这样的，否则便说不清楚了。

同样的感受和同样的主题，不久又转移到了彩车司机和地铁售票员身上。从他们身上，我再一次强烈地感受到了我所不熟悉的、而又自以为被永远排除了的"悲剧性的生活"。尤其是地铁的检票员。当时地铁的栅栏内飘来像薄荷气味一样的橡胶味，正和他们青色制服胸前并排着的金钮扣相配，很容易引起"悲剧性事物"的联想。不知为什么，生活在这种气味中的人们，在我看来都是"悲剧性的"。我的官能追求这种"悲剧性"，却又被拒绝，人们正进行的生活和事件均与我无关。这一切就构成了我的"悲剧性事物"的定义。我永远被他们排斥在外，总是在他们及他们的生活之外徘徊梦游。最后好不容易通过我自身的悲哀，与他们联系起来。

因此，我所感觉到的"悲剧性事物"，不过是我过早地预感到自己被排斥所带来的悲哀的投影罢了。


我还有一个最初的记忆。

六岁时我就能读书了。假如我读不懂那本画册，那一定是我五岁时的事情。

那是为数有限的几本画册中的一本，而且翻开的仅仅是其中的一页绘画，但它却引起了我固执的偏爱。我一旦看见它，便可以忘掉长长的难熬无聊的下午。而且一旦有人来，我便无意识地像做了亏心事似的慌忙翻过去，去看另外一页。保姆和佣人的看护使我不堪其烦，我希望从早到晚都观赏那幅画。

那是一张骑着白马、佩着长剑的贞德①的画像。那白马张着鼻孔，昂着头，用前腿踢起沙土。贞德身上穿着白银的胄甲，上面有一枚美丽的徽章，透过面罩就可窥视到他的漂亮的脸庞。抽刀出鞘，寒光闪闪，面对着死亡，或者别的什么具有邪恶之力的逃遁欲去的对象，威风凛凛地站着。我确信他在下一个瞬间内就会被杀死，便急忙往后翻去，心想或许能看到他被杀的画面，画册中的画面或许会以什么方式出其不意地推出"下一个瞬间"……

然而，那时候，保姆一边浑然不觉地翻开那张画，一边对在旁边偷偷看画的我说道：

"宝宝，你知道这张画的故事吗？"

"不知道。"

"这个人像男人吧？其实是女的呀！真的。她是女扮男装去参战，保卫自己的国家的！"

"女的？"

我觉得猛受一击。一直确信是"他"，现在却变成了"她"。为什么这位漂亮的骑士不是男的，却是女的呢？（直到现在，我对女扮男装还有一种根深蒂固的、难以言喻的厌恶。）那是我对于她的死所抱有的甜蜜幻想的残酷的复仇，如同我在人生中所遇到的最初的"来自现实的复仇"一样。后来，我在奥斯卡·瓦尔多的诗集中读到了如下赞美漂亮骑士之死亡的诗句：

　　横尸于苇获蔺草之间
　　骑士美哉！

从那以后，我就扔下那个画册，再也没有翻开过。

休斯曼在其小说《那边》里说，"极易由巧致的残虐转化为的微妙的罪恶"的吉尔·德·雷，由于路易七世的敕命，得以目睹那位担任护卫任务的贞德的种种难以置信的事迹，使他形成了一种神秘主义的冲动。而对于我来说，那位奥尔良少女也和我有缘。尽管这是一种反面的机缘（亦即招人厌恶的机缘。）

——还有一个记忆。

那便是汗臭味。汗臭令我冲动。唤起我的憧憬，甚至支配了我。屏息静听，觉得有一种沙沙作响的、混浊而又极其微弱的可怕的响声。有时交织着喇

---

① 法国历史上的传奇式的女英雄，约生活在15世纪。——译者注

叭声，这种单纯的、奇怪而哀怨的歌声越来越近。我拉着女佣人的手，急切地催促她走，让她快抱起我站到门口去。

那是训练归来的军队通过我家门前。我常常从喜欢逗孩子们的军人手里，要过几颗废弹壳。祖母说那东西危险，不许我要，所以在向军人讨要时还夹杂着一种秘密的喜悦。那沉重的军靴声，污脏的军服，扛在肩上的枪形成的枪林，足以令所有的孩子心荡神驰。然而，让我心荡神驰，并促使自己秘密地向他们讨要弹壳的，却只是他们的汗臭味。

士兵们的汗臭，那如风似潮的、如同黄金海岸的空气一样的气味，直冲我的鼻孔，使我陶醉。我最初的关于气味的记忆就是如此。那气味当然并不直接同性的快感相联系。但士兵们的命运，他们职业的悲剧性，他们的死，他们所见过的遥远的国度。对这一切的向往，逐渐地、然而又是强烈地唤醒了我官能上的欲望。

……我在人生中所初次遭遇的，就是这些畸形的幻影。那种幻影早就以一种精巧的完整性立在了我的面前，完整无缺。多年以后我从那里寻求自己的意识和行为的源泉，它们依然完整无缺。

我从幼年时代对人生所抱的信念，丝毫没有脱离奥古斯丁式的宿命论。徒然无益的迷惘不断地困扰着我。倘若把至今仍不断使我苦恼的这种迷惘看成是一种罪恶堕落的诱惑，那么我的宿命论就更加不可动摇了。在我尚不能从人生宴席的全部菜单上领略人生的不安时，这种宿命论就被摆到了我的面前。我只消戴上餐巾，往餐桌面前一坐就够了。就连现在我写这本奇怪的书，也是在那菜单上早已登记好的。当然我也早已看过它。

幼年时代是时间和空间纠纷的舞台。火山的爆发啦，叛军的起义啦，这些从大人那儿听来的各国的新闻，以及眼下祖母疾病的发作，家内琐屑的矛盾纠纷，还有一直沉溺其中的童话故事的幻想世界。这三个方面对我来说一直是等价的、同系列的东西。我并不认为这个世界比积木的构造更复杂，我也不认为我不久就必须踏入的"社会"就比童话的世界更为光怪陆离。一个限定开始于一种无意识领域。然后一切的幻想，都从根本上反抗这个限定。在这种反抗之中，奇怪地掺杂着与一种热烈的愿望本身相似的彻底的绝望。

夜里，我在床上，在环绕着我的床的黑暗的延长线上，我看见了一个灿然的不夜城。都市那奇怪的静寂，充满了光辉和神秘。到那儿去过的人，脸上肯定被按上一个秘密的印记。深夜回家的大人们，在他们的言语和举止中，仿佛总带有一些暗语，有点像国际共济会。而且他们的脸上，总带有令人炫目、不敢直视的疲劳。正如摸一下圣诞节的假面，手指上便沾有银粉一样，倘若用手摸摸他们的脸，便可知道深夜的都市把他们涂成了什么颜色。

不久，我发现，"夜"就在我的眼前揭开了帷幕。那便是松旭斋天胜的舞台。（难得她在新宿的剧场露面。数年后我在同一剧场看到的"坦丁"魔术表演的舞台，其规模比天胜的大数倍，但那个"坦丁"，还有万国博览会的马戏团，都不像最初的天胜那样令我惊愕。）

她那丰满的肢体，包裹在《圣经·启示录》中的大淫妇穿的那种衣服里面，悠然漫步在舞台上，像个负有特殊使命的逃亡的贵妇人似的，拿出一副高傲的派头。一种沉郁的爱娇。女骑士般的举止，廉价的绝望的炫耀，身上穿的冒牌的衣裳，女艺人特有的浓艳的化妆，涂到脚趾的白粉，戴满人工宝石的瑰丽的手镯等，显示出了一种忧郁的调和。毋宁说是一种不调和落在带有阴翳的细腻的肌肤上，反而显出独特的和谐来。

我隐隐约约地明白了。"想当天胜"和"想当彩车司机"，这两种愿望具有本质的不同。其最显著的差异是，前者可以说完全缺乏那种对"悲剧性事物"的渴望。对于"想当天胜"这种愿望，我并没有感受到那种憧憬和内疚相混淆的烦躁。尽管如此，有一天我还是极力地抑制着心跳，潜入母亲的房间，打开了衣橱。

母亲的衣物十分杂乱。我把她的华贵的衣物偷了出来。我把红蔷薇油画的和服腰带，像土耳其官员那样一圈圈地缠在身上，把丝绸的包巾缠在头上。站在镜子前一照，这即兴缠成的头巾的模样，恰如来自"宝岛"的海盗的装束，我狂喜得脸上发烫。但是我的工作还很多，我的一举一动，甚至我的指尖和脚指头，都必须装扮得神秘莫测。我把小手镜装在腰袋内，脸上抹了些白粉。另外还有棒状的银色的手电筒，古风的施以雕金的钢笔。凡是稀奇的显眼的东西，统统带在了身上。

我就以这种模样，一本正经地挺身走进祖母的房间。压抑不住疯狂的可笑和喜悦，在房间里边转圈边嚷嚷：

"天胜啊，我是天胜！"

房间里有卧在病床上的祖母和母亲，还有一位客人和看护祖母的女佣人。我的眼睛谁也不瞧。我的狂热，都集中在自己所扮演的天胜必然处在众目睽睽之下这一意识上。就是说，我只看到了我自己。可是我偶然地看见了母亲的脸。我觉得母亲脸色有点苍白，茫然地坐在那里，当与我的视线相触时，很快垂下了眼睛。

我明白了。她一定流出了眼泪。

这时我理解了什么，或者说我被迫理解了什么？难道"犯罪之前的悔恨"这一后来的主题，在这里已初露端倪了吗？或者我从这时就接受了一种教训：我在爱我的人的眼中，我的孤独是多么的丑陋？还是我暗中学会了我自身怎样拒绝爱？

女佣人捉住了我。我被带到了别的房间，就像被拔光了羽毛的鸡，一瞬间我被剥掉了胡闹的假装。

我的异装癖因开始看电影而亢进。并一直持续到了十岁前后。

那时，我和我的书童去看《弗拉·第阿波罗》的音乐影片。第阿波罗的扮演者穿的宫廷服装的袖口上翻出一道长长的花边，这使我经久难忘。我嚷嚷说：我也要穿那种衣服！也想戴那种假发！书童听着，轻蔑地笑了。但是据我所知，他却常常到女佣人的房间模仿八重垣姬的动作，逗得女佣们开怀大笑。

紧接着天胜，使我入迷的是克利奥巴特拉。那年年底的一个下雪天，我死乞白赖地央求一位和蔼的医生带我去看电影，因近年底，观众很少。医生把脚搁在椅背上睡着了。我独自以好奇的眼光看着。我看到了坐在由很多奴隶抬着的古怪的辇车上向罗马行进的埃及女王，看到了眼睑上全都涂了黛油的忧郁的眼神，看到了她穿的超自然的衣裳。后来又看到了出现在波斯地毯上的那个琥珀色的半裸的身体。

这次我瞒了祖母和父母，（以一种十足的犯罪的兴奋，）以弟弟妹妹为对手，为扮演克利奥巴特拉而废寝忘食。我究竟想从男扮女装中期望什么？后来，我从古罗马衰败时期的皇帝，那个罗马古神的破坏者，那个颓废的帝王野兽海利奥巴拉斯那里，发现了与我同样的期望。

这样，我就道出了两种前提。有必要再重复一次。第一个前提，是打扫粪便的清道夫、奥尔良的少女和士兵的汗臭；第二个前提是松旭斋的演员天胜和克利奥巴特拉。

我还有一个必须提到的前提。

我涉猎了孩子们所能读到的童话故事，我始终没有爱上童话中的女王。我只爱王子，更爱那些被杀害的和面临死亡命运的王子们。我爱上了所有被杀害的年轻人。

然而我还弄不明白：《蔷薇的妖精》中的那个漂亮的年轻人，正在吻着恋人送他作纪念的蔷薇时，被坏蛋用大刀刺死并斩首。为什么在安徒生的众多童话中，只有这篇童话中那漂亮的年轻人的形象深深地印在了我的心中？为什么在维尔特的众多童话中，只有《渔夫与人鱼》中被人打捞上来时还紧紧抱着人鱼的那位年轻渔夫的尸体深深地诱惑着我？

当然，我也十分喜欢那些适合儿童口味的读物，喜欢安徒生的《夜莺》，而且喜欢很多充满稚气的漫画。然而有一点我不能回避：我的心总是向着死亡、黑夜和血潮涌动。

"被杀的王子"执拗地追赶我。为什么把王子们的穿紧身衣的袒露的身姿，与他们残酷的死亡联系在一起加以幻想，会令我那样快活？谁能向我解释？这里有一本匈牙利的童话，其中有一张彩色的极为写实的插图，在很长的时间内征服了我的心。

插图中的王子，在黑色的紧身衣上穿了胸前绣着金丝的蔷薇包紧外套，披着翻出红里子的深蓝色斗蓬，腰上束着绿色和金黄色的皮带。

绿金的胄甲、艳红的大刀、绿革的箭筒是他的武装，戴着白皮手套的左手拿着弓，右手扶着森林中一棵老树的树枝，以威严的沉痛的表情俯视着一条阻拦并要袭击他的张着大口的可怕的恶龙。在那表情上，有一种拼死一战的决心。假如这个王子命中注定要成为惩服恶龙的胜利者，那么他对我的吸引力将会怎样受到削弱呀！可是有幸的是，那王子没有逃出死亡的命运。

遗憾的是那种死的命运并非十全十美。王子为了救出妹妹，为了和美丽的妖精女王结婚，经受了七次死亡的考验，靠着口中所含宝石的庇护，七次均死而复生，最后享受到了胜利的幸福。这幅图画中的第一次死——被龙咬死——是一瞬间的情景。接着，他又"被一只大蜘蛛网住，毒汁刺入体内，被一口口蚕食掉"。后来又溺水而死，或被火烧、被蜂蛰、被蛇咬，或被扔进布满无数尖刀的洞穴内，或被"大雨滂沱般"落下来的石头打死。

"被龙咬死"一节写得很详细，原文如此：

> 巨龙很快大口大口地把王子嚼个粉碎。王子在被咬成碎块时，真是疼痛难忍。但他仍然咬牙忍受着。等到完全被咬成碎块，忽然间他又变成了原来的身体，轻捷地从龙口中飞了出来。身上一点也没受伤。那龙却当场倒毙而死。

这一段我看了一百遍。然而看完后觉得不过瘾的是"身上一点也没受伤"这句话。读到这句话，我就觉得被作者要弄了。作者显然犯下了一个重大的错误。

不久我灵机一动，来了个偷梁换柱。那就是读到这句话时，我就把"忽然间"到"那龙却"之间的字全用手遮住。于是，这个故事就变成了我理想的故事了。我是这样来读的：

> 巨龙很快大口大口地把王子嚼个粉碎。王子在被咬成碎块时，真是疼痛难忍。但他仍然咬牙忍受着。等到完全被咬成碎块，当场倒毙而死。

这种断章取义的方法，大人们读起来会感到背谬常理吧？但是这个幼稚、傲慢、容易耽于一己之好的"检查官"，却在"完全被咬成碎片"和"当场倒毙而死"两句之间发现了显见的矛盾，然而又难以将这两句中的任何一句舍弃掉。

另一方面，我又乐于幻想自己战死或被杀死时的情景。然而，我却比别人加倍地恐惧死亡。我把女佣欺负哭了，第二天早晨她却若无其事，以明朗的笑脸侍奉我吃早餐。我却从那笑里读出了各种各样的意味。我只认定那是相信自己必胜的恶魔的微笑。她们肯定会向我报仇，恐怕还计划毒死我。我恐惧不安。我想那毒药肯定放进了酱汤里，所以早晨决不去碰酱汤。吃完早餐站起来的时候，我几次盯着女佣的脸，心里说："别装蒜了。"女佣站在餐桌的对面，看来她并没有因为毒杀的计划破了产而懊丧，她只是遗憾地看着那已变得冰冷的、飘着一些尘埃的、剩得过多的酱汤。

祖母由于怜恤我的病弱，同时为了不让我学坏，便禁止我和附近的男孩儿们玩。所以陪我玩的除去女佣人和保姆外，就只有祖母从她身边为我挑选的三个女孩子。轻微的噪音、门窗的关闭声、玩具喇叭、相扑等所有的音响和动静，都会加剧祖母右膝神经疼。所以，和我一块玩的都是超乎寻常的少言寡语的老实女孩儿。比起和她们玩，我更喜欢独自看书、玩积木，耽于海阔天空的幻想以及胡涂乱画。后来，妹妹和弟弟相继出生，他们在父亲的关照下，（不像我这样完全交给祖母，）成长于孩子们应有的自由之中。不过，我对他们的任性和粗暴不以为然。

但是，一到堂妹家去玩，情况就不同了。像我这样的人，甚至也被要求做一个堂堂的"男孩子"。在那个堂妹——就叫她杉子吧——的家里，发生了一件值得纪念的事。那天祖母把我带去，大伯母直夸我："长得好快啊，长得好快啊。"祖母乘着大伯母的夸奖，特许专门为我准备饭菜。前面已说过，由于担心自体中毒的复发，在那以前祖母一直禁止我吃"青肉的鱼"。说起鱼来，我只知道比目鱼、鲽鱼、加级鱼之类的白肉的鱼；说起土豆来，我只知道弄碎并过滤过的土豆；说起点心，馅饼是禁物，只吃一些淡味的饼干和威化饼干等；说起水果，只知道切成薄片的苹果和少量的甜橘。第一次吃青色的鱼——也就是鲥鱼，我非常满足。吃这种美味首先就意味着我被赋予了一种成人的资格。但每当我感受到这一点的时候，我便产生了一种不安的忧郁心情——一种"成为大人的不安"——我的舌头不得不品味那种沉重的苦涩。

杉子是健康的、充满生命力的女孩。住在她家，在同一个房间并床而睡的时候，难以入睡的我，总是以轻微的嫉妒和赞叹盯着像机械一样轻易地倒头便睡的杉子。我在她家里，比在自己家里感受到了更多的自由。祖母所假想的可能会把我夺去的敌人——也就是我的父母——不在这里，她就可以放心地给我自由，而不必像在家里那样，一定要把我局限在她的目光所及的范围之内。

然而，我并没有因这种自由而享受到快乐。我像愈后开始行走的病人一样，感到了一种被无形的义务所强制的窘迫，我宁愿眷恋那怠惰的病床。而且在这里，在不言不语中，我被要求成为一个唯一的男孩儿。那并非出于本心的演技便从此开始了。在别人看来是我的演技，对我来说却是要求还我本来面目的表现；而在别人看来是自然的我，却正是我的演技。从这时起，我才隐隐约约地开始懂得其中的奥妙。

并非出自本意的演技让我说出："我们来玩作战游戏吧！"杉子和另一个堂妹，她们两个女孩儿作为对手，算不得是个名副其实的作战游戏，况且这些巾帼好手玩得并不起劲。我提议玩作战游戏，其实是出自一种无情无义，也就是非让她们吃点苦头不可的无情无义。

黄昏时，我们在家院内外继续玩着彼此都感到无聊的笨拙的作战游戏。杉子在繁茂的树荫下"嗒嗒嗒"地模仿机关枪的响声。我想现在就应该有个结局了，于是逃进家中，一看见"嗒嗒嗒"呼叫着追赶上来的女兵，我便捂着胸口，扑通一声倒在客厅的正中央。

"怎么啦？哥哥！"

——女兵们一本正经地凑上来。我眼也不睁，手也不动，只回答说：

"我战死了呀……"

我想像着自己歪歪扭扭倒在地上的样子，暗暗感到一种喜悦，觉得自己被枪击而死的状态有一种妙不可言的痛快。我想，即便自己真的被子弹打中，我也不会觉得疼……

　　幼年时代。……

　　我碰上了这样一个具有象征意味的情景。那情景对现在的我来说，就是幼年时代本身。每当看到它，我就觉得幼年时代在朝我挥手诀别。我的内在的时间之翼完全从我的内部升腾，却被偃止于这张绘画的面前，我便准确模仿画中人物的声音和动作。这种模写完成的同时，原画的情景便消融于时光流逝之中。于是我预感到，留给我的唯一的模写，可以说不过是我幼年时代的正确的复制。每个人的幼年时代都会碰上这样的事件。只是它往往显得根本就不算是什么事件，因此便和许多人失之交臂了。

　　那情景是这样的——

　　那时候，夏祭①的一伙人雪崩般地涌到了我家门口。

　　祖母由于自己有脚疾，也为了我这个孙子，说服了祭典的主办人，请他设法让市内的祭典队伍在我家门前通过。本来这里并不是祭典的顺道，但由于主办人的安排，祭典队伍每年宁可多少绕点路，也要通过我家门前，这也成了惯例。

　　我和家人一起站在门前，画着藤蔓花样的两扇铁门全都开着。门前的石板路上洒了清爽的水，重浊的大鼓声越来越近了。

　　悲壮的打夯歌的歌词越来越清楚了，其间贯穿着无秩序的喧嚣。这种表面上的瞎吵瞎嚷，却显示出一个实在的主题，那就是：它所倾诉的只能是人与人之间永恒的极其卑俗的交会，或者是虔敬的乱伦所带来的相聚的悲哀。在乱作一团的嘈杂中，可以依稀分辨出走在前面的锡杖发出的金属声、大鼓重浊的轰鸣、抬神舆者的杂乱的吆喝。我的胸口窒息得几乎不能自持。（从那时起，急切的期待已不是喜悦而是苦痛。）拄着锡杖的神官戴着狐狸的假面。这种神秘野兽的金色的眼睛，似乎要迷住我似地一直盯着我走来。我不由地抓住身旁家人的衣袖，随时准备着从眼前这令我恐惧的人群中逃走。这便是此时我对于人生的态度。对过分期待的东西，事前幻想过多的东西，事到临头只有逃之夭夭，别无他途。

　　不久，由男丁们担着的结着稻草绳的香资柜走过去了，孩子们的神舆也蹦蹦跳跳地走去。接着，黑色和金黄色的庄严的大神舆便过来了。远远地就会看到舆顶上的金凤凰像翱翔于波间的海鸟，在人们的叫喊声中摆动着，那情景令人眼花缭乱。它给人一种灿烂辉煌的不安。在那个神舆的四周，笼罩着一种犹如热带空气一般的火辣辣的无风状态。这种状态像一种恶意的怠惰，在年轻人

---

　　① 祭祀：日本神社夏季举行的祭祀活动。——译者注

祖露的肩上热烘烘地蒸腾着。红白色的粗绳，黑底金色的栏干，那紧闭着的涂金的门扉里，看得见四尺见方的漆黑的夜空，在万里无云的初夏的昼日里，这个不断摇曳跳动着的正四方形的空洞洞的夜，悍然君临而来。

神舆来到我的面前，穿着清一色浴衣的、几乎赤裸着身体的年轻人们，抬着神舆摇啊晃啊，仿佛要把神给晃醉似的。他们的脚步跌跌撞撞，他们的眼睛似乎也看不见地上的东西，一个拿大扇子的小伙子，围着人群乱跑，尖声高叫，给人们火上浇油。有时神舆摇摇欲倒，于是随着一阵疯狂的呼声，神舆又被摆正。

那时候，我家的大人是否从迄今所看到过的祭典游行的人群中，直觉到一种力的意志的冲动呢？突然，我被我所抓住的大人的手一下子拉到身后，不知谁叫了声："危险!"以后发生了什么，我不知道。我被拉着手逃到前院，然后从内大门跑回家中。

我和那个人跑上二楼，走到阳台上，提心吊胆地瞧着刚才朝前院蜂拥而来的抬着黑色神舆的人群。

后来我想，是什么力量驱使他们这样的冲动？我不明白。那几十个年轻人，怎能有计划地朝我家的门内蜂拥而进呢？

院子里的花木被残踏了个痛快。那是真正的"祭"。那令我厌倦了的前院，整个儿地成了另外一个世界。神舆在院内踏了个遍，灌木丛被踩得乱七八糟。甚至连我都不知道发生了什么事情，只觉得各种声音交织在一起，被冻结了的沉默的和无意义的起哄，交替着涌来。色彩也同样。金、朱、紫、绿、黄、蓝、白，此起彼伏。有时是金色，有时又是红色支配着整个儿的色调。

但，只有一个鲜明的东西，令我觉醒，令我痛苦，令我的心充满一种无缘无故的痛苦，那就是抬神舆的年轻人那入世的、淫乱的、不折不扣的陶醉的表情……

（选自《假面的告白》，北京师范大学出版社，1993）

# 《街魂》（节选）

[埃及] 马哈福兹　著

关偁　译

纳吉布·马哈福兹（1911—2006）是埃及20世纪最重要的作家，他将阿拉伯现实主义小说推上顶峰，并推动了阿拉伯小说现代化和民族化的进程，因而享有"阿拉伯小说之父"的美誉。1988年10月获诺贝尔文学奖，成为阿拉伯世界获此殊荣的第一人。

早期创作以历史小说和家世小说为主，1952年完成的《官间街》是他的家世小说代表作，出版时分成三部，被称为"官间街三部曲"（其他两部是《思官街》《甘露街》，1956—1957）。1957年发表的《街魂》是他新现实主义小说的开端。小说以反思人类历史、探索人类命运为主旋律，大量吸收阿拉伯民间文学的精华，具有浓重阿拉伯伊斯兰风格。马哈福兹选择了全景式、史诗式的形式，从不同侧面反复描绘出人类追求真理、实现理想的奋斗历程。

小说的主人公杰卜拉维，是街区的建造者，也是街区权威的象征，谁也不知道他到底活了多少岁，他是街区的神。街区的子民都是他的子孙，他要求他的子孙过平静的生活，但是他的子孙并没有按照他的旨意过上安静和谐的生活。不同街区为了争夺利益或者为了摆脱恶人的残暴统治，不断进行武力的征服，暴力成为街区解决争端的手段，说教是不能解决利益冲突的。在这部小说中，揭示了作者的理想：建立一个和谐的社会。

马哈福兹在探索人生奥秘、寻求通向理想境界的道路中，十分重视道德、精神的重要作用，并以伊斯兰苏菲神秘主义的"人主合一"来描绘这一崇高理想。马哈福兹有意识地采取淡化或虚化背景，运用隐喻、象征等曲笔，使作品缜密含蓄，令人回味无穷。他采取的寓言、传奇、神魔色彩的手法常使小说笼罩着一种东方的神秘氛围，产生一种朦胧之美。他对崇高精神的追求，又使作品飘溢着一股脱尘绝俗的、兰花般的幽香。

# 第七章

• • • • • • • • • • • • • • • • • • • • • • • • • • • • • • • • • • • • • • • • • • • • • • • • • • • • • • • • •

这些日子以来,乌梅玛第一次显出了活力。她关切地问艾德海姆:"从前父亲没同你谈起过条款吗?"

艾德海姆躺在长椅子上,透过窗子望着沉浸在黑夜之中的旷野。他回答她:

"他同谁也没谈过……"

"但是你……"

"我只不过是他众多的孩子中的一个……"

她浅浅地一笑,说道:

"可他挑选了你管理基金……"

他向她转过身,忿然地说:

"我说了,他同谁都没谈过……"

她宛然要抚慰一下他的恼怒,又笑了一下。她狡猾地说:

"你别心神不定,伊德里斯不配,他对你做的坏事永远忘不了……"

艾德海姆又将头扭向窗户,忧郁地说:

"今天到我这里来的伊德里斯已不是过去对我做坏事的伊德里斯了,他懊悔和发愁的样子现在还历历在目……"

她以胜利者的喜悦说道:

"这是我从你谈话中所了解到的,也是我关心那件事的秘密所在。但是你同往常不一样,闷闷不乐……"

他注视着浓重的夜色,而不安的心没有给他答案。于是,他说:

"关心也枉然……"

"可是你后悔的哥哥请求你的怜悯……"

"眼高手低……"

"你应该同他搞好关系,还要同他的弟弟们搞好关系,否则总有一天,你在他们面前是孤身一人……"

"你关心的是自己,而不是伊德里斯……"

她犹如去掉狡猾的面罩那样晃了晃头,说道:

"我有权关心自己,这意思就是说关心你和我肚子里的……"

这个女人要什么?这黑夜多么浓重,连雄伟的穆盖塔木都被它吞没了。他保持着沉默,她突如其来地问他:

"你一点不记得你进过那个密室吗?"

他走出短暂的沉默,回答道:

"不记得了。我小时候喜欢进去,但父亲总拦住我,不让我进去,我母亲也不让我靠近那里……"

"毫无疑问,那时候你是希望进去的……"

他不是在她允许的情况下,而是在等待她维护他自己时才同她谈这件事。他需要的是有人向他肯定他对哥哥的立场正确,他迫切需要这一点。可是,他宛然一个在夜间呼唤守夜的警卫时,突然遇上了强盗。乌梅玛又问他:

"那个放着银盒的桌子你总知道吧?"

"所有进过那间房子的人都知道,你为什么问这个?"

她从坐着的长椅上移开,诱惑地问他:

"凭你的主发誓,你不想看看那些条款吗?"

他忿然作答:

"不想,我为什么要想那些呢?"

"谁能抵御得住了解未来的愿望?"

"你指的是你的前途吗?"

"我的前途和你的前途,还有伊德里斯的前途,你正为他的前途不安,尽管他过去反对过你!"

这个女人说出了心里话,这引起了他的恼怒。他向窗户偏过头去,仿佛要逃避她似的。他说:

"我不想父亲所不愿意的事……"

她扬起画过的眉毛,问道:

"他为什么要掩盖这件事?"

"那是他的事,今晚你的问题怎么那样多?"

她似乎在自言自语,说道:

"前途哪!我们知道我们的前途,我们要为可怜的伊德里斯做的大好事,只不过是读一张谁也不知道的纸片。我敢同任何认为我们这样做是出于歹意的朋友和敌人较量一番,这样做能算是多少触犯了你那位可爱的父亲吗?"

艾德海姆注视着一颗比其他星都亮的星星,装着没听见她的话,说道:

"天空多么美!要不是晚上潮湿,我就坐在花园里,透过树枝间隙看着它!"

"毫无疑问,能够弄明白那些条款……"

艾德海姆喊道:

"我根本不关心，看了那，只会带来麻烦……"

她叹息道：

"我若是会认字，我便自己去看那个银盒子……"

他也但愿如此，于是对她的怒气倍增，也生自己的气。他觉得自己已经陷入到一件被禁止的事情之中，便思索起来。他绷着脸，朝她转过去，在从窗户缝中吹进来的风煽动下而摇曳不止的灯光下，他的脸显得很不高兴。他说：

"在我把消息透露给你时，我受到了诅咒！"

"我不想让你受到损害，我对你父亲的爱同你对他的爱是一样的……"

"你还是别再谈这些令人难受的话了吧，现在这个时候，你要休息好。"

"看来，你不去干那件轻而易举的事，我是不会舒服的……"

他叫了起来：

"我的天哪，让她恢复理智吧！"

她冲动地瞥了他一眼，然后问道：

"你在管理处会见伊德里斯还不是违背了他的意愿？"

他吃惊地睁大了眼睛，说道：

"我见到他时，他已经站在我面前，我只得会见他……"

"你把他来访的消息通知你父亲了吗？"

"你今晚真让人太不舒服了，乌梅玛……"

她又以胜利者的声调说道：

"如果你在可能有损于你的事情上同他发生了分歧，那么你为什么在有利于你、有利于你哥哥，而不损害任何人的事情上反对他呢？"

假如他愿意的话，他可以中断这次谈话的，但是他已十分倾向一方了。事实上，他本身的一部分需要她的支持，才让她滔滔不绝地说下去。他似乎生气地问道：

"你是什么意思？"

"我的意思是你一直谈到天亮，或者这个地方只有我们……"

他懊恼地说：

"我以为怀孕仅仅使你丧失了同情心，但是又是什么使你也失去了理智……"

"你对我说的话感到满意，我肚子里的生命是有权的，但是你害怕了，而恐惧对你不合适……"

他愁眉不展，身体内部出现了疲倦的征候。他说：

"我们会记得今天晚上在我们之间出现的第一个分歧……"

她以奇怪的温柔说道：

"艾德海姆，让我们严肃地考虑一下这件事吧……"

"得不到好结果的……"

"这是你的话，但是你将见到……"

当他靠近她时，感到火的灼热。他对自己说：

"如果她燃烧了，我的眼泪对扑灭火焰没有用处。"

他的头又扭向窗户，想着这颗明亮的星星上的居民是些幸福的人，他们远离这个家。他以微弱的声音嘟哝着：

"没有一个人像我这样热爱父亲……"

"你离损害他还差十万八千里呢……"

"乌梅玛，你多么需要睡一觉啊！"

"是你让睡眠飞离了我的眼睛……"

"我期待从你那里听到理智的声音……"

"我让你听到的就是理智的声音……"

他像是用耳语般的声音自言自语道：

"天哪，我是朝毁灭闯去吗？"

他的手拍打着长椅子背，她责备道：

"我们的结局是一个，你这不承认爱情的家伙！"

他顺从地说，这表明他已作出了决定：

"这颗星不知道我们的结局是什么！"

她脱口而出：

"在条款上，你会看到你的结局的……"

他向不眠的星星极目远眺，他还见到几块云彩。他想道，它们想同他说悄悄话啊。他嘟哝道："啊，上天的恩惠。"一会儿之后，他听到乌梅玛以逗弄的口吻说道：

"你教我热爱花园，让我回报你的美意吧……"

# 第二十四章

基金会的房屋成两条平行线，这就是我们的街区。它们都以大宅邸前的那条线为起点，朝杰马利耶那个方向延伸。大宅邸挨着沙漠，四周都是空地。我们的街区——杰卜拉维街区是这个地区最长的街区，同阿勒·哈姆丹街一样，大部分住房是小院，从大宅邸过来的街道中途起，小矮房很多，直到杰马利耶止。如果不提基金管理人的家——在街区的右侧，或者不谈首领的家——对着基金管理人的家，位于街区的左侧的话，那么这幅图画便不完整。

大宅邸的门对它的主人和内亲仆人都紧闭着。杰卜拉维的孩子们死得早，那时后代中只有基金管理人艾凡提还在。街区的普通人有小贩、商店老板或者咖啡店老板，有许多人行乞。有一桩大家都干的买卖是毒品生意，特别是大麻、鸦片等。那时我们街区的特点——像今天的情况一样——拥挤、嘈杂。赤脚的孩子们有时几乎光着身子，在每一个角落玩耍，到处能听到他们的叫喊声，他们扔下的垃圾随处可见。各家各户的门道里总是挤满了妇女：这个在洗锦葵叶，那个在剥葱，还有的在生火，彼此交谈或者挖苦对方，必要时也会指着别人破口大骂。哭声、唱歌声不绝于耳，首饰的撞击声更引起人们的特殊注意。手推车不停地被推来推去。嘴架和交手仗在这里或那边进行着。猫叫、狗吠，有时在垃圾堆上混成一种声音。墙角或家具下经常有老鼠出没。那种人们聚集起来杀死一条蛇或者一只蝎子的事并非罕见。至于蚊子非常相似于虱子，同食客和酒徒同吃共饮，在人的眼睛上戏耍，在人的嘴角上跳舞，宛如是所有的人的朋友。

一个青年，假如发现自己有了勇气，或者具备了一定的臂力，便去寻衅闹事，向安分守己的人挑衅，攻击与世无争的无辜群众，随之自封为某一条街的首领，向做工的人收取税金。从此，他生活着，除了霸道，不干别的。当时各条街道的首领是吉德拉、莱塞、艾布·塞利厄、巴尔卡特和哈姆代。泽格莱特是一条街的首领，他一个一个地同其他首领交手，直至打败了所有的首领，变成全街区的首领，向其他首领征税。基金管理人艾凡提需要这样的人去执行命令，在可能遇到威胁的时候保卫自己，于是亲近他，按月付给他一大笔工资，工资从基金的收入中支出。

不久，泽格莱特在管理人的房子的对面盖起自己的家，掌握了大权。从此，首领间很少打架，因为大首领不喜欢这种可能壮大某一首领势力和危及他的地位的战斗，因此各首领无处使劲，只得把他们的力量——邪恶的力量施加在安分守己的可怜的老百姓身上。我们街区的事情怎么会成了这个样子呢？

杰卜拉维嘱咐艾德海姆：基金要为后代造福。各种宅邸兴建起来，发放福利金，人们过了一段小康日子。当杰卜拉维紧闭上大门，与世隔绝后的一段时间，管理人还以他为榜样。后来就起了贪心，用收入放债，做假账，克扣斤两。管理人放心大胆地依靠收买来的首领保护。人们除了从事最卑贱的工作别无出路。他们的人数越来越多，且越来越穷，陷入困苦和卑贱之中。有势力的人执意威胁，弱者只得去乞讨，所有的人都吸上毒品。一个人辛辛苦苦地挣来几口吃的，还要被首领拿走一半，不仅得不到感谢，反而被拳脚相加，打骂诅

咒。只有强人和首领才能过得舒服，而大首领的生活更加优裕，管理者是首屈
一指的富户。老百姓被人踩在脚底下。如果一个穷人交不起赋税，那条街的首
领就对他报以最凶恶的惩罚；假如那个穷人向大首领诉苦，大首领便揍他一
顿，还要他去向本街的首领陪情道歉；如果这个穷人向管理人控告，管理人、
大首领和本街首领联合起来打他。这种凄惨的状况是我亲眼所见，也是说书人
在讲述过去的岁月时所描绘的真实情景。遍布全街区的各咖啡馆的诗人只说英
雄时代，避免公开议论上述事情，让大人物们下不来台。诗人们吟唱管理人和
首领们的功德，我们无法效仿的公正，我们从未见过的仁慈，我们决没有遇见
过的豪爽，我们没有听说过的修行。我问：是什么把我们的父辈，或者说是什
么把我们留在这个该死的大街上不迁走的？答案很简单：假如我们迁往其他街
道，只能过比这里更糟糕的日子，那里的首领比这里的更凶残。更可怕的是我
们遭人忌恨！我们周围街道的人说，那是一个幸运的街区！享有独一无二的基
金！而我们从基金里得到的不过是悲痛！我们从首领那里得到的只有屈辱和虐
待。尽管如此种种，我们留下了，忍气吞声。我们向往不知何时到来的未来。
我们指着大宅邸，说："这里住着我们耄耋的父亲。"我们暗暗指着首领们，
说："这是我们的当家人。"一切事情都归真主，从前是这样，以后还是这样。

# 第二十五章

　　哈姆丹家族忍无可忍，在他们的街上掀起了暴乱的风潮。哈姆丹人住在街
的一端，挨着他们的是艾凡提和泽格莱特的家。哈姆丹人围着艾德海姆小平房
的那个地方居住。他们的头是咖啡馆老板哈姆丹，那咖啡馆是全街区最堂皇
的，正坐落在各个院落的中间。哈姆丹师傅坐在入口处的右侧，身披灰色斗
篷，头戴绣花小帽，紧盯着不停干活的小厮阿卜顿，同时又同一个顾客聊天。
咖啡馆门面不宽，但纵深颇长，一个诗人坐在尽头的长沙发上，头上有一幅根
据想象画出的艾德海姆弥留之际的画像：他凝视着基金主人杰卜拉维——他正
站在小平房的门口。哈姆丹朝诗人挥了一下手，诗人便弹起琴，准备吟唱。在
悠扬的琴声下，他首先向杰卜拉维的宠儿管理人致意，同时也问候当家人的光
荣泽格莱特，然后讲述艾德海姆降生前，杰卜拉维的一段日子。咖啡馆里不时
发出呷茶、剥瓜子和喝咖啡的声响，人们抽水烟时喷出的雾气冉冉上升，在汽
灯周围形成透明的云雾。人们盯着诗人，随着美好往事或带有启迪的回顾摇晃
着脑袋。想象的时刻在和谐、迷恋的气氛中逝去，直至诗人讲完。人们纷纷向
诗人高声喝彩。此时，哈姆丹人的内心深处骚动起来，烂眼阿特里斯坐在咖啡

馆中间，对刚才听到的杰卜拉维故事评论道：

"那时的世界真好，就是艾德海姆也没挨过一天饿。"

突然老太婆特玛尔哈娜出现在门口，她从头上卸下一个桔子筐，然后对烂眼阿特里斯说：

"痛痛快快地说吧，阿特里斯，你的话同桔子一样甜！"

哈姆丹师傅叱责她道：

"走吧，太太，别说这些空话，让我们清净些吧。"

但是，特玛尔哈娜在紧靠着咖啡馆的地上坐下了，说道：

"紧挨着你坐是多么惬意啊，哈姆丹师傅。（然后指着桔子筐）一天加半宿不停地走和叫唤，才换来几分钱呀，师傅……"

师傅正想答复她，看见杜勒曼愁眉苦脸地走来。当他走近时，能看清他的额角都沾上了土。师傅盯着他看，直至他站在咖啡馆的门前面对着他。杜勒曼高声叫道：

"愿真主反对诽谤的人！吉德拉……吉德拉是最大的诽谤者。我对他说，宽限我们到明天，以便真主给我启示。他却把我摔倒在地，我躺在那里好久，透不过气来。"

从咖啡馆的那一头传来迪阿拜斯的声音，他说：

"过来，杜勒曼，坐到我边上来。至高无上的真主诅咒私生子们。我们是这个街区的主人，可却像狗一样挨打。杜勒曼没法给吉德拉交租，连眼前一尺远的地方都看不清的特玛尔哈娜卖桔子，而你哈姆丹，勇气到什么地方去了，艾德海姆的儿子?!"

杜勒曼朝里面走去。特玛尔哈娜问道：

"你的胆量跑哪儿去了，艾德海姆的儿子?!"

哈姆丹叱责她说：

"走开，特玛尔哈娜，你都结婚50年了，为什么还爱同男人们凑在一起?"

那女人问道：

"男人们在什么地方?!"

哈姆丹皱起眉头，特玛尔哈娜好像道歉似地抢着说：

"让我听诗人讲吧，师傅。"

迪阿拜斯苦楚地接过话头对诗人说：

"同她谈谈哈姆丹人在这个街区蒙受的耻辱吧。"

诗人微微笑着，说道：

"忍着点吧，迪阿拜斯大叔，忍着点，主人。"

迪阿拜斯忿忿然，说道：

"谁是主人？众人的主人在打众人，欺负众人，杀死众人，你知道谁是众人的主人！"

诗人担忧地说：

"也许吉德拉突然出现在我们之间，也许还有别的魔鬼！"

迪阿拜斯生气地说：

"他们全都是伊德里斯的后代！"

诗人轻轻地说：

"忍着点，不然咖啡馆会砸倒在我们头上的，迪阿拜斯大叔。"

接着，迪阿拜斯站了起来，迈着大步穿过咖啡馆，坐到哈姆丹身边的长沙发上，正想说话，不料一群孩子的吵嚷声突然盖过了他的声音。孩子们如蝗虫一般彼此出言不逊，到处乱跑。迪阿拜斯呵责道：

"魔鬼的小崽子们，夜里就没你们休息的洞了？"

但是他们不理会他的呵责，他像被蜇了一下似地跳起来，朝他们扑去。他们逃向大街，嘴里喊着："快跑。"大街上传来许多妇女的声音，她们在咖啡馆对面的窗户后面说：

"说'万物非主，唯有真主'吧，迪阿拜斯大叔。"

"你吓着孩子们了，男人。"

他生气地摆了下手，回到座位上，说道：

"一个人真狼狈，孩子们不得安宁，首领们不得安宁，管理人也没有安宁。"

所有的人都相信他的话。哈姆丹人失去了基金中的权利，只得在醍醐和苦难的土中打滚。统治哈姆丹人的首领来自最卑鄙的大街。吉德拉趾高气扬地走着，随心所欲地打人耳光和收取税金。哈姆丹人因此忍无可忍，在他们那条街上掀起了暴动的风潮。

迪阿拜斯转向哈姆丹，说道：

"哈姆丹，所有的人都是一个看法，我们是哈姆丹人，人数很多，我们的祖先是有名的，我们在基金上的权利同管理人完全一样。"

诗人嘟哝道：

"真主啊，愿今晚吉祥。"

哈姆丹将斗篷缠在腰间，扬起浓黑的三角眉，说：

"我们说了我们的誓言，将要发生一件事，我闻到一些气味。"

阿里·法瓦尼斯大声地问候众人，他挽起长袍走进咖啡馆，头戴歪向一旁的小帽。很快，他便说道：

"所有的人都准备好了，要钱给钱，连乞丐都准备捐款。"

他凑到迪阿拜斯和哈姆丹之间，招呼咖啡馆的小厮：

"不加糖的茶①。"

诗人注意到他，便说：

"嗨！"

阿里·法瓦尼斯微笑了，以手拊胸。他掏出一个小口袋，又从里面拿出一个小盒子，把盒子扔给了诗人。哈姆丹捋着下巴的胡子，说：

"你们面前是法庭。"

特玛尔哈娜说：

"我们做的是善事。"

诗人边从小盒里拿出一样东西，边说：

"你们都考虑一下后果。"

阿里·法瓦尼斯说：

"没有比我们现在更屈辱的了，我们有很多该清算一下的钱，艾凡提不能无视我们的血统和同他的亲戚关系，同基金主人的关系。"

诗人意味深长地望了哈姆丹一眼，说道：

"我们可能会顺利解决。"

哈姆丹像是在答复他似的，说：

"我有一个大胆的主意！"

众人的目先齐射向他，于是他说：

"我们去找管理人！"

阿卜顿把茶端给法瓦尼斯，说道：

"尊贵的一步，然后再挖坟墓。"

特玛尔哈娜大笑起来，说道：

"听着，你们的人是你们扶养的。"

可是哈姆丹坚定地说：

"我们该走了，我们都走吧。"

（选自《街魂》，漓江出版社，1991）

---

① 埃及人习惯于喝煮红茶加糖。

# 附录：东方文学阅读书目

| 书　　名 | 作者名 | 译者 | 出版社 | 出版时间 |
|---|---|---|---|---|
| 《亡灵书》 | （古埃及） | 锡金 | 吉林人民出版社 | 1957 |
| 《世界第一部史诗——吉尔伽美什》 | （古巴比伦） | 赵乐甡 | 辽宁人民出版社 | 1981 |
| 《圣经·旧约》 | （古希伯来） | | 中国基督教协会印发 | |
| 《一千零一夜》 | （古代阿拉伯） | 纳训 | 人民文学出版社 | 1982－1984 |
| 《波斯哲理诗》 | （古代波斯）欧玛尔·海亚姆 | 张鸿年 | 文津出版社 | 1991 |
| 《列王纪选》 | （古代波斯）菲尔多西 | 张鸿年 | 人民文学出版社 | 1991 |
| 《雷莉与马杰农》 | （古代波斯）内扎米 | 张鸿年 | 人民文学出版社 | 1986 |
| 《哈菲兹诗选》 | （古代波斯）哈菲兹 | 邢秉顺 | 外国文学出版社 | 1981 |
| 《金云翘传》 | （越南）阮攸 | 黄轶球 | 人民文学出版社 | 1959 |
| 《九云梦》 | （朝鲜）金万重 | 韦旭升 | 北岳文艺出版社 | 1986 |
| 《春香传》 | （朝鲜） | 冰蔚 | 作家出版社 | 1956 |
| 《故乡》 | （韩国）李箕永 | 李根全、吴山 | 上海译文出版社 | 1978 |
| 《南朝鲜小说集》 | （韩国）徐基源、金承钰等 | 枚芝等 | 上海译文出版社 | 1989 |
| 《古事记》 | （日本） | 周启明 | 人民文学出版社 | 1963 |
| 《万叶集》 | （日本） | 杨烈 | 湖南人民出版社 | 1984 |
| 《古今和歌集》 | （日本）纪贯之等 | 杨烈 | 复旦大学出版社 | 1985 |
| 《源氏物语》 | （日本）紫式部 | 丰子恺 | 人民文学出版社 | 2003 |
| 《枕草子》 | （日本）清少纳言 | 周作人 | 中国对外翻译出版公司 | 2001 |

续表

| 书　　名 | 作者名 | 译者 | 出版社 | 出版时间 |
|---|---|---|---|---|
| 《平家物语》 | （日本） | 周启明、申非 | 人民文学出版社 | 1984 |
| 《日本古典俳句选》 | （日本） | 林林 | 人民文学出版社 | 1981 |
| 《日本谣曲狂言选》 | （日本） | 申非 | 人民文学出版社 | 1985 |
| 《五个痴情女子的故事》 | （日本）井原西鹤 | 王向远 | 上海译文出版社 | 1990 |
| 《五重塔》 | （日本）幸田露伴 | 文洁若 | 漓江出版社 | 1987 |
| 《蓬莱曲》 | （日本）北村透谷 | 兰明 | 上海译文出版社 | 1985 |
| 《金色夜叉》 | （日本）尾崎红叶 | 金福 | 上海译文出版社 | 1983 |
| 《二叶亭四迷小说集》 | （日本）二叶亭四迷 | 石坚白、秦柯 | 人民文学出版社 | 1985 |
| 《黑潮》 | （日本）德富芦花 | 金福 | 上海译文出版社 | 1978 |
| 《舞姬》 | （日本）森鸥外 | 隋玉林 | 浙江文艺出版社 | 1988 |
| 《破戒》 | （日本）岛崎藤村 | 陈德文 | 百花文艺出版社 | 1994 |
| 《棉被》 | （日本）田山花袋 | 黄凤英 | 江苏人民出版社 | 1987 |
| 《我是猫》 | （日本）夏目漱石 | 刘振瀛 | 上海译文出版社 | 1994 |
| 《芥川龙之介全集》（全五卷） | （日本）芥川龙之介 | 高慧勤、魏大海等 | 山东文艺出版社 | 2005 |
| 《春琴传》 | （日本）谷崎润一郎 | 张进 | 湖南人民出版社 | 1984 |
| 《为党生活的人》 | （日本）小林多喜二 | 卞立强 | 人民文学出版社 | 1983 |
| 《川端康成文集》（全十卷） | （日本）川端康成 | 叶渭渠等 | 中国社会科学出版社 | 1996 |
| 《假面的告白》 | （日本）三岛由纪夫 | 王向远 | 北京师范大学出版社 | 1993 |
| 《金阁寺》 | （日本）三岛由纪夫 | 焦同仁、李征 | 工人出版社 | 1988 |

续表

| 书　　名 | 作者名 | 译者 | 出版社 | 出版时间 |
|---|---|---|---|---|
| 《大江健三郎作品集》（全五卷） | （日本）大江健三郎 | | 作家出版社 | 1996 |
| 《挪威的森林》 | （日本）村上春树 | 林少华 | 上海译文出版社 | 2007 |
| 《四朝代》 | （泰国）克立·巴莫 | 高树榕、房英 | 上海译文出版社 | 1985 |
| 《不许犯我》 | （菲律宾）黎萨尔 | 陈尧光、柏群 | 人民文学出版社 | 1977 |
| 《印度神话》 | （印度） | 黄志坤 | 湖南少年儿童出版社 | 1986 |
| 《罗摩衍那》 | （印度）蚁蛭 | 季羡林 | 人民文学出版社 | 1980－1984 |
| 《摩诃婆罗多》 | （印度）毗耶娑 | 黄宝生、葛维钧、郭良鋆 | 中国社会科学出版社 | 2005 |
| 《沙恭达罗》 | （印度）迦梨陀娑 | 季羡林 | 人民文学出版社 | 1980 |
| 《小泥车》 | （印度）首陀罗迦 | 吴晓铃 | 人民文学出版社 | 1957 |
| 《佛本生故事选》 | （印度） | 郭良鋆、黄宝生 | 人民文学出版社 | 1985 |
| 《泰戈尔全集》（全二十四卷） | （印度）泰戈尔 | 白开元等 | 河北教育出版社 | 2001 |
| 《仁爱院》 | （印度）普列姆昌德 | 周志宽等 | 上海译文出版社 | 1986 |
| 《舞台》 | （印度）普列姆昌德 | 庄重 | 广东人民出版社 | 1980 |
| 《戈丹》 | （印度）普列姆昌德 | 严绍端 | 人民文学出版社 | 1978 |
| 《相会》 | （黎巴嫩）米哈伊尔·努埃曼 | 程静芬 | 上海译文出版社 | 1981 |
| 《先知·沙与沫》 | （黎巴嫩）纪伯伦 | 冰心 | 湖南人民出版社 | 1982 |

续表

| 书　　名 | 作者名 | 译者 | 出版社 | 出版时间 |
|---|---|---|---|---|
| 《宫间街》《思宫街》《甘露街》三部曲 | (埃及)纳吉布·马哈福兹 | 朱凯、李唯中、李振中 | 湖南人民出版社 | 1986 |
| 《狮子与宝石》 | (尼日利亚)索因卡 | 邵殿生等 | 漓江出版社 | 1990 |
| 《七月的人民》 | (南非)纳丁·戈迪默 | 莫雅平等 | 漓江出版社 | 1992 |

# 北京师范大学出版社新世纪高等学校教材·中国语言文学类

北京师范大学出版社高等教育分社网址：**http：//gaojiao.bnup.com.cn**

★普通高等教育"十一五"国家级规划教材；◆教育部"面向 21 世纪课程教材"；▲北京市高等教育精品教材；☆普通高等教育"十五"国家级规划教材；△全国高等教育自学考试指定教材。

### 汉语言文学专业基础课系列教材

文学理论新编（第 2 版）（童庆炳）

★语言学基础理论（第 2 版）（岑运强）

★现代汉语（第 2 版）（周一民）

古代汉语教程（李国英　李运富）

中国现代文学史（刘勇）

中国古代文学史（上中下）（北师大古代文学研究所）

新中国文学史（上下）（张健　等）

◆比较文学概论（陈惇　刘象愚）

外国文学史（匡兴　等）

马克思与现代美学（曹卫东）

▲语文课程与教学论（郑国民　阎苹）

汉字学概要（王宁）

### 汉语言文学专业课系列教材

★儿童文学教程（王泉根）

★神话与神话学（杨利慧）

☆中国文化概论（张岱年　方克立）

◆世界文学发展比较史（上下）（曹顺庆）

▲中国民间文化（万建中）

△现代汉字学（杨润陆）

教师口语（国家教育委员会师范教育司）

教师口语训练手册（国家教育委员会师范教育司）

中国百年话剧史稿(现代卷/当代卷)（黄会林　谷海慧）

中国文化史（李山）

文学批评与文体（蒋原伦　潘凯雄）

外国文学史纲要（陈惇　何乃英）

语文教育学（张鸿苓）

训诂学基础（陈绂）

汉语语音学（周同春）

### 汉语言文学专业作品选系列

中国古代文学作品选（上下）（郭英德）

中国现代文学作品选（上下）（刘勇）

中国当代文学作品选（上下）（张健）

外国文学作品选（陈惇）

### 写作系列教材

汉语写作学（徐振宗　等）

应用写作学（徐振宗）

事务文书写作（刘锡庆　洪威雷）

常用法律文书写作（刘锡庆　刘荣林　等）

公文写作（刘锡庆　陆雅慧）

经济应用文书写作（刘锡庆　李道荣）

日常实用文体写作（刘锡庆　张明）

科技实用文体写作（刘锡庆）

文科类毕业论文写作（刘锡庆）

理工农医类毕业论文写作（刘锡庆）

军事应用写作（刘锡庆　王景堂）

### 公共课系列教材

大学语文（张铭远　等）

新编大学语文（朱家珏）

### 21 世纪硕士研究生系列教材

中国现代文学资料与研究（李春雨　杨志）

中国现代文学研究的视域与形态（刘勇）

中国当代文学与文化研究（张柠）

中国古典文献学的理论与方法(郭英德　于雪棠)

反思文艺学（李春青　赵勇）

## 北京师范大学出版社新世纪高等学校教材·外国语言文学类

现代英语词汇学概论（张韵斐）

实用英语语音学（何善芬）

交际英语口语教程（李长兰　程晓棠）

专业硕士英语教程（王焱华）

北京师范大学出版集团
BEIJING NORMAL UNIVERSITY PUBLISHING GROUP
北京师范大学出版社
高教分社
语言文学室

地址:北京新街口外大街 19 号  邮编:100875
电话:010—58808053,58802833 传真:010—58808503
网址:www.bnup.com.cn  e-mail:bnupyw@163.com

高教分社语言文学室工作人员填写:

来源:电话/传真/信函/电邮/巡展/活动/会议/其他____

获表日期:_____年_____月_____日  签收人_____

处理时间_____  用途:新建/更新  责任人_____

# 教师用免费教材样本申请表

请您在我社网站所列的高校语言文学类教材中选择样书(每位教师每学期限选 1~2 种),以清晰的字迹真实、完整填写下列栏目,符合上述要求的表格将作为我社向您提供免费教材样本的依据。本表复制有效,可传真或函寄,亦可发 e-mail。

姓名:_____  主要授课专业:_____

学历:□专科 □本科 □硕士 □博士 其他:_____(海外经历可一并注明)

职称:□助教 □讲师 □高级讲师 □副教授 □教授 □硕士生导师 □博士生导师  其他:_____

职务:□教研室主任 □系副主任 □系主任 □副院长 □院长 □无职务 其他:_____

学校全称:_____(若必要请注明所在校区)

学校地址:_____  邮编:_____

所在院、系、教研室:_____

电话区号:_____办公电话:_____宅电:_____手机:_____e-mail:_____(必填项)

授课科目 1:_____学生人数_____所用教材是_____出版社出版的《_____》

教学层次:□中职中专 □高职高专 □本科 □硕士 □博士 其他:_____

授课科目 2:_____学生人数_____所用教材是_____出版社出版的《_____》

教学层次:□中职中专 □高职高专 □本科 □硕士 □博士 其他:_____

教材指定者:□本人 其他:_____

| 所需要的教材样本书名 | 作者 | 定价 |
|---|---|---|
|  |  |  |
|  |  |  |

您对本书《_____》的肯定性评价:

您认为本书有何缺点,具体应如何修改(可另附纸,您的意见被采纳后我们将酌付酬谢):

您近期高校文科教材方面有何写作计划:

您最重要的科研与教学成果:_____

注:您申请的样书须与您讲授的课程相关。

**感谢您对我社的信任,很荣幸接受您的意见和建议,祝您健康快乐!**
**欢迎您从我社网站 www.bnup.com.cn"相关下载"栏目下载有关课件!**